近代中國社會的新陳代謝

新陳代謝

一八四〇——一九四九

陳旭麓 著

（插圖本）

中華書局

目錄

第十九章　新文化運動

第二十章　歷史的選擇

後記

初版序

馮　契

　　在老友陳旭麓辭世兩年多以後，他的遺著《近代中國社會的新陳代謝》一書，經過他的學生的整理，出版了。這是對中國學術界的一個重要貢獻。

　　我在讀這本書稿時，不禁想起了許多往事，也頗增感慨。老友的聲音笑貌不時浮現，他和我在校園中麗娃河畔邊散步邊交談的情景宛在眼前。那種談天時「相忘於江湖」，而困難時「相濡以沫」的友情，是終生難忘的。我們的交談雖總是天南地北，沒一定範圍，但談得最多的還是學術問題。旭麓搞歷史，我搞哲學，兩人專業不同，研究方向不同，卻正因為如此，我們可以互相切磋。我認為哲學演變的根源要到社會史中去找，他認為歷史演變的規律要借助哲學的思辨來把握；所以，我們常把自己正在研究、思考的問題提出來向對方請教。往往是通過無拘無束的討論，得到對方的啟發和詰難，令問題更深入。1987 年夏天，我寫完了《中國近代哲學的革命進程》一書，請旭麓把全部書稿通讀一遍，他提出了許多寶貴意見，我基本上都採納了。他說等他把《近代中國社會的新陳代謝》（下面簡稱《新陳代謝》）一書整理出來，也要請我通讀一遍，聽聽我的意見。沒料到 1988 年 12 月 1 日，他竟拋下凝聚了數十年心血的手稿，猝然與世長辭。現在我遵守諾言，通讀了這部書稿，但已無法和他進行討論了。這真是終生憾事！

　　下面我着重就「史識」問題談一點「讀後感」。

　　劉知幾謂史家須具「才、學、識」三長，而世罕兼之。旭麓卻是當之無愧的「三長」兼具的史家，《新陳代謝》一書足以證明這一點。此書把史與論有機結合，通過對精練的史實的分析，以闡明近代社會新陳代謝的規律，並用生動的文筆表達出來，引人入勝，處處顯示出作者的「才、學、識」融為一體的風格。「三長」之中，最重要的當然是「史識」。旭麓說：「史識是治史的眼睛。」又說：「不為歷史現象所迷惑，不為議論家捉弄，要有一雙治史的眼睛。」[1]正因為他有一雙敏銳的治史的眼睛，所以能透過史實的種種現象，揭

示出其中的本質聯繫，寫成這部才氣橫溢、情文並茂的著作。

那麼，怎樣才能有治史的眼睛？先決條件是要「解蔽」（荀子、戴震語）。只有解除種種蒙蔽，思想獲得解放，才能有明澈的眼力，以洞察歷史的真相。旭麓說：「解放思想就是對自己實行民主。」[2] 這是什麼意思呢？民主意味着人人自作主宰。在學術上，解放思想，自作主宰，自尊其心，也尊重別人，正是民主的態度。有了這種民主態度，思想上的束縛解除了，眼睛不受蒙蔽，才能發揮史學家的良知來寫信史、說真話、自由討論，史學才能真正成為科學。

而在中國近代史這一研究領域，多年來確實存在着一些蒙蔽眼睛、束縛思想的東西，所以亟需做「解蔽」的工作。自 50 年代開始，從事近代史研究的學者形成了一個以階級鬥爭為軸心，以太平天國、義和團、辛亥革命三次革命高潮的遞進為主線的構架。這種構架標誌着一定歷史階段的中國近代史研究的水平，然而積久不變，便成了束縛人的框框。正如旭麓所指出的，按這種框框編纂的兩百多部近代史，「只有肥瘦的差異，很少有不同風格和個性的顯現，而且被大家援用的三次革命高潮也未必都稱得上具有完全意義的革命高潮。這就促使人們對歷史唯物主義的再認識，由原來認同的太平天國、義和團、辛亥革命三次革命高潮的線索之外探討新的線索」[3]。

《新陳代謝》一書，就是作者解放思想，敢於摒棄舊的僵化的框框而代之以新的生動的線索的產物。這無疑包含有「史識」上的躍進。階級鬥爭（政治鬥爭）簡單化、絕對化的傾向被克服了，但不是拋棄階級觀點和階級分析方法，而是真正按照歷史唯物主義理論，把階級鬥爭的事實同生產方式的演變聯繫起來進行考察研究。作者以為，和中國古代那種靜態的、有很大凝固性的社會不同，近代中國是一個動態的、新陳代謝迅速的社會；和西方從中世紀到近代是通過自我更新機制來實現社會變革也不一樣，中國近代社會的新陳代謝在很大程度上是由於接踵而來的外力衝擊，又通過獨特的社會機制由外來變為內在，推動民族衝突和階級對抗，表現為一個又一個變革的浪頭，迂迴曲折地推陳出新（即推封建主義之陳而出民主主義之新）。所以，中國近代社會的演變有很大的獨特性，這需要通過對社會結構、社會生活和社會意識各方面作具體深入的研究來說明。在本書中，作者在社會結構方面，不僅考察了經濟結構和政治結構的革命變革，而且考察了農村社會組織、城鎮中的行會組織在近代的演變，近代社會中特有的會黨組織的作用，不平等條約制度化引起的社會變化等；在社會生活方面，不僅研究了物質生活中衣食住行的變化，而且

研究了與之密切相關的人口問題，以及政治革命和外來影響如何引起社會習尚的改變等；在社會意識方面，不僅論述了政治思想、哲學、文學等方面的變革，而且分析了歐風美雨影響下的種種社會心態，並表現為語言構造上的變化等。這樣作了多方面、多層次的考察研究，就使得本書主旨（近代中國社會的新陳代謝）展現為非常豐富多彩的內容，而作者傑出的史識也就憑藉其深厚的學力和長袖善舞的才能而得到具體生動的體現。

作者以「新陳代謝」作書名，當然意味着他要探索中國近代歷史的辯證法。他在書中多次提到要「借助辯證思維」，「離開辯證思維和歷史主義是難以解釋其本來意義的」等等，正說明他是一個自覺地運用辯證法作為「治史的眼睛」的史學家。例如，書中關於「中體西用」說的分析，關於中國近代史中的革命與改良、愛國與賣國、侵略與進步等關係的研究，關於會黨在近代史上的雙重作用的考察等等，都充滿着辯證法的光輝，並由於其中某些問題先已寫成單篇論文在報刊發表，所以早就產生了廣泛影響。辯證法的活的靈魂，就在於具體地分析具體情況。本書對所涉及的事件，不論是重大史事（從鴉片戰爭、太平天國到新文化運動等），或是和一般人生活有關的事件（如辛亥革命時期的剪辮子、禁纏足、廢跪拜等），都能放在當時的歷史條件下進行具體分析；對所涉及的人物，不論其角色如何，也絕不是簡單地扣個政治帽子了事，而是力求通過具體分析，把他寫成有血有肉有個性的人。譬如說，第六章中對那位「不戰不守不和，不死不降不走」的葉名琛的刻畫，對當時處中西折衝之局者三種類型的分析；第十八章中描寫二次革命失敗後的國民黨人和進步黨人的痛苦心情如何因人而異；⋯⋯這些篇章都寫得形象生動，人物具有個性特色，使讀者很自然地聯想起《史記》、《漢書》的列傳中所運用的筆法。

作者在第十九章論述新文化運動時寫了一段帶總結性的話：「八十年來，中國人從『師夷之長技以制夷』開始，進而『中體西用』，進而自由平等博愛，進而民主和科學。在這個過程中，中國人認識世界同時又認識自身，其中每一步都伴隨着古今中西新舊之爭。」這裏所列舉的是 1840 年以來中國先進人物在文化意識上所經歷的主要環節，這些環節構成了文化上的古今中西新舊之爭的辯證發展線索，反映了中國人在奔向近代化過程中認識的逐步提高。經過許多志士仁人艱苦探索，人們終於認識到了應以「民主和科學」為評價文化的標準，「而後才可能有完全意義上的近代中國和近代中國人」。所以說：「中國人認識世界同時又認識自身。」而對世界和自身的認識當然都需要「史觀」。上述文化意識的每個發展環節實際上都以一定「史觀」為視角，而「史觀」也有其新陳代謝的運動。從魏

四

源提出「師夷之長技以制夷」到洋務運動中的早期改良派，都持「器變道不變」或「中體西用」說，他們為採納西學找根據，以「窮則變，變則通，通則久」的歷史變易觀取代頑固派的形而上學不變論。到了戊戌維新時期，康有為把公羊三世說的歷史變易觀改造為歷史進化論；嚴復批判了「中體西用」說，把西方的進化論系統地介紹到中國。這以後，中國的先進人物，不論是維新派還是革命派，在歷史觀上都主張進化論，並認為歷史進化的方向就是建立一個「自由平等博愛」的理想社會。新文化運動的倡導者高揚民主和科學之旗，他們本來都是進化論者，不過隨後發生了分化，陳獨秀和李大釗首先轉變為馬克思主義者。馬克思主義用社會存在來說明社會意識，用生產力和生產關係的矛盾運動來說明社會歷史進化過程，於是民主和科學的要求就被安放在唯物史觀的基礎上了。所以，同上述文化意識上的發展線索相聯繫，「史觀」也經歷了由歷史變易觀到進化論、再到唯物史觀的辯證發展過程。「五四」以後，中國的先進分子以唯物史觀作為觀察國家命運的工具，便促使中國革命由舊民主主義革命向新民主主義革命轉變。這就是中國人所作的「歷史的選擇」（本書最後一章即以此為標題）。

　　旭麓所用「近代中國」一詞，是指自 1840 年鴉片戰爭起至 1949 年中華人民共和國成立這個歷史時期。這個時期以「五四」（1919 年）為界可劃分為兩個段落：前八十年和後三十年。本書所寫，主要是前八十年的中國社會的新陳代謝過程，而對後三十年，只是在最後一章中附帶勾畫了幾筆而已。旭麓原計劃要寫一百一十年，但天不假年，只留下了前八十年的講稿。關於後三十年，雖然他主編過書，發表過許多文章，有很多獨到見解，但生前未能寫成系統化的講稿。這是令人十分遺憾的事！

　　一本真正有價值的學術著作，讀者可以從不同角度來汲取營養，而對後繼的學者來說，是只有通過它才能超過它的。本書就是這樣一本著作。我相信，它的出版，將會使廣大讀者得益；同時我也期待着青年史學家通過它來超過它。

1991 年 5 月

註　釋

1　《浮想錄》，見《陳旭麓學術文存》，1303、1372 頁，上海，上海人民出版社，1990。

2　《史學的煩惱》，見《陳旭麓學術文存》，1138 頁。

3　《關於中國近代史線索的思考》，見《陳旭麓學術文存》，1 頁。

第一章

漫長的封建社會

　　近代社會是從古代社會發展而來的。歷史的分期存在於歷史的延續之中，近代社會的變遷只有同古代社會的政治、經濟、文化結構以及與此聯繫的生活、風俗相對比，才能得到認識和說明。按照時下歷史研究和歷史教學的分類，「古代」一詞同時包括了上古和中古，但與近代直接榫接的，畢竟是中世紀封建社會。因此，為了勾勒近代社會嬗遞的脈絡，不能不對中國封建社會的輪廓作一種概略描述。

一、漫長的盤旋

中國的封建社會是漫長的。漫長，是與西方相比所得的結論。其含義可以歸結為兩點：

就時間跨度而言。西方的封建社會，從公元 476 年西羅馬滅亡起到 1640 年英國革命為止，前後一共一千一百六十四年。在中國，這段歷史年限的計算要複雜一些。封建社會的起點，目前至少有三種不同的算法。一種，從春秋戰國之交即公元前 476 年算起；另一種，從商鞅輔助秦孝公變法即公元前 365 年算起；還有一種，從秦始皇統一中國即公元前 221 年算起。應當說，三者都是言之成理各有依據的。[1] 分別以這三個年份為起點，算到 1840 年，各自都在兩千年以上，比西方多了一倍。如果按照西周封建說來計算，則還要向前推一千年，有三千年之久。

就歷史進程而言。在西方，1640 年英國革命的勝利，標誌着資本主義制度開始取代封建制度，由此，世界歷史進入了新的時期。當時的中國，正是明清之際。舊的封建王朝在農民戰爭的烈火中倒塌了，隨之，滿洲貴族的鐵騎橫掃南北，在兵燹的餘燼中建立起新的封建王朝，階級矛盾與民族矛盾的交錯重疊留下了斑斑血跡。出自那一代人之手的《虎口餘生記》、《汴圍濕襟錄》、《揚州十日記》、《嘉定屠城紀略》等等紀實文字，至今讀來，還會使人驚心動魄。但那多半是一種身世家國之變，歷史仍在舊圈子裏徐徐地盤旋而行。

從 1640 年到 1840 年，在這兩百年中，西方已經進入了這樣一個時期：「自然力的征服，機器的採用，化學在工業和農業中的應用，輪船的行駛，鐵路的通行，電報的使用，整個整個大陸的開墾，河川的通航，彷彿用法術從地下呼喚出來的大量人口，——過去哪一個世紀料想到在社會勞動裏蘊藏有這樣的生產力呢？」[2] 與之相比，同一時間裏的中國卻景物依舊：成千上萬胼手胝足、輾轉溝壑的小農背負着一代一代歌謳唐虞盛世、高談名物考據或性心理義的士人。一面是，

布穀屋檐喚早耕，農夫驚起多歎聲。
瓶儲無粟誰負耒，徵稅煎迫難逃生。
商賈握錢列市肆，舉債償息什加四。

且救眼前貪入手，半供縣官半胥吏。

耕場磷磷稻芒垂，共道年豐慰宿期。

那知穫罷未入屋，已被商賈催納速。

一面是，

長安富人多似昔，九陌三衢馬連跡。

不為大賈非行商，謁選銓曹新貴客。

往來氣概終粗豪，衣冠炫人僮僕驕。

那須幾日相馳逐，金水橋邊揮籤速。

名州太守大邑宰，腐儒小生敢相觸。

擔夫觀者馳擔驚，多金遂成仕宦名。[3]

舊世界因成熟過度而在慢慢腐爛之中。即使在 1840 年之後，中國也並未進入資本主義，而是進入了一個變態的社會。這個時間表記錄了歷史的差距。沒有社會形態的質變，歷史只能在漫長的歲月中盤旋。

從 20 世紀 30 年代起，封建社會的長期延續就幾度成為吸引眾多中國人思考和論爭的題目。這個問題，固不妨見仁見智各有一得，但是，歸根結底，只有對社會構造既分析又綜合，才能說明社會的外觀。

二、土地的私有和買賣

在中國封建社會裏，土地是最基本的生產資料和主要財富。它同勞動的結合是以不平等的分配為前提的：佔人口少數的地主擁有最大部分土地；佔人口大多數的農民只有少量土地。雖說不同的時期和不同的地域，土地分配的不平等程度會有張有弛，但在一個王朝的休養生息之期過去之後，土地集中日漸成為南北東西的普遍現象。《東華續錄》1786 年（乾隆五十一年）記載了畢沅的一封奏摺，其中說：「豫省連歲不登，凡有恆產之家，往往變賣糊口。近更有於青黃不接之時，將轉瞬成熟麥地賤

價準賣。山西等處富戶，聞風赴豫，舉放利債，藉此準折地畝。貧民已經失業，雖遇豐稔之年，亦無憑藉。」[4] 地主隔省佔田，說明了他們在空間上的膨脹。在另一頭，則是「有恆產之家」失去土地的悲哀。這雖是一個例子，但它代表的趨向卻是封建社會的常態。這種分配驅使缺乏土地的農民同地主結成租佃關係；而後，佃農和自耕農一起，在零切碎割的土地上耕耘勞作，繁衍不息，組成了小農經濟的汪洋大海。土地提供了生存資料，但被割碎了的土地同時又限制着小農的視野、活動和發展。因此，小農經濟總是，以一家一戶的個體農民為基本的生產單位，這種生產單位同時又是自我消費單位；周而復始的簡單再生產；以家庭手工業附屬於農業。三者構成了自然經濟的內涵和本色，這就是支撐整個社會的基本經濟構造。顯然，它的穩定性就存在於它的保守性之中。

當然，處在自然經濟中的小農並非與商品全然不發生關係。《皇朝續文獻通考》說：「夫農民之常困於他途者，他途貧，謀口而止。而農民不但謀口而止，一畝之田，耒耜有費，籽種有費，鬻斛有費，僱募有費，祈賽有費，牛力有費；約而有計，率需錢千。」[5] 這裏提到的種種「有費」正是各類買賣。但在很多場合，這些用途又常常被「糊口」節樽掉了。

同西歐封授世襲的莊園經濟、印度的農村公社相比，中國封建社會經濟構造的顯著特點就在於土地的私有和買賣。這種特點帶來的直接結果是，土地在不斷集中的同時又不斷地分散。集中，是指地主階級通過兼併握有越來越多的土地。這一點是易見而又為人熟知的。但是，對這個階級中的個人來說，土地的集中又是不穩定的。皇室、貴族、官僚、地主，都可以用經濟的或非經濟的手段造成巨量的土地集中。但是，王朝更替，宦海風波，都會在短時間內引起所有權的大規模轉移。顧炎武讀《舊唐書》，因此感歎說：「世變日新，人情彌險，有以富厚之名而反使其後人無立錐之地者，亦不可不慮也。」[6]

更為常見的，則是因土地私有而發生的分家析產。漢代以後，中國在財產繼承方面長、幼、嫡、庶之別已趨淡化。《大清律例》中與此相關的條文說：「嫡庶子男，除有官蔭襲先盡嫡長子孫；其分析家財田產，不問妻、妾、婢生，止以子數均分。」[7] 多產之家往往多妻妾多子孫，而再多的田產也經不起一析再析，幾代之後，集中的土地又會化整為零。這是和土地集中同時存在的另一種趨向。

2

1

1　**耕織圖**　中國古代的小農經濟是一種遭受剝削的經濟，但也是一種獨立的經濟，一家一戶可以完成生產、消費、再生產的循環。

2　**賣席圖**　正如「分香賣履」是指代曹操的專有名詞，「販履編席」似乎也成了劉備的標配，從「賣席圖」，我們可大略推想一下「劉皇叔」當年的「草根」生活。

　　與之相伴隨的是，在對立的經濟等級之間，其個別成員可以相互對流。即一部分人由貧轉富，另一部分人則由富變貧。東漢末年的劉備，「中山靖王之後也，少孤貧，與母以販履為業」[8]。劉氏從天潢貴胄淪落而為販夫，如果要劃成分，恐怕已不能算是地主。還有富家子弟揮霍致貧的。《太平廣記》中提到過一個叫屈突仲任的人，「父卒時，家僮數十人，資數百萬，莊第甚眾，而仲任縱賞好色，荒飲博戲，賣易且盡，數年後，唯溫縣莊存焉，即貨易田疇，拆賣屋宇，又已盡矣」[9]。相反的例子也有。曾國藩的四世高祖曾應貞，就以業農貧困之人，發家而積聚數千金的田地產業。歙縣《濟陽江氏族譜》卷六《明處士溥公傳》說：「溥公字本潔（明人），宗勝公次子也。家故貧窶，勤於操作，以赤手起家。寓淮西南圩頭，致資二十餘萬，田地萬畝，牛羊犬馬稱是，家奴數十指，富甲一時。」卷九《明處士祥公傳》說：「祥公字德徵，壽公孫，正祚公子也。家故貧乏，不憚勞苦，早夜經營，年五十，家業始起，累資二十餘萬金，田連阡陌，富甲一方。」[10] 後兩個例子中的主人公似乎比曾國藩的先人本領更大。因此，在中國封建社會裏，往往是君子之澤，數世而斬。所謂「千年土地八百主」的諺語正是慣見人世滄桑之後的概括。除了曲阜衍聖公之外，很少有數百年不衰之家。這種財富佔有權的非連續性，無疑提供了一種彈性，使封建社會能夠弛緩地延續下去。

　　如果從生產者的角度加以比較，那麼，在中國封建社會裏，勞動力同土地的結合是實現於個體小農的一家一戶之中的。一家一戶可以完成生產、消費、再生產的循環，因此，中國的小農具有自己獨立的經濟。相比之下，西歐的農奴只不過是莊園經濟的一個部分。固然，小農經濟是一種遭受剝削的經濟，有它悲慘的一面：

　　春耕夏耘，秋獲冬臧，伐薪樵，治官府，給徭役；春不得避風塵，夏不得避暑熱，秋不得避陰雨，冬不得避寒凍，四時之間亡日休息；又私自送往迎來，弔死問疾，養孤長幼在其中。勤苦如此，尚復被水旱之災，急政暴（虐）[賦]，賦斂不時，朝令而暮改。[11]

但是，作為一種獨立的經濟，它又把生產者的收益同自己的勞動聯繫起來，可以寄託追求，這是另一面。由於這種兩面性的存在，遇到政治承平的年份，小農通過自己

的勞動而達到豐衣足食並不是不可能的。《宋書》記載說：「自晉氏遷流，迄於太元之世，百許年中，無風塵之警，區域之內，晏如也……自此以至大明之季，年逾六紀，民戶繁育，將曩時一矣。地廣野豐，民勤本業，一歲或稔，則數郡忘飢。」[12] 這些話當然是要打折扣的，然而透過作史者的諛詞，還是可以使人了解到：即使是動亂頻仍的南北朝時期，江左稍得域內晏如，小農仍可以有一點田園之樂。至盛唐時期，孟浩然曾這樣描寫當時的農家：

　　故人具雞黍，邀我至田家。綠樹村邊合，青山郭外斜。開軒面場圃，把酒話桑麻。待到重陽日，還來就菊花。[13]

其中不僅有詩人的逸致，也有小農的事業感情和理想境界。個體經濟限制了農民，農民又執著地依戀自己的個體經濟。就連後來洪秀全建造人間天國的藍圖，也是按照小農經濟設計的。問題的這一方面，難道同封建社會的長期延續沒有關係嗎？

三、官僚政治

　　在這種小農經濟的基礎之上，矗立着中央集權的封建君主專制制度。自秦始皇統一六國之後，皇帝就高高踞於權力的頂峰，俯視着塵土中碌碌勞作的黎民。在他的下面，依照品級和人數的反比，是上下相承、左右相連的一層一層官僚。這就是中國封建社會的政治構造。王亞南說過，「中國古典官僚政治形態」有三種「性格」：

　　（一）延續性——那是指中國官僚政治延續期間的悠久。它幾乎悠久到同中國傳統文化史相始終。（二）包容性——那是指中國官僚政治所包攝範圍的廣闊，即官僚政治的活動，同中國各種社會文化現象如倫理、宗教、法律、財產、藝術等等方面，發生了異常密切而協調的關係。（三）貫徹性——那是指中國官僚政治的支配作用有深入的影響，中國人的思想活動乃至他們的整個人生觀，都拘囚錮蔽在官僚政治所設定的樊籠中。[14]

他的歸納未必能夠代替專門的官制史研究，但卻刻畫了考據不容易捕捉到的神貌。

自從有了民主政治的理想之後，官僚政治就成為人們憎惡和抨擊的對象。這是理所當然的。但是，歷史地看，官僚政治的出現也有過它的必然性和合理性。在它之前，中國社會實行的是世卿世祿制，即政治權力和物質財富的等級世襲。《禮記・王制》說：「王者之制祿爵，公、侯、伯、子、男，凡五等。」春秋之世，國君「為天子之同姓者十之六，天子之勛戚者十之三，前代之遺留者十之一，國中之卿大夫皆公族也，皆世官也」[15]。秦始皇設職授官，從一面看，是官僚政治的開始，從另一面看卻是政治權力等級世襲的終止。這一改變，是春秋戰國時期貴族養士、聚徒講學以及隨之而來的處士橫議之風逐漸發展的結果。它從政治結構上保證了大一統帝國的存在。

由於設職授官，個人的才幹和能力便成為一種不可不論的標準，於是就產生了如何選拔人才的問題。兩漢時代實行過察舉，由三公九卿、郡國守相任之，「擇吏民之賢者」，薦於朝廷，這是那個時候選官與入仕的一種主要途徑。此外，天子直接聘人做官謂之「徵」，長官署任僚屬叫作「辟」。同時，還可以向政府納粟若干，自備車馬行裝到長安聽候朝廷選用，時稱「資選」。這些途徑為漢代的官僚政治提供過一些有用的人物，但未期則「台閣失選用於上，州郡輕貢舉於下。夫選用失於上，則牧守非其人矣；貢舉輕於下，則秀孝不得賢矣。故時人語曰：舉秀才，不知書。察孝廉，父別居。寒素清白濁如泥，高第良將怯如雞」。「於時懸爵而賣之，猶列肆也，爭津者買之，猶市人也。」[16] 於是，作為一種變革，產生了魏晉的九品中正制：「州郡皆置中正以定其選，擇州郡之賢有識鑒者為之，區別人物，第其高下。」[17] 這種由政府官員和民間人士共同品題以薦舉職官的做法，似乎比出於一人之意的察舉要少一點隨意性。因此，「其始造也，鄉邑清議，不拘爵位，褒貶所加，足為勸勵，猶有鄉論餘風」[18]。但後來「其州大中正、主簿，郡中正、功曹，皆取著姓士族為之，以定門冑，品藻人物」[19]。門閥世族控馭了選官制度後，遂使「上品無寒門，下品無勢族」[20]。這個過程，幾經周折，多所變化。同時又說明了官僚政治未臻完善。一直到隋唐，科舉制度的產生和確立，才最終使這個問題圓滿解決。呂思勉說：

科舉之善，在能破朋黨之私。前此九品中正之制無論矣，即漢世郡國選舉得之者，亦多能奔走標榜之人……惟科目聽其投牒，而試之以一日之短長，當其初行時，

尚無糊名易書之法，主司固得採取譽望，士子亦得託人薦達，或竟自以文字投謁。究之京城距士子之鄉土遠，試者與所試者關係不深，而輦轂之下，眾目昭彰，拔取苟或不公，又可加以覆試，亦不敢顯然舞弊。前此選舉，皆權在舉之人，士有應舉之才，而舉不之及，夫固無如之何。既可投牒自列，即不得不就而試之，應試者雖不必其皆見取，然終必於其中取出若干人。是不能應試者，有司雖欲循私舉之而不得。苟能應試，終必有若干人可以獲舉也。此實選舉之官循私舞弊之限制，而亦人人有服官之權之所以兌現於實也。[21]

在當時的條件下，這是一大發明。這種制度提供了布衣可以做宰相、可以為公卿、可以參政的機會。[22] 於是而有政治上社會對流的可能性。由此，官僚政治獲得了非常大的彈性。

　　追索封建社會之所以能漫漫綿延的歷史原因，不能不看到，由科舉制度所造成的官僚政治可以在社會對流中化解很大一部分社會緊張。但是，話又不能說過頭。中國封建社會的政治畢竟是官僚政治而不是平民政治。錢穆說：布衣可以為公卿，公卿亦可為布衣。後一句話其實並不可信。官僚政治取代了世卿世祿制度，但它在某種程度上又保留了後者的一部分變形物。布衣一旦做了公卿，不但握有政治權力，而且具備特殊身份和地位。儘管政治權力已經不能世襲了，但身份地位卻往往可以成為一種「世澤」而傳諸兒孫。於是而有地方上的豪紳和望族。陳康祺在《郎潛紀聞》中記述了「昆山徐氏科名之盛」，「三世四翰林」、「四世翰林」、「桐城張氏六代翰林」的故事。[23] 這些科第佳話，正反映了世澤的延續。在這裏，前人的精神影響和物質影響都會間接地為後代鋪平入仕之途。此外，官僚政治之下，蔭子蔭孫、子襲父爵的事又是在在有之的。因此，在中國傳統社會裏，又有突出的世襲觀念。

四、宗族和行會

　　附屬於上述政治構造的是各種社會組織。中國封建社會的官僚系統以縣令為末秩，但就政制而言，縣之下還設置都、圖、鄉、里、正等南北各地名目不一的鄉鎮組

織。更下面，則是直接滲入老百姓之中的保甲組織。兩者都是封建國家最基層的政治組織，但又在某些方面起着社會組織的作用，可以看作一種過渡物。

真正的社會組織，在農村，是家庭體系，即所謂宗法組織。這是封建社會最基本的組織，是中央集權君主專制主義官僚政治的基石。它不屬於行政體系，但它所起的作用是行政組織遠遠不能比擬的。宗族的存在，以血緣為紐帶，自成一種社會集體。宗祠、祖塋、族譜、族規、族長，以及場面盛大的祭祀構成了它的物質外殼。其靈魂則是「敬宗收族」。趙翼《陔餘叢考》說：「世所傳義門，以唐張公藝九世同居為最。然不自張氏始也。《後漢書》：樊重三世共財。繆彤兄弟四人皆同財業。及各娶妻，諸婦遂求分異，彤乃閉戶自撾。諸弟及婦聞之，悉謝罪。蔡邕與叔父從弟同居，三世不分財，鄉黨高其義。」[24]歷史學家對數世同居共財的人和事枚舉而歷數之，說明這一類事例即使在封建社會裏也不多見。但同姓同宗的村落卻遍地皆是。煙火連接，比屋而居，雖家與家分炊，但同一血緣合成了巨大的向心力。一個人的發跡，不僅可以榮宗耀祖，而且可以光彩惠及全族。所以，當趙太爺的兒子進了秀才的時候，阿Q要申明，他同趙太爺原來是本家。(《阿Q正傳》)這雖然是20世紀文學作品裏的人物，但卻逼真地反映了傳統家族制度下的心態。在相反的情況下，一個人犯罪，也會累及族人和家長。「唐、宋律脫戶者家長徒三年，無課役者減二等，明、清律，一戶全不附籍，有賦役者家長杖一百，無賦役者杖百十，將他人隱蔽在戶不報及相冒合戶附籍者同罪。晉時舉家逃亡，家長處斬。」[25]因此，家族要對個人負責，個人也要對家族負責。在中國，個人是被家族淹沒的。即使參加造反，例如太平天國起義時，也是一族一族而來的。當然，這是非常極端的例子。在更多的情況下，家法是與國法相通的，罪人同時也是逆子。《駁案新編》中有一則例子：

劉彩文（因偷竊同族劉章耕牛一頭）經族長劉賓斷令罰銀謝族後，即將劉彩文交劉公允領交劉陳氏（劉彩文之母）收管。彩文回家，欲賣陳氏膳田備酒。陳氏不允，彩文嚷鬧，將陳氏推倒。次日，劉賓、劉章、劉大嘴（劉章之子）、劉公允等赴劉陳氏家催索罰銀。陳氏聲述昨天情事，求幫同送官究治。劉賓云：「做賊不孝，不如埋死，以免族人後累。」陳氏不允。劉賓說：「如不埋死，定將賣膳田辦酒示罰。」劉賓即令劉大嘴取出弔狗細練（鏈）將劉彩文練（鏈）住，拉牽前走。彩文不肯走，劉

賓又令劉彩文之大功服兄劉文登在後幫推。陳氏攜帶稻草喚彩文之弟劉相劉牙同行，劉相中途逃走。劉牙哀哭求饒，劉賓不允，令劉文登挖坑，陳氏將稻草鋪墊坑內。劉賓隨令劉大嘴將練（鏈）解放，同劉大嘴將劉彩文推落下坑，劉文登與劉陳氏推土掩埋。[26]

這個過程是血淋淋的。它說明：為了維護封建社會的秩序，族規有時候比刑律更嚴酷。《四書》首篇《大學》中有一番道理，常被人概括為一句話，就是「修身齊家治國平天下」。天下之本在國，國之本在家。因此，個人對家族的態度和義務是同他對國家的態度和義務聯在一起的。「其為人也孝弟，而好犯上者，鮮矣；不好犯上，而好作亂者，未之有也。」[27]在二十四史眾多的列傳裏，凡忠臣必然又是孝子。可能其中會有不實之處。但即使是不實之處，也反映傳統觀念的強大，不難明白，家庭組織的存在，對封建社會的穩定和延續曾經起了多麼巨大的作用。

在城市裏，行會是主要的社會組織。行會以工商業中的行業為紐帶，是買賣人和手工業者的互助組織。《論語》中有「百工居肆以成其事」的說法；至明代田汝成撰《西湖遊覽志餘》，又有所謂「今三百六十行，各有市語，不相通用，倉猝聆之，竟不知為何等語也」[28]，都說明了工商業內分工之多。城市不同於農村的地方在於「奔走射利，皆五方之民」[29]。這些人離鄉背井，「或數年、或數十年，甚者成家室，長子孫，往往而有」[30]。他們與自己的宗族已經非常疏離了。當生老病死，天災人禍，失業破產襲來的時候，他們比宗族關係中的小農更孤獨。因此，以「行」為主幹的同業內部聯合互助就成為一種社會需要。而同業往往是同鄉，蘇州地區明清碑刻中常可見「切鋪均隸浙紹，在長元吳三邑各處，開張澆造燭鋪，城鄉共一百餘家」，「職等原籍常郡……遵例領帖納稅，開設豬行」，「身等原籍溧水等邑，在蘇開張水灶為業，緣異鄉投蘇，幫伙甚多」[31]等等文句。都說明了同業又同鄉在中國是慣見的。所以，行會多以「會館」、「公所」名。據《江蘇省明清以來碑刻資料選集》所載，其時蘇省的全浙會館、全晉會館、湖南會館、江西會館、兩廣會館、雲貴會館、江寧會館、嶺南會館、潮州會館、金華會館，以及浙紹公所、浙南公所、浙台餅業公所、蘭溪公所、江鎮公所等等，都是這一類組織。藉此可以助濟「業中失業、貧苦、身後無備以及異籍不能回鄉，捐資助棺、酌給盤費、置地設冢」[32]等等。但是，行會的互助是以限制

為前提的。因此，工商業者在接受互助的同時，也接受了控制：

　　蘇州金箔作，人少而利厚，收徒只許一人，蓋規例如此，不欲廣其傳也。有董司者，違眾獨收二徒。同行聞之，使去其一，不聽，眾忿甚，約期召董議事於公所。董既至，則同行先集者百數十人矣。首事四人，命於眾曰：董司敗壞行規，宜寸磔以釋眾怒。即將董裸而縛諸柱，命眾人各咬其肉，必盡乃已。四人者率眾向前，頃刻周遍，自頂至足，血肉模糊，與潰腐朽爛者無異，而呼號猶未絕也。[33]

行會的這個特點，使它長期成為城鎮封建秩序的主要維護者。

五、儒學定於一尊

　　凌駕於社會存在之上的，是相應的意識形態構造。中國傳統文化的主要部分，是以孔子為代表的儒學。孔學定於一尊的格局，是歷史地形成的。

　　春秋戰國百家爭鳴，以儒、墨、法、道為主流，儒、墨並稱顯學，而後，各家依次登台。秦始皇統一中國，帶來了法家的全盛。「史官非秦記皆燒之。非博士官所職，天下敢有藏《詩》、《書》、百家語者，悉詣守、尉雜燒之。有敢偶語《詩》、《書》者棄市。以古非今者族。吏見知不舉者與同罪。令下三十日不燒，黥為城旦。所不去者，醫藥卜筮種樹之書。若欲有學法令，以吏為師。」[34] 這些措置全部出於李斯的議請，極富法家辣手造乾坤的氣概。但煙雲過眼，來去匆匆，「坑灰未冷山東亂，劉項原來不讀書」。起而代之的，是西漢初年黃老之學。班固說：「周秦之敝，罔密文峻，而姦軌不勝。……漢興，掃除煩苛，與民休息。至於孝文，加之以恭儉。孝景遵業，五六十載之間，至於移風易俗，黎民醇厚。周云成康，漢言文景，美矣！」[35] 無為而治，恰恰是舊王朝有為過頭的結果。在這種轉化背後，起作用的是歷史辯證法。然而，時過而勢移，黃老之學也會失效。文景之後，「網疏而民富，役財驕溢，或至兼併豪黨之徒，以武斷於鄉曲。宗室有土公卿大夫以下，爭於奢侈」[36]。於是，歷史通過漢武帝把儒學扶上台來。據《漢書》所說，在這個過程裏，董仲舒是儒學由衰轉盛的一個中介人：「自武帝初立，魏其、武安侯為相而隆儒矣。及仲舒對冊，推明孔氏，

抑黜百家。立學校之官，州郡舉茂材孝廉，皆自仲舒發之。」[37] 從春秋戰國之際開始的社會經濟變動到這個時候已成為一種新秩序，與之相對應的是政治上前所未有的大一統。因此，中國社會需要一個統一的思想，用以反映、說明和維繫這種經濟局面和政治局面，而儒學則是最能適應這種需要的觀念形態。儒學的政治內容，歸結起來，可以列為三點：

（一）天道觀念。儒家言天，往往有不同含義。有的時候是指自然之天，而更多時候是指主宰之天。孔夫子碰到倒楣事，就常常自咒「天喪予」。這種主宰並不像基督教的上帝，有一個具體形象。但是它在冥冥之中禍惡福善、安排人世間的一切，它的意志謂之天命。這一點，經過董仲舒糅合陰陽家之言的着意發揮而更為突出：

> 天有五行，木火土金水是也。木生火，火生土，土生金，金生水，水為冬，金為秋，土為季夏，火為夏，木為春。春主生，夏主長，季夏主養，秋主收，冬主藏。藏，冬之所成也。是故父之所生，其子長之；父之所長，其子養之；父之所養，其子成之。[38]

而且：

> 惟人道為可以參天。天常以愛利為意，以養長為事，春秋冬夏皆其用也。王者亦常以愛利天下為意，以安樂一世為事，好惡喜怒而備用也。然而主好惡喜怒，乃天之春夏秋冬也。[39]

因此，

> 王者不可以不知天。……天意難見也，其道難理。是故明陽陰入出實虛之處，所以觀天之志。辨五行之本末順逆，小大廣狹，所以觀天道也。[40]

顯然，這種人格化了的天帶有相當大的神祕性。在這一觀念之下，借助於天的權威又樹起了皇帝的權威。所謂「王道之三綱，可求於天」[41]。新舊王朝的更替，寄託着天命所歸，皇帝的另一稱呼是天子，「唯天子受命於天，天下受命於天子」[42]，因此，聖旨詔書的開頭語，常多「奉天承運」。就這樣，皇權在觀念上同天道連在一起，

在世代承襲的過程中積澱而成傳統。中國封建社會裏，天道觀念的壓力是如此沉重而無法脫解，以至於逼上梁山的好漢也不得不舉起「替天行道」的旗幟來做打家劫舍的事業，用這一個「天」來對抗那一個「天」。

（二）大一統思想。這一思想在早期儒家中已經存在，但經過董仲舒之手而更能契合專制君權的需要。他說：「春秋大一統者，天地之常經，古今之通誼也。今師異道，人異論，百家殊方，指意不同，是以上亡以持一統；法制數變，下不知所守。」所以，「諸不在六藝之科孔子之術者，皆絕其道，勿使並進。邪辟之說滅息，然後統紀可一而法度可明，民知所從矣」[43]。孔學與「邪辟之說」的對立，不是一個學術問題，而是一個政治問題。因此，大一統的歸指是「一統乎天子」[44]。秦始皇實現了大一統，但他並不急於找到一種合適的理論來說明大一統的合理性和必然性。因為他所看到的，只是大一統取代分封的磅礡行進。在他手裏，理論是落後於歷史的。而漢武帝則不同。發生在景帝時期的吳楚七國之亂，可以說是歷歷在目。他看到了問題的另一面。因此，歷史和理論在他所代表的那個時代裏重新獲得了統一。儒家的大一統理論，曾經在漫長的封建社會中成為凝固力，反對和制止了可能出現的分裂傾向。但是，大一統總是維護中央集權的專制主義的，它又排斥了一些不應當排斥的東西，並由此而阻礙了社會的發展。

（三）綱常倫理。自兩漢以來這就是維繫封建制度的精神力量，而經宋明理學激揚之後，綱常倫理遂等同於「天理」，尤愈膨脹而愈苛嚴。後來戴震作《孟子字義疏證》，慨乎宋以來儒者存天理、滅人慾之說，以為：

　　人知老莊、釋氏異於聖人，聞其無欲之說，猶未之信也；於宋儒，則信以為同於聖人；理欲之分，人人能言之。故今之治人者，視古賢聖體民之情，遂民之欲，多出於鄙細隱曲，不措諸意，不足為怪；而及其責以理也，不難舉曠世之高節，著於義而罪之。尊者以理責卑，長者以理責幼，貴者以理責賤，雖失，謂之順；卑者、幼者、賤者以理爭之，雖得，謂之逆。於是下之人不能以天下之同情、天下所同欲達之於上；上以理責其下，而在下之罪，人人不勝指數。人死於法，猶有憐之者；死於理，其誰憐之！[45]

雖然他仍然站在儒學的立場，但他對宋儒的憤詞正說出了綱常倫理對人性的桎梏之深。

從「五四」開始，我們對儒學中的這一部分攻擊最多正是勢所必至，理所必然。

這三者相互聯繫，對中國兩千年來的社會所造成的影響可謂淪肌浹髓。李卓吾說：「二千年以來無議論，非無議論也，以孔夫子之議論為議論，此其所以無議論也。二千年以來無是非，非無是非也，以孔夫子之是非為是非，此其所以無是非也。」[46] 在漫長的封建社會裏，儒學並非沒有變化。梁任公說：「寢假而孔子變為董江都、何邵公矣，寢假而孔子變為馬季長、鄭康成矣，寢假而孔子變為韓昌黎、歐陽永叔矣，寢假而孔子變為程伊川、朱晦庵矣，寢假而孔子變為陸象山、王陽明矣，寢假而孔子變為紀曉嵐、阮芸台矣。」[47] 陶希聖則列過孔子七變。這些變化，說明了儒學的發展和豐富，也說明了儒家學派為維護其精神支柱地位所做的努力。

上列幾個方面互相連結和支撐，構成了封建社會的整體。要說明中國封建社會的長期延續，必須綜合考察這個整體。執一端論，可能不無理由，但是，真理不會是片面的。

過去描述封建社會的長期性，經常使用「停滯」、「阻滯」、「遲滯」三個詞。比較起來，後一個詞似乎更切當些。封建社會的長期性，並不意味着中國社會停滯，社會總還是在變化的。這種變化，因為微小，僅以前後相接的兩個朝代而論可能不太明顯，但隔開幾個朝代加以比較，是能夠看得出來的。可以說：代代相承，變化微漸。但是，在明清之際，中國社會一度出現過比較明顯的轉變跡象。主要是，（一）星星點點，互不聯繫的資本主義萌芽破土而出；（二）徐光啟、李之藻、宋應星、李時珍、方以智等人的科學思想的出現；（三）黃宗羲、唐甄的民主思想如流星過夜天。此外，還有後來出現的《癸巳類稿》、《鏡花緣》、《紅樓夢》。這些東西給中國社會帶來了新氣象，產生過明亮的火花。但是，它們在總體上又是微弱的，不能突破封建主義的硬殼。一直到龔自珍，還只能是「藥方只販古時丹」。在中國，新東西的出現只能在鴉片戰爭之後。

註　釋

1　我更贊成第一種意見。因為春秋戰國時期，從經濟基礎到上層建築的急劇變動最能說明社會形態的新舊交替。

2　《馬克思恩格斯選集》，2 版，第 1 卷，277 頁，北京，人民出版社，1995。

3　張應昌編：《清詩鐸》，161、617 頁，北京，中華書局，1960。

4　《東華續錄》，卷 40，乾隆五十一年，13 頁。

5　《皇朝續文獻通考》，卷 72，17 頁。

6　顧炎武：《日知錄》，卷 13，田宅。

7　《大清律例》，卷 8，戶律，戶役，「卑幼私擅用財」。

8　司馬光：《資治通鑒》，卷 60，漢紀 52，獻帝初平二年，1926~1927 頁，北京，中華書局，1956。

9　李昉等編：《太平廣記》，卷 100，668 頁，北京，中華書局，1961。

10　轉引自張海鵬等編：《明清徽商資料選編》，298 頁，合肥，黃山書社，1985。

11　班固：《漢書》，卷 24 上，食貨志第 4 上，1132 頁，北京，中華書局點校本，1962。

12　沈約：《宋書》，卷 54，列傳第 14，1540 頁，北京，中華書局點校本，1974。

13　孟浩然：《過故人莊》，見蘅塘退士編：《唐詩三百首》，卷 5，北京，中華書局，1959。

14　王亞南：《中國官僚政治研究》，38~39 頁，北京，中國社會科學出版社，1981。

15　夏曾佑：《中國古代史》，183 頁，北京，三聯書店，1955。

16　葛洪：《抱朴子》，外篇，審舉卷第 15，見《諸子集成》（8），127 頁，上海，世界書局，1935。

17　司馬光：《資治通鑒》，卷 69，魏紀 1，世祖文皇帝上黃初元年，2178 頁。

18　房玄齡：《晉書》，卷 36，列傳第 6，衞瓘，1058 頁，北京，中華書局點校本，1974。

19　歐陽修等：《新唐書》，卷 199，列傳第 124，儒學中，柳沖，5677 頁，北京，中華書局點校本，1975。

20　房玄齡：《晉書》，卷 45，列傳第 15，劉毅，1274 頁。

21　呂思勉：《中國制度史》，731 頁，上海，上海教育出版社，1985。

22　據《宋朝事實類苑》卷 13，宋真宗時期的宰相張齊賢「布衣時，倜儻有大度，孤貧落魄，常舍道上逆旅。有羣盜十餘人，飲食於逆旅之間，居人皆惶恐竄匿，齊賢徑前揖之，曰：『賤子貧困，欲就諸大夫求一醉飽，可乎？』盜喜曰：『秀才乃肯自屈，何不可者？顧吾輩麤疏，恐為秀才笑耳。』即延之坐」（150 頁，上海，上海古籍出版社，1981）。這一類例子，在歷代筆記小說中並不罕見。

23　參見陳康祺：《郎潛紀聞》，上冊，92~93 頁，北京，中華書局，1984。

24　趙翼：《陔餘叢考》，卷 39，「累世同居」，853 頁，上海，商務印書館，1957。

25　瞿同祖：《中國法律與中國社會》，26 頁，北京，中華書局，1981。

26　瞿同祖：《中國法律與中國社會》，24~25 頁。

27　《論語‧學而第一》，見朱熹：《四書集注》，70 頁，長沙，岳麓書社，1985。

28　田汝成：《西湖遊覽志餘》，卷 25，453 頁，上海，上海古籍出版社，1980。

29　謝肇淛：《五雜俎》，卷 3，87 頁，襟霞閣主人，1935。

30　《蘇州新修陝西會館記》。原碑在蘇州山塘街陝西會館。見傅築夫：《中國經濟史論叢》，
　　下冊，479 頁，北京，三聯書店，1985。

31　《蘇州府為燭業東越會館規定各店按月捐款以作春秋祭費准予備案碑》，《蘇州府為毗陵
　　會館豬業公所規定豬業⋯⋯照時價碑》，《蘇州府禁止不安分之徒勾串匪類藉端向水爐
　　公所索擾碑》，均見傅築夫：《中國經濟史論叢》，下冊，478 頁。

32　《蘇州府為胡壽康等設局指捐綢緞業善舉永禁地匪滋擾各綢莊照議扣捐毋得以多交少
　　碑》，見傅築夫：《中國經濟史論叢》，下冊，485 頁。

33　黃鈞宰：《金壺七墨‧逸墨》，卷 2，「金箔作」，上海掃葉山房，1895。

34　司馬遷：《史記》，卷 6，秦始皇本紀第 6，255 頁，北京，中華書局點校本，1959。

35　班固：《漢書》，卷 5，景帝紀第 5，153 頁。

36　司馬遷：《史記》，卷 30，平準書第 8，1420 頁。

37　班固：《漢書》，卷 56，董仲舒傳第 26，2525 頁。

38　董仲舒：《春秋繁露》，卷 10，五行對第 38，379~380 頁，北京，中華書局，1975。

39　董仲舒：《春秋繁露》，卷 11，王道通三第 44，403 頁。

40　董仲舒：《春秋繁露》，卷 17，天地陰陽第 81，600 頁。

41　董仲舒：《春秋繁露》，卷 12，基義第 53，434 頁。

42　董仲舒：《春秋繁露》，卷 11，人者天第 41，386 頁。

43　班固：《漢書》，卷 56，董仲舒傳第 26，2523 頁。

44　董仲舒：《春秋繁露》，卷 6，符瑞 16，197 頁。

45　戴震：《孟子字義疏證》，10 頁，北京，中華書局，1982。

46　轉引自《吳虞集》，65 頁，成都，四川人民出版社，1985。

47　梁啟超：〈保教非所以尊孔論〉，載《新民叢報》，1902 年第 2 期。

第二章

東方與西方

在很長的時期裏，中國把西方叫作泰西，西方把中國叫作遠東。泰西和遠東實際上代表了歐亞大陸的東西兩端。歷史地説，西方看東方也好，東方看西方也好，都曾經是遙遙相隔的天涯一端，來自彼地的種種傳説中既包含着可靠的真知，也不乏離奇的臆想。

一、東西對視，隔霧看花

　　如果追溯得遠一點，從地下發掘出來的文物可以說明，東方和西方的交往早在新石器時代就已經存在。後來，周穆王出巡至西王母之邦，幾「樂而忘歸」。「西王母」之名因此而常見諸古籍。《山海經》說：西王母居昆侖之丘，在西海之南，流沙之濱，赤水之後，黑水之前，「其狀如人，豹尾虎齒而善嘯，蓬髮戴勝」[1]。雖說後人多把這種記述看作神話，但其中至少流露出古代中國人對當時被他們視為西方事物者言之津津的興趣。比較有具體軌跡可尋的，應是漢代以來的絲綢之路。它以敦煌為起點，經過新疆，迤邐而達地中海東岸，然後轉入羅馬各地。這條路是兩千多年前中西陸上交通的紐帶，曾經對東方和西方經濟文化交流起過很大作用，也使古代中國人不斷獲得中華之外另一個世界的知識。《後漢書‧西域傳》說：

　　大秦國一名犁鞬，以在海西，亦云海西國。地方數千里，有四百餘城。小國役屬者數十。以石為城郭，列置郵亭，皆堊塈之。有松柏諸木百草。人俗力田作，多種樹蠶桑。皆髡頭而衣文繡，乘輜軿白蓋小車，出入擊鼓，建旌旗幡幟。

　　所居城邑，周圜百餘里。城中有五宮，相去各十里。宮室皆以水精為柱，食器亦然。其王日遊一宮，聽事五日而後遍。常使一人持囊隨王車，人有言事者，即以書投囊中，王至宮發省，理其枉直。各有官曹文書。[2]

這是中國史書關於羅馬帝國的最早綜述。一個半世紀之後《魏書》敍述同一內容，則更見詳備：

　　大秦國，一名黎軒，都安都城。從條支西渡海曲一萬里，去代三萬九千四百里。其海傍出，猶渤海也，而東西與渤海相望，蓋自然之理。地方六千里，居兩海之間。其地平正，人居星佈。其王都城分為五城，各方五里，周六十里。王居中城。城置八臣以主四方，而王城亦置八臣，分主四城。若謀國事及四方有不決者，則四城之臣集議王所，王自聽之，然後施行。王三年一出觀風化，人有冤枉詣王訴訟者，當方之臣小則讓責，大則黜退，令其舉賢人以代之。其人端正長大，衣服車旗擬儀中國，

故外域謂之大秦。[3]

　　比較起來，後者對於前者的補充與修正是明顯的。這種補充與修正當然是一個半世紀中西交往深入的結果。

　　以絲綢名東西交通之路，固然說明那個時候東方與西方的交流以中國為主，但交流總不會是單向的。來自西方的器物、工技、藝術、植物、習俗以至意識形態也從同一渠道源源流入中國。唐代的長安，是當時中西交往最重要的大都市。在那裏，外來風俗曾經進入民間和宮廷的生活，造成過種種變化。「武德、貞觀之時，宮人騎馬者，依齊、隋舊制，多著冪䍦。雖發自戎夷，而全身障蔽，不欲途路窺之。王公之家，亦同此制。永徽之後，皆用帷帽，拖裙到頸，漸為淺露。尋下敕禁斷，初雖暫息，旋又仍舊。」至「則天之後，帷帽大行，冪䍦漸息。中宗即位，宮禁寬弛，公私婦人，無復冪䍦之制。開元初，從駕宮人騎馬者，皆著胡帽，靚妝露面，無復障蔽。士庶之家，又相仿效，帷帽之制，絕不行用。俄又露髻馳騁，或有著丈夫衣服靴衫，而尊卑內外，斯一貫矣」[4]。冪䍦、帷帽、胡帽、靴衫都是從波斯或吐谷渾之類的異族中取來的東西。它們一旦為漢人喜愛和接受，就是帝王的敕旨也無法驅逐。在同一個時期裏，出自西胡的䭔䭅、饆饠、搭納、燒餅、胡餅和葡萄酒、三勒漿、龍膏酒似乎也很對中國人的胃口，不僅多見於長安市中，而且「貴人御饌，盡供胡食」[5]。在衣與食之外，同樣的變化又見之於那個時候的藝術。來自異國的龜茲樂、天竺樂、西涼樂、高昌樂與中國傳統的雅樂、古樂混融促成了聲樂、舞樂、器樂的嬗蛻，令人耳目一新。元稹說：「女為胡婦學胡妝，伎進胡音務胡樂。火鳳聲沉多咽絕，春鶯囀罷長蕭索。胡音胡騎與胡妝，五十年來競紛泊。」[6]是這種情況的留詩立照。胡俗是外來的東西，但中國文化史上曾不止一次地出現過胡俗化為儒雅俗的變化。

　　絲綢之路是一個美麗而富有詩意的名稱，但對躬行於其間的人們來說，它又是一條艱辛而遙遠的道路。元代來到東方的著名威尼斯人馬可‧波羅，於 1271 年從地中海東岸出發，等他踏進中國敦煌轉入上都（今內蒙古多倫西北）的時候，已經是1275 年了。這一段路，他輾轉跋涉，經歷了四年，可見其曲折艱辛。離家的時候，馬可‧波羅只有十七歲。在十多個世紀裏，經絲綢之路東來的歐洲人中，他無疑是十分年輕的。然而直到二十一年以後，他才在泉州登上海舶踏入歸途。其間，馬可‧波羅

1

2

1 馬可·波羅　歐洲首個「中國通」商人、官員、
　旅客、冒險家、軍人、語言天才、講古佬……
　你要什麼身份，他都能給出，這就是馬可·波
　羅。在他之前，歐洲人對蒙古帝國所知有限，
　他們不是認為那裏荒無人煙，就是說彼處都是
　野獸和妖魔。但馬可·波羅帶回了完全不同的
　版本。他的《馬可·波羅遊記》，先是引起整個
　歐洲的懷疑，繼而激起整個歐洲的想像力。

2 戴胡帽、佩蹀躞帶的婦女（陝西西安出土石刻
　摹本）　當年連帝王敕旨也無法禁絕的胡服，為
　何擁有如此多的唐人粉絲？我們可從圖中窺得
　一二風采。這是唐代胡服比較常見的形式，即
　翻領窄袖袍、條紋小口褲、透空軟錦靴和錦繡
　渾脫帽，還佩有蹀躞帶。

在中國「習漢語，旁及蒙古、回鶻、西夏、西藏等文字，（元）世祖甚喜愛之，任官十七年。屢請返國，不許」[7]。這種經歷，使他取得了無人可以匹敵的向歐洲介紹中國的資格。

在相當長的時間裏，西方人對東方和中國的了解曾是支離而且隔膜的，希臘羅馬時代的不里尼烏斯（Caius Plinius Secundus，今譯為大普林尼——編按）作《博物志》，以「絲國」稱中華。據他描述，絲國人「是以樹林中所產的毛（即絲）出名的。他們在樹葉上灑上水，然後由婦女們以加倍的工作來整理，並織成線。靠着在那麼遠的地方，那麼繁重的手工，我們的貴婦人才能在公共場所，光耀奪目。絲國人固溫良可親，但不願與人為伍，一如鳥獸，他們也只等待別人來和他們交易」。七個世紀之後，東羅馬歷史學家西莫喀達（Toeophylactus Simocata）在《莫利斯皇帝大事記》一書中提到中國，其記聞已稍能近實：「篤伽司脫（Taugast）國主，號曰『戴山』，意為上帝之子。國內寧謐，無亂事，因皇帝乃生而為皇者。人民敬偶像，法律公正，其生活充滿智慧。國俗禁男子用金飾，其效力與法律同。但其國盛產金銀，而又善經商。」這裏的「篤伽司脫」本是「大漢」或「大魏」的譯音，而「戴山」當由「天子」轉音而來。12世紀中葉，西方教士柏朗嘉賓等曾銜命使華。其遊記第九章敍中國事類，但觀察和記述都不能脫宗教口吻：「其國歷史記其祖先事實。國有隱士遁跡山林。有特備屋宇，類吾國之教堂，專供祈禱之用。有聖人甚多，深信世間僅有一真主。亦禮拜崇敬吾教之耶穌基督。又信靈魂不死之說，皆與吾人相同，惟無洗禮。其人亦敬信吾人之聖經，禮愛基督徒。好施捨，以濟貧乏。其俗謙讓溫恭，無鬚，貌與蒙古人同，而不及其寬。自有言語。工藝之精，世無其匹。地極富饒，盛產五穀、酒、金、銀、絲及各種養生之物。」[8]

馬可‧波羅口述的遊記，第一次以一個僑居中國十七年之久的歐洲人的眼光勾繪了中國社會概貌。它的問世，使西方人知道了中國廣闊的國土，「連綿不斷的城市和邑鎮」，「幽美的葡萄園、田野和花園」，佛教僧侶的「許多廟宇」，大量出產的「織錦和許多精美的塔夫綢」，以及「一路上有的是為旅客設置的上好旅館」。這些描寫，最初曾「引起了整個歐洲的懷疑，接着是激起了整個歐洲的想像力」，以至於「十五世紀歐洲的傳奇，充滿着馬可‧波羅的故事裏的名字，如契丹、汗八里之類」[9]。他們從遊記中看到的東方的富庶，又成為驅動西人東來的巨大誘惑。據說，哥倫布就是讀

其書而有志於東行者。從馬可・波羅一個人身上，可以透視這一時期的中西關係。在
《馬可・波羅遊記》之前，取經僧玄奘寫過《大唐西域記》，以一個中國人的眼光攝下
了種種域外風物。從文化交流史上說，這是兩本可以比美的著作。但在中國，《大唐
西域記》從來沒有激起過那麼多的想像力。自《史記・大宛傳》開始，二十四史都設
有專門記載外國情況的篇目。應當說，歷史上的中國並非閉塞的孤島，它一直在注視
着自己以外的其他國家。但是，直到清初編纂的《明史》，能夠明白列舉的歐洲國家
還只有四個，即佛郎機（指葡萄牙，但有時又兼指西班牙），呂宋（現在的馬尼拉一
帶，當時此地為西班牙所佔，所以實際上是指西班牙），和蘭（荷蘭），意大利。在
《明史》的初稿中，意大利是寫成歐羅巴的。雖然後來改了過來，但把意大利當成整
個歐洲，畢竟反映了知識上的模糊。在漫長的中世紀裏，東方和西方之間的空間實在
是太大了。生產力的落後決定了交往方式的落後，而落後的交往方式是無法突破空間
限制的。中國人稱羅馬為犁靬、大秦，而西方人稱中國為絲國、支那、契丹。互相對
視，但又如隔霧看花，一個世紀接着一個世紀，西方人看東方是神祕的東方，東方人
看西方是奇異的西方。

二、鄭和下西洋與地理大發現

15 世紀，東西方之間好像出現了一場航海競賽。從 1405 年到 1433 年，二十八
年中，鄭和七次出使西洋（中國南海以西的海洋及近海各地）。他所率領的艦隊弘舸
連舳，巨艦接艫，歷經三十多個國家，航程的最西一端是非洲東海岸。我們今天讚美
鄭和，因為他七下西洋溝通了中國同西亞諸國多方面的聯繫，而當時出使隨員留下的
名為《瀛涯勝覽》（馬歡）、《星槎勝覽》（費信）、《西洋番國志》（鞏珍）的海外見聞
錄也為東西文化交流保存了一部分很有價值的歷史材料。但是，1435 年，隨着鄭和
的死去，中國遠航船隊的帆影也在海面上消失了。而在西方，半個世紀之後卻迭連出
現了三個著名人物。1492 年，意大利人哥倫布橫渡大西洋發現了美洲新大陸。[10] 1497
年，葡萄牙人達・伽馬繞過非洲好望角，於第二年到達印度。他是第一個通過海路從
西方來到東方的人。1519 年，葡萄牙人麥哲倫渡過大西洋，沿美洲大陸向西進入太

平洋。雖然他本人在中途被戕殺於菲律賓，但他的船隊繼續航行，並於 1522 年返回歐洲。歷三年之久，繞地球一周。這次航行證實了我們居住的大地在構造上是一個球形。三者的事業，從地理上溝通了歐、美、亞、非之間的關係。謂之「地理大發現」是名副其實的。1530 年，人文主義者讓‧斐納說：「由於我們航海家的勇敢，大洋被橫渡了，新島嶼被發現了，印度的一些僻遠隱蔽的地方，揭露出來了。西方大洲，即所謂新世界，為我們祖先所不知的，現已大部明了了。在所有這些方面，以及在有關天文學的方面，柏拉圖、亞理斯多德（亞里士多德）和古哲學家們都曾獲得進步，而托勒密更大有增益。然而假使這些人當中有一位今天重來的話，他會發現地理已改變得認不出來了。我們時代的航海家給我們一個新地球。」[11] 從此，歷史在很大的程度上成為世界的歷史，在這個意義上應當說，他們的航程是劃時代的。

如果要做比較，其結果是令人深思的。從時間上說，鄭和首次出海比哥倫布橫渡大西洋要早八十七年。論船隊規模，鄭和七下西洋，人數多半在兩萬七千人以上；而哥倫布、達‧伽馬、麥哲倫所統水手分別是八十七人、一百四十多人、二百六十多人。同鄭和比，是小巫見大巫了。而且，當時中國的海船大者可載物千噸以上，「長四十四丈四尺，闊一十八丈」，「篷帆錨舵，非二三百人莫能舉動」[12]。但哥倫布開到美洲去的船，卻只要幾十人就可以操縱自如了。無疑，中國人曾經佔有多方面的優勢。然而，地理大發現最後並不是在中國人手裏完成的。在這裏，聲勢之大同果實之小是不成比例的。後人讀史，會非常自然地問：其故安在？

由對比而產生的問題，可以從進一步的對比中得到說明。

在西方，當哥倫布、達‧伽馬、麥哲倫先後駛向萬頃波濤的時候，為他們導航的，不僅有指南針，而且有文藝復興時期的天文學和地理學。據研治科學史的英國學人貝爾納說，那個時候的歐洲：

礦業和金屬的各項技術發展，得益於科學者無幾，但很有助於科學。但是向歐洲資本主義企業開闢全世界的歷次重要遠洋航行，情形就不然了。這些是為了光榮和利益服務而有意識地最初應用天文和地理科學而獲得的成果。意大利和德國城市，如威尼斯、熱那亞，甚至內地的佛羅倫薩和努恩堡，都因貿易廣泛，在理論方面自應處於領導地位。由於 13 世紀老旅行家馬可‧波羅（Marco Polo）和魯布立格（Rubriguis）等的報告，以

及近世航海所獲的結果，使希臘地理學復活並得到擴展，以合於當時最新的知識。同時，意大利人和德國人改進了天文學在航海術上的應用，並首創一種運動，把天文表做得足夠準確和簡單，使水手都會用，更把地圖弄成可在其上繪製航線。[13]

沒有這些東西，西班牙人和葡萄牙人強悍的冒險精神只會是海面上的一股盲流。鄭和的船上，也有羅盤，但是，當時的中國人還只知道天圓地方。天圓地方與西方人「地圓說」的不同，反映了東西航海科學前提的不同。「不論哥倫布本人的一些內心動機怎樣神祕，他航海的得到支持，全靠有人從實際上來估計證實一條科學假設後所可期待得到的收穫。」[14] 正如理論是革命的先導一樣，理論（包括假說）也曾是地理大發現的先導。

哥倫布、達‧伽馬和麥哲倫在西方航海史上是迭連出現的。三者在縱向上前後相承，在橫向上獨立完成各自的創舉，在他們的前後左右，還有一大批那個時候的二流和三流航海家，由此構成了整個地理大發現。而鄭和七下西洋，卻是前無古人，後無來者，樓船東返，海域寂寞。

西方的航海者之所以冒險犯難，百折不撓，孜孜以向東方，有着十字軍最後努力的宗教背景，但更大的原因在於神祕的東方有大量而且易取的黃金、香料和其他貨利之物，當時，有個叫篤斯加內里（Paolodel Pozzo Toscanelli）的佛羅倫薩人曾告訴哥倫布若干有關中國的傳聞：「各地商賈，販運商貨，即合全世界計之，亦不及刺桐（泉州）一港，每年有巨舶百艘，載運胡椒至刺桐，裝其他香料之船舶，猶未計及也。其國人口眾多，富庶無匹；邦省城邑之多，不可勝數，皆臣屬於大汗（Gran Can），大汗者，拉丁文所謂『萬王之王』（Rex regum）也。」而且「各城皆有大理石築成之橋，橋頭飾以石柱」。在這個地方，「金、銀、珍寶與香料，所在皆是，可以致富」[15]。透過這種對東方世界並不真實的意識，可以看到：芽蘗初生的資本主義生產方式正在渴求原始積累，並因此而推動一批一批人走向世界，尋找財富。在航海者的背後有着生產力的要求和經濟的動力。但鄭和出使西洋卻是宣揚國威，使域外人得以一睹泱泱大國的漢官威儀。也有人說，「成祖西洋之舟發，不亦勞乎，鄭和之泛海也，胡濙之頒書也，國有大疑云爾」[16]。所以，如果要說尋找，那麼他所尋的不是財富，而是下落不明的建文帝。他的船隊同中國社會經濟發展的內在要求並沒有必然的聯繫。

2

1

1 鄭和　鄭和首次出航比哥倫布發現美洲大陸早八十七年,其船隊規模亦遠大於哥倫布等人。可惜,七下西洋,前無古人,後無來者,樓船東返,海域寂寞。

2 哥倫布　鄭和出使西洋主要為了宣揚國威,哥倫布等人則以「光榮和利益」,以及文藝復興時期的天文學和地理學為導航,目的是探險,同時證明地球是圓的。

三、強韌持久的進取與保守防範的抵拒

地理大發現後，地理距離所造成的空間障礙比過去變得容易超越了，世界格局發生了大變化：西方盛行殖民主義，東方變作殖民地。地理大發現是世界歷史上的一大功績，殖民主義原始積累則是滔滔罪惡。但功績和罪惡又常常不那麼容易一截為二。恩格斯說：「自從階級對立產生以來，正是人的惡劣的情慾——貪慾和權勢慾成了歷史發展的槓桿，關於這方面，例如封建制度的和資產階級的歷史就是一個獨一無二的持續不斷的證明。」[17] 沒有罪惡，歷史的停滯打不破，也就不會有進步。

在這個過程中，陸續東來的西方人先後佔據了中國周圍的國家，逐步接近中國，向中國窺視：1517 年，葡萄牙人駕船進入廣東海面，並於 1554 年踏上澳門。1575 年，西班牙人開始出現在福建沿海。1601 年，荷蘭人首次到達廣州，並在二十一年後強佔澎湖，進而侵奪台灣，直到 1662 年被鄭成功驅逐。1591 年，英國開始走向東方；1596 年，伊麗莎白女王給中國皇帝寫了一封沒有送到的信，要求通商；1600 年，東印度公司成立；1637 年，英國船隻第一次來到中國。而三十五年前（即1602 年），法國人的船隻已經到達東方。相比之下，美國是姍姍遲來者。1784 年，美國航船才出現在廣州，帶着一個傾慕東方的名字，叫作「中國皇后」號。地理大發現主要由葡萄牙、西班牙完成。因此，在 16 世紀和 17 世紀，它們分別具有在東方的優勢。直到 18 世紀，才開始了英國頭角崢嶸的時代。

從《馬可·波羅遊記》問世起，西方人就憧憬、羨慕、嚮往着東方。16 世紀，他們終於來到了這個地方，幾百年夢一樣的幻想實現了，中國這一古老的東方大國也因此而成為最大的獵取目標。但是，西方人可以來到中國的周圍，可以合法地或者非法地在中國沿海的某些區域活動，他們要跨進中華帝國沉沉的大門卻往往很難。那個時候，他們還沒有後來那麼多的「要挾狂悖」之氣。1655 年，荷蘭使節哥頁（Peter de Goyer）與開澤（Jacob de Keyzer）來到了北京。據說，「這兩位使節事事都順從中國人的要求。他們帶來貴重的禮物，並且聽憑這些禮物被人稱為貢物，自己也竟這樣稱呼它；他們也拜領了優厚的恩賜；他們俯伏在皇帝前面；他們在皇帝的聖諭、詔書和寶座之前恭行了三跪九叩首的禮節；他們情願以一個亞洲藩屬向宗主國來朝貢的使臣地位自居。他們希望用這種行為在中國取得貿易特權，像他們在日本以同樣手段所

取得的一樣；但他們所得的只不過是被准許每八年遣『使』一次，每次隨帶商船四艘而已」[18]。據馬士羅舉的《大事年表》，從這個時候開始到 1816 年，一百六十一年裏，西方的使節抵達北京，要求通商傳教不下十數次。[19] 他們是真正的叩關使者。雖然當他們離開紫禁城的時候，帶走的多半是深深的失望，但新的使者又會帶着新的希望再一次漂洋過海而來。一代一代的使者，體現了西方頑強的進取政策。在他們的背後，是成百上千、成千上萬的商人和傳教士。兩個世紀就是這樣過去的。

面對西方人強韌持久的進取之勢，中國的最後一個王朝卻越來越自覺地走向保守防範的抵拒。《乾隆御製詩》中有「間年外域有人來，寧可求全關不開。人事天時誠極盛，盈虛默念懼增哉」[20]，不失為吐露心聲之作。「寧可求全關不開」當作一種國策，表現了對西方人叩關的深深疑忌。這一點，東來的西方人並不是懵然無知的。馬戛爾尼說：「吾實未見中國禁止外人在北方各埠貿易之規定明文。其所云云，不過華人欲掩其真正動機，而不欲宣諸口者。彼等以為苟不如此，則恐外人之交際頻繁，有礙於安謐，而各界人等之服從上命，以維持皇威於不墜，乃中國政府唯一不易之格言。」[21]

明代的中國君臣，雖然並不歡迎渡海而來的西方人，但似乎還沒有後來那麼多的緊張和心機縝密的戒備。因此嘉靖以後，私人海上貿易能夠穿過法網的罅隙而急速地發展，並形成各種規模可觀的集團。這些私商與葡萄牙、西班牙、荷蘭都有貿易關係，由此，曾使美洲的大量白銀經呂宋而流入中國。在同一個時期裏，東來的傳教士也攜帶着西洋文化進入了宮廷和士大夫羣。教士之著名者如利瑪竇等且能在士林名流中覓得知音。時人與之詩文贈答，多推重之詞：「天地信無垠，小智安足擬。爰有西方人，來自八萬里。言慕中華風，深契吾儒理。著書多格言，結交皆賢士。淑詭良不矜，熙攘乃所鄙。聖化破九埏，殊方表同軌。于儒徒管窺，達觀自一視。我亦與之遊，冷（泠？——編按）然得深旨。」[22] 言辭一派和洽之氣。

但清代開國不久，即厲行海禁。閩粵首當其衝，「令下之日，挈妻負子載道路，處其居室，放火焚燒，片石不留，民死過半，枕藉道塗」，沿海一帶「火焚二個月，慘不可言」，往往數十里因之化為廢墟。而後立溝墻為界，「寸板不許下海，界外不許閒行，出界以違旨立殺」[23]。這種嚴酷的禁律，當然首先是針對台灣鄭成功的，但中國同西方沿海的貿易也因此瀕於斷絕。後來，國內欽天監一案，又涉及大批教士，詔

獄之下，西方人在中國的活動限制重重。

直到 1685 年，即康熙二十四年，清廷在收復台灣之後，才解除海禁，設粵、閩、浙、江四海關，允許西方諸國同沿海各省定期貿易。這反映了國土統一之後中國國力的強盛，也反映了作為封建帝王的康熙所具備的自信力。正因為自信，所以康熙不怕外國東西，並且肯學習外國東西。他本人對西方近代數學以及醫學和輿地之學都下過工夫。這種學養，使他更容易相信實證。欽天監教案的發難者楊光先，雖以「寧可使中夏無好曆法，不可使中夏有西洋人」為高調，但終因不知推算驗測而落職。傳教士南懷仁則經過實測驗證之後，成為再入欽天監的西洋人。中西關隘因此而鬆動了一段時期。

雍正時期，中國開始明令禁止傳教，這多少反映了羅馬教廷的規制與中國禮儀的矛盾，所謂「中國有中國之教，西洋有西洋之教。西洋之教，不必行於中國，亦如中國之教，豈能行於西洋？」[24] 於是，西方教士一批一批被驅逐回國。「其外府之天主堂，悉撤為公廨，內地人民入其教者出之」[25]。其間，雍正曾召見天主教司鐸巴多明、馮秉正、費隱，諭之曰：「教友惟認識爾等，一旦邊境有事，百姓惟爾等之命是從；雖現在不必顧慮及此，然苟千萬戰艦，來我海岸，則禍患大矣。」[26] 比之詔書中崇正學黜異端的體面話頭來，這裏說的要更近實一點。但這種意識形態的衝突一時尚未影響中西貿易。

直至 1756 年，多年不到浙江貿易的英國商船迭連北上寧波，引起乾隆疑慮：「顧向來洋船進口，俱由廣東之澳門等處，其至浙江之寧波者甚少。……近年乃多有專為貿易而至者。將來熟悉此路，進口船隻不免日增，是又成一市集之所。在國家綏遠通商，寧波原與澳門無異，但於此復多一市場，恐積久留居內地者益眾。海濱要地，殊非防微杜漸之道。」[27] 次年，他正式下令「將來止許在廣東收泊交易，不得再赴寧波。如或再來，必令原船返棹至廣，不准入浙江海口。豫令粵關傳諭該商等知悉」。並申明：「嗣後口岸定於廣東。」[28] 事情雖然是寧波一口引起的，但諭旨中的規定卻禁斷了廣東之外的一切中西貿易。從這個時候起，直到鴉片戰爭爆發，廣州成為中國對外的唯一孔道。

乾隆的基本精神就是通過限扼中西往來以守夷夏之界，與之相伴的是愈多天朝尊嚴的虛驕意識。1792 年（乾隆五十七年），英國使節馬戛爾尼來華謀求商務利益。

1
2

1 康熙　康熙幾乎與他的對手俄國沙皇彼得大帝一樣勤奮好學。有研究表明，康熙曾對西方科學技術很有興趣，還專門請了西方傳教士給他講授西學，內容包括天文學、數學、地理學、動物學、解剖學、音樂，甚至包括哲學。這固然體現了一個封建帝王的自信，可惜，歷史在此開了個玩笑：康熙只是為了滿足虛榮心而學習，他並未在全國推廣西學，而是沉浸在「獨樂樂」的沾沾自喜中。

2 乾隆朝服像　乾隆因英使馬戛爾尼一行「於禮節多未諳悉」，因而「心實為不愜」（心裏實在不爽），這已成為他傲慢自負、對英國極端無知的形象註腳。然而，近年來，有外國學者發現，馬戛爾尼離開北京時，乾隆頒佈了很多加強軍事防禦、防止英國襲擊的文件，由此他認為乾隆所謂的斤斤計較於外交禮儀，不過是一個煙幕彈，其真實反應是認為英國對清朝是一種軍事威脅。

但一經廣東巡撫郭世勳的「奏聞」，則變成了下國上貢。其辭曰：「臣等伏思前年恭遇皇上八旬萬壽，中外臚歡，凡邊塞夷王酋長，駢集都下，真曠古未逢之盛事。今英吉利國王遣使臣涉歷重洋，遠道祝嘏，具見凡有血氣，莫不尊親，芹曝微忱，自可仰邀垂鑒。」[29] 把英吉利國王歸入「邊塞夷王酋長」同類，雖是一種世界知識和地理知識的錯誤，但在慣於以華夏俯視四夷的人們眼中，正是應有之理。所以，當馬戛爾尼不願意以三跪九叩的儀式觀見中國君主的時候，乾隆不能不感到惱怒：「此次該使臣等前來熱河，於禮節多未諳悉，朕心實為不愜。伊等前此進京時，經過沿途各地方官款接供給，未免過於優待，以至該貢使等妄自驕矜。將來伊等回國……只須照例應付，不得踵事增華，徒滋煩費。此等無知外夷，亦不值加以優禮。」[30] 他把夷夏之間的不平等當作中外交往的前提。用這個前提去衡量馬戛爾尼，那位來自英吉利的勛爵便當然成了「無知」而且「妄自驕矜」之輩。

天朝尊嚴是一種意識，也是一種體制。著名的廣東十三行就是從這裏派生出的一種特產。在那個時代，政府不會讓對外貿易脫出統制，但為了天朝的體面，政府的官員又不能與夷商往來交際。這種矛盾，不能不借助於以官制商，以商制夷的辦法來解決。十三行的總商和行商們在貿易上是中外商人之間的中介，在外交上又是中國政府同夷商之間的中介，他們是外國人的貿易對手，又是外國人在華期間的保人和管制人。一身而兼二任，成為一種亦官亦商的東西。對於中國來說，十三行的出現維護了天朝的規制，而對西方商人來說，十三行卻隔斷了他們同中國民間和官方的聯繫。雖然這種做法常常引起西方人的憤懣，但在衝突激化之前，中國的君主和官、紳、商都不會覺察到其中的毛病。

從本質上說，用虛驕來維護天朝尊嚴同保守防範的意識總是內在聯繫在一起的。「夷」與「狄」是蔑視鄙薄之稱，但它又包含着「非我族類其心必異」的惕惕戒懼。因此，天朝人物雖然不屑接觸夷商，但又用一連串防範外夷條規，對西方商人的來、往、住、行都作了嚴格苛細的限制。《達衷集》一書收錄了18世紀後期英國大班波朗遞交中國當局的呈稟和兩廣總督長麟的批答，其中若干內容是可以反映那個時代的：

（呈）我夷人為身體怕有病，喜歡行走，到廣東不能進城，也不能到曠野地方活動，求大人查核，或准進城，或在城外指一個地方，或准騎馬，或准步行，我們就不

1 馬戛爾尼　被清朝君臣視為「無知外夷」的馬戛爾尼，非但不無知，還是一個經驗豐富的外交官和殖民主義的老手。他所帶領的英國使團雖未能達到打開中國門戶、擴張英國貿易的目的，但沿途搜集了大量有關中國政治、經濟、軍事的情報，為日後英國侵略中國做了資料準備。馬戛爾尼已敏銳發現，清朝「好比是一艘破爛不堪的頭等戰艦」，要擊敗它並不困難。從此，曾盛行歐洲的關於中國強盛富庶的看法開始改變。

2 十三行行商浩官　浩官是商名，其人本名伍秉鑒，在當時西方商界享有極高知名度，一度被稱為世界首富。他不僅在中國國內擁有地產、房產、茶園、店鋪等，還在大洋彼岸的美國進行鐵路投資、證券交易等，是名副其實的跨國商人。

3 廣東十三行　十三行是一個擁有商業特權的官商團體，由多家商行、洋行組成，實際上壟斷了當時中國的外貿市場。不過，到了鴉片戰爭之後，這種亦官亦商的現象風光不再。因為上海很快取代廣州成為中國對外貿易的中心。

1

2

3

生病了。

（批）查廣東人煙稠蜜（密），處處莊園，並無空餘地，若任其赴野閒遊，漢夷言語不通，必致滋生事故。但該夷等錮處夷館，或困倦生病，亦屬至情。嗣後應於每月初三、十八兩日，夷人若要略為散解，應令赴報，派人帶送海幢寺陳家花園，聽其遊散，以示體恤。但日落即要歸館，不准在被（彼）過夜。並責成行商嚴加管束，不准水手人等隨往滋事。

（呈）我們買賣船水手甚多，萬一有病，連別人都染了。或在河邊，或在海島，准我們蓋搭幾間草房子；有了病，就移他到草房子裏住，也好養病，也免染別人。

（批）查黃埔船到，向許在附近岸上暫蓋寮蓬（篷）數間，船去即行拆毀，已屬格外體恤。今若於黃埔改建草房，船來固可供夷人之棲止，船去交誰看守？若聽夷人自行看守，是須夷人在黃埔終年長住。彼處並無官署駐劄，倘有漢民赴彼擾詐，以及水火盜賊等事，不能防範。應毋庸議。[31]

據說，在那個時候的廣東，長麟還算是一個能夠寬待外人的大吏，但其批札卻極富睥睨與防範的本色。天朝尊嚴曾經是一個牢不可破的觀念。這主要是儒學長期浸潤的結果，而中國在地理環境上一邊沿海，一邊多山，中間幾條大河的構造，也便利於封閉式體系的產生和形成。生活在這種社會裏的人必然受到這種社會的影響。

以保守的對策來對付進取的政策，這種中西之間的態勢就是鴉片戰爭後一系列變化的基礎和原因。任何一個國家、地區，它與外國和外部地區的交通發達程度往往同其文化經濟的發展程度是成正比的。中國在世界民族之林中所處的被動局面，不是開始於鴉片戰爭，而是從鄭和航海以來已見端倪了。

註　釋

1　《山海經》，西山經第二，見《四部叢刊初編》（80），上海，商務印書館，1926。

2　范曄：《後漢書》，卷 88，西域傳第 78，2919 頁，北京，中華書局點校本，1965。

3　魏收：《魏書》，卷 120，列傳第 90，西域，2275~2276 頁，北京，中華書局點校本，1974。

4　劉昫等：《舊唐書》，卷 45，志第 25，輿服，1957 頁，北京，中華書局點校本，1975。

5　沈福偉：《中西文化交流史》，161~162 頁，上海，上海人民出版社，1985。

6　元稹：《元氏長慶集》，卷 24，法曲，358 頁，北京，文學古籍刊行社，1956。

7　方豪：《中西交通史》，518 頁，台北，中國文化大學出版部，1983。

8　方豪：《中西交通史》，179、365、514 頁。

9　[英] 赫·喬·韋爾斯：《世界史綱》，767、769 頁，北京，人民出版社，1982。

10　使用「發現」一詞並不意味着在哥倫布之前沒有人到過美洲，而是強調，正是由於他的發現，美洲大陸才首先吸引了世界的注意。

11　[英] 貝爾納：《歷史上的科學》，230 頁，北京，科學出版社，1981。

12　鞏珍：《西洋番國志》，自序，北京，中華書局，1961。

13　[英] 貝爾納：《歷史上的科學》，227 頁。

14　[英] 貝爾納：《歷史上的科學》，229 頁。

15　方豪：《中西交通史》，659 頁。

16　陳登原：《國史舊聞》，第 3 分冊，18 頁，北京，中華書局，1980。

17　《馬克思恩格斯選集》，2 版，第 4 卷，237 頁。

18　[美] 馬士：《中華帝國對外關係史》，第 1 卷，53 頁，北京，三聯書店，1957。

19　[美] 馬士：《中華帝國對外關係史》，大事年表。

20　《乾隆御製詩》5 集卷 26，丁未二，《上元燈詞》。

21　朱傑勤：《中外關係史譯叢》，216 頁，北京，海洋出版社，1984。

22　葉向高贈詩，見張維華：《明清之際中西關係簡史》，120 頁，濟南，齊魯書社，1987。

23　海外散人：《榕城紀聞》，陳鴻、陳邦賢：《清初蒲變小乘》，轉引自林仁川：《明末清初私人海上貿易》，429 頁，上海，華東師範大學出版社，1987。

24　雍正五年四月初八日上諭，見方豪：《中西交通史》，1026 頁。

25　雍正二年兩廣總督孔毓珣奏摺，見方豪：《中西交通史》，1026 頁。

26　馮秉正：《中國通史》XI 卷，400 頁，轉引自沈福偉：《中西文化交流史》，385 頁。

27　《大清高宗純皇帝實錄》，卷 516，16~17 頁，日本東京大藏出版株式會社印。

28　《大清高宗純皇帝實錄》，卷 550，24~25 頁。

29 郭廷以：《近代中國史》，第 1 冊，228 頁，上海，商務印書館，1947。

30 郭廷以：《近代中國史》，第 1 冊，235 頁。

31 許地山：《達衷集》，165~167 頁，上海，商務印書館，1931。

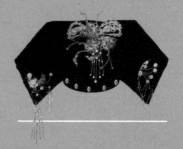

第三章

由盛轉衰的清王朝

　　當中國社會進入 19 世紀的時候，六十年乾隆盛世已經過去了。與「盛世」相比，19 世紀一開始就是暗淡無光的。孕育和蓄積於上一世紀的種種社會矛盾，在這個時候已經成為人口、財政、武備、吏治的種種難題。人心在變，士風也在變。民間的揭竿造反與士大夫的經世議論，表明了朝野皆為憂患所苦。這本是王朝由盛轉衰途中的歷史舊景，但海舶東來，由中西貿易而滲入中國的洋物和毒品，又給世變添加了新的內容。它們像天邊的烏雲一樣湧來，預示了這一世紀的多難與動盪。

一、盛世已經過去

　　從宋代以後，中國就少盛世。但 17、18 世紀，當封建社會快要敗落的時候，卻出現了康乾盛世[1]。這個褒稱源出舊史，然而並非全是無根之詞。新史鋪敍康熙乾隆之間的社會狀貌，由實及名，也常常會沿用或援引這一說法。清代盛世再現，是在滿族君權下作成的，其中有一些需要比較才能品味的意思。

　　明代中葉以後，帝王多晏居深宮，與朝臣壅隔，一派怠惰疲憊的遲暮氣象。尤甚者則不視朝，不御講筵，不親郊廟，不批章疏，甚至不補中外缺官。1596 年（萬曆二十四年），吏部尚書孫丕揚上疏說：「數月以來，廷推擱矣，行取停矣，年例廢矣。諸臣中或以功高優敍，或以資深量遷，或服闋而除補，或覆題而注授，其生平素履原不在擯棄之列者，乞體因政設官之意，念國步多事之時，將近日推補官員章疏簡發，間有注擬未當，亦乞明示別推酌補。」[2] 雖詞氣近乎哀求，然而結果是「疏入不報」，沒有激起一點迴響。而後，天啟一朝閹豎成禍。閹黨的弄權，既是君權懶倦的結果，也是君權懶倦的報應。等到崇禎當權，天下已經河潰魚爛。他極想振作，十七年裏用

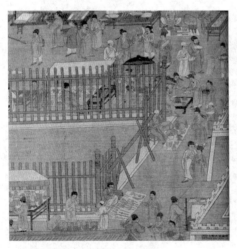

皇都積勝圖（局部）《皇都積勝圖》描繪了明朝中、後期的市井生活，再現了當年北京城的繁華。可惜，明朝中葉以後，朝野上下彌漫着遲暮氣象，等到崇禎時，天下早已不可收拾。所謂盛世，已成明日黃花。

了五十個宰相。然而「朝無久任之士，官有傳舍之情，主無信倚之誠，臣有脂韋之習」[3]。他的惶急和努力並不能撐持積久而成的土崩瓦解之局。後來，農民領袖兼大順朝皇帝李自成在檄文中說：「君非甚暗，孤立而煬蔽恆多；臣盡行私，罔上而公忠絕少。……公侯皆食肉紈袴，而倚為腹心；宦官悉齕糠犬豕，而借其耳目。獄囚累累，士無報禮之心；徵斂重重，民有偕亡之恨。」[4] 對於崇禎和他那個時代作了近實之論。相比之下，滿族以攻戰立國，他們的剽悍勇決帶來了明季所沒有的銳氣，他們的質樸少文也更容易趨近於實事實功一路。康熙十六歲親政，首先誅殺權臣鰲拜而乾綱獨斷。他是一個勤勞的皇帝，其晚年自述，多道及此中甘苦：

> 予年將七旬，在位五十餘載，天下粗安，四海承平。雖未能移風易俗，家給人足，但孜孜汲汲，小心謹慎，夙夜未敢少懈，數十年來，殫心竭力，有如一日；豈僅勞苦二字，所能概括？前代帝王，或享年不永，後世史論，輒以為酒色奢侈所致，此皆不過書生好為譏評，雖純全盡美之君，亦必抉摘瑕疵而後快意。予其為前代帝王剖白？蓋天下事繁，不勝勞憊所致也。諸葛亮云：鞠躬盡瘁，死而後已。為人臣者，僅有諸葛亮一人耳。若為帝王，仔肩甚重，無可旁諉，豈臣下所可比擬？臣下可仕則仕，可止則止；年老致政而歸，抱子弄孫，猶得優遊自適。為君者勤劬一生，了無休息。

因此，「每覽老臣致仕之奏，未嘗不流涕，爾等有退休之時，朕何地可休息耶？」[5] 作為一個老境中的帝王，他的話未必是故意做作。此後，君主親自披閱奏章成為清初諸帝相沿的規矩。據說雍正因此而常常遲至午夜都不得安寢。這固然說明君權日積而愈重，但「宵旰乾惕」畢竟是另一種氣象了。

元代曾經是中國歷史上一個強盛的王朝。然而成吉思汗彎弓射雕的勁氣在他後人那裏只留下蔑視文化的粗陋與狹隘。蒙古貴族沒有漢化。他們分民族為四等，置漢族於賤類，並且鄙視知識分子，以儒生掛名俘籍，倡優畜之，有「九儒十丐」之說。讀書人久視為登天之梯的科舉，在蒙古人眼裏是不值錢的。「軍民僧尼道客官儒回回醫監陰陽寫算門廚典顧未完等戶，以本戶籍貫應試。」[6] 僧道可以應試，尼姑也可以應試。於是場屋選才變了可笑的惡作劇。這種做法本身就挖掘了一道社會鴻溝，使他們的根鬚無法深深地紮進中國的社會和歷史。滿洲貴族則並不如此。他們君臨中國

的過程，同時也是自身漢化的過程。這不僅表現在清代基本上繼承了明代的政治制度，而且表現在他們接受並且自覺提倡中國的傳統文化。康熙在位六十年，曾詔舉博學鴻儒以獎勵文學；尊祀朱熹於十哲之列表彰理學，同時又提倡漢學；購求遺書，編纂羣籍，成《圖書集成》一萬卷。好大喜功的乾隆，更凌駕其上，集多士之力，總匯古代文化，成《四庫全書》七萬九千餘卷。雖說其用意半在藉此刪書，然而在文化史上，這樣的巨製畢竟是前無古人的。與之相稱，清代設官任職，至少在外觀上不以劃分滿漢畛域為能事。職官之品級崇高者，六部堂官以上則設滿漢各一半，地方督撫則滿漢兼用。這些做法比蒙古人要高明得多，結果是滿族接受了漢族的文化和傳統，漢族接受了滿族的君權。在以後的二百餘年中，清初遺民哀憤耿耿的種族意識因之而漸為世人淡忘。

與前代相比，康乾之時確實有一種盛世氣象。在平定三藩、收復台灣之後，整整一百多年是休養生息的承平時期。但是，如果說漢唐盛世曾經是陽春天氣的話，那麼康乾盛世不過是晚秋晴日。歷史的運行不會使盛世長存。這種轉機在乾隆後期已經出現，漸積而漸多。到嘉慶時代盛世色彩終於褪色，露出了百孔千瘡。時人奏疏言及官場腐敗與百姓困苦已有「積弊相沿」、「積重難返」之歎：

> 州縣有所營求，即有所饋送，往往以缺分之繁簡，較賄賂之等差。此豈州縣私財？直以國帑為夤緣之具，上官既甘其餌，明知之而不能問，且受其挾制，無可如何。間有初任人員，天良未泯！小心畏咎，不肯接收，上官轉為說合，懦者千方抑勒，強者百計調停，務使受代而後已。一縣如此，各縣皆然，一省如此，天下皆然。於是大縣有虧空十餘萬者，一遇奏銷，橫徵暴斂，挪新掩舊，小民困於追呼，而莫之或恤。[7]

於是而有民間宗教聚合起來的長期民變。川楚白蓮教之役，連上諭也不能諱言「官逼民反」；「教『匪』滋事，以『官逼民反』為詞。昨冬『賊』首王三槐解到，訊供亦有此語，聞之惻然。是以暫停正法」[8]。嘉慶並不是一個大有作為的皇帝，但是，他看到了社會積弊，並指望通過整肅吏治來挽救頹勢。1799 年（嘉慶四年），他剛剛親政，就殺掉居宰輔之位二十年之久的和珅。繼而對和珅的奧援黨羽大批撤換、貶斥、

1 嘉慶　比起康熙的雄才大略，嘉慶並不是一個大有作為的皇帝；比之乾隆的顧盼自雄，嘉慶更顯得捉襟見肘。這反映了個人稟賦，更表明世易時移，盛世危矣。

2 阮元　嘉慶帝看到了社會積弊，希望通過整肅吏治來挽救頹勢。在大清洗中，阮元等一批知名漢人被提拔為中樞大臣和地方督撫，滿漢重臣比例由此亦發生變化，令人矚目。

罷免，期望以大規模清洗來整刷腐敗的吏治。在這個過程中一批比較知名的漢人如朱珪、高書麟、阮元成為中樞大臣和地方督撫。由此發生的滿漢權臣比重變化，是引人注目的。同時，嘉慶終止了始於康熙（六下浙江、四出邊外、四上五台山）而盛於乾隆（六下江南）的帝王巡遊之風；停止了邊地各省的貢奉，「試思外省備辦玉銅磁書畫插屏掛屏等件，豈皆出自己資？必下而取之州縣，而州縣又必取之百姓，稍不足數，敲撲隨之。以閭閻有限之脂膏，供官吏無窮之朘削，民何以堪！」[9]這些話見諸帝王詔書，有點像是濫調，但同乾隆的奢侈相比，這種克己和自律確實給人以深刻印象。

　　然而，盛世不能重造，他的意志並沒有阻止社會的頹勢。更多本來隱伏的問題從罅隙中冒出來了。這是老子留給兒子的遺產。從 1803 年開始，漕運之爭多次發生。南方糧米通過運河北上輸供京師本是從明代沿襲下來的成規。它反映了政治中心所在的北方與經濟重心所在的南方之間畸形的關係。由此，漕運成為清代三大要政之

一。主其事者為漕運總督以下的一整套機構。乾隆中葉以來，其間百計肥私的種種弊相，已為人所共知：

> 各衞有本幫千總領運，而漕臣每歲另委押運幫官，又分一人押重，一人押空。每省有糧道督押，又別委同通為總運。沿途有地方文武催趲，又有漕委、督撫委、河委，自瓜洲抵淀津，不下數百員。各上司明知差委無濟公事，然不得不藉幫丁之脂膏，酬屬員之奔競，且為保舉私人之地。

受大吏朘削的幫丁，又取之於州縣：

> 旗丁勒索州縣，必藉米色為刁制。各州縣開倉旬日，各廒即已滿貯，各丁深知米多廒少，必須先兌，每藉看米色為由，逐廒挑剔，不肯受兌，致使糧戶無廒輸納，往往因此滋事。旗丁即乘機恣索，州縣不敢不應其求。或所索未遂，即藉口米色未純，停兌喧擾。及至委員催兌開行，各丁不俟米之兌足即便開船，冀累州縣以隨幫交兌之苦。[10]

由於漕運機構的貪利和勒索，他們同主管輸交糧米的各省官員不能不發生矛盾衝突，因之而有海運與河運之爭。凡與漕運有相關利益者皆主河運；而各省主管則多主海運。1803 年，運河淤塞，糧船運行不暢，觸發首次爭論。而海運和陸運的分歧常會在論爭中由形而下轉入形而上，觸及到能不能改變祖宗成法，成為一個超出行政範圍的題目。

在此前後，異議及於科舉制度者，也已經出現。乾隆時期的兵部侍郎舒赫德在奏疏中說：

> 古人詢事考言，其所言者，即其居官所當為之職事也。今之時文，徒空言而不適於用。此其不足以得人者一。墨卷房行，輾轉抄襲；膚詞詭說，蔓衍支離，以為苟可以取科第而止。其不足以得人者二。士子各佔一經，每經擬題，多者百餘，少者不過數十，古人畢生治之而不足，今則數月為之而有餘。其不足以得人者三。表判可以預擬而得，答策隨題敷衍，無所發明。其不足以得人者四。

因此,「科舉之制,憑文而取,按格而官,已非良法」[11]。舒赫德以後,還有一名叫徐大椿的在野知識分子,用嬉笑的筆意作《時文歎》,寫出了同一種意思:

讀書人,最不濟。爛時文,爛如泥。國家本為求才計,誰知道變作了欺人計。三句承題,兩句破題,擺尾搖頭,便是聖門高第,可知道三通四史是何等文章,漢祖唐宗是那朝皇帝?案頭放高頭講章,店裏買新科利器。讀得來肩背高低,口角噓唏。甘蔗渣兒嚼了又嚼,有何滋味?辜負光陰,白白昏迷一世。就教他騙得高官,也是百姓朝廷的晦氣。[12]

其時,盛世還沒有過去,但多思之士已看出了科舉制度和科舉中人的衰相。人們對長期存在的東西發生疑問並見之奏摺,說明現存秩序已經走入向下的行程了。隨着世景的今非昔比,他們的議論會獲得更多的社會共鳴。譏刺科舉制度的《儒林外史》一書在嘉慶朝刻印問世並開始流傳,正是一個明證。

在同一個時間裏,處於下層社會的人則一批一批地成為教門徒眾。川楚白蓮教起事以後,曾像山火一樣蔓延了多年。其時,「官軍剿捕降斬,以千萬計,戶部轉輸,至於萬萬」[13]。天下為之傾動。但班師曾不十年,華北天理教又蓬然而起,並在1813年10月8日(嘉慶十八年九月十五日)一度攻入紫禁城。捲入其中的,不僅有畿輔貧民,而且有宮廷內監、滿洲包衣、八旗子弟甚至朝廷命官。事後,嘉慶下詔罪己說:

朕紹承大統,不敢暇逸,不敢為虐民之事。自川、楚教匪平後,方期與吾民共享承平之福,乃昨九月十五日,大內突有非常之事。漢、唐、宋、明之所未有,朕實恧焉。然變起一朝,禍積有素。當今大患,惟在因循怠玩。雖經再三誥誡,舌敝筆禿,終不足以動諸臣之聽,朕惟返躬修省耳。[14]

這些話,在憤懣和憂慮之中流露了力不從心的無可奈何。比之乾隆顧盼自雄的意態,嘉慶無疑顯得捉襟見肘。兩者的不同,深刻地反映了他們面對的世局的不同。變化的世局已經脫出了帝王的控馭,它喚來的是一個江河日下的時代。

二、人口、移民、會黨

與前朝相比，清代是中國人口劇增的時期。因此，當社會由盛轉衰的時候，它又會面臨前朝所沒有過的困頓。

據《東華錄》記載，1651 年（順治八年）全國丁男之數是一千餘萬。其時，戶籍以一戶一丁計。若按戶各五人推算，加上由於種種原因而隱瞞的人口，實際數字在六千萬上下。到康熙時突破一億；1793 年（乾隆五十八年）猛增到三億以上；1834 年（道光十四年）已經超過四億。不到兩百年的時間裏，人口增加了六倍以上。同當時的生產力相比，其速度和數量都是驚人的。隨同馬戛爾尼來華的使團成員愛尼斯‧安德遜說：「在這個國家裏，在我們所經過的地方，人口是極為眾多，而且到處是那麼多，我們走過的鄉村前後每一哩路上的人數足以充塞我們英國最大的市鎮。」[15] 這大概是他從中國獲得的最深刻印象之一。與西方人的感性描述相比，乾嘉時期的學者洪亮吉在《意言二十篇》中對人口與生計的議論和憂慮就更富理性思考的色彩：

> 試以一家計之，高曾之時，有屋十間，有田一頃，身一人，娶婦後不過二人，以二人居屋十間，食田一頃，寬然有餘矣。以一人生三計之，至子之世而父子四人，各娶婦即有八人；八人即不能無傭作之助，是不下十人矣。以十人而居屋十間，食田一頃，吾知其居僅僅足，食亦僅僅足也。子又生孫，孫又娶婦，其間衰老者或有代謝，然已不下二十餘人。以二十餘人而居屋十間，食田一頃，即量腹而食，度足而居，吾以知其必不敷矣。又自此而曾焉，自此而玄焉，視高曾時，口已不下五六十倍。

由一家推及社會，則：

> 為農者十倍於前而田不加增，為商賈者十倍於前而貨不加增，為士者十倍於前而傭書授徒之館不加增，且昔之以升計者，錢又需三四十矣；昔之以丈計者，錢又須一二百矣。所入者愈微，所出者益廣，於是士農工賈各減其值以求售，布帛粟米又各昂其價以出市，此即終歲勤勤，畢生皇皇，而自好者居然有溝壑之憂，不肖者遂至生攘奪之患矣。[16]

這是一種土產的人口論。它以傳統的經世意識折射了歷史上尚未有過的人口壓力。在一個農業國度，人口增多，無非是農民階級的增多和地主階級的增多。小農增多，則土地分割愈碎，生產和再生產的能力愈弱；地主階級增多，則兼併之家愈多。因此，人口的增長會促使土地兼併加速。在生產力水平低下，耕地增長滯緩，因而生活資料來源有限的情況下，人口大幅度增多，必然造成農民生活的日趨貧困。這是人口增長超過了社會負荷的自然結果。

前所未有的人口壓力直接引出了兩個引人注目的社會問題。一是移民。中國農民有安土重遷的傳統，但在飢餓的驅使下，他們也常常會背井離鄉。這種事情歷代多少都有過，但清代尤其顯著。乾隆以後，愈來愈多的人擠在自然經濟提供的空間裏謀食，本不寬裕的謀食之路因之而日趨狹窄。這種矛盾，推動着最貧苦的人走向新的空間去尋找生活資料。乾隆初年廢除了編審制度，封建國家對於農業人口流動的控制也隨之鬆懈。於是，出現了自發的移民。當時，山東、河北向東北移民，福建向台灣

清代京師前門商業區　除了人口眾多，商業繁華是清朝給馬戛爾尼來華使團的另一印象。

移民。這是國內移民。同時，又有海外移民。據謝清高口述、楊炳南記錄的《海錄》（1820 年）一書[17]，暹羅、新加坡、檳榔嶼、馬來西亞都有中國移民定居，而尤以暹羅為多。移民所操之業大體是淘金、販貨、釀酒、種胡椒、開賭場、販賣鴉片。據說，華人移民在「檳榔士」一地即有萬餘人，在「噶喇叭」則不下數萬。還有一個叫樊守義的人，曾於 1707 年到達過非洲。那時，大概還沒有到歐美的。19 世紀中葉以後，為了謀生而向海外移民的華人在地域和人數上都已超過了這個時期。於是而有所謂近代華僑史。二是會黨。由於人口過多，一部分人就不能不遊離於社會生產之外，成為遊民或者近乎遊民，他們是會黨勢力的主要來源。會黨崇尚忠義，雖說按儒學本意，忠與義分別對應於「五倫」中的君與友二倫，但在會黨文化中，忠不過是義的修飾詞，它們強調的都是「出門靠朋友」的互濟互助。在一個民以食為天的時代裏，互濟互助首先表現為經濟上的有飯同吃。這一點對生計無着的遊民有很大的吸引力。乾隆年間，御史柴潮生說：「四川一省，人稀地廣。近年以來，四方流民入川覓食。始則力田就佃，無異土居，後則累百盈千，浸成遊手。其中有等桀黠強悍者，儼然為流民渠帥，土語號為嘓嚕者，又各聯聲勢，相互應援。」[18] 四方遊民之成為「嘓嚕」，正是為了求食求衣而走到一起來了。後來，廣西的「米飯主」也同此旨趣。越來越多的人把參加會黨當作謀食的手段，結果是會黨勢力無處不在，形形色色，大大小小，然而又相呼相應，成為近代中國宗族與行會之外的第三社會組織。

　　會黨的發展同城鄉社會矛盾的激化、同「反清復明」的思想影響都有關係，但主要是中國人口過多造成的。過去論史，曾從政治上強調它反封建的一面。其實，「反清復明」並沒有多少反封建。只是後來資產階級革命興起，一部分人被裹挾於其中，才有了一點兒反封建意義。這並不是會黨本來就有的東西。與這種添加的意義相比，會黨中人更多打富濟貧的本能。有時候，他們會融入揭竿而起的農民起義之中，例如川楚白蓮教。但當造反烽火成為過眼煙雲之後，他們同官府和地方豪強也往往很有點兒聯繫，以致後來「武庠中之舉秀，仕途中之子弟，衙署中之差役」屢有入其門者。在晚清以後的中國，會黨不是一個健康的社會組織。1876 年（光緒二年），《申報》載文概述青幫的淵源與流變說：「安慶道友之為患久矣，其名目始於安慶幫之糧船，嘉道間，惟糧船過境時，其黨必上岸滋事，或盜或竊，無惡不作。在後，糧船停廢，其族無以為生，即散處各州縣，名曰站碼頭，萃聚亡命，蔑法殃民。初猶淮海一

帶，千百成羣，今則蔓延江南北郡縣，無地無之。立字派，別尊卑。逞兇肆惡，結為死黨。」[19] 這些話代表了一種輿論，其中既有文人附和當局的慣調，也有平民的評判。但慣調和評判都說明：會黨作為一股盲目的力量，其自發的衝動往往具有很大的破壞性。會黨的病態反映了中國社會的病態。而當中國社會帶着一個祕密會黨的王國走向近代的時候，在西方，資產階級政黨已經登上了政治舞台。

三、「洋貨」與「洋害」

鴉片戰爭前夜，中外貿易雖僅留廣州一口，但中國同外部交往關係所產生的影響，已波及較大的社會生活面。

1836 年，在廣州商館中落腳的外國商人有五十餘家，其中英商三十一家，美商九家，葡萄牙、瑞典、荷蘭、法國商人各一家，還有「港腳」商十一家。隨之，陸續出現了一批專門與外國人打交道的買辦、通事、僕役（這裏的買辦並不是商務上的中介人，同後來的買辦階級不一樣，但後者中的最初一部分人多半是從前者演化而來的）。他們靠外國人吃飯，因此，是外國人可以直接影響的一部分中國人。官府雖常以「奸棍」視之，有心抑勒，但直到鴉片戰爭前夕，這些人在口岸附近的社會生活中卻越來越活躍。創刊於這個時期的《中國叢報》在發刊詞中說：「三十年前，這裏沒有一個人能從中文翻譯成英文，也沒有一個天子的子孫能正確地閱讀、書寫英語或說英語」，意在比較今昔，說明三十年間風氣的變化。當然，這些變化在地域和人數上都是有限的。

更能發生影響的是同一個過程中由廣州進入中國的西方商品。桐城派文人管同作《禁用洋貨議》一文，慨歎「數十年來，天下靡靡然爭言洋貨。雖至貧者，亦竭蹶而從時尚」[20]。他所說的「天下」未必實指中國的東西南北，但至少說明了若干洋貨所到的區域，消費觀念正在顯著地移易。另一個叫程含章的人則對外國入華商品的總量作了大概估計，「若大泥羽毛嗶吱銅錫綿花蘇木藥材等類，每歲約值千萬金」[21]。在來自農業的國賦成為國家財政主要收入的時代，這個數目是很大的。管同與程含章是那個時期士大夫中的關心時務者，但兩者的敍述不是欣賞而是憂慮。他們是分別在

《禁用洋貨議》和《論洋害》的題目下發議論的。論旨所歸，在於「宜戒有司，嚴加厲禁。洋與吾，商賈皆不可復通。其貨之在吾中國者，一切皆焚毀不用，違者罪之」[22]。這種憂慮，說明他們感到了來自外洋的壓力，其敏銳有足多者。

主張中國不需要西洋的呢絨鐘錶，在那個時候是不奇怪的。但他們把外國貨籠統說成「洋害」，則並不確切。真正腐蝕中國社會的洋害是鴉片。從 1800 年到 1820 年，二十年間，每年輸入的鴉片在四千箱左右。以後逐漸見長，從 1839 年到 1840 年，達到三萬五千箱。如此巨量的毒物，衰邁的中國社會是消受不了的。時人李光昭作《阿芙蓉歌》，寫出了煙霧熏罩下的一部分社會相：

熏天毒霧白晝黑，鵠面鳩形奔絡繹。長生無術乞神仙，速死有方求鬼國。鬼國淫兇鬼技多，海程萬里難窺測。忽聞鬼艦到羊城，道有金丹堪服食。此丹別號阿芙蓉，能起精神委僋夕。黑甜鄉遠睡魔降，晝夜狂喜無不得。百粵愚民好肆淫，黃金白鏹爭交易。勢豪橫據十三行，法網森森佯未識。荼毒先深五嶺人，遍傳亦不分疆域。樓閣沉沉日暮寒，牙床錦幔龍鬚席。一燈中置透微光，二客同來稱莫逆。手挈筠筒尺五長，燈前自藉吹噓力。口中忽忽吐青煙，各有清風通兩腋。今夕分攜明夕來，今年未甚明年逼。裙屐翩翩王謝郎，輕肥轉眼成寒瘠。屠沽博得千金資，邇來也有餐霞癖。漸傳穢德到書窗，更送腥風入巾幗。名士吟餘烏帽欹，美人繡倦金釵側。伏枕才將仙氣吹，一時神爽登仙籍。神仙杳杳隔仙山，鬼形幢幢來破宅。故鬼常攜新鬼行，後車不鑒前車跡。[23]

中國自古多天災人禍，但因成千上萬人嗜毒而匯成天下巨害則是過去從來沒有過的。由此引出了一連串嚴重的後果：

（一）白銀大量外流。按當時價格，一箱鴉片煙土須四百元到八百元銀洋。[24] 三萬五千箱鴉片共值近兩千萬元。時銀洋一元大體合庫平銀七錢，折元成兩，其數在一千萬上下，而國庫全年收入不過六千多萬兩。這個數目必然影響到國計。

（二）流通中白銀的減少又造成銀貴錢賤。「各省州縣地丁漕糧，徵錢為多，及辦奏銷，悉以錢易銀，折耗太苦，故前此多有盈餘，今則無不賠墊。各省鹽商賣鹽俱係錢文，交課盡歸銀兩。昔之爭為利藪，今則視為畏途。」[25] 於是州縣虧空、鹽務積

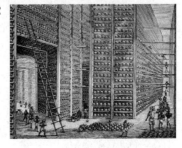

1 吸食鴉片　中國人並不是最早接觸鴉片的，最終卻成為鴉片的最大消費羣，鴉片也間接令中國在近代化過程中成為最大的犧牲品和輸家。

2 東印度公司商船　東印度公司始建於1600年，是英、法、荷等殖民國家為處理殖民事務而成立的機構。這些國家藉此大肆進行殖民掠奪。鴉片貿易是其手段之一。

3 鴉片倉庫　試想，將圖中倉庫內如此巨量的鴉片折算成白銀，必然是一個驚人的數字。事實上，鴉片造成的白銀外流，可能已佔晚清政府國庫全年收入的六分之一。

疲、關稅短絀比比皆是。林則徐所擔心的幾十年後中原「無可以充餉之銀」的情況，正是就此而言的。朝臣以餉銀為憂，其實，在銀錢比價變動中，士農工商莫不深受其累。包世臣說：「小民計工受值皆以錢，而商賈轉輸百貨則以銀。其賣於市也，又科銀價以定錢數，是故銀少則價高，銀價高則物值昂。又民戶完賦亦以錢折，銀價高則折錢多，小民重困。」[26] 其中正多以力謀食者的血淚和辛酸。

（三）吸食鴉片的人數在那個時候已達到兩百萬。據 1838 年（道光十八年）黃爵滋在奏摺中所說：「其初不過紈袴子弟，習以浮靡，尚知斂戢，嗣後上自官府縉紳，下至工商優隸，以及婦女僧尼道士，隨在吸食，置買煙具，為市日中。盛京等處，為我朝根本重地，近亦漸染成風。」[27] 這些人隨鴉片的輸入而出現，又會隨鴉片輸入的增多而數目擴大。中國人曾經以為西方人得不到茶葉大黃就會要命，這是不真實的。但對鴉片煙癮者來說，沒有鴉片倒真的會要命。嘉道之際，會稽人王衍梅記述說：「張四，吾鄉人，遊嶺南，嗜鴉片煙。衣食盡耗，癮至，窘不自支，舐他人煤灰以稍存活。」寥寥數語勾畫出了一幅人間慘象。鴉片不僅戕害了他們的身體，而且泯滅了他們的良知，種種罪惡因此而生。從這個時候起，終近代百年，鴉片一直同五花八門的壞事連在一起，成為舊中國最難醫治的社會潰瘍之一。可以說，中國人正是首先通過煙害而認識洋害的。

生於 1792 年（乾隆五十七年），死於 1841 年（道光二十一年）的龔自珍是這個時期最富社會批判精神的思想家。他留心國事，注重經世；思索發為議論，往往兼有詩人的直覺。因此，他能夠用「四海變秋氣」這樣形象思維的句子準確地狀寫出嘉道年間中國社會的態相和時序。那是一個上與下俱困的時代。上面，是「一祖之法無不蔽」；下面，是「山中之民，一嘯百吟」。山中之民，有白蓮教、天地會的投影，也包括對時代不滿的知識分子。他們在掙扎抗爭中尋求出路。這些議論深刻地勾勒了 19 世紀二三十年代中國社會的狀貌，同時也反映了這個社會找不到出路的悲哀。隨着舊王朝行將走向自己的盡頭，中國又面臨着一個周期性的改朝換代的局面。

但是，這種局面最終並沒有實現。因為西方資本主義東來使中國歷史改變了軌道。在炮口的逼迫下，中國社會蹣跚地走入了近代。走這條路不是中華民族選擇的結果，而是外國影響造成的。於是而有種種變態。這一點是決定以後一百多年中國命運的主要因素，它影響了近代百年社會的新陳代謝。

註　釋

1　也稱康雍乾盛世。

2　轉引自孟森：《明清史講義》，上冊，261 頁，北京，中華書局，1981。

3　《崇禎五十相》，見陳登原：《國史舊聞》，第 3 分冊，110 頁。

4　徐鼒：《小腆紀年附考》，卷 3，60 頁，北京，中華書局，1957。

5　轉引自蕭一山：《清代通史》，卷上，815~816 頁，台北，商務印書館，1976。

6　梁章鉅：《南省公餘錄》，卷 4，轉引自陳登原：《國史舊聞》，第 3 分冊，210 頁。

7　轉引自蕭一山：《清代通史》，卷中，280~281 頁。

8　轉引自孟森：《明清史講義》，下冊，596 頁。

9　轉引自蕭一山：《清代通史》，卷中，274~275 頁。

10　包世臣：《剔漕弊説》；孫玉庭：《恤丁除弊疏》，轉引自孟森：《明清史講義》，下冊，627~628 頁。

11　舒赫德：《論時文取士疏》，見《皇朝經世文編》，卷 57，13 頁。

12　轉引自曹聚仁：《中國學術思想史隨筆》，387 頁，北京，三聯書店，1986。

13　《書獲劉之協事》，見《大雲山房文稿》初集卷 3，轉引自陳登原：《國史舊聞》，第 3 分冊，634 頁。

14　《仁宗本紀》，見趙爾巽等：《清史稿》，卷 16，本紀 16，603 頁，北京，中華書局，1976。

15　[英] 愛尼斯·安德遜：《英使訪華錄》，92 頁，北京，商務印書館，1963。

16　洪亮吉：《意言二十篇》，治平篇，生計篇，見《洪北江詩文集》，《卷施閣文甲集》，卷 1，33~34 頁，上海，世界書局仿古字版，1907。

17　《海錄》一書記載了早期海外移民的不甚確切的數據。其所載地名比較準確，曾經是林則徐了解世界的重要書籍。

18　《錄副奏摺》，乾隆九年十一月六日御史柴潮生奏。

19　《申報》，18760615。

20　管同：《禁用洋貨議》，見鄭振鐸編：《晚清文選》，27 頁，上海，生活書店，1937。

21　程含章：《論洋害》，見鄭振鐸編：《晚清文選》，21 頁。

22　管同：《禁用洋貨議》，見鄭振鐸編：《晚清文選》，28 頁。

23　《阿芙蓉歌》，見張應昌編：《清詩鐸》，下冊，1004~1005 頁。

24　許乃濟在 1836 年奏請鴉片弛禁一摺中說：「每箱百斤，烏土為上，每箱約價洋銀八百元，白皮次之，約折六百元；紅皮又次之，約價四百元。」

25　黃爵滋：《嚴塞漏卮以培國本疏》，見《籌辦夷務始末》（道光朝），卷 2，32 頁，北京，中華書局，1964。

26　包世臣：《齊民四術·農二》，見《安吳四種》，卷 26。
27　黃爵滋：《嚴塞漏巵以培國本疏》，見《籌辦夷務始末》（道光朝），卷 2，32 頁。

第四章

炮口下的震撼

　　1839 年 7 月和 9 月，中國水師與英國兵艦在九龍尖沙咀、穿鼻洋兩度炮戰，標誌着中英之間因禁煙而觸發的衝突轉為武裝對抗。戰事實際上已經開始。隨後，從 1840 年 6 月到 1842 年 8 月，是為時兩年多的鴉片戰爭。這場戰爭，自西方人 1514 年到中國起，是他們積三百二十五年窺探之後的一逞。炮聲震撼了中國，也震撼了亞洲。對於中國來說，鴉片戰爭是一塊界碑。它銘刻了中世紀古老的社會在炮口逼迫下走入近代的最初一步。對亞洲來說，戰爭改變了原有的格局。在此以前，中國是東方的龐然巨物，亞洲最大的封建制度的堡壘。但是，英國兵輪鼓浪而來，由沿海入長江，撞倒了堡壘的一壁。結果是「秋風戒寒和議成，廟謨柔遠思休兵。華夷抗禮靜海寺，儼然白犬丹雞盟」，隨後，「夷人中流鼓掌去，三月長江斷行旅」。[1]

鴉片戰爭不僅是英國對中國的勝利，而且是先進的西方對古老東方的最初勝利。從此，中國同周圍國家的傳統關係日漸改變。而日本，則從中國的遭遇中由震驚而自強，奮起而改變了自己的命運。

一、開眼看世界

　　鴉片戰爭的失敗是由於武器的陳舊，政治的腐敗，還是社會的落後？中國人曾經長期思考過這個問題。應當說這三個東西是相互聯繫的：因社會落後而政治腐敗，因政治腐敗而武器陳舊。不過，這一結論要很久之後才會出現。每一代人都是在主觀、客觀的雙重限制下去觀察和體驗世界的，因此，一代人有一代人的認識。18 世紀末期，由英國使節馬戛爾尼來華而引出的乾隆一道「敕諭」，其中所謂「天朝物產豐盈，無所不有，原不藉外夷貨物以通有無」[2]，已久被引述而為人熟知。人們常常容易把它看作是一種君王個人的心態。其實，在心態的後面，是幾千年小農生產所維繫的自然經濟。自然經濟不僅提供了產品，也生產和再生產出閉塞。從這種自給自足的經濟中很難滋生向外發展的慾望和衝動，因此，康、雍、乾、嘉、道二百年間，在東來的西方人面前，中國常常是被動的一方。中國由被動而抵制，由抵制而閉關，在易見的政治原因之外，還有不易見的經濟原因。其間，葡萄牙、西班牙、荷蘭、法蘭西、英吉利先後不遠萬里前來叩門，但總不能越過重重「中外之大防」。在這一方面，道光年間釐訂的種種「防範夷人章程」是極富特色的，其中規定：「夷人私帶番婦住館，及在省乘坐肩輿，均應禁止也」；「夷人具稟事件，應一律由洋商轉稟，以肅政體也」；「禁在廣州住冬」，「限令寓居洋行，由行商負責約束」，「不准漢人借領外夷資本」，「不准久住澳門」，「禁僱漢乳媽及買漢婢」，「禁進省城靖海等門」，[3] 在相當長的一段時間裏，這種細密的防範曾有效地阻止了外人入窺堂奧，但這個過程也同樣有效地使中國人對世界的了解日益模糊。方中英兩國因鴉片貿易而衝突漸趨激烈之際，士大夫的議論，類多隔靴搔癢，不中肯綮：「中國之物，番人最重者，無若茶與大黃，非此二物，則病瘠滿而不治。今之互市，乃外夷不獲已於中國，非中國不獲已於外夷」，他們往往以為「絕茶與大黃不使出」，則可使夷人屈服。[4] 這種見識與事實之間的距離

1

1 林則徐：近代中國開眼看世界的第一人　作
　為傳統士大夫中的一員，林則徐也曾相信過
　禁止茶葉大黃出口即可令西方人屈服的閉塞
　之見，但戰爭打破了成見，林則徐開始放開
　眼界以適應新的世界格局。

2 第一次鴉片戰爭中英海戰場景之一　從來是
　朦朧一團的「泰西」，展現在中國人眼前的
　第一個形象就是堅船的迅速，利炮的聲勢。

2

正顯示了閉關造成的虛驕與懵懂。

鴉片戰爭是中西之間的武力較量和競爭。從來是朦朧一團的「泰西」，展現在中國人眼前的第一個形象就是堅船的迅速，利炮的聲勢。曾經身為抗英主帥的林則徐，對這種壓力目睹身受，終身不能去懷。在後來遣戍伊犁途中，他給朋友寫過一封信，對中西武器做了這樣的對比：「彼之大炮，遠及十里內外，若我炮不能及，彼炮先已及我，是器不良也。彼之放炮，若內地之放排槍，連聲不斷，我放一炮後，須轉展移時，再放一炮，是技不熟也。」而「內地將弁兵丁，雖不乏久列戎行之人，而皆觀面接仗，似此相距十里八里，彼此不見面而接仗者，未之前聞，故所謀往往相左」。[5] 應當說，這段話是沉痛的，因為其中凝結着中國士兵的鮮血。但是，作為比較的結果，它又陳述了那一代人在流血與憤痛之後的反思。關天培是英勇的。但激戰之後，他手中的舊式火炮「火門透水，炮不得發」[6]，並有炮身發紅炸裂者。在西方的近代炮火面前，其英勇表現為一種歷史的悲愴。等而下之的楊芳，則收集婦女溺器為「魘勝具」，視「夷炮」為邪教法術，其倉皇失措在西方的近代炮火面前又表現為一種歷史的調侃。林則徐的可貴之處正在於他最先拿起西方這把尺量出了中國的短處。在兩年多時間裏，中國調動了十多萬軍隊，先後有一名總督（裕謙）、兩名提督（關天培、陳化成）、七名總兵（張朝發、祥福、江繼芸、鄭國鴻、王錫朋、葛雲飛、謝朝恩）、兩名都統（海齡、長喜）以及數千名士兵死於戰爭。但英國遠征軍的戰死人數據英方統計卻不足百人。這顯現了中國與西方之間巨大的落差。一部分中國人透過彌漫的硝煙終於發覺自己面臨的對手是完全陌生的。來自西洋的「夷」人，是歷史上從未碰到過的族類。兩千年來傳統的夷狄觀念在他們的頭腦裏開始動搖了。處風雲漩渦中心的林則徐便在時代波潮的鼓蕩下成為近代中國「開眼看世界的第一人」。他所主持編譯的《四洲志》、《華事夷言》、《在中國做鴉片貿易罪過論》、《各國律例》，不僅是一種歷史資料，而且記錄了中國最初借助文字而了解到的泰西形象和情態。1832 年（道光十二年），閩省漁戶楊某曾在大洋面上與夷船以魚換米，並得西人所贈書冊。結果，在官府的干預下「起獲夷書，諮請軍機處，恭呈御覽」，並招致上諭對於督撫的切責和追究：「查閱紙片字畫，直係內地手筆，何似之有？且書內語句，多不成語，該撫所奏，無非上下朦混規避而已。」[7] 幾本「夷書」能夠掀起這麼大的風波，不僅說明朝廷不夠開明，亦表明上下缺乏勇氣。林則徐是從閉塞風氣中走出來的人，他曾經相信過禁止茶葉大

黃出口即可以治西方人的成見。但是，戰爭的權威性，在於它把矛盾置於生死存亡之中，並用暴力戳出了一個窟窿，迫使人們去認識自己的對手。在中世紀與近代之交，林則徐觀念大變，既表現了禦侮的民族勇氣，又表現了接納新知的開明，兩者具有同樣的光彩。意味深長的是，最早對此表示稱許的恰恰是渡海東來的西方人：「中國官府，全不知外國之政事，又不詢問考求，故至今中國仍不知西洋。」「惟林總督行事全與相反，署中養有善譯之人，又指點洋商通事引水二三十位，官府四處探聽，按日呈遞。」[8] 儘管林則徐的新知中仍然摻和着種種舊見，但他是從傳統的華夷觀念中探出頭來認識西方的人，而後才有魏源「師夷之長技以制夷」的著名命題以及一整套兵械火器、養兵練兵之法的議論，作為一種時代思想，它又啟迪了二十年以後的洋務運動。創深痛巨喚起了改革舊物的最初意識。過去久被士人置於眼界之外的「夷務」，在林則徐的手裏開始成為一門學問。由此，以儒學修、齊、治、平的入世精神為宗旨，並歸宿於國計民生的經世致用之學，內容上發生了重大變化。鴉片戰爭之前，所謂國計民生，以賦稅、鹽政、漕運、河工為大端，議論風生，多以此諸項為中心。成書於 1826 年（道光六年）的《皇朝經世文編》雖然出自魏源之手，而所列犖犖大端皆未出舊軌。但鴉片戰爭後，「夷務」日漸滲入國計民生，成為經世之學的大題目。這種變化的痕跡，清楚地保存在後來眾多續作的《皇朝經世文補編》、《後編》、《續編》中。它們表現了傳統經世之學在近代的延伸。而古老的中國文化與西方文化的交匯最初就實現於這種延伸之中。[9]

二、官、民、夷

在鴉片戰爭中出現了三元里抗英鬥爭。如果說林則徐的作為體現了統治階級對外國侵略的抗禦，那麼三元里和其他地區以義勇自命的人們則代表了中國民眾在炮口震撼下的自發抵拒。這是中西民族衝突過程中社會兩端的最初反應。兩者感應和同一是明顯的。過去強調的是，官怕洋人，洋人怕老百姓，老百姓怕官。用這種三角循環來說明官、民、夷之間的關係實際上是誇張。魏源《道光洋艘征撫記》記錄了粵之義民痛詬義律的檄文，其中說：「爾自謂船炮無敵，何不於林制府任內攻犯廣東？此次

由奸相受爾籠絡，主款撤防，故爾得乘虛深入。倘再犯內河，我百姓若不雲集十萬眾，各出草筏，沉沙石，整槍炮，截爾首尾，火爾艘艦，殲爾醜類者，我等即非大清國之子民。」[10] 在這裏，民眾是以「大清國之子民」的立場與外夷相抗的。因此，他們對於「奸相」的指責，並不純粹是官與民的對立，所謂「無君無父」、「忘恩負義」[11]，在用詞上更能彰顯的倒是傳統文化裏忠義與奸佞的不可調和。民眾的反侵略鬥爭固然有遊離於官府之外的一面。但反侵略鬥爭畢竟不同於國內階級鬥爭，不同於天地會、白蓮教。共同的民族意識和感情常常使官與民之間還有相通的一面。為今日史學家所稱道的民眾義舉，其組織者和領導者則多是士紳。[12] 牛欄崗歃血盟誓後選出的三元里十三鄉領袖人物，以何玉成、王紹（詔）光、梁廷棟最有影響，其中一個是舉人，一個是監生（一說候補縣丞），一個是能夠號召十餘「社學」的有力者。沒有這些人的個人威望，鄉民的反侵略憤怒只能發為零星的一擊，而無以聚成一百零三鄉的湧潮。湧潮既成之後，士紳的觀念又會成為民眾觀念的代表者。在這裏，官與民的溝通正體現於士紳身上。事後，廣西巡撫梁章鉅在奏議中說「此次廣州省城幸保無虞者，實藉鄉民之力」[13]，其褒揚之意是明顯的。類似的情況，在近代百年中對外抵抗的場合常常出現。如果抹殺民族意識，這一類現象將不可理解。

當然，被稱為「官」的人中也確乎有以苟且一時為計者，他們在大炮的震撼下因畏懼而氣沮，因氣沮而辱國。廣州知府余保純，本由林則徐查辦煙案時指調至省，並在與西人折衝的過程中，「實相與左右之」。但林則徐獲罪之後，遂「附和琦相（善），不復自顧其矛盾，遂奉命數與義律往還，談論煙價、香港之事，及將軍（奕山）、參贊（隆文、楊芳）既至，更為張大其腐鼠之嚇，撫事已定，卒以重賂完城」[14]。三元里民眾集圍英兵之際，又「亟出城排解之」[15]。在中英鴉片戰爭歷史上，他並不是一個要角，但在當時的廣州，卻一度成為千夫所指的漢奸。《英夷入粵紀略》說，當年9月，他主持府屬各縣考試，而「文童譁然。皆云：『我輩讀聖賢書，皆知節義廉恥，不考余漢奸試。』」最後終因身被清議集矢而「不容於粵矣」[16]。當中西交鋒之初，民族傷痛與夷夏之辨交相融合，儒學所作育出來的士大夫並沒有喪失攘夷之志。因此，像余保純這種人不僅被下層民眾痛罵，同時亦被士大夫羣體所鄙視。他是當日官場的一個形象，但他並不是當時官場的代表。

三、條約制度下的社會變化

炮口下的震撼不僅是一種精神衝擊，而且使西方人的意志借助於戰爭的勝利而成為近代中西之間的第一組條約。隨後的一百餘年裏，中國和外國簽訂的不平等條約多達一千多個。條約的網絡編成了所謂條約制度：外國人通過條約「合法」地剝奪榨取、管束控制中國，驅使中國社會脫出常軌，改道變形。這個制度的起點正是鴉片戰爭後的第一組條約。這樣說，不僅因為它在時間上最早，也因為它所包含的十二年之後改約一條，已經是不平等條約制度化的一個重要特徵；因為它的內容（割地、賠款、五口通商、關稅協定、領事裁判、租地造屋、傳教自由等等）已經象徵了整個條約制度的基本內容，為後來的種種延伸和續接準備了最初的前提。因此，隨着第一組條約的產生，中國社會先後出現了可見的變化。

第一，外國領事和中國官吏的平等權，對清政府所代表的中國傳統社會政治制度造成很大的壓力。《南京條約》已經申明：「英國住中國之總管大員，與大清大臣無論京內、京外者，有文書來往，用照會字樣；英國屬員，用申陳字樣；大臣批覆用札行字樣；兩國屬員往來，必當平行照會。」[17] 後來的中美《望廈條約》和中法《黃埔條約》，又於「平行之禮」一條無不詳為備列。[18] 西方人之孜孜注目於此，是多年碰壁於「中外之防，首重體制」的結果。但他們要求的「平行之禮」對傳統中國來說，又不單單是一個禮儀問題：一方面，這種平等同天朝大國對待外夷歷來的不平等是直接對立的。它的實現，會使王朝體制裂開一個大洞並促成夷夏之防的逐漸崩潰。另一方面，透過這種具體的平等權利又會泄露出一點資本主義的一般平等觀念。資本主義的平等固然是一種虛偽的平等，但它畢竟是封建等級制度的歷史否定物。在這個意義上，西方人提出的平等要求又會引發傳統社會中的人們絕不願意看到的種種問題。這一層意思在一開始可能不如前一層意思那麼明晰，但它的沉重壓力是可以感受到的。惱人之處在於：西方所索取的那種內涵複雜的平等，是傳統中國不能答應的，但又是不能不答應的。

第二，英國割取香港，意味着獲得了經營中國的基地；而五口開放則提供了由沿海推向內地的孔道。從馬戛爾尼以來，西方人為此追求了幾十年，他們從道光皇帝手裏得到了當初被乾隆皇帝拒絕的東西。無疑，這種由戰爭而造成的變化意味着中國

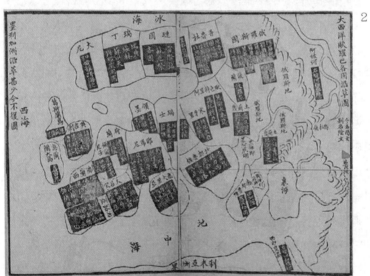

1 鴉片戰爭期間中英交戰情景　中國以中世紀的武器、中世紀的政府、中世紀的社會來對付近代化的敵人，戰爭以嚴酷的事實暴露了這種差距。

2 《海國圖志》一窺　《海國圖志》是當時介紹西方歷史和地理最詳實的專著，也是一部劃時代的傑作，悲哀的是，該書並不受清廷重視。若干年後，這本書卻對日本明治維新起了巨大影響，被視為「不龜手之藥」。

1 洋商和中國買辦

2 洋商在華所設製藤廠

主權的喪失。「傳聞哀痛詔，猶灑淚縱橫」，黃遵憲以自己的詩才敍寫了道光皇帝在割地時的痛苦。幾十年來，我們滿懷義憤和民族情感對帝國主義的歷史罪惡已經作過無數次的譴責、批判、聲討，產生了眾多的書籍和文章，這是歷史研究的一個必要部分。它裁決了歷史上的正義和非正義。但是，倫理觀念只能說明歷史的一個方面。《共產黨宣言》說，資本主義的發展，把一切民族甚至最野蠻的民族都捲入文明的漩渦裏了。「過去那種地方的和民族的閉關自守和自給自足狀態已經消逝，現在代之而起的已經是各個民族各方面互相往來和各方面互相依賴了。物質的生產如此，精神的生產也是如此。」[19] 按照這一段話，在資本主義的世界性擴張過程中，非正義的侵略者同時又往往是歷史發展過程中的進步者；而正義的反侵略者則常常同時是落後者。以貪慾為動機的侵略過程常被歷史借用，從而在客觀上多少成為一個進步改造落後的過程。要說明這個二律背反，只有借助辯證思維。鴉片戰爭後出現的英屬香港和口岸租界，因為西方人搬來了全套資本主義制度，在那裏建起國中之國，曾經長期成為近代中國殖民地標記。咸同年間有人過上海租界，作《夷場行》，在描寫景物之中表達了一種深沉的憤懣和懷舊的蒼涼：

人間何地無滄桑，平填黃浦成夷場。高高下下噓蜃氣，十十五五羅鱉房。青紅黃綠辨旂色，規制略似棋枰方。門前輪鐵車硍硍，人來關戶搖銀鐺。倒映窗牖頗黎光，左出右入迷中央。兜儸窈糾言語厄，笑指奇器紛在旁。自鳴鐘表（錶）矜工良，水舂機上織成匹，磁引筒中火具揚。銀鏤尺表（錶）測寒暑，電景萬里通陰陽。我非波斯胡，目眙安能詳，中原貴遠物，一握兼金償。矧乃阿芙蓉，其毒能腐腸，世等酸鹹嗜，直以饕飧當。烏呼利藪召兵甲，烽燧廿載盈海邦。不誅義律縱虎兕，哩嘓呔（李國泰——引者）出尤猖狂。九州禹服萬物備，何煩重譯通梯航。廣州南岸印吾鐵，閉關不早思陶璜。聖人先見在故府，煙塵海上天蒼涼。惶惑萬怪有銷歇，大風去垢朝軒皇。[20]

這種感情在一個被侵略的民族心中是很難消除的。但西方人在封建主義中國築成幾個資本主義的界地，由此也打開了若干窗口，使中國人得以見所未見，聞所未聞。近代向西方追求真理的先進知識分子中不少人如容閎、洪仁玕、王韜、康有為等

等，正是首先從香港和租界獲得傳統之外世界的第一個直觀印象。「覽西人宮室之瑰麗，道路之整潔，巡捕之嚴密，乃始知西人治國有法度，不得以古舊之夷狄視之。」[21] 由直觀而生羨慕，由羨慕而生比較，由比較而生追求，而後才有改革的思潮和實踐。香港和租界裏的資本主義，曾給封建制度下的眾生以觀摩、誘發，與憎惡夷場的情感一樣，這也是事實。

第三，從香港和五口輸入的外國商品，開始衝擊中國的自然經濟，幾千年來的社會經濟結構被侵蝕而逐步改組。這個過程是非常緩慢的，因為自然經濟頑強抵抗，不願退卻。這種抵抗的頑強性不僅來自傳統的巨大惰性，而且來自幾億小農求生的掙扎。當自然經濟的一部分在外國商品的衝擊下破產的時候，總會有一批生產者被拋出生產之外，成為多餘的人。據那個時候西方人的觀察，「中國工人伙多，有用之不竭之勢。所得區區工價，實非美國工人所能自給。上海如此，他處尤為便宜，蓋該口工價已較內地豐厚。致遠方男女來謀食者日繁有徒，雖離家不計也」[22]。但是，沒有足夠多的新式生產部門可以吸收他們。他們中的多數人只能重新擠入密集的農業人口，在更加苛刻困苦的條件下再次組合成自然經濟。蘇南雖近洋場，本屬首當其衝之地，但直到光緒年間，時人記敍還提到紡織與耕種相濟以謀食營生的事實。甚至「村鎮收租之家，至其時，積布累累。問之，則皆佃者之窮而無告以布當錢米也」[23]。面對這種情況，因西方勢力揳入而產生的經濟變化只能像水面波紋一樣層層翻出，緩緩蕩開。這一過程，終近代百年尚未完結。雖然如此，自然經濟終究因此而逐步走向分解，為資本主義因素的發生和發展讓出了地盤。新的生產方式在取代著舊的生產方式，並因此而造成了城鄉社會生活的種種變化。但問題的複雜性在於：這種社會經濟結構的變遷具有兩重意義。對西方資本主義來說，上述變化正是他們按自己的形象改造中國的結果；對中國來說，這種變化則是在唯恐滅亡的憂懼之下被迫採用資本主義生產方式的結果。兩者比重大相懸殊。因此，經濟上的新舊代謝是在變了形的社會形態下實現的。從中獲得最大利益的不是中國社會，而是西方列強。

第四，鴉片戰爭後，外人來華日漸增多（1850 年在華外人約有五百名），其中大半是商人、教士。他們的活動，不僅帶來了商品、教義，而且有如實行嫁接，在中國社會體內，長出了從未有過，但又非常畸形的新物。這就是買辦階級和皈依上帝的教民。在傳統的士農工商之外，好像出現了第五種職業階層。這部分人在近代中國曾起

到過非常特殊的作用。作為一個階級或階層，他們是依附外國勢力的中國人，《瀛壖雜志》一書記敍「滬地百貨闐集，中外貿易，惟憑通事一言，半皆粵人為之，頃刻間千金赤手可致。西人所購者，以絲茶為大宗，其利最溥。其售於華者，呢、布、羽毛等物，消（銷）亦不細」[24]。這裏說的是早期買辦。而官府文牘則多見「習教之民恃強霸惡，潛不畏法」，作奸犯科，欺凌孤弱的惡行。[25] 兩者都與西洋人結緣，不無民族性異化的意味。世人嗤之以鼻誠為事出有因。但是，一種結果又會引出另一種新的結果。中國資產階級在思想上最早的代表和近代企業的著名創辦者，不少正出自買辦當中。以買辦起家並因之而熟悉西國經營之術的鄭觀應後來曾作《易言》，亟論「今長江二千數百里有奇，洋船往來，實獲厚利，喧賓奪主，殊抱杞憂。宜俟中西約滿之時，更換舊約，另議新章。凡西人之長江輪船，一概給價收回。所有載貨水脚，因爭載而遞減者，酌復其舊，則西人罔敢異詞。更於長江上、下游間，日開行輪船，以報市價。如是，則長江商船之利，悉歸中國獨擅利權。當道其有意乎？為國為民，胥於是乎在矣！」[26] 所論雖僅以航運為題，但憂國之心歷歷可見，其中並無取媚外族之意。而西方的科學和文化知識能以日深月廣的規模傳入中國，也往往得力於若干信奉洋教的人們。不僅如此，造反的洪秀全和革命的孫中山都還曾相信過上帝和基督。在這些特定人物的身上，民族性不僅沒有泯滅，反而與改革和進步相連，升華為自覺的愛國主義了。一個變形的社會，造成了事物的多種質態，多重外觀。

在鴉片戰爭的整個過程裏，中國以中世紀的武器、中世紀的政府、中世紀的社會來對付近代化的敵人。戰爭以嚴酷的事實暴露了這種差距，促使一批愛國知識分子在比較中思考。於是，在中國社會緩慢地發生變化的同時，出現了《海國圖志》、《瀛寰志略》等等著作。這一代中國人是從地理學開始去了解西方的政治、社會、歷史的。地理學中寄託了他們經世匡時的苦心，並標示了中國文化近代化的開端。可惜的是，在當時，對這兩部意在醒世的著作予以最大注意的，不是中國人，而是日本人。日本社會因炮聲震撼而驚醒，中國社會卻在炮聲沉寂後又昏昏睡去。19 世紀 60 年代郭嵩燾、馮桂芬重新提起《海國圖志》、《瀛寰志略》的時候，二十年光陰已在昏睡中喪失了。讀史至此，往往使人扼腕良久。

註　釋

1　張應昌編：《清詩鐸》，420 頁。

2　《大清高宗純皇帝聖訓》，卷 276，13 頁。

3　郭廷以：《近代中國史》，第 1 冊，419~429 頁。這種「防範夷人章程」的條文與實際執行間有出入。如「禁在廣州住冬」與「不准久住澳門」，實際是禁止住夏與不准久住省城。〔詳見汪敬虞：《是住冬還是住夏》，載《近代史研究》，1980（4）〕

4　參見中國近代史資料叢刊《鴉片戰爭》（一），521 頁，上海，神州國光社，1954。

5　中國近代史資料叢刊《鴉片戰爭》（二），568~569 頁。

6　中國近代史資料叢刊《鴉片戰爭》（六），343 頁。

7　中國近代史資料叢刊《鴉片戰爭》（一），95~97 頁。

8　魏源：《海國圖志》，卷 81，同治丁卯郴州陳氏重刊足本，6 頁。

9　「夷務」成為一個重要內容，是經世之學在近代演變的特點，是近代經世之學與傳統經世之學的不同之處。這種變化，一方面反映了「夷務」在實際政治生活中已經同中國的前途連在一起了；另一方面，又反映了中國對西方的認識在不斷深化。而兩者都是以鴉片戰爭為起點的，不抓住經世之學的近代特點，就會流於泛泛之談。

10　姚薇元：《鴉片戰爭史實考》，104 頁，北京，人民出版社，1984。

11　中國近代史資料叢刊《鴉片戰爭》（四），21、22 頁。

12　中國的紳士與官員不一樣，因為他們不食君祿。但他們又不是普通老百姓，因為他們有某種功名、身份，並因此而享有一定特權。這是一種介於官民之間的社會階層。由於他們長期定居一地，實際上往往成為地方領袖，有平章鄉里是非的權威。這些人不是統治者，但在某些地方又起着統治者的作用。紳士階層在近代中國產生了很大的社會影響。

13　《籌辦夷務始末》（道光朝），卷 31，1139 頁。

14　夏燮：《中西紀事》，91 頁，長沙，岳麓書社，1988。

15　夏燮：《中西紀事》，90 頁。

16　夏燮：《中西紀事》，91 頁。

17　王鐵崖：《中外舊約章彙編》，第 1 冊，32 頁，北京，三聯書店，1957。

18　王鐵崖：《中外舊約章彙編》，第 1 冊，56、64 頁。

19　《馬克思恩格斯全集》，中文 1 版，第 4 卷，470 頁，北京，人民出版社，1958。

20　張應昌編：《清詩鐸》，421~422 頁。

21　《康南海自編年譜》，見中國近代史資料叢刊《戊戌變法》（四），115 頁，上海，上海人民出版社，1957。

22　李文治：《中國近代農業史資料》，第 1 輯，921 頁，北京，三聯書店，1957。

23 陶煦:《租覈》,1927 年重印本,23 頁。

24 王韜:《瀛壖雜志》,卷 1,8 頁,光緒元年版。

25 參見《巴縣檔案》,光緒二年九月十三日,見張力等:《中國教案史》,366 頁,成都,四川省社會科學院出版社,1987。

26 《易言三十六篇本·論商務》,見夏東元編:《鄭觀應集》,上冊,75 頁,上海,上海人民出版社,1982。

第五章

天國的悲喜劇

　　對太平天國旗幟下的農民造反者來説，挾千里席捲之勢，長歌湧入金陵，開始建造人間小天堂，曾是他們的喜劇；天京陷落，天堂之夢在煙焰和烈火中化為灰燼，則是他們的悲劇。這個過程長達十數年，其起伏興衰之跡是歲月難以磨滅的。蜿蜒曲折之中，既有勝利的歡欣，又有失敗的血淚。悲劇和喜劇都包含着極其深刻豐富的社會內容。

一、白蓮教、天地會和拜上帝會

咸豐剛剛即位，就爆發了金田起義，並轉瞬燃為燎原之火。對於他來說，在繼承祖宗皇位的同時，似乎也繼承了祖父和父親留下的災難。

從 19 世紀初期開始，尖銳的社會矛盾已使中國社會漸漸臨近又一次改朝換代之局。嘉慶和道光君臨天下的幾十年間，一面是士林風氣由餖飣瑣碎轉為憂患時勢，一面是民間愁苦在積累中化為躁動。鴉片戰爭之後，改朝換代的社會力量大大發展起來，並按不同的渠道匯集成流。這些力量，比之東漢黃巾、唐末黃巢、元代紅巾和明季李自成，在規模上分佈更廣，其構成也複雜得多。當時最有影響的力量，大概可以舉出幾個方面：（一）白蓮教支派。川楚白蓮教起義被撲滅後，教門勢力仍綿綿不絕，化為很多名目，廣收徒眾，半祕密半公開地活躍於長江以北。後來的捻軍基本上就是其流派之一。（二）天地會。同白蓮教注重神權相比，它更多一點反清復明的政治色彩，其山堂星羅棋佈於兩廣、福建、台灣，漸入兩湖和四川，並衍生出很多區域性的會名，互相聯絡，此伏彼起。在南方下層社會裏，他們構成一種與官府對峙的有組織的力量。（三）1843 年初創的拜上帝會。（四）以西南、西北回族起義為主幹的各邊遠地區少數民族起義。分別地看，它們同歷史上曾經出現過的改朝換代力量似乎並沒有很大的不同，但是，它們在時間上共存，在空間上並列，互相感應，聚合成推波助瀾之勢，在中世紀和近代之交喚來了中國歷史上自發農民戰爭的最後一個高峰。時代的影響和塑造，又使它在改朝換代的過程中表現出種種過去所沒有過的外觀。龔自珍在 30 年代曾說過：「起視其世，亂亦竟不遠矣。」[1] 他以一個憂時之士的敏銳，感受到了地層之下巖漿的激烈奔突。比照後來的歷史，他的話成為預言。五六十年代，熾熱的巖漿終於噴薄而出，整個中國成了一片起義的火海。

在這些同時存在而又互不統屬的力量裏，最後成為改朝換代主導者的，不是延續了幾百年的白蓮教勢力，也不是立基開局近兩百年的天地會，更不是遠離中原的少數民族反抗，而是異軍突起的拜上帝會。可以說是後來者居上。拜上帝會醞釀於 30 年代，初創於 1843 年。從揭竿而起到定都南京，前後不過幾年。它在短時間內做到了白蓮教和天地會長時間沒有做到的事。這是一個值得思考的歷史現象，應當在歷史敍述中得到說明。依我所見，後來居上正是中國社會選擇的結果。

1　咸豐　清朝以及中國歷史上最後一位有實際統治權的皇帝。即位之初，咸豐頗有振作之
　　心。可惜，在繼承皇位的同時，他似乎也繼承了祖父和父親留下的災難。他在位十一年
　　間，內有太平天國起義，外有英法聯軍侵華，可謂內憂外患不斷。

2　洪秀全雕像　洪秀全設計的拜上帝會，可謂把天上的火盜到了人間，這是當時的白蓮
　　教、天地會都未能做到的。

（一）自乾嘉之際起，白蓮教曾經發動過持續多年的大起義，馳騁於湘、鄂、川、陝、甘五省。《清史稿》敘其事，歎為「教匪之役，首尾十年，《國史·忠義傳》所載副參以下戰歿至四百餘員，其專閫提鎮及羽林宿衛階列一二品者，且二十餘人。王文雄、朱射斗，一時名將；穆克登布、施縉，亦號驍勇；惠倫、安祿，並貴冑雋才。倉猝摧仆，三軍氣熸」，「當日嚴疆悍寇，軍事艱難，蓋可見云」[2]。這是它的狂飆期。但洪峰過去之後，滔滔而流者，畢竟只是餘波了。由於缺乏鼓舞人心的現實政治目標，它向世俗世界着力描繪的宗教末世感就成為一片黑暗，與之相比，他們所預言的太平之世是一種渺茫而不可捉摸的東西。在大劫行將來臨之際，人們所受到的恐嚇實多於出路的召喚。捻軍之近於打家劫舍，與它缺乏理想主義不無關係。天地會有一個政治目標，這就是「反清復明」。這個口號曾經寄託了一代遺民在刀光血泊中追念故朝所產生的憤懣、希望和追求。但是，遺民本不是一種可以傳代的職業。兩百年來，子又生子，子又生孫，在歲月的遷流中這種感情和意識已經日趨淡化，或成為伏藏於意識深處的潛流。光陰最是無情物，在它的磨洗之下，「反清復明」變成了內容模糊的觀念軀殼。後來的天地會承襲了始祖們的種種規矩，但在觀念上兩者已不可同日而語。晚出的拜上帝會同樣以種族意識「討胡（滿清）」，但洪秀全高出一籌之處，就在於他看到了這一點。因此，他不要「復明」，而要建立新朝。當然，拜上帝會沒有從天上搬來一套新的生產方式，新朝不可能在社會性質上比舊朝更高。過去說太平天國帶來新天新地新世界，這是過美之詞。[3]

但是，由於洪秀全借來了西方的宗教，在他手裏，新朝變成了地上天國，並由此派生出以教義取天下和治天下的種種規制，卻是沒有先例的。改朝換代作為一種現實目標所產生的巨大吸引力，同宗教喚起的朦朧而又清晰的感召交融在一起。在這種交融之中產生了《原道救世歌》、《原道醒世訓》、《原道覺世訓》、《太平天日》和後來的《奉天討胡檄》。對世世代代沉溺於愚昧之中的千百萬小農來說，宗教語言是最容易理解的語言，神祕的力量是最可信賴的力量。他們天然地同情正義，又天然地相信天命。當正義與神助合二為一的時候，造反就成了天意選定的事業。粵、桂、湘、鄂、贛、皖、江、浙，眾多小生產者因此而在這個事業中成了改朝換代的老兄弟和新兄弟。

（二）白蓮教、天地會信奉的是多神主義。從無生老母到玉皇大帝，從彌勒佛到

關雲長，兼收並蓄，諸神濟濟。與信仰上的多元化相對應的是組織上的多元化，白蓮教支流遍佈，天地會山堂林立。這種以紛多名目各立門戶的支流和山堂，同時表現了白蓮教和天地會的不統一。因此，它們可以造成很大的聲勢，但難以匯聚成集中的力量。拜上帝會則全然不同。它抬出的唯一真神是天父皇上帝：

> 考天地未啟之初，其象昏冥，一無所有。仰蒙天父上主皇上帝大開天恩，大展權能，六日造成天地山海人物，於是乾坤定焉，日月生焉，星辰佈焉。光明為畫，昏黑為夜，晝夜循環，萬古相繼，以成其生生不已於地者，萬物俱備，皆所以濟人生之用，則天父上主皇上帝之有恩德於世人者既深且厚，報答難盡矣。[4]

這種上帝創世的神話雖說是出自《聖經》的舶來品，但它來到中國，卻有效地從時間上和空間上排除了佛道塑造的種種尊神。而且，「大而無外謂之皇，超乎萬權謂之上，主宰天地人萬物謂之帝」[5]。下層知識分子粗陋的說文解字儘管牽強少文，而作為宣傳和灌輸，無疑更能適合農民原本不善玄思的胃口。對於成千上萬捲入這一潮流的人們來說，一方面，在上帝面前，人人平等。凡天下男子，皆為兄弟；凡天下女子，皆為姊妹。此之謂「上帝原來是老親」。這種平等，取消了人間一切世俗的等級權威並使人人都可以投入天父的懷抱。另一方面，上帝又「無所不知，無所不能，無所不在」地關注、擺佈和安排着世間的人和事。「萬事皆有天父主張，天兄擔當。」[6]

這就又樹起了一種至高無上的權威。因此，一切意志都歸結為上帝的意志：「爾知我天父上帝要人生則生，要人死則死，是天上地下之大主宰麼？」[7]於是，宗教的戒律便自然地轉化為「天條」，原本不懂紀律的烏合之眾因之而可以部勒成營伍。比之舊式教門和會黨以義氣相維繫，拜上帝會的「天條」更多一點兒嚴酷和肅殺。作為天父，上帝的慈悲給小農以慰撫；作為至上神，上帝的獨裁收束了小農的散漫。在這兩重性之下，形成了太平天國的大一統。正是這種大一統，聚積了白蓮教、天地會從未有過的巨大力量。雖說自陳勝、吳廣「篝火狐鳴」之後，藉神道以起事是中國農民戰爭史中屢見的法門，但比較嘉慶年間的川楚白蓮教與咸豐年間太平天國的拜上帝會，可以看出，外來的觀念和教規滲入之後，近代民間宗教組織也在發生着新與舊的代謝。

　　（三）太平天國以宗教為旗幟。但是，在它那裏，宗教的教義是同幾千年來農民階級的理想和幻想糅合在一起的。農民成為教徒的過程，同時是農民以自己的理想和願望來領會和理解上帝教的過程。因此，在天國的形式下改朝換代，雖比前代草莽舉義更多耳目一新的創置，而其中所寄託的，往往正是中國小農固有的憧憬和嚮往。這一點，特別體現在聖庫制度上。從金田起義前夕，參加團營的人們就自下而上地歸私財於公庫，自上而下地分配衣食於個人，用皈依天父換來了物質上的人人均平。此後，「凡一切殺妖取城，所得金寶綢帛寶物等項，不得私藏，盡繳歸天朝聖庫」[8]。在另一頭，聖庫的收入化為柴米油鹽，進入上帝大家庭的每一個人，人人都有資格取得自己的一份。這種廢除私有和絕對平均主義的制度是超越歷史的，因此，它注定不可能長久維持下去。但在太平天國建立新朝的過程中，它又真正地實現過相當一段時間。[9] 在這段時間裏，它所帶來的公有和互助無疑會極大地吸引東南地區大批貧困無告的人們。洪亮吉在乾隆末年已經指出「戶口既十倍於前」，「遊手好閒更數十倍於前」。積數十年之久，加上鴉片戰爭後南方社會經濟的變動，失去生產資料和生活資料的人口無疑會更多。這些人往往為謀生而脫離了鄉土，也因此而脫離了宗族庇護。雖說統治階級稱他們為「遊惰」，其實他們是社會中最無助和最怨憤的部分，因此也是社會中最易於被均平和互助粘結起來的部分。對於他們來說，天朝聖庫正是能夠直接沐浴到的聖水。西方基督教為靈魂的歸宿設計了天國，相比之下，拜上帝會的人間小天堂是一種中國化了的東西。但正是在這個意義上，可以說洪秀全把天上的火盜到人間來了。這一點，是當時的白蓮教、天地會都做不到的。所以，當太平天國進入兩湖之後，貧苦的農民、船工、小生產者和遊民如山洪爆發般湧入其中。太平天國在尋找他們，他們也在尋找太平天國。金田起義時的兩萬餘眾，到攻佔武漢，沿江東下，已成為旌旗蔽日、征帆滿江的五十萬大軍了（號稱百萬）。

二、洪秀全的思想

　　洪秀全並不是一個純粹的思想家。但是，他的思想曾經抓住過千百萬人的心，並通過他們化為排山倒海的力量。在這個過程裏，他個人的思想反映並影響了那時候

的社會思想，以致天國的歷史痕跡與天王的才識情性常常因果相繫。因此，要說明太平天國的歷史，不能不首先說明洪秀全的思想。就社會變遷着眼，他以文字方式留下的思想材料大致可以分為三點。

（一）拜上帝。如果說後來康有為的特點是託古改制，那麼洪秀全的特點就是託上帝以改朝換代。上帝的存在，不僅具有宗教精神的意義，而且更多現世功利的意義。他使洪秀全從一名三家村塾師變成天父的次子，所謂「太平天王大道君王全」。在這裏，神威造成了權威。的確，造反起義是非常之事，所以需要借助非常的權威。比之歷史，他所取的路數，同歷代帝王自稱「天子」以昭示君權神授的用意是非常相像的。但太平天國的上帝不是中國社會裏土生土長出來的東西，而是從《聖經》中搬過來的，是一個「滿口金鬚，拖在腹尚（上）」[10]的洋上帝。其形貌與中國人已經見慣的佛祖和三清全不相類。過去常常提到的《勸世良言》，是洪秀全第一次接觸到的介紹西方宗教的讀物，但他所吸取的基督教知識，不全來自這一粗淺的小冊子。以後，洪秀全曾隨羅孝全讀過幾個月的《聖經》，由此所得，當然要豐富得多。他從《聖經》裏不會僅僅只看到一個上帝。《新約・使徒行傳》中保留着若干社會平等、財產均分的內容。這大概是原始基督教平等思想的沉澱物。以理推斷，它會對洪秀全產生吸引力。[11]在當時的中國，這些東西毫無疑問是一種異端。因此，曾國藩作《討粵匪檄》，首先以「竊外夷之緒」為討伐之辭。然而，洪秀全畢竟不是傳教士。一方面，他的基督教知識主要是自學揣摩出來的，其間不免會有對於本義的誤解、臆測和附會。例如西方人視為天經地義的聖父、聖子、聖靈（那個時候譯作「聖神風」）「三位一體」，他就從來沒有弄明白過，以至於把「聖神風」輕易地作為封號送給了楊秀清。另一方面，用上帝來聚眾，本身又需要上帝適應自己的信仰對象。這種需要不可避免地會產生對於西洋原版的加工、改塑和曲解，並由此而使上帝粘附上某些中國特有的色彩。在太平天國官書中，上帝有時候是與中國上古經籍裏的觀念相通的：「書曰：『肆類于上帝』，又曰：『惟上帝不常，作善降之百祥，作不善降之百殃』；詩曰：『昭事上帝』；又曰：『克配上帝』；孟子曰：『雖有惡人，齋戒沐浴，則可以事上帝。』」[12]記載於《尚書》和《詩經》中的「上帝」是殷周先民心目中的至高神，它與基督教裏的 God 本來全無干係，可是經洪秀全的榫結，兩者變成了一個東西。這種論證方式，雖然帶着望文生義必有的邏輯破綻和歷史破綻，卻可以使接受

God 的太平天國大眾更多一點兒與故家舊物認同的理直氣壯。此外，佛道觀念和中國民間宗教觀念也滲入了上帝教。《太平天日》裏繪聲繪色地描寫過洪秀全在天堂裏打妖魔，從上帝居住的「三十三天逐層戰下」，直到「凡間這重天」，以見其超凡的神性和神通。[13] 然而「三十三天」之說，發明權本歸佛教所有。這一類編造，固然便於在民間說法之用，但基督教裏上帝的形象，則不會不因此而異化。更富於想像力的是宗法社會裏的農民為上帝創造的宗法大家庭。在耶穌之下，太平天國的首義諸王一夜之間都成了上帝的眾子，並按照各自的行序分別對應天象：洪秀全為日、楊秀清為風、蕭朝貴為雨、馮雲山為雲、韋昌輝為雷、石達開為電，後來秦日綱和胡以晃封王，復為霜、為露。[14] 正像梁山泊好漢在忠義堂排座次一樣，他們在上帝的家裏排座次。用這種辦法分配領導集團成員之間的權力，並不能算作創舉。雖然他們在上帝的名義下組成了一個神聖家族，其實不過是把中國固有的名分綱紀和江湖聚義中慣見的成規引入了上帝的家裏。這一類對於基督教的改作是洪秀全的得意之筆，因為他可以藉此示傲於西方人。這種自覺的優越意識，非常明白地表現為太平天國對外國人的問難：

　　爾各國拜上帝、拜耶穌咁久，有人識得天上有幾多重天否？

　　爾各國拜上帝、拜耶穌咁久，有人識得天上頭頂重天是何樣否？

　　爾各國拜上帝、拜耶穌咁久，有人識得耶穌元配是我們天嫂否？ [15]

與此相聯繫，太平天國中的人們還認為：「從來中國所稱為花夏者，謂上帝之聲名（耶火華）在此也；又號為天朝者，為神國之京都於茲也。」[16] 顯然，上帝雖然有一個金髮碧眼的模樣，卻更加鍾愛中國。因此，韋昌輝告訴英國人說：「中國君主（洪秀全）即天下之君主；他是上帝次子，全世界人民必須服從及跟隨他。」[17] 同一個意思還以「萬方來朝」字樣刻於太平天國的玉璽上。在這裏，洪秀全的世界觀念似乎與道光、咸豐相去並不遠。難怪當時到過天京的西方人富禮賜覺得太平天國的上帝是一個不倫不類的野菩薩，並且藐視地評論說：「天王之基督教不是什麼東西，只是一個狂人對神聖之最大的褻瀆而已。而他的部下之宗教，簡直是大笑話和滑稽劇。」在他看來，「天主教教皇如有權治他，早就把他燒死了」[18]。有人從西方人的不滿推論出農民的上

帝是非常值得讚美的，因為他具有洋上帝所沒有的種種好處。其實，農民加到上帝身上的並非都是可以讚美的東西。最能說明這一點的，莫過於楊秀清和蕭朝貴熟演的上帝、耶穌附體顯靈。太平天國刻印的《天父下凡詔書》，鄭重地記錄了楊秀清以上帝名義對洪秀全的訓誡與凌辱。作為被凌辱者，洪秀全不會喜歡楊秀清，但作為天父的次子，洪秀全又不能不敬受上帝的訓誡。由此產生的複雜矛盾，最後終於以血淋淋的內訌解決。這種巫漢降神一類民間迷信的借用，與基督教的體系井然有序相比，實在不能懵然恭維。歸根結底，加工和附會不可能改變主要的質料，因此，上帝並沒有發生脫胎換骨的變化。

（二）承襲並激揚了自天地會以來的反清意識。這一點，由隱喻而越來越明確地見之於《原道救世歌》、《原道醒世訓》、《原道覺世訓》和《奉天討胡檄佈四方諭》、《奉天誅妖救世安民諭》、《諭救一切天生天養中國人民論》之中。前三篇是拜上帝教的基本文獻；後三篇是義師佈告天下的檄文。兩者代表了太平天國由萌蘗到發展起來的理論和思想。其中雖多見西方宗教的教義和古代經籍（《禮記》）的引言，但最能震動世人心弦的卻是那種強烈的反清吼嘯：

> 妖胡虐焰燔蒼穹，淫毒穢宸極，腥風播於四海，妖氣慘於五胡，而中國之人反低首下心，甘為臣僕，甚矣哉中國之無人也！夫中國，首也，胡虜，足也；中國，神州也，胡虜，妖人也。……中國有中國之形像，今滿洲悉令削髮，拖一長尾於後，是使中國之人變為禽獸也。中國有中國之衣冠，今滿洲另置頂戴，胡衣猴冠，壞先代之服冕，是使中國之人忘其根本也。中國有中國之人倫，前偽妖康熙暗令韃子一人管十家，淫亂中國之女子，是欲中國之人盡為胡種也。中國有中國之配偶，今滿洲妖魔悉收中國之美姬為奴為妾，三千粉黛，皆為羯狗所污；百萬紅顏，竟與騷狐同寢。言之慟心，談之污舌，是盡中國之女子而玷辱之也。中國有中國之制度，今滿洲造為妖魔條律，使我中國之人無能脫其網羅，無所措其手足，是盡中國之男兒而脅制之也。中國有中國之言語，今滿洲造為京腔，更中國音，是欲以胡言胡語惑中國也。[19]

首與足，神與妖，中國與胡虜的對立，以及見之於「形像」、衣冠、倫理、配偶、制度、語言的滿漢不能相容，顯示的也是夷夏之見。意味深長的是，當眾多士大夫因西

方人的到來而想到夷夏大防的時候，造反的農民用同一個題目抉開了漸被淡忘的滿漢舊匪口。曾國藩寫過《討粵匪檄》，但他極用心地迴避了這個問題，其實，迴避也是一種反應。對此，不同的歷史學家已經做過許多命意不同的詮釋。從思想意識發展的歷史程序來說，天地會的「反清復明」是太平天國反清思想的直接前導。這是一方面。另一方面，兩百年來漢民族的潛在種族意識並未泯除。當清王朝從盛世走向衰世，社會矛盾因之而不斷激化的時候，這種種族意識會像冷灰中的火星一樣迅速復燃。就此而言，太平天國的反清思想又包藏着當時社會現實的階級對抗內涵。正因為這樣，它才能造成巨大的反清社會運動。比之天地會的祕密活動和局部活動，太平天國以大規模的農民戰爭反清，其聲勢和影響在當時和後來都要大得多，作為 19 世紀中葉的一場歷史震盪，太平天國對近代社會思想的顯著衝擊無疑正在於此。三十年後以「驅除韃虜，恢復中華」為綱領創建興中會的孫中山，正是一個自命為「洪秀全第二」的人。兩者之間前後相續的關係是非常易見的。作為一種比較，洪秀全辛苦經營的拜上帝會則在太平天國失敗後如被西風吹盡，了無餘響。代之而興的是反洋教運動。上帝並不能影響中國的社會思想。20 世紀初期從事反滿革命的人們常常懷念洪秀全，並不是因為他是上帝的兒子，而是因為他的反清撲滿為後來者開了先路。

（三）反孔，同時又吸取了儒家的某些東西。太平天國可以算作歷史上頭一次大規模的反孔羣眾運動了：所過之處，往往焚學宮、毀木主，至十哲兩廡，狼藉滿地。入金陵以後，又曾大規模地搜書和燒書：「搜得藏書論擔挑，行過廊溷隨手拋，拋之不及以火燒，燒之不及以水澆。讀者斬，收者斬，買者賣者一同斬，書苟滿家法必犯，昔用撐腸今破膽。」[20] 在秦始皇之後，像這樣恣肆地踐踏孔孟的事是沒有先例的。曾國藩因此而謂之「舉中國數千年禮義、人倫、詩書、典則，一旦掃地蕩盡」[21]。但是，對於傳統社會裏的農民來說，踐踏孔孟並不等於擺脫孔孟。在思想上和實際上，它又接受了很多儒家的東西。例如，《原道醒世訓》對大同社會的論述，就以唐虞三代為楷模，所謂「大道之行也，天下為公。選賢與能，講信修睦，故人不獨親其親，不獨子其子，使老有所終，壯有所用，幼有所長，鰥寡孤獨廢疾者皆有所養。男有分，女有歸。貨惡其棄於地也，不必藏於己；力惡其不出於身也，不必為己。是故奸邪謀閉而不興，盜竊亂賊而不作。故外戶而不閉，是謂大同」[22]。這種充滿嚮往的描述出自《禮記·禮運》，並託名於孔子，它表現了典型的儒學烏托邦思想。

八三

1　太平軍抄本《天條書》

2　《天父詩》扉頁、內文　《天父詩》主要收錄洪秀全指導、約束後宮妃嬪的教條，例如令人匪夷所思的「五該打」：「服事不虔誠，一該打。硬頸不聽教，二該打。起眼看丈夫，三該打。問王不虔誠，四該打。躁氣不純靜，五該打。」三綱五常已在不知不覺中回到了上帝的「天國」。

3　太平軍安民告示

天國的悲喜劇

而在政治制度和社會制度方面，太平天國的製作則明顯地脫胎於《周禮》。這種反孔而又依傍於儒學的矛盾不難從那個時候的社會歷史中得到解釋。

首先，太平天國的反孔，並不因為儒家思想體系是封建制度的精神支柱。站在小農經濟基礎上，它還不可能產生這樣的眼光。它與孔夫子所爭奪的，是以上帝為唯一的神聖地位。「唯一」的排他性決定了其他一切權威和偶像都必須被取締。因此，太平天國反孔的喊聲和深度是不成比例的。據說，孔子在天堂裏受到「鞭撻甚多」。但這無非是為了剝奪他的權威。權威一旦喪失，上帝對孔子還是採取了給出路的政策。經過「罰他種菜園」的勞動改造後還能在天父天兄的身邊得到一個座位，並「准他在天享福」。[23] 因此，太平天國的反孔態度後期與前期並不一樣：「始以四書五經為妖書，後經刪改准閱，惟《周易》不用，他書涉鬼神喪祭者削去，《中庸》鬼神為德章，《書》金縢，《禮》喪服諸篇，《左傳》石言神降俱刪，《孟子》則可以祀上帝，上帝上加皇字，《詩》蕩蕩上帝，上帝板板，皆加皇字，《論語》夫子改孔某，子曰改孔某曰。」[24]

其次，儒家思想是當時中國的社會思想。積兩千年之久的浸潤，它已經深藏於中國人的心中，其支配性並不是每個被支配的人都能意識到的。洪秀全是產生於這個社會的人，而且是一個向四書五經討過生活、從科舉制度尋過出路的人。還在他接受上帝的洗禮之前，儒學早就為他行過洗禮。所以，當他自覺地反孔的時候，又會不自覺地被孔學牽引。這種情況，在洪秀全成為天國的君王之後更加明顯。隨着造反者銳氣的消退，是統治者惰氣的增長。造反可以不要儒學，統治卻終究以儒術更應手。於是三綱五常都在不知不覺中回到了天朝。

三、天國的悲劇

在當時的中國社會裏，太平天國是一股有着種種優勢的力量。因此，它的事業能夠以喜劇開始。1853 年 3 月，太平軍攻佔南京，隨後西征北伐，並相繼擊潰江南大營、江北大營；到 1856 年 9 月楊韋事變前，太平天國已控制了從武漢到鎮江的長江沿岸要地和江西、安徽的大片土地，達到了它的全盛時期。

　　但進入南京，同時又預伏着太平天國的悲劇。選擇南京為天堂立基之地，是起兵不久之後就有的成算：「在永安時言至金陵為登天堂，許夫婦團聚。」[25] 並在作戰時常以「行將取江南矣，豈畏爾官軍耶」[26] 鼓動士氣。那個時候，多數太平天國中人連石頭城的外貌都沒有見過。但江南之富庶繁華和金陵「城高池深」，可以做「帝王之家」，則耳聞已久，心嚮往之。雖然攻佔武漢之後，太平天國領導集團內部有過北上還是東下的討論，但前一種主張幾度提出，又幾度被否定了。據《盾鼻隨聞錄》記載：「女賊卞三娘兇悍絕倫，女兵千餘，俱廣西大腳婆。……向洪逆獻計，由襄樊一路直取河南，進據中原心腹。楊秀清覬覦江浙財富之區，欲由長江徑取江寧為巢穴，爭論不絕，秀清遂託天父降凡，令其直犯江南。卞三娘因其言不用，率領女兵自回廣西，不知所終。」[27] 看來在這個問題上實際主持軍政的楊秀清更熱心。太平天國領袖人物對於天堂地點的盤算取捨，說明富裕的經濟和「帝王之家」是對他們吸引力最大的東西。後來刊佈的《建天京於金陵論》一書，輯集了四十一篇同名短論，敘述擇地於此的種種好處：「蓋聞王者建都，必先觀地之形勢。地非居天下之中，不可建都；……至於金陵地居都會，據東南之美，為名勝之區，地勢彌崇，民情益厚，中多山阜，外有江河，此天父上帝所造成，而為我天王建都之地也。」[28] 但在今天看來，他們的論旨多保守小天堂於一隅之心，少經營八表以取天下之志。同小天堂相比，北京城成了非常遙遠的東西。透過歷史人物的活動，在這裏真正起作用的是千百萬小農保守安逸的小生產意識。生產環境的狹隘造成了眼界的狹隘，眼界的狹隘造成了思想的狹隘。這一選擇的結果，帶來了太平天國事業的歷史轉折。首先，對清王朝的政治軍事攻勢變成了守勢。太平天國攻取南京是一重大勝利，但也由此而得到了一個極大的包袱。不能不「以安徽、湖北、江西為大供給所，且不能一刻忘情於湖南。其注意上游，若嬰兒之仰乳哺」[29]。由此產生的軍事和經濟的態勢，牽制了太平天國的兵鋒，迫使它斂收金田起義以來的席捲之勢。於是，奔騰湍急的農民戰爭巨流一下子匯成一片以南京為中心的淺灘。此後雖然有過北伐西征之舉，但西征意在經營上游，屏障天京；而北伐則是以偏師孤軍深入險地，與其說是犁除庭穴，不如說是以攻為守。《貶妖穴為罪隸論》一書收輯了那個時候天朝中的人們與北伐相關的種種議論，其中頗有不切事理的見解，甚至以為「至於妖穴，取之不足以安人民，棄之不足以伸武勇」[30]。這種態度，同他們對東南的關切是一種鮮明對比。因此，林鳳祥、李開芳、

吉文元所統北伐軍在華北挫敗之後，終因援軍不繼而潰散。但是，造反而以戰略保守為能事，這不能不是一個致命的矛盾。這個矛盾的發展當然會造成與之相應的結果。其次，進入南京之後，六朝綺羅金粉之地助長了太平天國內部的安富尊榮意識。隨之而來的是人間天國的封建化。洪秀全寫了那麼多的《幼學詩》、《天父詩》，宣揚了什麼呢？一是君權神授：「眾小爾們要一心扶主，不得大膽。我差爾主下凡作天王，他出一言是旨是天命，爾們要遵，一個不顧王顧主都難。」[31] 二是三綱五常：「只有媳錯無爺錯，只有嬸錯無哥錯，只有人錯無天錯，只有臣錯無主錯。」[32]「生殺由天子，諸官莫得違」，「王獨操威柄，讒邪遁九淵」，「伊周堪作式，秉正輔朝綱」[33]。甚至規定五歲的男孩子就不可接近姐妹，比之男女七歲不同席的舊規更為苛嚴。在這種觀念下，政治等級森嚴可畏：「凡東王、北王、翼王及各王駕出，侯、丞相轎出，凡朝內軍中大小官員兵士如不迴避，冒衝儀仗者，斬首不留。凡東王駕出，如各官兵士迴避不及，當跪於道旁，如敢對面行走者斬首不留。凡檢點指揮各官轎出，卑小之官兵士，亦照路遇列王規矩，如不迴避或不跪道旁者斬首不留。」[34] 還有繁瑣而苛細的稱謂：「軍師妻呼稱王娘，丞相妻呼稱貴嬪，檢點妻呼稱貴姒，指揮妻呼稱貴姬，將軍妻呼稱貴嬙。欽命總制妻呼稱貴媼，監軍妻呼稱貴奶，軍帥妻呼稱貴（媚）。師帥妻呼稱貴嫺，旅帥妻呼稱貴婕，卒長妻呼稱貴妯，兩司馬妻呼稱貴娌。」[35] 小天堂中的居民是否真的能記住這麼多名目是可疑的，但其用意在於以多數人的卑賤來襯托少數人的榮光卻是確然可見的。在這裏，天國的尊卑體制比「清妖」的尊卑體制更多一點霸道和蠻氣。天下男子的兄弟之情和天下女子的姊妹之情，已經被忘得乾乾淨淨了。小農嚮往平等，但又常常造成不平等。

誠然，太平天國在南京頒佈過被稱道的《天朝田畝制度》。但是，這一文件的空想性質和當時階級鬥爭的殘酷程度都決定了其用心規劃的土地制度只能是一紙空文。它的價值是為近代思想史提供了一種農民的大同模式。真正成為太平天國實際賦稅政策的是「照舊交糧納稅」。這一政策以土地所有者的存在為前提，因此，它不僅保護自耕農的利益，也保護地主的土地權和收租權。這種保護，體現了對賦稅來源的關注，當然不是有愛於地主。但舊的土地關係卻因之而保存下來了。遲至 1861 年（咸豐十一年），吳江擁有三四千畝土地的大地主柳兆熏，還能收到租米一千三百餘石。[36] 他不會是一個孤例。在人間天國裏，天堂畢竟只能是一種影子。他們曾試圖按自己的面

1 太平天國天王府正門

2 太平軍官兵　除了諸如「貴嬪」、「貴姬」等數十種挑戰人類記憶力的繁瑣稱謂，到了中後期，太平天國的官爵「通脹」速度也超越了人們的想像力。

1

2

天國的悲喜劇

貌和要求來改造世界，例如取消商業，但現實使他們重重地碰了壁。於是，從經濟、政治到觀念，歷史在繞行一周後似乎又回到了起點。時代的局限是真正的局限。太平天國的英雄們從金田到天京，用鮮血和生命的代價激烈抗爭，以追求自己的理想。但在新的生產方式出現之前，他們不可能單憑自己的力量找到一條取代封建制度的出路。當封建制度還沒有東西能夠取代的時候，太平天國不能不回到封建制度。借助於宗教理想匯集起來的世俗力量，由於理想的褪色而不能不日趨迷失與彷徨。一個舊文人用歌吟記敍天朝中人的物慾說：「宮室車馬及衣服，揭來享盡天堂福，志驕氣盈樂宜極，百計營求供大慾。金魚數十缸，珍禽數百籠，去年人獻十四鳳，（偽示云：舜時鳳皇來儀，文王時鳴於岐山，我天朝肇基，王跡定有瑞徵，民間不得私藏。人以野雞十四隻當之，輒大喜）今年令捉千斤龍。夏鼎商彝舉室空，瑤草琪花掘地窮，竹末槎丫鬥雕刻，玉石磊落資磨礱。」[37] 與此同時，喪失了理想的宗教則流為偏執的虛妄。所謂「朕立幼主繼耶穌，雙承哥朕坐天都。幼主一半耶穌主，一半朕子迓天麻。代代幼主上帝子，雙承哥朕一統書」[38]。本是世人共有的天父，變成了父子祖孫一系的始祖。這種演變，使進入南京之後的太平天國政權，不能不日益變成一種不成熟的封建政權，並以自己不成熟的封建政權與正在衰敗中的清朝封建政權對峙着。它的不成熟性，使知識分子如王韜、容閎——來而復去。曾經親身到過天京的容閎後來說：「其所招撫，皆無業遊民，為社會中最無知識之人。以此加入太平軍，非獨不能增加實力，且足為太平軍之重累，而使其兵力轉弱。蓋此等無賴之尤，既無軍人紀律，復無宗教信仰。即使齊之以刑，不足禁其搶掠殺人之過惡。」「迨佔據揚州、蘇州、杭州等城，財產富而多美色，而太平軍之道德乃每下而愈況。蓋繁華富麗，固足以銷磨壯志，而促其滅亡也。」[39] 他的話透露了那個時候知識分子對太平天國的典型觀念。

　　清王朝是正在衰敗中的封建政權，但它卻成為這場鬥爭的勝利者。一個非常重要的原因是，這個時候崛起了以曾國藩為代表的儒生地主政治勢力。這一勢力注重經世，羅致人才，並且以守衛名教為號召，組織了一支以儒生為骨幹的新的軍事力量。這些人多研習理學，雖無顯達的名位，卻是傳統知識分子中最富於信念的部分，往往以一介章句之儒歷兵戈成悍將。在滿漢地主階級當權派束手無策的情況下，他們走上前來，成為團結整個地主階級對抗太平天國的中堅。從某種意義上說，後期太平天國同清政權的對抗，實際上是太平軍與湘（淮）軍的對抗，是洪秀全與曾國藩的對抗。

兩者對比，洪秀全似乎更具有理想主義色彩，但他的理想在現實中只是一種異端。曾國藩則更懂得中國社會，並因此而能夠代表傳統的中國社會。前者用理想匯聚社會力量，後者用傳統匯聚社會力量。無疑，歷史事變中主角的這種個人特點，一定會成為影響事變結局的因素。作為一種對照，可以比較洪秀全周圍的人物和曾國藩幕府中的人物。這兩個地方曾經集合了當時中國能夠影響歷史的羣體。然而就數量而言，19世紀中期中國的才識之士無疑更多地站在傳統一邊。他們以個人的選擇，表現了某種歷史的選擇。

當清王朝因儒生經世派的出現而獲得加固的時候，太平天國國都爆發了楊韋事變，局面因此岌岌可危。[40] 遠道而來的洪仁玕適逢其會，受命於危難之際，成為後期太平天國事務的主持者。就節操和知識而言，他是太平天國的一等人才。但他缺乏軍事才幹（李秀成因此而看不起他）。因此，在連天烽火的內戰中，他不可能挽救太平天國的頹勢。洪仁玕提出的《資政新篇》是當時中國最完整的發展資本主義的綱領。顯然，他具有開通的眼識和卓越的預見。但在當時，它並非太平天國題中應有之義，而是遊離於農民鬥爭之外的東西。這就決定了它不會在太平天國的羣眾中激起用拜上帝會造小天堂那樣的反響，也不會轉化為物質力量，只不過為 19 世紀中國的社會思想留下了一份珍貴的資料。把農民同資本主義聯繫起來需要很多環節，而當時中國尚未有這些環節。

太平天國的鬥爭一直堅持到湘軍的地雷轟開天京城牆；堅持到焚燒天王府的火光照紅天空和江流。這是一場悲壯的鬥爭。其悲劇意義不僅在於他們失敗的結局，更在於他們借助宗教猛烈衝擊傳統卻不能借助宗教而掙脫傳統的六道輪迴。反封建的人沒有辦法洗淨自己身上的封建東西。因此，他們悲壯的事業中又有着一種歷史的悲哀。

四、留給歷史的餘響

作為一場企圖改朝換代的農民戰爭，太平天國在縱橫十數年之後失敗了。但它是近代中國的一次大海波潮，潮來潮去之後，許多東西都會改變舊日模樣。

從社會經濟來說，太平天國雖然沒有改變土地制度，但它對部分地主分子的人

身消滅和整個地主階級的經濟勒迫，又造成了地主分子的出逃和地主經濟的萎縮，部分農民因此可以得到一定數量的土地。同時，內戰之後人口大量減少，土地荒蕪，經界變形，「向存魚鱗冊、黃冊蕩然無存」[41]，促成「客民」開墾得地的種種可能和永佃制度大量形成。當時江、浙、皖諸省往往「客民爭攜耒耜來受膡廛。其中強有力者，飛來客燕，敢欺本地籬鷄，有主田疇，強行霸佔，有喧賓奪主情形」。而「土著之流亡者，一旦生還，反致無所歸宿。田為人有，屋為人居，力不能奪，訟不能勝，乃不得已而亦捨己芸人，佔別家之產以自活。展轉易主，遂至境內之田，盡非原戶」[42]。這個過程會產生相當數量的自耕農。在鴉片戰爭之後，西方資本主義經濟勢力的浸潤首先開始於東南。因此，這些增多的自耕農面對的已不是舊時的自然經濟了，他們離商品和市場近在咫尺，並時時受到刺激。這種經濟環境無疑會使自耕農的增多促進生產和消費的增多。這些對後來資本主義生產關係的產生和發展多少有點兒好處。

從社會政治來說，太平天國攪亂了整個封建制度，這種攪亂是統治階級永遠無法平復的。由此，間接地促成了地方政權相對於中央統治的自立傾向。這對於削弱中央集權起了很大作用，原來的政治體制就不能不發生變化。地方督撫權力的膨脹，本是對於太平天國攪動天下的反應，但由此發生的制度遞嬗卻又不是最初作出反應的人們所預料得到的。庚子與辛丑之間的東南互保是有清二百七十多年未見之局，然而追本溯源，其始點卻起自太平天國的影響。此外，湖南近代出了這麼多人，同太平天國有很大關係。在鎮壓太平天國的過程中，湘軍出了很多高官大吏。原先的閉塞打破了，出現了世代汲引、內外交流。在這種閉塞和開放俱存的地方，最容易出現典型的正面人物和反面人物。

除了這兩點外，太平天國作為一個歷史事件，對後來的許多政治力量也產生了間接的影響。在戊戌維新期間，金田起義常被康有為借來作為迫使皇帝變法的力量，這是用反襯來促成革新；辛亥革命時期，孫中山自覺接受了太平天國反清的正面影響和因爭權奪利而導致分裂火併的反面教訓。這些影響說明，太平天國在它失敗以後，對中國社會的政治進程還在起促進作用。它留給歷史的餘響是長久的。

註　釋

1　《龔自珍全集》，7 頁，上海，上海人民出版社，1975。

2　趙爾巽等：《清史稿》，卷 349，列傳 136，11251 頁，北京，中華書局，1977。

3　「新」有兩種含義：一是質變和飛躍的產物，這是性質之新；二是在質不變的條件下，一物取代另一物，這是形式之新。太平天國之為新朝，是後一種意義。

4　《太平救世歌》，見中國近代史資料叢刊《太平天國》（一），239 頁，上海，上海人民出版社，1957。

5　《欽定英傑歸真》，見中國近代史資料叢刊《太平天國》（二），572 頁。

6　《天命詔旨書》，見中國近代史資料叢刊《太平天國》（一），64 頁。

7　《天父下凡詔書一》，見中國近代史資料叢刊《太平天國》（一），13 頁。

8　《天命詔旨書》，見中國近代史資料叢刊《太平天國》（一），65 頁。

9　聖庫制度的來源有爭論。我說過聖庫制度是由「米飯主」這種形式發展來的。當然，這並不意味着聖庫制度一定直接來自「米飯主」。發展，是指兩者之間有前後影響的關係。「米飯主」是少數天地會山堂搞的，而太平天國聖庫制度則是推廣到全體。

10　《太平天日》，見中國近代史資料叢刊《太平天國》（二），632 頁。

11　據考證，洪秀全所看到的《聖經》可能是哥世略等人所譯的本子。在此之前，已有馬禮遜的譯本。

12　《天情道理書》，見中國近代史資料叢刊《太平天國》（一），360~361 頁。

13　參見《太平天日》，見中國近代史資料叢刊《太平天國》（二），636~637 頁。

14　《太平救世歌》說：「天兄是天父之太子，天王是天父第二子也。」又說：「自我兄弟五人（應指楊秀清、蕭朝貴、馮雲山、韋昌輝、石達開——引者）賴蒙天恩主恩授封為王，恭承天父親命，下凡輔定真主」，則蕭朝貴本應是上帝諸子之一；但是蕭朝貴在塵世已做了洪秀全的妹夫，以兄弟而兼妹夫無疑是一種亂倫。為避免這種矛盾，遂以洪宣嬌為上帝之女，而稱蕭朝貴為「帝婿」、「貴妹夫」。可見，太平天國設計上帝的家庭關係是非常隨意的。（參見中國近代史資料叢刊《太平天國》（一），241~243 頁。）

15　《東王楊秀清答覆英人三十一條並質問英人五十條誥諭》，見太平天國歷史博物館編：《太平天國文書彙編》，304~305 頁，北京，中華書局，1979。

16　《干王洪寶制》，見中國近代史資料叢刊《太平天國》，657 頁。

17　《翻譯官麥多士君在南京及鎮江與革命軍首領敍話記實》，見中國近代史資料叢刊《太平天國》（六），904 頁。

18　《天京遊記》，見中國近代史資料叢刊《太平天國》（六），950 頁。

19　《奉天討胡檄佈四方諭》，見中國近代史資料叢刊《太平天國》（一），161~162 頁。

20　《金陵癸甲新樂府》，見中國近代史資料叢刊《太平天國》（四），735 頁。

21 《討粵匪檄》，見《曾國藩全集‧文集》，卷 3，1~3 頁，光緒二年傳忠書局刻本。

22 《原道醒世訓》，見中國近代史資料叢刊《太平天國》（一），92 頁。

23 參見《金陵省難紀略》，見中國近代史資料叢刊《太平天國》（四），719 頁；《太平天日》，見中國近代史資料叢刊《太平天國》（二），636 頁。

24 《金陵省難紀略》，見中國近代史資料叢刊《太平天國》（四），719 頁。

25 杜文瀾：《平定粵匪紀略》，附記 3，6 頁，上海申報館仿聖珍版印。

26 同治《潯州府誌》，卷 27，《紫荊事略》，30 頁。

27 《盾鼻隨聞錄》，見中國近代史資料叢刊《太平天國》（四），367 頁。

28 《建天京於金陵論》，見中國近代史資料叢刊《太平天國》（一），257 頁。

29 《賊情彙纂》，見中國近代史資料叢刊《太平天國》（三），272 頁。

30 《貶妖穴為罪隸論》，見中國近代史資料叢刊《太平天國》（一），297 頁。

31 《天父詩》115，見中國近代史資料叢刊《太平天國》（二），449 頁。

32 《天父詩》378，見中國近代史資料叢刊《太平天國》（二），484 頁。

33 《幼學詩》，見中國近代史資料叢刊《太平天國》（一），232 頁。

34 《賊情彙纂》，見中國近代史資料叢刊《太平天國》（三），230 頁。

35 《太平禮制》，見中國近代史資料叢刊《太平天國》（一），106 頁。

36 參見《太平天國史料專輯‧柳兆熏日記》，98 頁，上海，上海古籍出版社，1979。

37 《金陵癸甲新樂府》，見中國近代史資料叢刊《太平天國》（四），738 頁。

38 《賜英國全權特使額爾金詔》，見太平天國歷史博物館編：《太平天國文書彙編》，44 頁。

39 容閎：《西學東漸記》，98~99 頁，長沙，岳麓書社，1985。

40 楊韋事變後，太平天國之所以還能存在下去，同當時天地會的廣泛發動和第二次鴉片戰爭的發生削弱了清政府的力量有很大的關係。

41 姚錫光：《吏皖存牘》，卷上，29 頁，光緒戊申版。

42 李文治編：《中國近代農業史資料》，第 1 輯，166、169 頁。

第六章

十二年之後

　　1844 年簽訂的中美《望廈條約》第三十四款規定：「至各口情形不一，所有貿易及海面各款恐不無稍有變通之處，應俟十二年後，兩國派員公平酌辦。」[1]（同年簽訂的中法《黃埔條約》第三十五款也有大致相同的規定。）那個時候，正炮聲初息，王朝中人驚魂甫定，與剛剛結束的一番遭遇相比，十二年之後的事是很渺茫的，正竊喜於「萬年和約」換來的太平，紫禁城景物依舊，他們還不可能體會到自己輕易接受的改約一條，包含着極其沉重的分量和無窮無盡的麻煩。但是，無知從來不是一種護符。他們的不認真面對着西方人的認真，他們的倨守反襯出西方人的進逼，由此引出的交涉終於發展為侵略和反侵略的武裝衝突，隨之而來的，是近代中國第二次民族戰爭。

一、「不戰不和不守，不死不降不走」

從 1853 年起，英國就已經開始醞釀修約。其基本要求是，（一）「爭取廣泛地進入中華帝國的整個內地，以及沿海各城：如這一點作不到」，則「爭取揚子江的自由航行，並進入沿江兩岸直到南京為止（包括南京在內）的各城以及浙江省沿海人煙稠密的各大城」。（二）「爭取英國國主得有一位代表長久而光明正大地駐節在北京朝廷：如果這一點爭取不到」，則「規定女王陛下的代表和中國政府樞要間的習常公文往來，並充分保證公文的傳遞不受地方官憲的阻截」。「規定在女王陛下的代表與該代表臨時駐在省份的巡撫之間，得應任何一方面的請求而隨時會晤。」「規定在行將締結的條約的措辭中，一切疑點都應參照英文本解決，並且僅以英文本為準。」此外，還有鴉片貿易解禁，廢除內地子口稅，以及制定華工移民管理辦法等等項目。[2] 英國是修約的最熱心者。但中英之間既有的三個條約裏並無十二年後修約的內容。它所引為依據的是《虎門條約》之一：「設將來大皇帝有新恩施及各國，亦應准英人一體均沾。」問題在於，英國人所要求的「新恩」並無一國已經沾及，他們不是「一體均沾」，而是率先索取。所以，這是不成為依據的依據。

1854 年，英國新任公使包令（John Bowring）銜命赴任，他同美國公使麥蓮（Robert Miligan Mclane）、法國公使布爾布隆（Alphonse de Bourboulon）一起，把西方人的新要求擺到了中國人面前。他們的第一個對手是以欽差大臣身份主持夷務的兩廣總督葉名琛。但葉名琛不願意同西方人打交道[3]，「凡遇中外交涉事，馭外人尤嚴，每接文書，輒略書數字答之，或竟不答。顧其術僅止於此，既不屑講交鄰之道，與通商諸國聯絡；又未嘗默審諸國情勢之向背虛實強弱，而謀所以應之」[4]。他的深閉固拒使他成為一個見不到面的對手。於是，三國使者聯袂北上，次第到達福州、上海、天津（大沽）。他們那些夾雜着威脅之詞的陳說經沿海大吏桂良、怡良、吉爾杭阿、王懿德的先後馳奏而上達「天聽」，放到了咸豐的面前。[5] 咸豐是一個年輕的皇帝，但他的反應卻體現了古老社會對付夷狄的本能。他在上諭中佈置的對策是，據理開導，以「絕其覬覦之心」，「逐層指駁，以杜其無厭之求」[6]。同時重申了只准常駐廣州的欽差大臣一人辦理夷務的天朝體制。他稱這種意思為「羈縻」。但羈縻本身又包含着自相矛盾的兩面：「該夷狡詐成性，遇事生風，固不可過於峻拒，激成事端，亦豈可一味

1 **包令** 英國駐華公使，曾聯合美、法駐華公使要求清政府修約。相比於對手葉名琛的深閉堅拒，他表現出貪求進取之勢。

2 **葉名琛** 一個久被非議的人物，他以舊傳統的全部慣性去對付一個自己並不熟悉的對手，猶如螳臂當車，這不僅僅是個人的悲劇，更是時代的悲劇。

3 入侵廣州的法國士兵

十二年之後

通融，授之以柄？」[7]在這裏，害怕衝突的心理和抵拒西人的願望同樣明顯。中外交涉因之而成為一種沒有結果的事。咸豐所指望的是根據中國封建主義之理，以遏制西方資本主義的貪求進取之勢。這種手段，仍然是道光在鴉片戰爭之前用過的手段。它說明，同老子相比，兒子並沒有長進。於是，從廣州北上的西方人，又被天朝體制帶回了廣州，帶到了葉名琛那裏。

葉名琛無疑是中國舊傳統培育出來的優秀人才：二十六歲的進士，三十八歲的巡撫，四十三歲的總督，四十六歲的相國。翰林清望，仕途騰達，其名位之驟來速至，在有清一代是少見的。因為如此，他志銳氣盛而不知世事之多艱多難，也因為如此，作為當時中國主管對外事務的最高官員，他會非常自然地帶着舊傳統的全部慣性去對付一個他並不熟悉的對手。就事情的實質來說，這個對手恰恰是另一個時代和另一個世界的代表。在這裏，歷史彷彿重現了鴉片戰爭時期中西對立的內容和態勢。所不同的是，林則徐曾以「師夷之長技」的氣魄為中國社會打開一個看世界的窗口，而葉名琛是懷着對夷人的極度蔑視把這個窗口關上了。在激烈的中西民族衝突面前，其「雪大恥，尊國體」之心是與林則徐相近的。但林則徐因開眼看世界而歷史地成為從中世紀向近代跨出一步的人，而葉名琛則身與心貼連着中世紀，在抵夷的同時守衛了落後。這一差別導致了 19 世紀 40 年代和 50 年代兩個不同人物的種種差別。

（一）自信變成了虛驕。西方提出改約，所爭的是侵略權益，但葉名琛所關注的首先是華夷之間的禮儀即體面。「其馭外驕倨之態，數倍於（徐）廣縉。先是廣縉雖不許外國使領到城內督署晤見，而本人時常紆尊至城外見之，即遠莅虎門亦不辭，而名琛直不見。」[8]包令要求會見欽差大臣，作為回答，葉名琛提出在「一個河邊的倉庫」裏接見英國公使。[9]在他手裏，外交上制服夷人的取勝之道不在於面對面的抗爭折衝以衛護實利和主權，而在於從精神上施以貶抑和折辱，是以「憾之者不獨英人，如法如美，同深忿恚」[10]。貶抑和折辱，當然包含了鴉片戰爭之後中華民族對侵略者的憤恨和抵拒，但其中更多的來自傳統夷夏之見的意氣和成見。這種意氣和成見使他面對着近代的外交對手卻不可能產生近代的外交意識。攘夷之志因此而變為一種虛驕。

（二）強硬變成了懵懂。1856 年 10 月，英國在久爭入城而不得之後，藉「亞羅」號一事發為咆哮，用大炮轟擊廣州。[11]其時，葉名琛正在校場「閱武闈馬箭」。方炮聲東來之際，「文武相顧愕眙」，葉名琛獨能巋然不動。兩天後，西人「駕炮注擊總督

署，司道冒煙進見，請避居，葉相手一卷書危坐，笑而遣之」[12]。應當說，其氣概之豪邁自雄，並不是當時中國所有官場中的人們都能夠做到的。比之後來柏貴與佔領軍合作而受人鄙視，葉名琛無疑更想顯示傳統的英雄主義。這種英雄主義在兩千年歷史中留下過耀眼的光彩，並永遠值得後人崇敬，但是，在葉名琛身上，這種英雄主義氣概的背景卻是中國馬箭與西洋火炮之間驚心動魄的歷史差距。以馬箭傲火炮，在強硬的同時又表現了劇變時代裏充滿悲愴意味的懵懂和滑稽。其心可哀，其事則不足為訓。

（三）鎮靜變成了自欺。1857 年 12 月，英法聯軍集結廣州，再度攻城。時人謂葉名琛「以淵默鎮靜為主，毫無佈置」[13]。這種鎮靜，不是慌亂的反義詞，不是每臨大事有靜氣，而是「不戰、不和、不守」。迨至戰事正急，「將軍巡撫司道進見，商戰守策，而葉相淡若無事然」。在傳統的中國，理性和非理性常常會並存於一個人的身上。「先是葉相之父志詵喜扶乩，葉相為建長春仙館居之，祠呂洞賓、李太白二仙，一切軍機進止咸取決焉。」於是，在最需要理性的時候，葉名琛卻以乩語為指南：「僚屬見寇勢日迫，請調兵設防，不許；請召集團練，又不許。眾固請，葉相曰：『姑待之，過十五日，必無事矣。』乃乩語也。」但是非理性的東西終究不能成為致勝之道，兩天之後廣州即被佔領，包括葉名琛在內的城中全部天朝官吏都成為俘虜。薛福成記述了那個時候的輿論說：「強寇豈可以空言應哉，己則無備，輒謂人窮蹙。譬猶延頸受暴客白刃，尚告人曰，彼懼犯法，窮蹙甚矣。自欺如此，禍其可紓乎！」[14]

葉名琛生涯的最後一部分似乎是在矛盾中度過的。一方面，他在身敗名裂後，仍然只能從往日的歷史傳統中尋找支撐自我的精神力量，自況蘇武：「向戍何必求免死，蘇卿無羔勸加餐。」另一方面，由於囚禁在域外的加爾各答，他能天天接觸到來自外國報紙的種種信息，這給了他過去所沒有的了解西方的機會。見識稍多之後，因之而有某種思想變化，「現在我明白了，這比我以前從香港了解到的要清楚得多，那時我根本不懂。」[15] 對於一個像葉名琛這樣「性木強」的人來說，承認這一點是不容易的，但這種認識已經無補於他親手鑄成的誤身誤國的歷史錯誤了。在中國歷史上，葉名琛是一個久被非議的人物。但葉名琛的悲劇是一種時代的悲劇。正因為這樣，他的遭遇，曾長久地成為當時和後來很多士人議論與思考的題目，他們在議論與思考中咀嚼，並由此而反思。同治年間，曾國藩在家書中說「久作達官，深慮蹈葉相末路之愆」。他的「深慮」，不僅僅表達了為宦途作計之想，其中還有着從傳統馭夷之道戰戰兢兢地走出來的心態。

二、「庚申之變」

次年春季，美法聯軍北上攻陷大沽，兵臨天津。中國政府被迫同英、法、美、俄四國分別簽訂了《天津條約》。1859年，戰事因換約再起。第二年，聯軍侵入北京。在更加苛刻的條件下，中國同英、法、俄三國又分別簽訂了《北京條約》。這七個條約構成了第二批不平等條約。這是一個屢戰與屢和交錯的過程。屢戰與屢和，既反映了西方人侵逼煎迫的強韌無情，也反映了中國君臣的彷徨與顧頇。

1858年（咸豐八年）御史陳慶松曾不無尖刻地指出過這種對比：「向來辦理夷務，本未通盤籌劃。不過來到天津，支應回廣東去，而廣東亦不過搪塞了事，故事終不了。夷人機警，窺破此情，故於我全用劫法。不獨葉名琛係被劫去，近日撫局亦係劫成。」[16]

咸豐朝《籌辦夷務始末》保存了當日中西交涉的舊案，從中揆度咸豐的心事，可以看出他最捨不得丟掉的東西是中國帝王在百夷面前的固有顏面。《天津條約》簽訂以後，西人南返，津沽危局甫緩，大學士桂良、尚書花沙納已奉派躊蹤而至上海，與西人再開談判，期於以免除關稅為代價，換取彼族放棄公使駐京、江路通商、內地遊歷和歸還廣東省城。在折衝甚苦之際，上諭迭至，辭氣憤厲：「桂良等迭次陳奏辦理情形，其經剴切訓示，總以阻其進京，停其江路通商，並將遊行內地罷議，及早歸還廣東省城四事為最要。桂良等果肯竭力轉圜，何至徘徊兩月有餘，又復奏請訓示？前次准將欽差（西方使節——引者）移至上海，原為阻其進京及赴天津之計，若仍准其隨時進京，則進京之後，如何驅遣？豈不與駐京無異？又何必改欽差移上海，且何必派桂良等前往挽回耶？總之，進京一節，萬不能允，內江通商，必須消弭；其餘兩事，亦當設法妥辦。」[17]其所謂「剴切訓示」的四項，本都關乎中國主權，但咸豐之力與相爭，其意蓋在保全華夷之間的藩籬和溝壑，尤在避免中國君主與西方人的直面相對。他害怕這種直面相對會掃盡天朝的禮文和成憲，因此寧肯捨棄關稅之利。後來的歷史學家孟森說：「外使之來，苟非崩角稽首，而與為姑容，其恥甚於亡國。寧以社稷為殉，不使夷虜蹤跡相浼。得正而斃，雖敗猶榮。此當時之輿論然也。」又說：「若使當時桂良遵旨請求，進口貨且不能收稅，洋人重利，其於駐使一層，必可暫緩留作後圖，而洋貨之灌輸，海關之不必設，中國又成何世界？此皆一回首而令人撟舌

1

2

1 中英《天津條約》簽訂情
　形　根據《天津條約》，外
　國使節應進京換約，這樣不
　可避免的要「面聖」。咸豐
　表示：「因思駐京一節，為
　患最巨，斷難允行。至進京
　換約，如能盡力阻止，更屬
　妥善。」他最在乎的，還是
　皇家在夷狄面前的顏面。

2 被英法聯軍焚毀後的圓明園

者。」[18] 其評論可謂能中肯綮。這種心理導致了 1859 年僧格林沁對入京換約的西方人
憤然而且懵然的一擊。於是由《天津條約》止息的武裝衝突重新發展為更激烈的民族
戰爭，直到咸豐「車駕北狩」，圓明園在烈火中化為廢墟。

　　如果說鴉片戰爭的震撼主要衝擊了沿海地區的話，那麼連頭帶尾持續四年之久
的第二次鴉片戰爭則把沉重的震撼帶到了中國社會的中樞。它發端於廣東一隅而最終
進入華北，使上國帝京一時成為夷狄世界，夷夏之大防因之而完全崩潰。一個目睹
了事變場面的京官記敍說：西人自入安定門之後，「立時恃悍登城，猱升望杆，懸起
彼國五色旗幟，盡逐我城上防兵，將我大小炮位，掀落城下，納諸溝中」，另設夷炮
四十六尊，炮口皆指南向。「北面城垣，東西長十里，盡被佔踞，支搭帳房數百座，
城門聽其啟閉，反禁止中國人不得出入，唯巴（夏禮）酋號令是聽而已。」當和議未
成之際，「臺醜罔知顧忌，性且畏寒，城上不耐棲止，擅入人家住宿」，城北居人，因
受辱而紛紛南遷，街市累見扶老攜幼，背負袱被，倉皇逃難之羣。而王公大臣漢官富
戶之未及遷徙者則多「門首摘去科第匾額、官銜門封」以自晦匿。在戰勝者對於戰敗
者的軍事統治之下，華夷舊序已經完全顛倒過來了：「日前崇文門外三轉橋地方，有
一傻子，立於門前，見夷人經過，拍手大笑曰：『鬼子來也。』夷眾立將此傻子毒毆，
傷重垂斃，復入其家，舉室盡被毆傷，毀壞什物。」在這種局面之下，昔日京華景象
正如洪水過地，蕩然無存。敍其事者辛酸地說：「夜敲夷鼓，通宵達旦，枕上聞聲，
魂夢為之不安。」國破山河在，追撫舊時舊事，其感觸無疑會刻骨銘心。富有意味的
是，當他描述額爾金坐着「金頂黃絆綠帷八抬轎」到禮部換約一幕時，其筆調由沉痛
而轉為明顯的憤怒。西方人這樣做，是存心踐踏外夷入京只能坐車不能乘轎的舊章，
以此勒取與中國政府交往的平等，但在中國士人眼中，這種踐踏包含着比燒殺搶掠更
多的難堪：「伊在英國，只一伯爵耳，乃敢僭越狂妄至此。」比照歷史，往往喚起更
多的苦澀：「海國作亂，自古無聞，明時有倭寇之警，亦未嘗連衡諸海國，直犯神州
赤縣也。」[19] 然而沉痛和憤怒都不能抑制西方人用大炮取得的權利。

　　經歷了英法聯軍之役以後，士大夫們痛苦地名之曰：「庚申之變」。與之相比，
記敍前一次鴉片戰爭的作品不過稱為「道光洋艘征撫記」。「車駕北狩」和聯軍入京的
震擊產生於華北，其脈波卻傳到了很遠的地方。1860 年，正同太平天國相持於東南的
曾國藩「接恭親王咨文，敬悉鑾輿已出巡熱河，（夷）氛逼近京城僅二十里，為之悲

泣，不知所以為計」[20]。「不知所以為計」正是重擊下的一種茫然失措。這樣的心態，在當日士人羣體中是極富典型色彩的。名者實之賓，「庚申之變」這個名稱本身就說明，中國社會中的人們已經體會到有一種不受歡迎，但又無法拒卻的變化正在發生。儘管在開始的時候，這種意識還朦朧地羼雜着種種臆測和附會，但比起鴉片戰爭之後十幾年中渾渾噩噩的天朝舊夢來，終究是另一番境界了。

三、地主階級的分化

在第二次鴉片戰爭期間和戰爭結束之後，居中央樞要之地的奕訢、文祥、桂良為了談判而同侵略者交往；握東南軍政重權的曾國藩、左宗棠、李鴻章則在鎮壓太平天國的過程中與溯江而上的西方人相遇。這兩部分人是那個時候地主階級當權派中最早同資本主義打交道的人。在今日被稱為洋務派首領的曾國藩和奕訢，本來並不樂於此道。他們與官僚士大夫羣中的其他人一樣鄙夷西方人，並相信天朝的撻伐可以驅趕逆夷。但民族戰爭失敗以後，在被迫與西方人周旋交際的過程中，他們漸從對手的身上感觸到另一個世界的一部分；獲得了中國傳統歷史經驗中所沒有的新知識，思想因之而發生變化。第一次鴉片戰爭之後，曾國藩在家書和日記中多次痛罵英夷「性同犬羊」。對於一個沒有目見過西方人的士大夫來說，這種罵詞，一半來自歷史，一半來自途說。然而第二次鴉片戰爭後，他由閱歷和觀察，卻頗知西人亦有「素重信義」的一面。這並沒有消解他對西方人的疑慮和制夷意識，然而其見識卻因此而明達地近乎事理了。在當時的中國人當中，明乎中西事理的人並不多，這樣，他們與恪守傳統的頑固派之間就不能不出現區別和分歧。於是而產生了中國最早的洋務派。洋務派的出現，標示了中國地主階級開始真正意義上的分化。在兩千年的歷史上，中國曾不止一次地出現過地主階級改革派。他們務實濟世的努力因多少有利於當時的社會而受到後代歷史學家的稱道。但歸根到底，地主階級改革派是傳統之內的改革派，他們的改革體現了傳統社會的自我復興和振興，然而復興並不能打破舊有的循環。與之相比，洋務派卻具有不同的意義。由於時代的逼迫和造就，他們的改革主張，常常已經別具面目了。就其主觀動機而言，他們未必有心打破舊軌，但他們的主張卻歷史地包含着逸

出舊軌的趨向。因此，洋務派的產生，意味着凝固的硬殼綻開了前所未有的裂痕，以此為起點，幾千年來的封建地主階級開始分化了。

作為「庚申之變」的結果，《北京條約》當然帶有明顯的民族恥辱的印記。因此，簽訂條約的奕訢、文祥常常被後來的歷史學家追究罪責，而施以口誅筆伐。的確，作為身負外交責任的主持「撫局」者，他們有對外妥協退讓的一面。這已經成為歷史的一部分，不可洗刷，也無須洗刷。但是，他們是民族戰爭失敗一方的代表，而戰爭本身已為外交劃出了定局。雖然如此，許多人還是喜歡寬容戰敗的軍人而苛責簽署和約的文官。尤甚者則因之而推論奕訢、文祥一輩為甘心賣國。在這種推論下，歷史就像是一鍋混煮的粥了。人們曾經反覆提起奕訢、文祥把「髮捻交乘」比作心腹之害，把俄國比作肘腋之患，把英國比作肢體之患，並以這三句話來概括他們的全部思想。然而，在這三個比喻之前，還有一句含義深邃的話卻常被忘記：「古人有言：『以和好為權宜，戰守為實事。』洵不易之論也。」[21] 權宜和實事也是比喻，但意思卻不大相同。其中有着顯而易見的抵洋自衛之志。這是他們思想中的另一面，不妥協的一面。正因為不妥協，才有造船造炮、富國強兵的種種議論和行動。這些議論和行動，雖然久已被概括為「洋務運動」，但當時的人們卻是以「自強」命名的，在「自強」中正隱伏着中國對西方的民族抗爭。因此，在奕訢和文祥那裏，妥協和不妥協是同時存在的。這種矛盾反映了資本主義壓迫之下封建傳統中的人們在分化過程中的彷徨。離開辯證思維和歷史主義是難以解釋它的本來意義的。比起那班仍然沉湎於「花月正春風」的舊式士大夫來，彷徨畢竟表現了新舊之間的一種探索。它可能孕育着歷史的進步。

近代百年，中國社會處中西折衝之局的人有三種不同類型。一是文祥那樣的人。《清史稿・文祥傳》中保存了他的一段話：「說者謂各國性近犬羊，未知政治，然其國中偶有動作，必由其國主付上議院議之，所謂謀及卿士也；付下議院議之，所謂謀及庶人也。議之可行則行，否則止，事事必合乎民情而後決然行之。」由此得出的結論是，「中國天澤分嚴，外國上議院、下議院之設，勢有難行，而義可採取。」[22]「勢有難行」是對現實的感慨，而「義可採取」則是對來者的期望。雖說議院之議已超出了船堅炮利的範圍，但其中同樣包含着師夷以制夷的用心。在當時，比較中西，改革舊物而能達到這樣的眼光和見識是不容易的。他是一個滿人，而且可以歸入權貴一類，比起早期改良派們以在野的知識分子作自由議論，他的言論無疑會面對更多

的忌諱和束縛。因此，就這一方面來說，文祥表現了更多的勇氣。二是耆英那樣以苟且辦國事的人。鴉片戰爭之後，他一度主持過中國的外交大局（《南京條約》的中國首席代表，戰後的兩廣總督，並以欽差大臣管夷務），而他所倚為能事的，卻是滑頭主義的敷衍應付。他曾非常起勁地試圖同璞鼎查（Henry Pottinger）建立起一種親密的私人關係，並不惜以天朝大吏的身份認夷人為義子。在這種出格舉動的背後，包藏着他力圖以融洽的私人交誼消弭中西衝突的官場技術。但他並沒有真正認識西方人，在給皇帝的疏奏中，他對夷人的醜詆、貶斥和蔑視又不稍容情。然而，靠滑頭而成中外交涉之事者古來未有。第二次鴉片戰爭中，耆英被咸豐起用，赴天津參與談判。正當他滿懷希望地與英人重敍舊誼時，李泰國用繳獲的文件和疏奏粗暴地揭穿了他的虛偽。西方人的惡作劇使耆英黔驢技窮了，其外交生涯和性命都因此而走到了盡頭。三是徐廣縉、葉名琛那樣以頑固為倔強的死硬派。他們同西方人的抗持，更多表現了傳統觀念派生出來的情緒。這種情緒未必沒有伸張正義的民族合理性，但當情緒遮沒事

1 　　　　　　　　　　　2 　　　　　　　　　　　3

1　奕訢　道光帝第六子，咸豐帝異母弟。他是晚清新式外交的開拓者，建議並創辦了中國第一個正式的外交機關，使清朝外交開始步入正軌並打開新局面。

2　耆英　第二次鴉片戰爭期間被派赴天津與英法聯軍交涉，由於英軍在佔領廣州期間查獲大量檔案文件，發現耆英在上報朝廷的時候並未如實稟報英方的要求，因此拒絕與其談判。耆英因懼罪擅自回京，咸豐帝令其自盡。

3　文祥　同奕訢奏請設立總理各國事務衙門，力主推行洋務，為洋務派首領之一。

理之後，就會變成盲目，而盲目總是導致中國在劣境中備受勒逼。這三類人中，能夠順乎時序而為中國謀利的，應當是文祥這樣的人。而三者的並存，則明白地顯現了中國地主階級古來未有的一種格局。

四、革新思潮的萌發

第二次鴉片戰爭後增開了十一個口岸：天津、牛莊（後改營口）、登州（後改煙台）、台南、淡水、潮州（後改汕頭）、瓊州、鎮江、南京、九江、漢口。西方資本主義勢力因此而開始進入長江流域和華北。這是條約帶來的直接變化。另一重變化是出現了中心口岸。鴉片戰爭後，對外貿易的中心由廣州逐漸移到上海。但對外政治中心仍是欽差大臣所在的廣州。這種經濟和政治的脫節體現了王朝的限制和夷人的反限制。第二次鴉片戰爭後，由於南洋通商大臣的設立，上海作為口岸的中心重新達到了經濟和政治兩個方面某種程度的統一。在華北，北洋大臣所在的天津成為口岸的另一個中心。比之南方，它更多一點兒外交色彩。除此之外，口岸的增多帶來了租界的增多。而貿易、傳教、航運、居留，隨西方人深入內地和華洋雜處之局的形成，在民族戰爭停止之後，是此起彼伏的民眾與洋人的衝突。這種情況在鴉片戰爭之後開始，而到第二次鴉片戰爭後則日見明顯。

與此同時，某些腐舊而且僵固的封建傳統觀念被迫發生變化。這一點主要體現於辨「夷」「洋」。用「夷」來泛稱華夏以外一切外族的人和事，從孔夫子以來，在中國已有幾千年的歷史了。夷與夏（或華）相對待，在區分民族地域的同時又劃出了文化上的高低。千百年來，國人熟悉而且慣用的這個稱呼在近代中西之間劃了一道深深的禮儀、文化和心理不平等之溝。英國人早在19世紀30年代就明白了「夷」字的含義，並敏感地表現出強烈的不滿。但他們的詰問和抗議在中國人的眼中算不得一回事。鴉片戰爭後十幾年間，民間指稱和公文用語中「夷人」、「夷酋」、「夷船」、「夷語」每每可見可聞。一直到第二次鴉片戰爭，由《天津條約》作了明白規定，「嗣後各式公文，無論京外，內敘英國官民，自不得提書夷字」，「夷」的使用自此受到了限制。這是洋與夷替代的交接點。這一替代反映了中國傳統觀念的重大變化。這種變化雖然

是被逼迫的結果，但卻包含着合理的成分。因為它意味着從華夷秩序走向世界民族之林的一步。但對親身經歷這種變化的那一代人來說，卻不啻是一種精神上的劇痛。廣東在籍侍郎羅惇衍特地在奏疏中申說當地「人心憤夷已極，而地方官自夷人入城以來，每諱言夷務，甚至文移公牘，稱夷務為洋務，又稱為外國事件，不敢斥言夷字」[23]。他顯然把稱謂的變化等同於媚外行徑了。這種心理，表現了社會觀念嬗移之際的歷史慣性。與羅惇衍固執舊稱的態度相比，太平天國的干王洪仁玕則表現了明理通變的氣概。他在《資政新篇》中說：「凡於往來言語文書，可稱照會交好、通和、親愛等意，其餘萬方來朝、四夷賓服及夷狄戎蠻鬼子一切輕污之字，皆不必說也。蓋輕污字樣是口角取勝之事，不是經綸實際。」[24] 羅惇衍與洪仁玕的不同，折射了中國知識分子的兩個不同側面，其中無疑有着許多可以深思的東西。過去，我們常常強調西方侵略者對我們不平等，但同時又把中國封建主義以夏傲夷的不平等置於視野之外。這多少是可以理解的，因為論題本身會喚起民族感情。然而，以夏傲夷的不平等，畢竟不能同義於反侵略的抗爭。西方資本主義的不平等與中國封建主義的不平等之間有着時代的差距，所以，帶來了不平等條約的西方人卻又向中國要求平等。對於中國人來說，這是一種歷史的鞭笞。半是勢的壓力，半是理的悟通，兩者作用之下官場文牘和私人著述中由夷到洋的詞彙變換，反映了西人西事在中國的升值。雖然那個時代的人們對此有自願和不自願兩種感情，但這種變化發生之後已無可逆轉。從夷務到洋務再到後來的外交事務，記錄了中西交往刺激下中國人世界觀念發展的脈絡。這個過程是漫長的，每走一步都滯重而且艱難。

　　第二次鴉片戰爭之後，出現了一些反映初步革新思想的議論和著作。其一，是洪仁玕的《資政新篇》。這是當時最完整的資本主義革新綱領。其中論述的內容，在許多地方實開早期改良派的先聲。

　　這一著作之所以能產生，無疑與洪仁玕在香港生活多年，較廣泛地接觸過西方傳教士和西方思想有密切的關係。同他經歷不同的洪秀全能產生《天朝田畝制度》那樣的思想，卻不可能寫出這樣的東西。其二，是馮桂芬的《校邠廬抗議》。這一著作反映了正在分化中的地主階級對西方思想的吸取。馮桂芬在上海租界生活過，因此，他對西學要比魏源知道得更多一點兒；但馮桂芬又接受過線裝書的長期薰陶，這使他的文章又不同於洪仁玕。《校邠廬抗議》一書中最能反映時代要求的是兩篇文章：《採

西學議》、《製洋器議》。洋務運動中的舉措雖可羅列很多，其要旨則不出馮桂芬所論。其三，是鄭觀應的《救時揭要》。他是一個買辦，但富有思想，並因此而較多地知悉近代企業經營術，是當時操商賈之業而志不僅僅在貨利者。這一著作涉及很多東西，例如華工（豬仔）、習俗（溺女嬰）、旁門左道，等等，具見經世之意，裏面有反映時代的內容。其中最有意義的是《論中國輪船進止大略》，提出輪船要「進」，須由官辦變商辦，在當時的新議論中較多地表現了對經濟的關注和見解的內行。此外，他還提到在國外設領事的問題。其若干主張早於實際的歷史進程好多年。其四，是 1861 年容閎向洪仁玕提出的改良政府、軍隊，改變教育體制、舉辦洋務等七條建議。就教育背景來說，容閎比以上三個人更西化。正因為這樣，他對中西之間的歷史距離比別人有更深的感受。所以，其主張以西方文化改造中國的努力也往往包含着更多的熾烈。雖然容閎不久之後就離開了太平天國，但他的主張和努力並沒有因此而變。意味深長的是，在相差不多的時間裏，太平天國的干王洪仁玕接納了他，以撲滅太平天國為事業的湘軍主帥曾國藩也接納了他，而且其主張的一部分能夠由議論轉化為現實，最初正是借助於後者的力量。這說明，在 60 年代，民族矛盾刺激下的內戰雙方對於時代命題似乎有着一種共識。大體上這些就是 1860 年前後出現在中國的反映時代脈搏跳動的改革思想。人們多注意 1840 年的劃時代意義，實際上 1860 年同樣是一個重要年份，就社會觀念的新陳代謝來說，它比 1840 年具有更加明顯的標界意義。

百年中國所受到的紛至沓來的壓力，本質上就是資本主義按自己的面貌改造世界，改造落後民族，西方民族強暴的侵略和擴張同時又不自覺地裹挾着一種不能用意志和感情化解的歷史內容，那就是逼迫中國改變幾千年來的傳統封建制度。因此，只有在實現自身近代化的過程中，中國才能真正抵抗一個近代化了的侵略者。這是歷史着意賦予近代中國反侵略和反封建的同一性。先進的人們之所以為先進，就因為他們深淺不同地體會和理解了這一歷史趨勢，所以，力求用自覺的改革來實現中國的自強，並以此阻止來自外國的進逼；頑固的人們之所以為頑固，就因為他們抱殘守缺，一廂情願地指望用封建主義來打敗資本主義。這種改革和反改革曾經形成爭論衝突，並貫穿於近代史的每一環節而構成百年歷史的主線。但中國人認真對民族戰爭背後的內容做出反應，並相應形成一種社會思潮而波及各個階層，則無疑開始於第二次鴉片戰爭之後。

註　釋

1　王鐵崖編：《中外舊約章彙編》，第 1 冊，56 頁。

2　參見《克勒拉得恩伯爵致包伶（令）博士函》，見 [美] 馬士：《中華帝國對外關係史》，
　　第 1 卷，附錄 16，767~768 頁。

3　在這方面，西方人有非常深刻的印象。馬士評論説：「葉名琛於一八五二年八月被任命
　　為專辦夷務的欽差大臣兼駐廣州的總督，徐廣縉調任駐武昌的總督，擔負鎮壓當時威
　　脅揚子江流域的『叛軍』的專責。從那時起，對於外國代表實行不理睬就成了政府既
　　定政策的一部分，而外交當局的這項政策則是通過駐廣州的欽差大臣予以執行。」（見
　　[美] 馬士：《中華帝國對外關係史》，第 1 卷，463 頁）

4　薛福成：《書漢陽葉相廣州之變》，見中國近代史資料叢刊《第二次鴉片戰爭》（一），
　　228 頁，上海，上海人民出版社，1978。

5　參見薛福成：《書漢陽葉相廣州之變》，見中國近代史資料叢刊《第二次鴉片戰爭》
　　（三），12、78 頁。

6　參見薛福成：《書漢陽葉相廣州之變》，見中國近代史資料叢刊《第二次鴉片戰爭》
　　（三），52、82 頁。

7　參見薛福成：《書漢陽葉相廣州之變》，見中國近代史資料叢刊《第二次鴉片戰爭》
　　（三），83 頁。

8　筱園：《粵客談咸豐七年國恥》（三），見中國近代史資料叢刊《第二次鴉片戰爭》（一），
　　243 頁。

9　參見 [美] 馬士：《中華帝國對外關係史》，第 1 卷，465 頁。

10　筱園：《粵客談咸豐七年國恥》（三），見中國近代史資料叢刊《第二次鴉片戰爭》（一），
　　243 頁。

11　廣州的入城和反入城之爭，是鴉片戰爭後一個很尖銳的問題。耆英和徐廣縉曾經用拖
　　延的辦法來對付。但在葉名琛手裏，這個問題已經同修約連在一起而無可拖延了。

12　薛福成：《書漢陽葉相廣州之變》，見中國近代史資料叢刊《第二次鴉片戰爭》（一），
　　229 頁。

13　《籌辦夷務始末》（咸豐朝），第 2 冊，645 頁，北京，中華書局，1979。

14　薛福成：《書漢陽葉相廣州之變》，見中國近代史資料叢刊《第二次鴉片戰爭》（一），
　　231 頁。

15　[澳] 黃宇和：《兩廣總督葉名琛》，156 頁，北京，中華書局，1984。

16　平步青：《霞外攟屑‧陳侍御奏摺》，見中國近代史資料叢刊《第二次鴉片戰爭》（二），
　　317 頁。

17　《籌辦夷務始末》（咸豐朝），第 4 冊，1223 頁。

18　劉毓楠：《清咸豐十年洋兵入京之日記》，見中國近代史資料叢刊《第二次鴉片戰爭》
　　（二），146 頁。

19　贅漫野叟：《庚申夷氛紀略》，見中國近代史資料叢刊《第二次鴉片戰爭》（二），
　　13~25 頁。

20　《曾文正公手書日記》，咸豐十年九月初三日，上海，中國圖書公司宣統元年版。

21　《籌辦夷務始末》（咸豐朝），第 8 冊，2675 頁。

22　趙爾巽等：《清史稿》，卷 386，列傳 173，11691 頁。

23　《籌辦夷務始末》（咸豐朝），第 3 冊，812~813 頁。

24　中國近代史資料叢刊《太平天國》（二），528 頁。

第七章

近代化一小步

　　洋務運動令中國近代化向前邁開了一小步。今天所稱的洋務運動有過好多名目：「同治中興」、「同光新政」、「自強新政」、「地主階級自救運動」等等。可以說有名有字有號。洋務運動是一個反映時代的概念，它概括了近代歷史一個階段中所出現過的活動和事物，本無褒貶之義。但後來洋務同崇洋媚外聯在一起，等同起來，於是，這一概念就帶上主觀色彩，變成一個貶義詞。

「同治中興」是隨太平天國失敗而產生的名稱。這個名稱比附歷史，寄託了清王朝的希望，並明顯地帶有規復舊物的幻想。但中國社會已面臨近代化帶來的劇烈變動，不會再有本來意義的所謂「中興」。相比之下，「同光新政」之稱稍明新舊區分，因此，更合乎實際一點兒。海外學者則多名以「自強新政」，重在抉示其回應泰西逼迫的一面。

自強，是中國古有的概念。《周易·乾象》謂：「天行健，君子以自強不息。」但在 19 世紀 60 年代，這一概念已被賦予新的意義。奕訢、文祥、曾、左、李，還有眾多知名的和不知名的憂國之士都藉它來表述自己的思想和感受。甚至「當和議之成，無人不為自強之言」[1]。其實，那個時候「自強」一詞應有兩重含義。一就階級意義言，它所尋求的是在農民戰爭（太平天國、捻軍）打擊面前王朝的自我振興。對中國社會來說，這多少是個被重新提出的古老問題；二就民族意義言，它所尋求的是，在「鴟張彌甚」的外國侵略面前，中國的自我圖強。《北京條約》簽訂後，「洋人退回天津，紛紛南駛」。奉命通籌全局的人們固然曾因洋人「並不利我土地人民」，而感到「似與前代之事稍異」。但這是一種略帶驚訝的自幸，而絕不是洋洋自得。「通川（州）烽火逼，倉皇幸熱河。密雲惟豆麥，宮禁滿兵戈。」[2] 西方大炮帶給中國社會的恥辱和創傷畢竟太深了。因此，痛定思痛之後，廟堂中人的策論已多見「制敵在乎自強，自強必先練兵。比者撫局雖成，而國威未振，宜亟圖振興，使彼順則可以相安，逆則可以有備」[3] 之議。自強以圖禦侮開始成為自覺意識，這是第二次鴉片戰爭刺激的結果。

自強一詞所包裹的這兩重含義，在持續約三十年的洋務運動中，其比重先後不同。一開始，買洋槍以鎮壓農民起義一面為多，所謂「髮捻交乘，心腹之害也」。但太平天國與捻軍相繼失敗之後，民族圖強一面寖假轉多。同治初年，李鴻章領淮軍入蘇南，比較西洋利器與中國槍炮之後，在一封信中已經說及「中國但有開花大炮輪船兩樣，西人即可斂手」[4]。其不甘低首洋人的意識是明晰的。當然，身在局中的洋務人物同時又有種種弱點，因此抵洋的歷史效果常常不如人意，但這是另一個問題了。

比之歐西各國資產階級革命完成之後實現的產業革命，洋務運動像是在缺乏產業革命條件的情況下出現的產業革命跡象。它因模仿一部分西方器物而異於傳統，又因主其事者以新衛舊的本來意願而難以掙脫傳統。結果是「東一塊西一塊的進步。零零碎碎的。是零買的，不是批發的」[5]。中國社會從中世紀到近代的最初一小步實始於

這種支離斑駁之中。洋務運動包羅孔多，但大致而言，其核心或主導的東西可以歸為二端：（一）在這個過程中所建立的一批近代軍事工業和民用工業；（二）創置於科技、文化、教育方面的諸種近代設施。正是這幾個方面的內容以及與之相關的觀念變化，構成了近代化的一小步。

一、洋務衙門

洋務運動以 1861 年 1 月總理各國事務衙門成立為起點。這一機構總攬外交（對外交涉：如教案、出使之類）以及同外國發生干係的財政、軍事、教育、製造、礦物、交通、海防、邊務等各方面的大權，亦稱「譯署」或「總署」，成為一切洋務的包辦者。由於它設立之初即「一切仿照軍機處辦理」，並始終以親王為總領，因此，其地位和影響超越六部，並不在軍機處之下。從這個時候起，直到 20 世紀初，總理衙門實際上成為清政府的另一個中樞。在此之前，中國向以禮部與理藩院為主，分別接待藩邦、屬國或外國的貢使。[6] 這種機構體現了天朝體制居中馭外的命意，本身就以上國與夷狄之間的不平等為前提。但是，從道光到咸豐，二十年之間，新來的外國人用大炮兩次向中國說明，他們不是貢使。於是，中外交往的機構不得不因此而變：

咸豐十年，設撫夷局於嘉興寺。奏准：於內閣、部、院、軍機處各司員章京內，滿漢各挑取八員，輪班入值，一切俱傳照軍機處辦理。又奏准：司員輪班辦事，以五日為一班；滿漢各四員到署，每日派一員住宿。又奏准：於司員十六人內，擇滿漢各二員作為總辦，再擇二員作為幫辦，辦理奏摺、照會、文移等事。其機密要件，內閣各員繕寫；關稅事件，由戶部司員經理；各站驛遞事件，由兵部司員經理。[7]

局設未久，即改總理衙門。名稱的變換，反映了天朝大國觀念遭到打擊而動搖的事實。所以，它有被迫適應外國資本主義需要的一面，並因之而帶上半殖民地化的印記。當其時，君臣朝野之間，往往視之為不祥之物，士大夫顧清議者多恥預其選。這種心理，反映了傳統中人忍辱含垢的感受。其中既有千年閉塞留下的慣性，也有重創之後的民族苦痛。因此，總理衙門從一開始起，又被視為一種臨時性的機構：「俟軍

1　總理各國事務衙門　中國在西方衝擊下設立的第一個新式行政機構，最初本意是應付時局，結果卻成為清政府的另一個中樞，開啟了清末政治制度改革的先河。

2　總理各國事務衙門官員　總理各國事務衙門職官主要設大臣和章京兩級。其中大臣的第一等級管理大臣職務，多由王大臣充任。本圖人物待考，但三人意態少了幾分當時人面對鏡頭的拘謹，而顯得較為自如。

務肅清，外國事務較簡，即行裁撤，仍歸軍機處辦理，以符舊制。」[8] 終晚清之世，國史館於大臣出任軍機處、內閣、部院、疆吏者皆立年表，而於任事於總理衙門之人，則獨無年表。

但從禮部、理藩院到總理各國事務衙門，畢竟有舊與新的區分和聯繫，這種區分和聯繫表現了近代政治制度的第一個變化。最初設置於總理衙門之內的英國股、法國股、俄國股、美國股以及後來設置的海防股都是以古所未有的機構承當古所未有的業務。它們管連同文館、總稅務司，並與設在上海、天津的南、北洋大臣職掌相關，在傳統官制以外另成一種系統。其初意雖在應付時局，但隨着事權的擴大，則不得不變為「新政」的總樞之地。所以，光緒年間的刑部官吏沈瑞琳慨乎言之曰：

凡策我國之富強者，要皆於該衙門為總匯之地，而事較繁於六部者也。夫銓敍之政，吏部主之，今則出洋大臣期滿，專由該衙門請旨，海關道記名，專保該衙門章京，而吏部僅司註冊而已。出納之令，戶部掌之，今則指撥海關稅項，存儲出洋公費，悉由衙門主持，而戶部僅司銷核而已。互市以來，各國公使聯翩駐京，租界約章之議，燕勞賚賜之繁，皆該衙門任之，而禮部主客之儀如虛設矣。海防事起，力求振作，採購戰艦軍械，創設電報郵政，皆該衙門專之，而兵部武庫、車駕之制可裁併矣。法律本掌於刑部，自各國公使以公法相持，凡交涉詞訟之曲直，悉憑律師以為斷，甚或教案一出，教士多方袒護，畸輕畸重，皆向該衙門理論，而刑部初未與聞也。製造本隸於工部，自各國船堅械利，耀武海濱，勢不得不修船政、鐵政，以資防禦，迄今開辦鐵路，工作益繁，該衙門已設有鐵路、礦物總局矣，而工部未遑兼顧也。是則總理衙門之事，固不獨繁於六部，而實兼綜乎六部矣。[9]

當然，這些變化並不是以新物取代舊物，而是在舊物邊上別置一新物。可以稱為佈新而不除舊。佈新而不除舊是整個洋務運動的特點。

二、自強與求富

洋務運動以軍事工業為第一步，意在模仿西方軍事技術以求自強。這種想法最

初產生於鴉片戰爭後期。林則徐在身獲重咎離開廣東以前，曾奏議「以（粵海）關稅十分之一，製炮造船，則制夷已可裕如」[10]；同時有皖人鄭復光著《火輪船圖說》，表達了民間愛國之士的認識。但前者受到道光皇帝「一片胡言」的拒斥，後者也罕得知音，不能形成聲響。

真正由議論施為實務的，是 1861 年設於安慶的內軍械所。它寄託了兩江總督曾國藩「訪募覃思之士、智巧之匠演習試造，以勤遠略」[11]的意願。而後，1865 年，由曾國藩支持，李鴻章籌辦，在上海成立江南製造局（其經費從海關收入提取，因此能成為當時最大的軍火工廠）。同年，李鴻章在南京設立金陵機器局；次年，左宗棠在福州設立福州船政局；後年，崇厚在天津設立天津機器局。這四個是主要的新式軍事企業。此外，各省先後辦過二十個機器局（其中湖南機器局後來停辦，因此實際存在過的是十九個），這種機器局都是兵工廠。如此陣容，很能說明當時已有相當一批人認識到練兵不但關乎技擊之術，而且須憑仗利器。這個過程不僅搬入了西方的槍炮、輪船、彈丸、雷管，而且使外國製器之器（機器）進入中國，中國社會因之出現了若干大規模機器生產的場所。這一類企業，由國庫支付開銷，以調撥分配產品；內無利潤積累，外無市場聯繫。因此，其生產不是價值規律制約下的商品生產。當然，在商品經濟已經存在的條件下，它又不可能一點兒不受價值規律的影響。例如頑固派攻擊洋務軍工「糜費太多」，就是用價值觀念估算而得出的結論。不過這裏的影響是一種折射。從生產關係來說，它是歷史上官辦封建工業的延續。

但是，這些企業所引進的大規模機器生產則是一種前所未有的新生產力，時人狀寫上海機器局景象說：

基廣二百餘畝，周以繚垣，中建廣廈，設立廠房，置機兩座，左右夾室，咸置小輪，巨機上架橫樑，下置輪盤，繞以皮條，聯於通力輪軸，軸置鐵條，各綴鐵球，以通蒸釜。大輪旋轉，拽動皮條，力佈四方，小輪俱轉，凡鋸木、截鐵、磨鑿之類，無不賴焉。

又有熟鐵廠、熔鑄廠、重大機器廠、炮位船機廠。正東開治平坦，廣七十餘丈，直出浦江，植木為柱，高九丈，以便起重。又開船塢，廣十餘丈，袤三十丈有奇。旁有屋，亦設蒸釜，運機則塢水任意放納。[12]

中國第一條鐵路唐山—胥各莊鐵路建成通車儀式　李鴻章主持了儀式。這是一條長約10公里的迷你鐵路，通車不久，因頑固派的反對，朝廷以「機車直駛，震動東陵，且噴出黑烟，有傷禾稼」為由，禁止使用機車牽引，鐵路一度被迫改為騾馬拖拽。

於直觀的敍述中頗能描繪出蒸汽機生產的恢弘場面。這是一種以小生產為基礎的傳統社會所容納不了的東西，它的引入和積累雖出於實利的預想，但其內在的要求卻會喚來預想所未見及的種種社會變遷。

與此同時，聚集於這些企業中的成百成千僱傭工人體現了近代中國新的社會力量。這些人的存在依連於大機器生產，他們操作機器，而機器生產的特性又會養成他們不同於傳統手工生產的利益和觀念。在此以前，西方人設置的船塢貨棧之類，也曾募僱中國人工作於其中，但就總體而言，這個時候的僱傭工人並未成為社會羣體。只有在洋務企業出現之後，才有規模意義上的整整一代產業工人的產生，究其原始，軍事企業正是催生者。這兩個方面是洋務軍事企業的時代意義所在。

洋務軍事企業始於60年代，在70年代達到高潮。在它達到高潮的同一個時間裏，出現了最初的洋務民用企業。兩者之間，有着一種內在的聯繫。一方面，出使外

國的人們通過實地觀察，目睹了西人工商業的蒸蒸日上，初知由富致強、堅船利炮本非孤立之物。另一方面，西人入內地，洋務派折衝周旋之際，商務之事目遠多於軍事事目，刺激既多，遂生保衛「利權」之想，於是而有「商戰」一說。比之魏源「師夷之長技以制夷」的命題，洋務派的認識無疑已更深入了一層。以民用工業求富，其犖犖大者為：1872 年設立的上海輪船招商局，1877 年設於灤州的開平礦務局，1887 年設立的漠河金礦，1880 年修築的唐山—胥各莊鐵路（後擴展為天津—山海關鐵路），1882 年設立的上海機器織布局（1893 年毀於火，重建後更名為華盛紡織總廠），1889 年設立的湖北織布官局。

此外，還有火柴業、電報局等等。到甲午戰爭之前，民用企業總數已達四十個以上。除了近代銀行之外，其他各類近代企業大體上或多或少都已具備。這些企業，多有拒洋動機，少數還能辦出成績。

洋務運動中的民用工業，移來了資本主義的生產過程和生產關係，其本身的資本主義性質已為今日時論所公認。問題在於如何估價它的壟斷性及其對民族資本主義發展的作用。在中國，很多事情老百姓是仿效為官者的。作之君，作之師，官員不僅是政治的權威，也是教化的楷模。這是傳統孵育出來的社會心理。因此，沒有權威與楷模的倡率，新的東西總是難以為人接受和仿效的。洋務工業的官督商辦和官商合辦，官領其總，商出資本，無疑是一種切實的倡率引導。它們於不知不覺中把封建主義的堅冰鑽開了些微裂縫，而後，民族資本主義則可以沿着這些裂縫慢慢滲入。但官督商辦和官商合辦終究是一種畸形物。因「官督」而湧來成串總辦、會辦、幫辦以及腐朽的官場習氣，由此而產生了資本主義與封建主義的深刻矛盾。它所帶來的壟斷性抑制資本主義自由競爭，這又造成了民族資本主義萌生和發展的困難。兩者的矛盾是時代的矛盾。

三、近代文化教育事業的開始

文化教育上的新設施是洋務運動僅次於工業的重要內容。這些設施，是傳統的封建文教體制邊上長出來的新東西。雖然它們沒有直接取代後者，但由於它們的存

1

1 英國傳教士傅蘭雅　作為一名傳教士，傅氏對傳教興趣並不大，他常年供職江南製造局，為中國人翻譯介紹了大量西方科學知識，後被清政府授予三品官銜和勳章。

2 大清留美幼童在上海外灘輪船招商總局門前合影　這羣身穿緞袍、拖着長辮的孩子，是中國歷史上最早的留學生，他們平均年齡才十二歲。

2

近代化一小步

在，保守的封閉圈子畢竟出現了缺口。

1863 年，京師同文館成立。這是一所培養外語翻譯人才為主的學校，初設英文館，由英國傳教士包爾騰任教習。以後次第增設俄文館、法文館、德文館、日文館，美國傳教士丁韙良曾任總教務近三十年。中國近代意義上的教育事業正是從這裏開始的。隨後兩年，上海、廣州先後成立了性質相類的廣方言館。無疑，這是一種進步。但「同文」、「廣方言」之命名，其虛驕自大的意思還顯然可見。因此，這又是一種拖着根深蒂固傳統觀念蹣跚而行的進步。

與之相聯繫的是譯書。京師同文館三十年中翻譯西書近兩百部，尤以外交和史地政法一類為多，其中有中國人看到的第一本國際公法。1868 年江南製造局附設的翻譯館，四十年裏翻譯的書籍達一百九十九部，而以自然科學、實用科學為多。梁啟超所編的《西學書目表》，近一半出自江南翻譯館。傳教士傅蘭雅在江南製造局供職幾十年，以翻譯事業溝通中西，功不可沒。他所主編的《格致彙編》是這個時期很有影響的一種出版物，但其主旨並不在傳教，篇幅以科技為多。他雖是一個西方人，但卻成為洋務潮流中的同道者和參與者。當時，類似這樣的人，還有一些。

另一件可以記錄的洋務創舉是派遣留學生出國學習。在容閎主持下，從 1872 年到 1875 年，先後有一百二十名幼童被派赴美留學。（原定以十五年為期，學成回國。但頑固派擔心幼童將成為「美化」之人，「不復卑恭之大清順民矣」[13]，因而出死力以阻撓。由是於 1881 年全數撤回。）同一時期，福州船政學堂也曾派遣三十餘名留學生分赴英法學習海軍。這是名副其實的走向世界了。在這兩批留學生中，出過一些近代著名人物。知名度最高的，前一批裏有修築京張鐵路的詹天佑；後一批裏有翻譯《天演論》的嚴復。

洋務運動的發展，本身會呼喚人才。機器、大炮、輪船、電報，飽讀八股制義、高頭講章的士子是不知其所以然的。因此，出現了一批專攻軍事和工藝的專門學堂。其中江南製造局附設機械學校（1865 年）、福州船政局附設船政學堂（1866 年）、天津電報學堂（1879 年）、天津水師學堂（1880 年）、上海電報學堂（1882 年）、天津武備學堂（1886 年）、廣東水師學堂（1887 年）、天津軍工學堂（1893 年）尤為知名。這些地方研討的是「藝事」。在「重理義、輕藝事」的傳統觀念之下，讀書人從來不以技藝為正業，但在西方器物的刺激下，藝事漸為人重。在它們剛剛出現的時

候，自然還比不上科舉制度的尊榮，但它們的存在又會動搖和瓦解科舉制度。因此風氣稍開之後，又出現了以西學為主的自強學堂，甚至舊式書院也開設了一部分西學課程，古老的書院制度以其順乎潮流的變化表現了中國人價值觀念的變化。而這一切，又推進了出版、印刷事業的發展。

總算起來，洋務運動所創辦的新式文化事業大約有三十個。這個數目，也可以稱為「一批」。同軍事工業、民用工業相比，不見得遜色。正是這一批事業（包括從事文化活動的傳教士），向中國人傳播了聲、光、化、電和西方的史地國情，打開了傳統文化之外的另一片天地。這是一種真正的智力開發，它影響了一代知識分子，並哺育出戊戌維新的成批志士。梁啟超後來說：「製造局中尚譯有科學書籍二三十種，李善蘭、華蘅芳、趙仲涵等任筆受。其人皆學有根柢，對於所譯之書責任心與興味皆極濃重，故其成績略可比明之徐、李。而教會之在中國者，亦頗有譯書。光緒間所謂『新學家』者，欲求知識於域外，則以此為枕中鴻祕。蓋『學問飢餓』至是而極矣。」[14] 從某種意義上說，洋務運動汲取來的西方知識對中國傳統社會的衝擊，比十次舊式農民戰爭更大。在這個過程中雖沒有激昂的吶喊呼叫，但新的觀念卻借助於具體的事物和實例，改變着人們世代沿襲的成見和信念。這一點，是洋務的倡導者始料不及的。

四、「中體西用」

1861 年，因出入過「夷場」而早識時務的馮桂芬在《校邠廬抗議》中說：「以中國之倫常名教為原本，輔以諸國富強之術。」他大概是最先思考用西學輔接中學的人，在這裏，取彼之長和守護舊物的意思是同樣明顯的。繼之，身處中西交際之局的李鴻章、郭嵩燾、薛福成也先後以不同的言詞表達了同樣的見解。七八十年代以後，論者漸多，王韜、鄭觀應、邵作舟、沈壽康、孫家鼐、盛宣懷諸人往往本之同一旨趣，或引申發揮，或就事論議，多歸指於「中體西用」，用一個節略語為命題，概括了一部分人的共識。甲午以後，「中學為體，西學為用」成為一種「流行語」，「張之洞最樂道之，而舉國以為至言」[15]。按照今日的分類標準，這些人有地主階級改革派、洋務派和早期改良派之別，但他們卻同以「中體西用」為宗旨，各自闡發自己的思

想。顯然，自 60 年代至 90 年代，凡談時務、講西學者，無分朝野，皆不出「中體西用」一途，如欲細作辨析，那麼，洋務派多在朝的當權人物，早期改良派和其他談時務的人們則多不居於廟堂，後者是附從於前者的，洋務派是「中體西用」的實施者，而改良派的言論更像是一種理論指導，言論先行，實施隨之，實施的成敗得失，言論家又往往是敏銳的批評者。在這兩重意義上，可以說「中體西用」是洋務運動的綱領。「每個原理都有其出現的世紀。」[16]

雖說「中體西用」後來久被指為包庇封建，其實，那個時候的中國，天下滔滔，多的是泥古而頑梗的士人，在封建主義充斥的天地裏，欲破啟錮閉，引入若干資本主義文化，除了「中體西用」還不可能提出另一種更好的宗旨。如果沒有「中體」作為前提，「西用」無所依託，它在中國是進不了門、落不了戶的。因此，「中體西用」畢竟使中國人看到了另一個陌生的世界，看到了那個世界的部分，並移花接木地把這一部分引進到中國來，成為中西文化交衝匯融後兩者可能結合的一種特定形式。以自強求富為目標的軍事工業和民用工業，以翻譯、出版、科技、學堂、留學生為內容的近代文化事業都是這種結合所產生的有益結果。這些東西是封建文化和封建制度的對立物，雖然力量有限，但終究打開了缺口，促進了近代中國社會的新陳代謝。

「中體西用」這個命題，既表述了中學與西學的結合，又規定了中學和西學的區分。「中學」是熟識的東西，或指為「倫常名教」，或指為「四書五經」，或指為「堯、舜、禹、湯、文、武、周公之道」，或指為「中國史事、政書、地圖」，推而及於中國舊有的文化皆屬之，統歸於形而上的「道」。西學是陌生的東西，且伴隨着民族衝突來到中國，因此，對它的認識和汲取，不能不表現為幾代中國人經歷的艱辛曲折的過程。19 世紀後期的幾十年裏，因中國人眼中西學內涵的延伸，可以分為幾個階段：

（一）自鴉片戰爭到第二次鴉片戰爭前後二十餘年間，沿海少數官員開始注視外部世界。楊炳南的《海錄》、林則徐的《四洲志》、魏源的《海國圖志》、梁廷枬的《海國四說》、徐繼畬的《瀛寰志略》都是這種觀察的記錄。令他們最為震懾同時又希望拿來的還是來自泰西的「堅船利炮」，多數人心目中的西學或「長技」僅止於此。只有個別人開始接觸到機器生產上的技術。

（二）從 60 年代中葉初創江南製造局，到各省相繼設立機器局的 70 年代，是圍繞軍事技術摸索西學的時期。「製器之學原以格致為階」，因此，為了製器而不得不翻

近代著名科學家李善蘭及
其譯作《談(譚)天》《談
(譚)天》介紹了哥白尼的
學說。這一時期,格致之
學在中國社會因「製器」而
流行。

譯。其時,滬局譯館所出之書雖以軍製與製造為大類,但數學和聲、光、化、電等等
學問亦漸入中國。近代著名的科學家徐壽、徐建寅、李善蘭、華蘅芳,其科學事業都
與譯書有不解之緣。這個過程,又成為格致之學「藉製器以顯」[17]的時期。

　　(三)70—80年代,機器工業由自強而入求富。薛福成作《機器殖財說》,鄭觀
應倡「商戰」,以為「十萬之豪富,則勝於有百萬之勁卒」。這種呼聲,喚來了輪船
招商局、上海機器織布局一類企業。他們認識到工業是商業的基礎,格致又是發展工
業的前提,對西學的要求也隨同洋務企業的擴展而擴展,並視聲、光、化、電為西學
的精華。此期所譯西書,顯以科技類為多,感世憂時之士往往寄希望於「延精於中西
學者,廣譯西國有用之書,賤價出售,以廣流傳,使咸識格致之妙用,然後迂腐之見
化,然後誹謗之風息,朝野一心,人無間言,為國者則庶幾乎有所藉手矣」[18]。

　　(四)由科技學問推而及於上層建築的教育政治體制。還在70年代,若干敏銳的
人已經看出:西人「學校建而志士日多,議院立而下情可達,其製造、軍旅、水師諸
大端,皆其末焉者也」[19]。經過80年代的思索醞釀,到了90年代,散見的點滴言論
與私相議談漸變為那個時候先進中國人的公開論題。「蓋中國之人震格致之難,共推
為泰西絕學,而政事之書,則以吾中國所固有,無待於外求者,不知中國之患,患在
政事之不立,而泰西所以治平者不專在格致也。」[20]議院在中國作為一種政治主張提

出，是認識西學、學習西方的突破點。儘管以此立論者並未同時修改「中體西用」的宗旨，多半仍是把議院當作「西用」來接納，但議院是與民權相聯繫的，它的實行必然是對君權的限制和削弱，並會改造以「君臣之義」為綱紀的「中體」。多年來以是否贊成議院這一條作為改良派與洋務派的分界線，其實這一條也不是鐵案如山的。70年代的總理衙門大臣文祥，80年代的兩廣總督張樹聲都在奏議中言及西人的政體。前者說：「中國天澤分嚴，外國上議院、下議院之設，勢有難行，而義可採取。」[21] 後者說：西人「馴至富強，亦具有體用，育才於學堂，論政於議院，君民一體，上下一心，務實而戒虛，謀定而後動，此其體也；輪船、大炮、洋槍、水雷、鐵路、電線，此其用也。中國遺其體而求其用，無論竭蹶步趨，常不相及，就令鐵艦成行，鐵路四達，果足恃歟？」[22] 此外，郭嵩燾、彭玉麟也有類似的言論。這些人多被目為洋務人物之典型者，但他們已程度不同地看到了「西體」，並想把它引進來，使「中體」有所改變。

（五）比政教更深一層的，是西學中「形而上學」的哲理學說。雖然直到19世紀末和20世紀初才被中國知識界所發掘和傳介，但在「西用」的逐步延伸中，80年代已有人開始在窺其崖岸了。在嚴復申論達爾文、斯賓塞學說數年以前，鍾天緯曾作《格致論》，略述西學源流：「考西國理學，初創自希臘，分為三類：一曰格致理學，乃明徵天地萬物形質之理；一曰性理學，乃明徵人一身備有倫常之理；一曰論辯理學，乃明徵人以言別是非之理。」其中提到阿盧力士托德爾（亞里士多德）、貝根（培根）、達文（達爾文）、施本思（斯賓塞），並扼要地介紹了他們的學說，以事實糾正「西學源出中國」的附會之說。其論述之簡明和準確，在那時的中國人中還是罕見的。這種對西學的探索由格致而進入哲理的趨向，代表了西學東漸過程中必然會有的一個階段。稍後，康有為等之談及培根，嚴復《天演論》之風靡一時，不是突然出現在中國學界的。

上述由表及裏、由具體到抽象的汲取西學的過程，是在「中體西用」宗旨下起步的，而其本身又徐徐地衝擊着「中體西用」的宗旨。因為西學是新學，中學是舊學，「中體」和「西用」不會互不侵犯，「用」在「體」中會發酵，勢必不斷促進事物的新陳代謝。因此，洋務運動中的好些人，覺察到桎梏與荊棘，浸浸乎要以「西體」為法，去改變中國的某些舊制。曾任天津武備學堂總教習的盧木齋自述本不屑意於

西學，「以謂一藝一術，不足語道，及讀西士譯就各種新理新書，又與嚴又陵諸君子遊，則益恍然於宇宙之大，古今之遙，堯舜禹湯文武周公孔子中土聖人遞相傳授之實際，洎今學者亦湮其源，獨賴二三西士深操力取，穷乎闔闢之始，擴諸名教之繁，推隱鉤沉，發抒交暢，雖其於道，未必盡合，要其徵實不誣，則固吾聖人復起，有不能廢者也」[23]。這是「中體西用」的內在矛盾推動觀念變嬗的結果。就其本來意義而言，「中體」應是對於「西用」的限制，但「西用」既藉「中體」為入門之階，便會按照自身的要求而發生影響，人們雖想把它限制在既定的範圍內，實際卻很難如願。當這種矛盾日益明顯之後，更開明的人們就會在事實的刺激下因勢利導，走出更遠的一步。

五、「決理易，靖囂難」

在洋務運動一百二十年之後，我們審視已經過去了的往事，可以多一點兒理性，少一點兒感情，對其間的是非曲直做求實之論。但當時，每一件帶有創置意義的舉措設施都曾招來罵責，激成爭論。它們常常在反對聲中艱難地出世，其中一部分又在反對聲中夭折。傳統社會中守護夷夏大防的人們容不得這些東西。在他們那裏，即使「西用」依附於「中體」，其入門之途仍然處處障礙難逾。過去立論，多視洋務派與頑固派為一丘之貉，雖有分異，亦不過在五十步與一百步之間，其實歷史的真相不盡如此。[24] 兩者之間不僅有論辯，而且有忿爭。

概括這一類爭論，比較大的先後有三次。

1866 年年底，奕訢奏請在同文館內增設天算館，招收三十歲以下的正途仕人（秀才、舉人、進士、翰林）。這一建議，本是洋務事業發展之後的題中應有之義。但自浸潤於傳統觀念中的人們視之，洋務畢竟是「用夷變夏」，是一種有悖正道的東西。要把正途子弟拖入洋務，則事關名教之能否繼往開來、一脈相傳，實不可等閒處之。因此，它惹得守舊官僚們肝火極旺，羣起而攻擊痛詆是毫不奇怪的。其中，最有影響的是以道學鳴於時的大學士倭仁。他真誠地相信中國的禮義具有戰無不勝的力量：「立國之道，尚禮義不尚權謀；根本之因，在人心不在技藝。」這種禮義和權謀、人心和技藝的對比，使西學在傳統文化的光環之中顯得格外鄙陋和渺小，又反襯出守舊者宗

旨的正大：「朝廷命官必用科甲正途者，為其讀孔孟之書，學堯舜之道，明體達用，規模宏遠也，何必令其學為機巧，專明製造輪船、洋槍之理乎？」[25] 但正是這種真誠，恰又深刻地顯示了傳統惰力的沉重和可怕。在沉重的惰力壓迫之下，一些本來有意入館學習的科甲人員也退縮回去了。主持洋務的奕訢不無憾意地說：「自倭仁倡議以來，京師各省士大夫聚黨私議，約法阻攔，甚且以無稽謠言，煽惑人心，臣衙門遂無復有報考者。」[26]

70 年代發生的關於設廠造船（炮）和海防的爭論，其中突出的是造船問題。1871 年，內閣學士宋晉指稱閩省連年造船，糜費太重而並無實用：「此項輪船將謂用以制夷，則早經議和，不必為此猜嫌之舉，且用之外洋交鋒，斷不能如各國輪船之利便，名為遠謀，實同虛耗，將謂用以巡捕洋盜，則外海本沒有水師船隻，如果製造堅實，馭以熟悉沙線之水師將弁，未嘗不可制勝，何必於師船之外更造輪船，轉增一番浩費？將欲用以運糧，而核其水脚數目，更比沙船倍費。」他由福建推及江蘇，主張「將兩處輪船局暫行停止，其每年額撥之款，即以轉解戶部」。與宋晉見識相近的還有歷任閩浙總督吳棠、英桂、文煜。[27] 這一類言論見諸奏摺，又經上諭批發各地疆臣，在當時發生過很大影響。左宗棠是閩省船局的創始人，也是反對這種主張最盡力的人。他說：「竊維製造輪船，實中國自強要著，臣於閩浙總督任內，請易購僱為製造，實以西洋各國恃其船炮，橫行海上，每以其所有，傲我所無，不得不師其長以制之。」他與宋晉的着眼點不同，因此算出來的賬也與宋晉不同：「此事實國家斷不可少之事，若如言者所云，即行停止，無論停止製造，彼族得據購僱之永利，國家旋失自強之遠圖，墮軍實而寇仇，殊為失算，且即原奏因節費起見言之，停止製造，已用之三百餘萬，能復追乎，定買之三十餘萬，及洋員洋匠薪工等項，能復扣乎，所謂節者又安在也？」宋晉的攻訐既使他憤怒，又使他傷情：「茲朝廷洞矚情形，密交疆臣察議，成效漸著，公論尚存，微臣得於欽承垂詢之餘，稍申惓惓不盡之意，否則微臣雖矢以身家性命殉之，究與國事奚所裨益？興念及此，實可寒心。」[28] 他的話正說出了一代洋務人物共有的惆悵。

1880 年歲末，劉銘傳於奉詔入京之際力請修建鐵路，其詞曰：「自強之道，練兵造器固宜次第舉行，然其機括則在於急造鐵路。鐵路之利於漕務、賑務、商務、礦務、厘捐、行旅者不可殫述，而於用兵一道，尤為急不可緩之圖。」[29] 李鴻章本同此

1 奕訢　晚清時期，頑固已成為一種社會病。因事及人，力倡洋務的道光帝第六子、晚清重臣奕訢遂被頑固不化的時人稱為「鬼子六」。

2 丁日昌　丁日昌力圖通過洋務強兵禦辱，但因為與洋人打交道而被時人認為取媚於外，遂得到了「丁鬼奴」的綽號──「鬼子的奴僕」，比奕訢的「鬼子」之稱更等而下之了。

3 郭嵩燾　中國首位駐外使節，屢遭頑固派指摘、譏諷，更有無聊文人編對聯予以諷刺：「出乎其類，拔乎其萃，不容於堯舜之世；未能事人，焉能事鬼，何必去父母之邦。」

心，傾力贊助，以為「處今日各國皆有鐵路之時，而中國獨無，譬猶居中古以後而屏棄舟車，其動輒後於人也必矣」[30]。他們着意於中外比較，未甘後居他國。但更多的人卻「羣相嘩駭」[31]，指「鐵路之說，劉銘傳倡於前，李鴻章和於後」，是「直欲破壞列祖列宗之成法以亂天下也」[32]。他們相信的是「自昔聖人刳木為舟，剡斗為車，此即機器之權輿，迄後周公作指南，孔明作木牛、流馬，皆仿其意而小用之，不肯盡器之利者，原欲留此餘地以役吾民而養吾民也」。因為外夷以謀利為主，中國以養民為主，所以，鐵路「行之外夷則可，行之中國則不可」[33]。在義與利的對立之中顯示農業社會對工業社會的排斥。而朝野之議論更易為人接受的是因鐵路而致「山川之神不安，即旱潦之災易召」。這種觀念雖不可論證，卻比能夠論證的東西更合乎社會心理。新舊對峙，由此而激發長期爭論。風水龍脈之類，比起倭仁的「禮義」，更是等而下之的東西。但在落後的社會裏，它卻能因為落後而成為力量，足以同風馳電掣的蒸汽機車相抗衡。

以上所述三次爭論，在當時曾有過頗大影響。除此之外，那些較小的爭論、衝突則難以縷述。可以說，新政之舉，幾乎步步都會受到來自四面八方的阻力。盛宣懷在江西、湖北勘察煤鐵礦藏的時候，就曾因探查地質而觸及墳山，因觸及墳山而驚動宗族；因驚動宗族而引出種種封建勢力的羣起而攻之。而且一波未平，一波又起。其步履之艱難，不讀當日留下的材料是難以體味的。郭嵩燾說：「竊謂中國人心有萬不可解者。西洋為害之烈，莫甚於鴉片煙。英國士紳亦自恥其以害人者為構釁中國之具也，力謀所以禁絕之。中國士大夫甘心陷溺，恬不為悔。數十年國家之恥，耗竭財力，毒害生民，無一人引為疚心。鐘錶玩具，家皆有之；呢絨洋布之屬，遍及窮荒僻壤；江浙風俗，至於捨國家錢幣而專行使洋錢，且昂其價，漠然無知其非者。一聞修造鐵路、電報，痛心疾首，羣起阻難，至有以見洋人機器為公憤者。曾劼剛以家諱乘坐南京小輪船至長沙，官紳起而大嘩，數年不息。是甘心承人之害以使膄吾之脂膏，而挾全力自塞其利源。蒙不知其何心也！」[34]他的話心含痛楚而筆意冷峭，畫出了頑固官僚的愚昧與可惡。

其實，在那個時候的中國，頑固是一種社會病症，僅僅把它歸於守舊官僚的可惡是不夠的。因事及人，新政的遭遇不可能不連累新政的主持者。奕訢排行第六，又力倡洋務，於是被目為「鬼子六」；洋務能手丁日昌則有「丁鬼奴」之稱；李鴻章一

生事業與洋務相連，久被清議攻訐，晚期曾心酸地自謂：「三十年來無時不在被謗。」尤為淒慘的是郭嵩燾。作為中國第一任駐外（西方）使節，他是在一片冷嘲熱罵中步出國門的，作為洋務同輩裏見識、才幹高人一頭的早熟者，他又因真話講得太多而備受攻擊。在他生前，《出使日記》被毀版；在他死後（庚子事變正盛之際），有人還奏請戮他的屍體，以謝天下。頑固派對於洋務派的憎惡，有的時候真有點兒切齒腐心的味道。但是，複雜的問題在於，守衛祖宗之法是常常同民族主義、同愛國之情聯在一起的。不合理的東西被合理的東西掩蓋着，於是而能成為清議，成為「公論」。頑固的人們借助於神聖的東西而居優勢，迫使改革者回到老路上去。近代百年都是如此。過去我們總是強調洋務派與頑固派的封建主義同一性，但從兩者的衝突、爭論之尖銳程度來看，光說這一點是不全面的。洋務派有保衛封建的一面，但它的事業已在一定意義上超出了封建的範圍。

改良派也批評洋務派，但他們同頑固派的攻訐是不同道的。實際上，改良派、洋務派本是同根所生，雖自立門戶，而多同中之異或異中之同。所以，他們的論爭沒有那麼多的喧囂和意氣。改良派批評洋務派是因為洋務派「遺其體而求其用」，前進得不夠。這種批評，是為後來的維新變法作思想準備。過去，常常強調改良派與洋務派的種種區別。其實，洋務派同改良派的真正差異不過在於：前者只佈新而不除舊，後者佈新同時除舊。

註　釋

1　蔡冠洛：《清代七百名人傳・文祥》，392 頁，上海，世界書局，1937。

2　中國近代史資料叢刊《第二次鴉片戰爭》（二），529 頁。

3　蔡冠洛：《清代七百名人傳・文祥》，389 頁。

4　轉引自李劍農：《中國近百年政治史》上冊，129 頁，上海，商務印書館，1947。

5　這句話是五四運動前後杜威在中國講的，用以描述洋務運動非常確切。

6　此外，鴻臚寺有時也兼辦這一類事務，如緬甸與中國的交往，在清代常由鴻臚寺主持。

7　鄧之誠：《骨董瑣記全編》，「撫夷局」，507 頁，北京，三聯書店，1955。

8　奕訢等：《章程六條》，見《籌辦夷務始末》（咸豐朝），卷 71，2676 頁。

9　「添裁機構及官制吏治」，見《戊戌變法檔案史料》，179 頁，北京，中華書局，1958。

10　《林則徐集・奏稿》，中冊，885 頁，北京，中華書局，1965。

11　中國社會科學院近代史研究所資料室編：《曾國藩未刊往來函稿》，137 頁，長沙，岳麓書社，1986。

12　《機器局》，見毛祥麟：《墨餘錄》，246 頁，上海，上海古籍出版社，1985。

13　轉引自鍾叔河：《走向世界》，135 頁，北京，中華書局，1985。

14　梁啟超：《清代學術概論》，71 頁，北京，中華書局，1954。

15　梁啟超：《清代學術概論》，71 頁。

16　馬克思：《政治經濟學的形而上學》，見《馬克思恩格斯選集》，2 版，第 1 卷，146 頁。

17　《徐雪村先生像序》，見《格致彙編》，1877 年秋。

18　《中國亟宜廣開風氣論》，見《皇朝經世文編》，卷 105，7 頁。

19　《上李伯相言出洋工課書》，見馬建忠：《適可齋記言》，31 頁，北京，中華書局，1960。

20　高鳳謙：《翻譯泰西有用書籍議》，見《皇朝經世文統編》，卷 6，7 頁。

21　趙爾巽等：《清史稿》，列傳 173，11691 頁。

22　《張靖達公奏議》，卷 8，33 頁。

23　劉行宜：《盧木齋、盧慎之兄弟》，見《天津文史資料》第 17 輯，106~107 頁，天津，天津人民出版社，1981。

24　很奇怪，在敍述鴉片戰爭的時候，人們常常過分誇大了實際上並不那麼厲害的所謂禁煙和反禁煙的爭論；而敍述洋務運動，則對頑固派和洋務派之間那種不無刻毒色彩的激烈爭論漠然視之。

25　《山東道監察御史張盛藻摺》，見中國近代史資料叢刊《洋務運動》（二），29 頁，上海，上海人民出版社，1961。

26　《籌辦夷務始末》（同治朝），卷 48，14 頁。

27　參見《籌辦夷務始末》（同治朝），卷 84，35 頁。

28　《籌辦夷務始末》（同治朝），卷 86，3~4、7~8 頁。

29　朱壽朋：《光緒朝東華錄》（一），1000 頁。

30　中國近代史資料叢刊《洋務運動》（六），142 頁。

31　中國近代史資料叢刊《洋務運動》（六），149 頁。

32　《翰林院侍讀周德潤奏》，中國近代史資料叢刊《洋務運動》（六），154 頁。

33　《翰林院侍讀周德潤奏》，中國近代史資料叢刊《洋務運動》（六），152 頁。

34　《倫敦致李伯相》，見《郭嵩燾詩文集》，卷 11，189~190 頁，長沙，岳麓書社，1984。

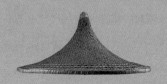

第八章

城鄉社會在演變

　　鴉片戰爭到甲午戰爭之間的半個世紀裏，中國因條約而陸續開放的商埠積久漸多。1842 年《南京條約》開五口；1858 年、1860 年中國同英國、法國分別簽訂的《天津條約》、《北京條約》開十一口（包括大沽）；1876 年《煙台條約》開四口；1887 年《中法續議商務專條》開三口；1893 年《中英會議藏印條款》開一口；加上同一時間裏中國在新疆、蒙古向俄國先後開放的埠口（包括張家口），總數在三十以上。[1] 開埠之趨向是，由沿海入長江；由下游而上游，並逐步進入內陸腹地。這些埠口，在中國封閉的社會體系上戳開了大大小小的窟窿。外國資本主義的東西因之而源源不斷地瀉入、滲開。這是一種既富於貪婪的侵略性，又充滿進取精神和生命力的東西。它們在舊社會的肌體裏沉澱、發芽、生根、膨脹。於是兩千年來的清一色變成了斑斑駁駁的雜色。通過這些窟窿，中國被捲入了資本主義世界市場。城鄉社會的演變由此而緩緩發生。

一、新的社會力量

在開放的商埠之中，變化尤其顯著的是上海（東南富庶之區的出口）、天津（華北地區的出口）、廣州（珠江流域的出口）。三者以上海為最，提供了這一時期城市社會演變的典型。城市社會的演變，可以多方面地敍述，繪成一幅包羅大千世界眾相諸態的長軸畫卷。這裏所攝取和分析的，主要是階級變化，即資本主義刺激下近代中國所產生的新的社會力量。這種力量，主要出現在城市裏，但由於他們同新的經濟關係血肉相連，又構成了整個社會變化的基幹。

（一）買辦。買辦作為一種職業名稱並非始於近代。[2]但隨着中國社會的近代化，這一名詞漸成為 Comprador（康白度）的譯名，其內涵和外延都發生了變化。最初，他們多是供應宮廷用品的採買商人。到了十三行時期，則一變而成為公行制度的一部分，開始同夷商發生關係。這些人往往以採買、推銷、賬房、銀庫保管為職司，並且兼有料理外人薪米之責。據嘉慶年間兩廣總督百齡說：

> 查夷商所需食用等物，因語言不通，不能自行採買，向設有買辦之人。

又說：

> 由澳門同知發給印照，近年改由粵海關監督給照。因監督遠駐省城，耳目難周，該買辦等唯利是圖，恐不免勾通內外商販，私買夷貨並代夷人偷售違禁貨物，並恐有無照奸民影射，從中滋弊。嗣後夷商買辦應令澳門同知選擇就近土著殷實之人，取具族長保鄰切結，始准承充，給予腰牌印照。在澳門者由該同知稽查，如在黃埔，即就近交番禺縣稽查。如敢於買辦食物之外，代買違禁貨物，及勾通走私舞弊，並代僱華人服役，查出照例重治。[3]

從這些見諸奏摺的文字中可以看出當時買辦的社會成分、來源、地位和職能。在十三行制度下，買辦須經官方許可之後才可充任，這就使他們在各種本職之外，還與行商一樣，帶上某種監察外人的色彩。顯然，與過去相比，他們的社會作用已有不同。買辦是最接近洋商的中國人，同時，他們又受到具有半官方身份的行商、通事一類人物

的鉗制。公行制度取消之後，買辦由官方許可「保充」的職業轉化為自由的個體，遂再變而為一種依附於洋商的中外貿易中介人，在比較完全的意義上正式成為近代特產的 Comprador。

由於廣東人與洋商在十三行時代結下的歷史淵源，最初的買辦「半皆粵人為之」。隨着外貿的擴大與洋行的增多，其他省籍人士亦漸有操此業者。在當時的中國，他們是一批迅速致富的人。一個西方人在他的旅華見聞錄中提到：原來僅有一百元的人，充當買辦以後很快積資數千元。而月薪二十五元的買辦，不過六年，就獲得了成千上萬財富。[4] 郭嵩燾巡撫廣東期間，曾在奏議中說：「香山富民陳守善、徐瓜林二戶，皆以依附洋人，致富百萬。」[5] 據事理推斷，這種經濟人物也應是買辦。他們財富的來路與傳統社會裏以三百六十行為生計的人全然不同。因此，作為社會職業，買辦在經濟上的枯榮確實以外國商業資本之損益為轉移。按照李鴻章的說法，這是「於士農工商之外，別成一業」[6]。後來我們稱之為買辦階級。這兩個很不相同的說法，至少有一點意思是一樣的，即近代買辦的出現是一種前所未有的社會變化。李鴻章對這些人的估價是，「其人不外兩種，一、廣東、寧波商伙子弟佻達遊閒，別無轉移執事之路者，輒以學習通事為逋逃藪；一、英法等國設立義學，招本地貧苦童稚，與以衣食而教肄之。市兒村豎，來歷難知，無不染洋涇習氣，亦無不傳習彼教。此兩種人者，類皆資性蠢愚，心術卑鄙，貨利聲色之外不知其他。且其僅通洋語者十之八九，兼識洋字者十之一二。所識洋字，亦不過貨名價目，與俚淺文理。」這些人「獲利最厚」而「無所忌憚」[7]。他對買辦人物總體上的鄙夷是明顯的。這與後來對於買辦的政治批判雖立論並不相同，卻也有近似之處。

但在歷史研究中，買辦問題又是一個複雜的問題。他們中產生過吳健彰、楊坊那樣由買辦起家、積資捐官的人。在五六十年代之交，這一類人不僅在經濟上活躍，而且在政治上活躍，是蘇南「借師助剿」以抗太平天國的始作俑者。由於他們與西方人貼附得太緊了，便在不知不覺中顯出了奴態。雖說有些著作把這些人與曾國藩、李鴻章聯為一類，其實，在曾國藩眼中，這些人是「奉洋若神者」。他固然有心接受一部分西方器物，卻非常看不起華人對於西人的奴態。因此，白齊文毆打楊坊之後，曾國藩頗為快意地評論說：這件事「足使挾洋人自重者爽然自失」[8]。無疑，他的話劃出了首倡洋務的人與買辦中的這一部分人之間的界限。但買辦中還有另一部分人，例

如鄭觀應、徐潤，以及後來的虞洽卿，他們受僱於洋行，操買辦之業而握有大量的貨幣。而後，他們又投資或主辦獨立的近代工商企業，同包括外國資本在內的其他企業爭利於市。19 世紀 70 年代以來最早由中國人自己創辦的近代資本主義企業中，買辦資本的比重是非常可觀的。例如唐廷樞、徐潤之於輪船招商局、仁濟和保險公司、開平煤礦，鄭觀應之於上海電報總局，郭甘章之於甘章船廠，李松雲之於均昌船廠，張子標之於虹口船廠，鄭觀應、唐汝霖、卓培芳之於上海織布局，黃宗憲之於公和永絲廠，祝大椿之於源昌碾米廠，陳可良之於裕泰恆麵粉廠，曹子俊兄弟之於上海機器造紙總局，多是人所共知的史實。在這裏，會不會因為他們用來投資的貨幣帶着買辦臭味而影響到企業的性質呢？馬克思寫了卷帙浩大的《資本論》，但他從來沒有追究資本的不同來源以作定性的依據（「原始積累」一部分講的是另一個問題）。他的表現應當能夠回答這個問題。因此，這一類企業在理論上和實際上都是民族資本主義的一部分。於是，不值得尊敬的買辦創辦了值得尊敬的民族企業，人和事業脫節了。這種脫節打破了人們喜愛的同一性，顯得那麼彆扭，但它是活生生的歷史造成的。

　　買辦是當時中國最懂得資本主義知識的一部分人，輪船招商局最初由舊式沙船商人出身的朱其昂主持，招股困難重重。而唐廷樞、徐潤接手以後，短時間內即招足一百萬股本；上海織布局在鄭觀應入局之前與之後，其局面之不同也與之相類？可見，近代的洋務商情經驗與舊式傳統經營心得是大不相同的。作為買辦，他們固然有職業帶來的買辦性或階級性，但作為中國人，他們同時又有民族性。而近代中國的多災多難又往往成為民族意識的刺激物。著名買辦鄭觀應同時又是一個長於言論者，他在 19 世紀 90 年代初說：

　　自中外通商以來，彼族動肆橫逆，我民日受欺凌，凡有血氣孰不欲結髮屬戈，求與彼決一戰哉。於是購鐵艦，建炮台，造槍械，製水雷，設海軍，操陸陣，講求戰事不遺餘力，以為而今而後庶幾水慄而山讋乎。而彼族乃咥咥然竊笑其旁也。何則？彼之謀我，嚙膏血匪嚙皮毛，攻資財不攻兵陣，方且以聘盟為陰謀，藉和約為兵刃。迨至精華銷竭，已成枯臘，則舉之如發蒙耳。故兵之併吞禍人易覺，商之掊克敝國無形。我之商務一日不興，則彼之貪謀亦一日不輟。縱令猛將如雲，舟師林立，而彼族談笑而來，鼓舞而去，稱心饜慾，孰得而誰何之哉？吾故得以一言斷之曰：「習兵戰

1 輪船招商局上海總辦事處

2 蘭州織呢局機房

3 江南機器製造局捲銅廠

1

2

3

不如習商戰。」[9]

他把民族意識引入了工商之中。另一個著名買辦唐廷樞曾被西人報刊稱為「親外」人物。但他脫離怡和洋行進入招商局之後，卻運用了外國公司任職期間積累的知識和經驗「去損傷這些外國公司」[10]。其間當然不無逐利之心，但由彼入此，扶此以拒彼，卻表現了一種自覺的選擇。在時代思潮的衝擊下，買辦中有一批人破門而出，踱進民族資本主義企業並不足驚詫。以前，買辦性與民族性在買辦人物身上的對立統一常常惹得我們會有意無意地用前者把後者排擠掉。這樣做，當然會使人獲得一種形式邏輯的明快。馬克思說：人的本質「在其現實性上，它是一切社會關係的總和」[11]。那麼，有一種社會關係，就會有一種「性」。歷史人物之所以總是具體人物，原因就在這裏。而只有具體才能再現具體，因此，階級性、民族性、個性，甚至人性都應當成為論人的視角。

（二）民族資產階級。根據現有的材料，在 19 世紀六七十年代到 90 年代之間，中國先後出現過三百餘家新式的工業企業。截至 1894 年，還存在的約有二百六十家——這些企業的主辦人或主要投資者，其社會身份多為官僚、地主、商人、買辦。這批人大體上就是我們通常所說的民族資產階級。此外，還有三十餘家興辦於洋務運動之中，又維持到甲午戰爭前後的民用工業企業。這些就是估量這一時期中國資本主義或民族資本主義力量的主要統計依據。當然，它們所說明的僅僅是工業資本主義的情況。過去，我們講述民族資本主義歷來沒有把商業擺進去。從客觀上說，這是因為商業資本主義比工業資本主義有着更多的買辦性與民族性、舊式與新式的糾結交錯，很難爬梳出一條清晰的界線。儘管如此，作為一種趨向，開埠之後傳統商業的改組和變化並非不可捉摸。從京廣雜貨店到華洋雜貨店，再到葉澄衷一類人所經營的五金、洋布、棉紗業，其間的依次演變是有痕跡可見的。這種演變的基礎，正是資本主義大工業的機製品在商品中的比重越來越高。按照馬克思的理論，生產過程中所創造的價值和剩餘價值，只有在流通過程中借助商品的出售才能真正實現。商業資本是產業資本運作中的一種形式。因此，隨着商品成分的上述變化，舊式商業本身的性質也在變化。它們同產業資本的聯繫越緊密，它們在流通中顯示的資本主義特徵也越是明顯。開埠之後商業資本主義的發生和發展是一個事實。不過，它產生於本國機器工業出世

之前，同西方相比，在性質上是變態的，在形式上會顯出種種走樣。

多年來，我們把資產階級分為買辦階級、官僚資產階級、民族資產階級。這種區分反映了特定時期的鬥爭需要，並偏重於用政治因素來解釋經濟現象。政治對經濟當然是能夠起到制約作用的，但政治又不等於經濟。列寧說：「區分各階級的基本標誌，是它們在社會生產中所處的地位，也就是它們對生產資料的關係。」[12] 按照他的意思，特定的階級總是特定生產關係的體現者，所以，階級在本質上是一個經濟範疇。階級產生之後，會有政治鬥爭和意識形態的鬥爭，但那是經濟的派生物。我們用「買辦」、「官僚」、「民族」來區分資產階級，並賦以否定或肯定的意義，派生的東西就被強調得過了頭。用過頭的方法來描寫歷史是不免要失真的。1957 年出版的《中國近代工業史資料》引述《中國經濟全書》的話說：

> 中國之資本家，或為大商人，或為大地主，……惟於此二者之外，有一外國所不能見之資本家在焉，蓋即官吏是也。東西諸國，官吏而富裕者，未始無之……惟中國之號為大資本家者，則大商人、大地主，尚不如官吏之多。彼其國人，一為官吏，則蓄產漸豐，而退隱之後，以富豪而兼紳貴，隱然操縱其政界之行動，而為鄉民之所畏忌。……次之者為紳商，此中固亦有相當之官階，或至為官為商，竟不能顯為區別，常表面供職於官府，而裏面則經營商務也。[13]

有人統計過，在 1872 年到 1913 年之間，近代企業的創辦人中地主佔 55.9%，商人佔 18.3%，買辦佔 24.8%，而且「投資於近代企業的地主，大都有某種官僚身份，很多是二、三流的洋務派或洋務派的幕僚，絕少是土地主」[14]。那麼，如果把這些官僚地主與買辦剔除出去，民族資本還會剩下多少呢？況且剩下的那 18.3% 的商人中，認真追究起來，也不那麼乾淨。例如，周廷弼是在籍三品銜候補道，葉澄衷也因道員銜而稱「觀察」，等等。顯然，這是一筆不太容易算清的賬。確實，中國的資產階級又存在着不同的層次，但造成這種差別的，主要是他們所佔的生產資料在數量上有多有少。因此，把列寧的意思貫徹到底，可以恰如其分地分別稱之為：大資產階級、中等資產階級、小資產階級。

中國資產階級從生到滅不滿百年，是一個命運短促而又多舛的階級，在近代歷

史的前八十年，他們處在封建勢力的重圍之中，行行止止，足將進而趑趄。不僅地主反對他們，手工業者和農民也反對他們。1874 年 6 月，西方人報道機器繅絲業在廣州的窘境說：

採用機器來繅絲已引起很多人反對。有些批評是沒有道理的，但另有些批評則很聳人聽聞。機器動力代替手工操作，使人們在幻想中覺得惡果很多，這是主要的反對理由。…… 第二個理由是因為男女在同一廠房裏作工，有傷風化。第三個理由是……工匠操縱機器，技藝不純熟，容易傷人。人們又反對汽笛聲音太吵鬧，機器響聲太大。又說高煙囱有傷風水。最近河南洲建立了一個機器繅絲廠，遇到很多人反對。[15]

這一類例子在中國資本主義發展史上絕不是個別的。相比之下，恐怕只有張謇的老鄉不反對他。後三十年，是新民主主義革命的歷史進軍。雖然它的性質仍然應當是資產階級革命，但不少地方鬥爭的鋒芒已經轉向越軌，打到了資產階級的頭上——當然，這是後話了。即使如此，資產階級在其短短的一生中還為中國留下了一點兒積極的東西。他們為社會的新陳代謝提供了物質基礎，使最初的改革和後來的革命有所依託。但資產階級在中國的多舛和孱弱，又使上層建築和意識形態的嬗變常常走到了基礎的前面，基礎跟不上上層建築。於是兩者之間出現了脫節。

（三）工人階級。新的生產方式在一頭產生了資產階級，在另一頭產生了工人階級。這一法則在近代中國稍有變異的是，新的生產方式首先是由外國資產階級用大炮帶來的。雖說外國人合法地取得在中國設廠製造的權益是《馬關條約》以後的事，但在甲午戰爭前，他們已經在中國不合法地辦起了輪船修造業、原料加工業、若干小規模的輕工業和租界中的公用事業。其資本總額約兩千八百萬元。這些企業所僱傭的勞動力都來自當地，因此，當中國資產階級還在孕育之中的時候，中國工人階級早已出世了。到 1894 年，中國工人大約有九萬多人之數。

對於中國工人階級，我們過去着重指出他們受苦之深以及種種突出的優點。例如身受壓迫，分佈比較集中，最有覺悟並富於鬥爭精神等等。在多年宣傳之後，已為人所熟知。強調這一方面，反映了工人階級一般的階級本質，並且曾經是歷史本身的

需要。但在被強調的一面之外總還有沒有被強調的一面。因此，在另一種歷史環境下努力把問題講得全面一點兒，應當是可取的。第一，同西方工人相比，中國工人「工價之懸殊幾已過半」[16]，其所受剝削之深重是非常明顯的。但同當時國內農民相比，工人生活處境的悲慘色彩就不那麼觸目了。1890 年上海機器織布局一般男女工人平均月工資是五元銀元左右（日工資銀元 0.174 元）。[17] 同一時期武昌織布官局的每人月薪則在七元至十元之間。[18] 如是技術工人，其月收入能達三十元 [19]，甚至更多。[20] 而 1883 年直隸「普通農民的總收入，甚至在年成好的年頭，每人也只有十八元」，而且這「不是淨收入，還必須交納政府的田賦」[21]。折算起來，每月所入不過一元多點兒。農民受苦更深。這種比較不會損害工人階級的形象。工人階級的力量並不在於受苦，而在於代表新的生產方式。第二，中國的工人階級並不是沒有弱點的階級。我們常常提到：中國的工人階級同農民有着天然的聯繫，因為他們多數來自農村。的確，這一特點曾經為工農聯盟提供了歷史基礎。但是，一種優點有時會帶來與之相關的另一種缺點。工農之間的緊密聯繫，既使工人階級可以影響農民，也使農民可以影響工人階級，於是，這同一個特點，又使中國的工人階級非常容易染上小生產意識。所以，在近代中國，工人羣眾往往很容易被幫會勢力所吸引。朱學範說：

　　（舊上海）職工大眾入幫會的人數，據估計，在郵局方面約佔職工總數的百分之二十，全市職工入幫會的比例可能更大些。若將入幫會的職工人數加上各行各業各單位職工自發組織的兄弟會、姐妹會、關帝會等，以及地方幫口如廣東幫、寧波幫、山東幫、湖北幫、江北幫等等的人數，那在全市職工總數中所佔的比例就更大。在這些名目繁多的大小組織裏，有不少人是與幫會有聯繫，並以幫會為靠山的。[22]

他說的是 20 世紀前期的情況，無疑，19 世紀後期工人中幫會影響只會有過之而無不及。工人階級與幫會是馬克思和恩格斯沒有論過的題目，但卻是近代中國社會變遷中的事實。正像無須諱言中國資產階級身上的封建影響一樣，我們也用不着諱言中國工人階級身上的封建影響。兩者紮根於同一塊封建傳統源遠流長的土地上，兩者都託身於先天不足的資本主義。所以，兩者都會有同一個弱點。當然，工人階級的弱點並不是痼疾，它反映了傳統社會對新的階級力量的影響。相對於內在的階級本性，這是一

種外在的東西。隨着工人階級主體意識的增長，前者應當而且能夠克服後者。

二、農村的社會變化

　　農村從屬於城市，這是資本主義體系的一個特點，這個特點決定了資本主義生產關係在城市社會發生和發展之後，必然會推及、影響到農村，並促成農村社會的演變。而這一時期交通工具的新舊更替，則為這種推及、影響提供了現實的物質途徑。沿江沿海的主要航道上，太古、怡和、旗昌之類的外國輪船和招商局的中國輪船勢力正盛，「上海之沙船、寧波之釣船、廣東之紅單船全失其利」，漢口以下的江船也「廢業者逾半」[23]。在華北和台灣，還出現了最初的鐵路。借助於新式交通工具的速度和裝載量，城鄉交流的內容起了變化。一方面，是洋紗、洋布、五金、煤油、顏料之類的商品陸續下鄉。這些東西，是同傳統的手工業品不大相同的洋貨。而它們那低廉的價格和優良的質地，又成為對付手工業的重炮利器。因此，它們不可能不給後者帶來厄運。撮合時人的記載，可以看到這個時期機製品從各個方面排擠和取代手工業品的無情歷史過程：

　　東南各省所植甘蔗獲利頗豐。自通商以來，洋舶帶所洋糖，色澤瑩白，人咸愛之。舊日之糖，銷路日微，銷數日絀，糖商折閱，無可挽回。欲求不貧且窘也，其可得乎。[24]

　　粵省民間素用花生油，山田磽确，多種雜糧，而花生之利為最。山農貧苦，以此為生，花生既收，必須榨製工作萬千藉以糊口，即榨油所餘之花生枯如北方之豆餅，用以糞田種蔗，取資甚多，為利甚厚，所銷亦復不資……自火油盛行，相形見絀，銷路愈滯，價值日昂。種植少則害在農，榨製稀則害在工，販賣微則害在商。[25]

　　進口火柴在大部分城市已經侵奪了火石和鐵片的地位，而且火柴的使用正在一年比一年更為普遍。瑞典所製無磷的安全火柴，價格低廉，最受歡迎。此地（寧波）每羅斯售價僅五錢，並以每包（十盒）十文的價格零售給本地商販，這樣的價格是所

有階層人能買得起的。[26]

（在華北，則直隸雄縣）城東二里曰亞谷城村，居民多以熬硝或以硫黃蘸促燈為業，自火柴行，而此業漸歇矣。[27]

楚粵鐵商，咸豐年前銷售甚旺。近（同治十一年）則外洋鐵價較賤，中土鐵價較昂，又粗硬不適於用，以致內地鐵商，十散其九。西洋煉鐵煉銅及碾捲鐵板鐵條等項，無一不用機器，開辦之始，置買器具，用本雖多，而煉工極省，煉法極精，大小方圓，色色俱備，以造船械軍器。土鐵貴而費工，洋鐵賤而得用，無怪洋鐵銷售日盛，土鐵營運漸稀也。[28]

以吾粵論，佛山針行向稱大宗，傭工仰食以千萬計。自有洋針，而離散殆盡矣。[29]

這些記載雖然喜新與戀舊觀感各不相同，但都反映了同一種趨向。

另一方面，是絲茶之類的農產品陸續出口。出口，意味着絲茶作為商品所體現的關係有了不同。白居易在《琵琶行》中提到過一位茶商：「商人重利輕別離，前月浮梁買茶去。」但那是傳統社會裏易地販銷的舊式商人。在這裏，絲與茶已經從屬於世界資本主義市場了。據歷年海關報告統計，中國的主要出口物中，茶葉由 1871 年至 1873 年的 1022159 公擔，發展到 1891 年至 1893 年的 1055064 公擔；蠶絲由 1871 年至 1873 年的 37529 公擔，發展到 1891 年至 1893 年的 59946 公擔；大豆由 1871 年至 1873 年的 57506 公擔，發展到 1891 年至 1893 年的 760522 公擔；棉花由 1871 年至 1873 年的 8486 公擔，發展到 1891 年至 1893 年的 290417 公擔。[30] 這種變化加上國內資本主義企業日漸發展的原料需求，又帶來了農業經濟結構的變化：杭、嘉、湖之絲，浙、皖、閩、贛、湘、鄂之茶，一時風起，蔚為大觀。溫豐《南潯絲市行》繪聲繪色地吟咏了當年產絲的物情風貌：

蠶事乍畢絲事起，鄉農賣絲爭赴市。市中人塞不得行，千聲萬語聾人耳。紙牌高揭絲市廛，沿門挨戶相接連。喧嘩鼎沸辰至午，駢肩累跡不得前。共道今年絲價長，番蚨三枚絲十兩。市儈販夫爭奔走，熙熙而來攘攘往。一日貿易數萬金，市人誰

不利熏心。但教炙手即可熱，街頭巷口共追尋。茶棚酒肆紛紛話，紛紛盡是買和賣。小賈收買交大賈，大賈載入申江界。申江鬼國正通商，繁華富麗壓蘇杭。番舶來銀百萬計，中國商人皆若狂。今年買經更陸續，農人紡經十之六。遂使家家置紡車，無復有心種菽粟。吾聞荒本逐末聖人憂，蠶桑太盛妨田疇，縱然眼前暫獲利，但恐吾鄉田禾從此多歉收。[31]

在商貿型農業的長足發展之中，新的市鎮應運而生。例如，湖北羊樓峒集三萬餘人加工洞茶，因茶而成市。在那些地方，「衣食之外無他求」的自給自足觀念已經被商品經濟所造成的現實變化衝破了缺口。但是，以出口為目的的商貿型農業是不能掌握自己命運的，它們顛簸於世界市場的供求起落之中。光緒十四年（1889），曾國荃在奏疏中說：「近年以來，印度、日本產茶日旺，售價較輕，西商皆爭購洋茶，以至華商連年折閱，遐邇周知。據皖南茶釐總局具詳，光緒十一（1886）、十二年（1887）兩年，虧本自三四成至五六成不等，已難支持；十三年（1888）虧折尤甚，統計虧銀將及百萬兩，不獨商販受累，即皖南山戶園戶亦因之交困。」[32] 當然，在這種交困之下是不可能有田園之樂的，它表現了商品經濟比自然經濟嚴酷的一面。

　　過去，我們多半是飽蘸着憤怒來寫這段歷史的。對破產農民、手工業者苦難命運的同情，同對帝國主義經濟侵略的憎恨理所當然地連在一起。確實，歷史研究會觸動人的感情，近代百年中的這一段歷史至今還能使人聽到呻吟和悲呼。但是，同情和憎惡畢竟不能代替理性分析。對於歷史科學來說，後者更加重要。馬克思曾經深惡痛絕地揭露過原始積累的種種罪惡，這是人所共知的；但他又稱讚資本主義取代封建主義起了「非常革命」的歷史作用，[33] 這也是人所共知的。那麼，在這一段歷史裏，除了舊生產方式逐步解體所產生的苦難之外，還應當有新生產方式破土而出的生機和朝氣。如果忠實於歷史唯物主義，就不能不承認：歷史的主題應當是後者而不是前者。新舊生產方式變替所產生的社會陣痛，只有在新生產方式取代舊生產方式之後才能解除。但是，這種取代過程在近代中國始終沒有完成。因此，一方面是新生產方式在封建勢力的重壓下苦苦奮鬥，另一方面是社會在苦難中顫抖不止。扭曲的歷史過程使中國人不僅承受了舊生產方式衰落時的痛苦，而且承受了新生產方式發展不足的痛苦。

　　在這裏，複雜的問題是帝國主義。具體的歷史過程把它同中國社會的上述變化

1 怡和洋行旗下的公和祥碼頭

2 華新紡織新局

1

2

糾纏在一起了。如何看待這個問題呢？馬克思在 1853 年就預言：「與外界完全隔絕曾是保存舊中國的首要條件，而當這種隔絕狀態通過英國而為暴力所打破的時候，接踵而來的必然是解體的過程，正如小心保存在密閉棺材裏的木乃伊一接觸新鮮空氣便必然要解體一樣。」[34] 馬克思在這裏使用了「暴力」一詞，這無疑是侵略的同義詞。但他並沒有用侵略和被侵略來概括全部中外關係。在他看來，舊中國的解體是一件值得歡迎的事。這種解體是侵略帶來的，並與民族侵略歷史地纏繞糾結着，但它本身又不同於侵略。把侵略同侵略帶來的社會變化分開來，是馬克思主義的一個重要思想。《共產黨宣言》在論述資產階級的時候說過：「它迫使一切民族——如果它們不想滅亡的話——採用資產階級的生產方式；它迫使它們在自己那裏推行所謂文明制度，即變成資產者。」用這個觀點來分析帝國主義與中國社會的新陳代謝，可能距離歷史實際會更近一點兒。

三、教會與會黨

在城鄉社會的演變中，出現了兩種值得注意的勢力。

（一）外國教會。1840 年以後，傳教士是與商人一起東來的，但由於教士比商人更具有獻身精神，因此，西洋宗教在中國登陸之後，比商品走得更遠，甚至深入窮鄉僻壤。日積而月累之，在中國城鄉出現了十字架高高豎起的教堂和數目可觀的大批教民。這種教民的社會地位很不相同：在農村，他們往往是為輿論所鄙的社會下層人物，縉紳之流幾乎以異類觀之，鄭觀應雖不失為當時開明者，但他對教民卻非常蔑視：「第華民各具天良，稍明義理者從不為彼教所惑。凡進教者，或為財利所誘不克自持，或以狂病未瘳失其本性，或奸民倚為聲勢，或犯罪求為繫援。必先有藐官玩法之心，乃敢作逆理拂情之事。」因此，「作奸犯科，無所不至：或鄉愚被其訛詐，或孤弱受其欺凌，或強佔人妻，或橫侵人產，或租項應交業主延不清償，或錢糧應繳公庭抗不完納，或因公事而藉端推諉，或因小忿而毆斃平民。種種妄為，幾難盡述」[35]。而城市裏的教徒卻常有社會上層分子。法國人史式徽寫的《江南傳教史》中提到安徽有個叫文雅各的官員，係「翰林學士，在安徽歷任要職。皖省舉行考試時，他多次出任學

1 着清朝服飾的西方傳教士

2 初抵夏威夷的華工　早期華工多數是破產農民和無業貧民，因契賣或拐賣而置身異國，備嘗艱辛。

台」。這樣一個具有傳統文化背景的人物，卻在七十四歲高齡以後「領了兩次聖體」，而且還「親自向家人進行傳道，不久宅內增添了新教友二十餘人；不少病危垂死者，也從他那兒領了洗禮」[36]。城裏的知識分子對西教見慣之後，即使是不入教的人，也常以平和之氣作些記述。1884 年出版的《津門雜記》評論耶穌教說：「其教之大旨，以昭事（示）上帝為宗本，以遷善改過為入門，以忠孝慈愛為工夫，以贖罪救靈為切要，一切戒訓規條，悉合情理，欲使人人為善，諸廢俱興，有維持風化、左右儒術、救正時弊之心焉。」又說：「牧師輩皆彬彬儒雅，抑抑撝謙，廣有見聞，善於言論，識見甚精，心思最細，如講究理學格致諸書，多半出自傳教者，精益求精，有裨實用，凡利人之舉，莫不樂為之，而人世之毀譽，所不計也」[37]。這些都是好話。兩者的不同，說明了封建傳統在城鄉之間的分佈已經出現了厚薄不均。但是，中國人接受外國宗教的過程，是外在勢力轉為內在的過程。因此，在另一方面，這個過程又曲折交織着侵略和反侵略的矛盾，交織着中西文化心理差異的矛盾，而且，還會喚起強烈的排外情緒。因此，與傳統相伴隨的是延綿不斷的反洋教鬥爭。19 世紀 40 年代和 50 年代中比較知名的，有青浦教案、定海教案、西林教案。自 60 年代起到甲午戰爭前後，則反洋教的輿論和行動幾如海潮江波，逐浪而起。這三十餘年中有過重大影響的教案至少不下三十起。在地域上以長江流域為多，而同時也屢見於華北、西南。捲入其中的，不僅有下層民眾，而且有相當數目的士紳和官吏。雖說教案總是由具體的衝突引起的，但常常上升到意識形態的高度：「如果邪教盛行，聖道不昌，不知成何世界？凡我士農工商，務必敵愾同仇，羣起報復。」[38] 是以「有畀屋居住者，火之；有容留詭寄者，執之；有習其教者，宗族不齒，子弟永遠不准應試」[39]。激烈的意識形態對抗，造成了高漲的社會動員。在近代民族主義形成以前，被侵略者借助傳統意識來表達自己的民族感情是一件非常自然的事。這種鬥爭的頂點便是後來的義和團運動。

（二）哥老會勢力。這是中國社會土生土長的勢力。哥老會以天地會為淵源，起名於同治年間，但是，它的發展卻同湘軍有着直接關係。薛福成後來說：「竊查哥老會名目，始起於四川，而流衍於湖廣。厥後湖南營勇，立功最多，旋募旋撤，不下數十萬人，而哥老會之風，亦遂於湖南為獨熾。」[40] 他認為「會匪」來源於裁撤的營勇，其實不僅如此。1865 年，曾國藩在批牘中已經說到「結盟一事，尤為莫大之患。近年以來，各營相習成風，互為羽翼，抗官、嘩餉皆由於此！實乏禁遏之良法」[41]。所謂

「結盟」，反映的正是哥老會滲入湘軍的事實。天京攻陷之後，曾國藩善處功名之際，下令解散所部十二萬湘軍；加上後來遣撤的其他系統湘軍，總數達數十萬之多。這批人多年轉戰東南，走州過府，身經厮殺，目睹繁華，已經從農民變質成兵痞了。一旦失所依傍，再要逆向重新轉變為農民，實在是難乎其難。於是，他們呼朋引類，蜂擁而入哥老會，去尋求那種走東南西北、吃四面八方的生活了。而哥老會中的人們也同聲相應，同氣相求。同治五年（1867），江西湘勇遣撤，湖南哥老會頭目曾湘帆聞訊後，派專人到吉安散勇往來大道上「邀接」。[42] 1868 年，湘軍霆、峻各營遣散時，湖北哥老會也有從水路「阻截散勇」之事。[43] 哥老會勢力因之迅速膨脹，沿着當年湘軍所熟悉的長江流域，遍佈於兩湖到上海的城鄉之間。除了這些舊日的弁勇之外，哥老會還接納了社會變動中被拋出生活軌道的失業船工、縴夫、停漕之後的運丁，破產農民和手工業者。比他們更桀驁剽悍的，還有兩淮鹽梟。這些品類本不相同的人們匯成一體，在 19 世紀後期，成為一種影響很大的社會勢力。沒有他們參加，長江流域那些波浪相逐的反洋教鬥爭和其他反抗鬥爭是難成氣候的。但他們又是一種脫離社會生產的力量，時人往往對其側目而視。

研究 19 世紀後期城鄉社會的演變，還有一個問題須納入視野，這就是出洋華工對國內的反饋。

早期華工多數是東南沿海的破產農民和無業貧民。因契賣或拐賣而置身異國，備嘗艱辛。同治年間刊行的《救時揭要》說：

> 被騙出洋而死於難者，每年以千百計。有半途病死者，有自經求死者，有焚斃船隻者。要之，皆同歸於盡。即使到岸，充極勞極苦之工，飲食不足，鞭撻有餘；或被無辜殺戮，無人保護，賤同螻蟻，命若草菅。噫！華民無辜，飄零數萬里，而受如此之刻酷乎！[44]

這是華僑歷史的一部分。據出使英法意比諸國的薛福成估計，到 19 世紀後期（1890 年），僅「寄寓」於英國海外殖民地範圍內的華民即「不下二三百萬」，南洋諸島亦有華民三百萬左右。這些人在海外多從事「墾田」、「種植」、「傭工」、「開礦」起家。[45] 在飽受苦辛與「侵侮」之後，他們中一部分稍能自主，或有發展，於是開始對國內有

了僑匯。還有華僑投資於國內城鄉事業。其時，旅美華人每年從美國舊金山銀行匯入中國之銀，「約合八百萬兩內外」，新加坡一地的華人商傭十四五萬人，「前後攜寄回華者，當亦不下一二千萬（兩）」[46]。這些數據作為統計是不全的，但由此可以推想當時華僑匯寄金額的大體規模。進入 20 世紀後，此風愈盛。這種來自海外的資金有一部分會不明不白地耗於「奸胥劣紳」的「藉端訛索」，但其多數會流入國內正在變化的經濟渠道，也成為促成城鄉社會演變的因素之一。

註　釋

1　這些商埠因條約而開放，是謂「約開」。後來還有「自開」，即當局在權衡比較、審時度勢之後自動宣佈開放。兩者之外，又有所謂「特別開放」。例如，《辛丑條約》規定外國軍隊駐紮在北京到山海關沿線的十二個地區。這一規定並沒有同時包含開埠的意思，但開埠卻成為駐兵的自然結果。

2　如《明會典》1598 年（萬曆二十六年）有「考順假買辦之名，雜然以金珠、寶玩、貂皮、名馬進貢，帝甚以為能」的記錄。

3　《粵海關志》，卷 28，夷商 3。

4　參見 J.Scarth：《在中國的十二年》。

5　《前後辦理捐輸情形片》，見《郭嵩燾奏稿》，150 頁，長沙，岳麓書社，1983。

6　李鴻章：《請設外國語言文字學館摺》，見《李文忠公全書》奏稿卷 3，11 頁。

7　李鴻章：《請設外國語言文字學館摺》，見《李文忠公全書》奏稿卷 3，11 頁。

8　曾國藩：《覆李少荃中丞》，見《曾文正公全集·書札》卷 20，上海，東方書局，1935。

9　《盛世危言·商戰上》，見夏東元編：《鄭觀應集》，上冊，586 頁。

10　中國近代史資料叢刊《洋務運動》（八），402 頁。

11　馬克思：《關於費爾巴哈的提綱》，見《馬克思恩格斯選集》，2 版，第 1 卷，56 頁。

12　《社會革命黨人所復活的庸俗社會主義和民粹主義》，見《列寧全集》，中文 2 版，第 7 卷，30 頁，北京，人民出版社，1986。

13　《中國近代工業史資料》第 2 輯，925~926 頁，北京，科學出版社，1957。

14　吳承明：《中國資本主義與國內市場》，120 頁，北京，中國社會科學出版社，1985。

15　《捷報》，18740613，廣州通訊，見彭澤益：《中國近代工業史資料》，第 1 輯，959 頁。

16　彭澤益編：《中國近代工業史資料》，第 1 輯，下冊，1204 頁。

17　參見彭澤益編：《中國近代工業史資料》，第 1 輯，下冊，1212~1213 頁。

18　參見彭澤益編：《中國近代工業史資料》，第 1 輯，下冊，1206 頁。

19　參見彭澤益編：《中國近代工業史資料》，第 1 輯，下冊，1208 頁。

20　參見彭澤益編：《中國近代工業史資料》，第 1 輯，下冊，1218 頁。

21　章有義編：《中國近代農業史資料》，第 1 輯，667 頁。

22　朱學範：《上海工人運動與幫會二三事》，見中國人民政治協商會議上海市委員會文史資料工作委員會編：《舊上海的幫會》，4 頁，上海，上海人民出版社，1986。

23　中國近代史資料叢刊《洋務運動》（一），138 頁。

24　陳熾：《種蔗製糖法》，見《續富國策》，卷 1，32 頁。

25 《致總署》，書札四，見《張文襄公全集》，卷 217，7 頁。

26 *Returns of Trade and Trade Reports*.1871—1872.P.136.

27 《光緒雄縣鄉土志》，地理第十。

28 《籌議製造輪船未可裁撤摺》，見《李肅毅伯奏議》，卷 4，76 頁。

29 《新輯志土文錄初編》。

30 參見《中國近代經濟史統計資料選輯》，74~75 頁，北京，科學出版社，1955。

31 《南潯志》，卷 31，28 頁。

32 《茶厘酌減稅捐片》，見《曾忠襄公奏議》，卷 29，8 頁。

33 參見馬克思、恩格斯：《共產黨宣言》，見《馬克思恩格斯選集》，2 版，第 1 卷，274 頁。

34 馬克思：《中國革命和歐洲革命》，見《馬克思恩格斯選集》，2 版，第 1 卷，692 頁。

35 參見《易言三十六篇本·論傳教》，見夏東元編：《鄭觀應集》，上冊，121~122 頁。

36 參見 [法] 史式徽：《江南傳教史》，第 1 卷，255~256 頁，上海，上海譯文出版社，1983。

37 《耶穌教堂》，見張燾：《津門雜記》，卷下。

38 《中國近代史上的教案》，26 頁。

39 夏燮：《中西紀事》卷 21，260 頁，長沙，岳麓書社，1988。

40 薛福成：《附陳處置哥老會匪片》，見《出使奏疏》卷上，47 頁。

41 曾國藩：《批統帶精毅營席桌司寶田稟軍營紛紛嘩噪誠為世變大憂未事之防管見所及凡數端縷陳察核由》，見《曾文正公全集》批牘，卷 3。

42 參見《劉坤一遺集》，第 4 冊，1642 頁。

43 參見同治朝《東華錄》，卷 72，16 頁。

44 《救時揭要·澳門豬仔論》，見夏東元編：《鄭觀應集》，上冊，6 頁。

45 參見《通籌南洋各島添設領事保護華民疏》，轉引自丁鳳麟、王欣之編：《薛福成選集》，335 頁，上海，上海人民出版社，1987。

46 《通籌南洋各島添設領事保護華民疏》，轉引自丁鳳麟、王欣之編：《薛福成選集》，334 頁。

第九章

日本衝來了

　　從鴉片戰爭起，日本人就滿懷憂慮地注視着中國的遭遇。19 世紀 50 年代中期，由馬登‧培利率領的美國東印度艦隊到達江戶，用炮口強迫開港並簽訂了《日美親善條約》。這種境地，使他們的心情和痛楚與中國非常相似。因此，中國的歷史命運促使他們反省體察，並思考自己的民族出路。60 年代初期，英法聯軍在中國造成的種種災難，越過一衣帶水，使日本感同身受。正是這種危機感，成為維新自強運動醞釀和爆發的契機。但是，歷史喜歡捉弄人。日本的自強，對於中國來説，卻意味着後起的東方資本主義踏着先行的西方資本主義的腳印，汹汹地破門而來。其擴張主義一開始就訴諸武力，比之西人用商品和傳教開路，顯示了更多的急迫和無情。

一、日本的崛起和迫來

1862 年，載負着調查中國社會的使命，名為「千歲丸」的第一艘日本輪船駛入上海港。如果聯繫 1816 年英國輪船「阿美士德號」在上海的偵探活動，那麼，相隔近五十年之後，歷史彷彿又重現了。風起於青萍之末，這是一個預兆。

八年之後，即 1871 年，中日之間簽訂了兩個條約（《中日修好條規》十八款；《中日通商章程》三十三款）。就中國政府的立場而言，與日本簽約本是一種俯就，不過是藉此免使日本成為西洋的「外府」，「彼時不允則饒舌不休，允之則反為示弱，在彼轉聲勢相連，在我反牢籠失策，與其將來必允，不如此時即明示允意，以安其心」[1]。但是，日本的要求是按「西人成例，一體訂約」，其提案則「薈萃西約取益各款而擇其優」[2]，力爭互惠之一體待遇。在他們看來，這是效法西洋的一大步。那個時候，多數中國人對日本的了解，往往來自摭拾傳說。存防禍之見，有輕視之心。因此，對他們「一體均沾」的願望頗以東施效顰視之。安徽巡撫英翰在奏疏中說：「日本向來為臣服朝貢之國，非如英法各國曾經明定條約者比，今乘我之隙，而忽來嘗試，其心實不可問。」[3] 就是說，不能把黃膚黑髮的日本人與高鼻深目之屬列為同等的對象。其時，日本不但比不上英國，甚至比不上祕魯。（當中國同祕魯訂約，許以列強所得權益的時候，日本尚未得一體均沾之權。）最能表現這種意思的，是 1873 年，同治皇帝接受外國公使觀見那一回，主持儀式的中國人，把品級較高的日本外務大臣副島種臣的班次排到了品級較低的英、法、俄、德、美公使的後面，以寓區別對待之意。結果，副島以回國相脅，引起了一場小小的風波。

但從 1874 年起，中國人的這種觀念開始變化了。這一年，日本用斷然出兵台灣向人們顯示了它的另一方面：黷武擴張的方面。其理由是台灣土著居民殺掉了五十四名琉球漁民。這件事，在上一年曾經是中日交涉的內容之一。總理衙門的大臣用兩種回答來對付日本的詰難：（一）「二島俱屬我土，土人相殺，裁決固在我，何預貴國事。」[4]。意思是台灣和琉球都是中國治下的地方，其民人毆爭致殺，本是中國家事，無須外人多嘴。（二）「番民皆化外，猶貴國之蝦夷，不服王化，亦萬國所時有也。」[5] 這段話出自毛昶熙之口，他置台灣土著於中國王化之外，用政教所不及為理由以解釋其越軌好殺。前一種回答強調了中國對台灣的主權與對琉球的宗主權[6]，以此堵住了

1

2

1 培利艦隊到達江戶　日本幕府統治末
年，美國東印度艦隊的司令培利帶着
艦隊，用大炮轟開了日本閉鎖多年的
國門。日本人被船艦大炮征服的同
時，也學會了用同樣的方式敲開別國
的大門。

2 沈葆楨　同治十三年（1874），日本
發動侵台戰爭。清廷派沈葆楨為欽差
大臣，赴台辦理海防，由此，沈葆楨
開始了台灣的近代化倡導之路。

日本的嘴；後一種回答卻幾同於默認日本代表琉球的權力，而且把台灣土民劃出了中國的治轄，授日本以出兵的口實。當時，由大久保和大隈起草的《處理台灣蕃地要略》，即接過話頭，提出「台灣土蕃部落乃清政府政權所不及之地」，「可視為無主之地」，所以「我藩屬琉球人民遭受殺害，為之報仇，乃日本帝國政府之義務」[7]。他們不僅把尚未解決歸屬問題的琉球劃入自己的界圈，而且躍躍有覬覦台灣之心。這一場兵火，從 5 月初開始，到 6 月初就輕而易舉地結束了，日軍控制了土藩居住地。中國政府曾有過一展撻伐之想，但沿海大吏多以戰備不足為辭。最後，在列強干預調停之下以《中日台事專條》三條為了結。日本得到了償銀，並藉條約行文中「清帝國償付日本遇難民撫恤金十萬兩」一句而正式阻斷了琉球與中國的關係。[8]

但這次衝突更深刻的意義卻在於兩國由此而獲得了互相對視之後的切近了解：「日兵歸國，行凱旋禮，進從道（西鄉從道，侵台總司令）爵。蓋自是益輕中國矣」[9]，中國則懂得了日本之不可等閒視之。同一年，文祥在奏疏中說：「夫日本東洋一小國耳。新習西洋兵法，僅購鐵甲船二隻，竟敢藉端發難，而沈葆楨及沿海疆臣等，僉以鐵甲船尚未購妥，不便與之決裂。是此次之遷就了事，實以製備未齊之故，若再因循泄沓，而不亟求整頓，一旦變生，更形棘手。」[10] 於是，清廷開始了海防的議論和建設。近代海軍的產生，即以此為嚆矢。

同時，與日本隔海相對的台灣也由「化外」之地轉為世人所重。沈葆楨提出了移福建巡撫駐台灣的主張。經變通之後被採納：閩撫以冬春、夏秋為期分駐台灣、福州。同時，在台灣、福州、廈門都配置了相應的軍事設施。這些做法，為後來台灣建省提供了基礎。顯然，這兩種認識反映了攻與守的不同態勢。但與國內的人們相比，一部分出使海外的中國人則對日本的崛起有更為明切的見識。1877 年後任駐英公使的郭嵩燾曾作《倫敦致李伯相書》，提到「日本在英國學習技藝二百餘人、各海口皆有之」。他因之而希望中國不僅「專意考求兵法」，也應多派留學生「分途研習」西國種種科技。這裏雖沒有憤激的敵愾之氣，卻是觀察之後的冷靜思考。他的建言反映了日本的崛起對中國人的啟發。但在那個時候的中國，對日本既恨且鄙的人多，願意取法日本的人卻非常少。

二、從外交到戰爭

對於日本來說，出兵台灣不過是初試手段。吞併琉球之後，它又踏上了朝鮮半島。日本之熱衷於「征韓」，據研治中國近代外交史而時有心得的蔣廷黻分析，其理由有三：「（一）日本不向海外發展不能圖強；（二）日本不先下手，西洋各國將佔朝鮮；（三）征韓能為因日本廢藩而不得志者謀出路。」[11] 這些動機構成了強有力的內在衝動，並且是不容易消解的。

當時的朝鮮是與中國關係最密切的藩屬國。這種密切關係包括歷史淵源和國土防衛兩個方面。要使朝鮮轉手，首先必須割斷中國與朝鮮的藩屬關係。於是，中日兩國的矛盾在這裏又一次激化。1876 年年初，日本全權代表黑田清隆和井上馨率領三艘軍艦前往朝鮮。臨行之前，美國公使特以《柏利提督日本遠征記》一書相贈。二十年前在美國軍艦逼迫下開國的日本，這個時候卻以美國為榜樣去對付朝鮮了。其結果是簽訂了《大日本國大朝鮮國修好條規》即《江華條約》。這個條約，開頭就標明「朝鮮國乃自主之邦」，這種來自日本軍艦和大炮的「自主」，當然不過只有字面意義，但日本卻藉此否定了中國對朝鮮的宗主權。從此，本不接壤的中日兩國在朝鮮構成了錯結糾纏之勢。三年後，恭親王奕訢說：「日本恃其詐力，雄視東隅。前歲台灣之役，未受懲創。今年琉球之廢，益張氣焰。臣等以事勢測之，將來必有逞志朝鮮之一日。」然而量度國力，他又發為浩歎：「中國將往助而力有未逮，將坐視而勢有不能。臣等為朝鮮計，愈不能不為中國慮。」[12]

中日之間的這種矛盾，與朝鮮國內的政治矛盾牽連在一起而更形錯綜複雜。1882 年的「壬午兵變」以朝鮮舊軍對新軍（由日本訓練的別技軍）的矛盾為導火線，表現出明顯的反日色彩，但其中又交織着開化黨與保守黨的政見之爭。事發後，中國政府經派數千淮軍赴朝「代平內亂」。自元朝以來，這是中國干涉朝鮮內政最積極的一次。然而其更多的動機卻是出於防日。「日人夙謀專制朝鮮，朝臣陰附日人者不少。今使內亂蜂起，而且兵猝至，彼或先以問罪之師，代為除亂之事，附日之人，又乘機左右之，使日本有功於朝鮮，則中國字小之義有闕，日人愈得肆其簧鼓之謀。」因此，「我中國不待朝鮮求助，而調撥師船前往援護，既以示字小之恩，而日本為中國有約之國，在我屬邦受警，亦應一併護持，庶日人居功問罪兩計，可以隱伐其

謀」[13]。壬午事平之後，淮軍遂長駐朝鮮。但壬午兵變中朝鮮人戕殺了日本軍官，衝擊了日本使館，民眾宣洩的反日憤怒又被日本引為進一步勒逼的藉口，在隨後簽訂的《濟物浦條約》中，他們由此而獲得了在朝鮮的駐兵權。於是，中國在朝鮮的勢力大為增長，日本在朝鮮的勢力也大為增長。但兩者相比，日本以「改革內政」為誘導浸潤所扶植的親日派更多咄咄逼人的聲勢。

中法戰爭爆發後，身在朝鮮的袁世凱上書北洋大臣李鴻章說：「朝鮮君臣為日人播弄，執迷不悟，每浸潤於王，王亦深被其惑，欲離中國更思他圖。探其本源，由法人有事，料中國兵力難分，不惟不能加兵朝鮮，更不能啟釁俄人，乘此時機引強鄰自衞，即可稱雄自主，並駕齊驅，不受制中國，並不俯首他人。此等意見，舉國之有權勢者半皆如是。」[14]朝鮮之希望擺脫宗藩地位而求自主，本來代表了近代變局刺激下的合理願望，但為求自主而依託於日本，則自主不能不染上昵日反華色彩而變質。這種趨向，終於釀成 1884 年親日派誅殺「心服中國者」的「甲申政變」。這是日本策劃的一次不成功的政變，雖然被優勢的中國軍隊所撲滅，但對日本而言，它卻遠不是毫無結果的。在事後簽訂的《中日天津會議專條》裏，日本獲得了同中國對等的派兵權。有人責怪李鴻章說：「當時鴻章左右皆不習國際法學，有此巨謬，成公同保護之條約。」[15]實際上，這是一個小小的冤案。李鴻章固有「兩邊遷就，方可說合」之心，但造成「巨謬」的主意卻是出自慈禧太后的宸斷。據近人史著記述，「李鴻章函告總署，太后得奏，諭稱：撤兵可允，永不派兵不可允，萬不得已……添敍兩國遇有朝鮮重大事變，可各派兵，互相知照」[16]。這一變化，使中日外交對峙日益轉為武裝對峙，事機一如懸崖轉石，不達於地則不止。後來有人說：「綜計中日交涉以來，於台灣則酬以費，於琉球則任其滅；朝鮮壬午之亂，我又代為調停，甲申之役，我又許以保護。我愈退，則彼愈進；我益讓，則彼益驕。養癰貽患，以至今日，夷焰鴟張，貪婪無已，一誤再誤，則我中國從此無安枕之日，可不慮哉？」[17]其觀察雖然沒有盡得兩國外交之種種曲折，但勾畫的趨勢卻是明白的。「甲申政變」十年之後，爆發了甲午戰爭。

甲午戰爭，是中國歷史上第一次在形式和內容兩個方面帶有近代意義的對外戰爭。其主要標誌是海軍的出場與角逐。甲午一戰，以三個戰役為重心，但決戰是在黃海海面上進行的。五個多小時的激戰，不僅決定了北洋水師和日本艦隊的命運，而且決定了戰爭全局。說得遠一點，它同時又決定了此後半個世紀裏中日關係的格局：把

1 甲午中日戰爭黃海海戰　此戰決定了北洋水師和日本艦隊的命運，亦決定了戰爭全局，
　更決定了此後半個世紀裏中日關係的格局。

2 黑田清隆　日本第二任內閣總理大臣（首相），曾代表日本政府簽訂《江華條約》，迫
　使朝鮮打開國門，同時，否定了中國對朝鮮的宗主權。

3 袁世凱　在朝鮮甲申事變中，袁世凱擊敗日本人，一戰成名，成為清廷在朝的實權人
　物；但日本枕戈待旦，多年後藉朝鮮的另一次內亂——東學黨起義，挑起了中日甲午
　戰爭。這一次，日本贏了。

三十七年之後「九一八」的炮聲看作黃海海面炮聲的歷史迴響並不為過。

北洋水師的官兵是英勇的。在茫茫洋面上，他們用怒火和熱血表現了中國軍人的愛國主義和英雄主義；「致遠」艦攻敵而受重創，復為魚雷所中，管帶鄧世昌以下二百五十人均陣亡，「經遠」艦突進途中為敵艦環攻，船身碎裂，管帶林永升以下二百七十人俱殉國。「超勇」、「揚威」兩艦中彈發火，全艦焚毀，管帶黃建勛、林履中沉浮海中，「或拋長繩援之，推不就以死」。「靖遠」艦隨軍酣戰，中彈數十處，前後三次起火，「旋見督船桅折後無旗宣令變陣，為敵所乘，全軍罔知所措，幫帶大副劉冠雄曰：『此而不從權發令，全軍覆矣！』急請管帶葉祖珪懸旗，董率餘艦變陣，繞擊日艦」。身歷此役的人們「在艇陣歿者九十餘人，與艇俱沉者共六百餘人」。但是，他們的怒火和熱血並沒有換來中國的勝利。「是戰勝負之分，決於艦炮之靈鈍。未戰之先，『定』、『鎮』兩艦曾請購配克鹿蔔十生快炮十二尊，以備制敵。部議以孝欽太后六十祝嘏用款多，力不逮而未果。論者惜之。而戰時子彈巨細，多與炮徑不符，則為天津軍械所之所誤也。」[18] 在這裏，政治原因成為最終的原因。

從時間上說，中國為了武備而向外國買船比日本更早。然而，黃海海戰中的中國海軍在噸位、速度、火力三個方面卻都比日本略遜一籌。李鴻章說過：海戰唯恃船炮，「稍有優絀，則利鈍懸殊」[19]。他懂得略遜一籌的厲害，不能不算是一種見識。但慈禧太后的意志比見識更能發揮影響。後來編寫《海軍實紀》的池仲祐說：日本以兵船臨台灣以後，「北洋大臣李鴻章奏，擬豫防東患添練海軍。都御史張佩綸亦抗疏言之，朝廷不省，當軸昧於大局，且請以興造海軍之款，移修頤和園，因循坐誤在戰事前者，七載有奇。日本乃崛起圖強，乘機挑釁，練兵備艦，不遺餘力，以窺中國」[20]。在西太后的心目中，頤和園比海軍更重要，因此，每年「由海軍經費內騰挪三十萬兩」[21] 以建造頤和園。通過這種騰挪，一艘一艘的鐵甲艦化為頤和園裏的山水花木。中國水師欲不遜一籌，得乎？黃海海戰前，廷旨嚴責北洋海軍將領畏葸巧滑。李鴻章疏奏覆陳，言詞苦澀：

詳考各國刊行海軍冊籍，內載日本新舊快船，推為可用者共二十一艦，中有九艘自光緒十五年後分年購造，最快者每點鐘行二十三海里，次亦二十海里上下。我船訂購在先，當時西人船機之學尚未精造至此，僅每點鐘行十五至十八海里已為極速，

今則至二十餘海里矣。近年部議停購船械，自光緒十四年後，我軍未增一船。丁汝昌及各將領屢求添購新式快船，臣仰體時艱款絀，未敢奏咨瀆請……前於豫籌戰備摺內奏稱，海上交鋒，恐非勝算，既因快船不敵而言，儻與馳逐大洋，勝負實未可知。[22]

苦澀之中正藏着許多說不出口的怨氣。所以，當中日戰爭急迫之際，翁同龢銜西太后之命詣李鴻章問策時，「鴻章怒目相視，半晌無一語，徐掉頭曰：『師傅（指翁同龢）總理度支（戶部），平時請款輒駁詰，臨事而問兵艦，兵艦果可恃乎？』同龢曰：『計臣以撙節為盡職。事誠急，何不復請？』鴻章曰：『政府疑我跋扈，台諫參我貪婪，我再曉曉不已，今日尚有李鴻章乎？』同龢語塞」[23]。武器裝備的差距是一種現象。撥開這種現象，可以看到兩國不同的社會政治之間的差距。

三、民族精神的亟變

甲午戰爭的失敗給中國帶來了空前辱國的《馬關條約》。它對中國社會所造成的多方面的災難，已為數十年來的各種近代史書一再記述和論說。但是，深重的災難同時又是一種精神上的強擊，它促成了鴉片戰爭以來中國民族認識的亟變。

《周易》曰：「窮則變。」但人們認識「窮」往往是從頭破血流的失敗開始的。因為它以痛苦、失落、屈辱和犧牲抉破了因循和麻木積成的厚膜，迫使人們追窮自身，從種種熟視無睹、見慣不驚的東西中看出衰象與破洞。而痛苦的升華與認識的深化常常同步。所以，由失敗帶來的警悟是理性思維的結果，它可以成為「變」的起點。

1840 年以來，中國因外患而遭受的每一次失敗都產生過體現警悟的先覺者。但他們的周圍和身後沒有社會意義上的羣體，他們走得越遠就越是孤獨。甲午大敗，「成中國之巨禍」，中國的民族具有羣體意義的覺醒也因此而開始。這是近代百年的一個歷史轉機。過去，人們多以甲午戰爭當中和甲午戰爭之後各地民眾的反抗鬥爭來描述這種覺醒，其實並不確切。民眾的反抗，主要體現了一種反侵略的自衛本能，其中憤激的感情色彩居多。五十多年前的三元里已經出現過這樣的場面。我們不能據此而把中國民族覺醒的時間提前半個世紀。梁啟超後來說：

　　喚起吾國四千年之大夢，實自甲午一役始也。吾國之大患，由國家視其民為奴隸，積之既久，民之自視亦如奴隸焉。彼奴隸者苟抗顏而干預主人之家事，主人必艴然而怒，非擯斥則譴責耳，故奴隸於主人之事，罕有關心者，非其性然也，勢使之然也。吾國之人視國事若於己無與焉，雖經國恥、歷國難，而漠然不以動其心者，非其性然也，勢使然也。且其地太遼闊，而道路不通，彼此隔絕，異省之民，罕有交通之事，其相視若異國焉。各不相知，各不相關，誠有如小說家所記巨鯨之體，廣袤數歷，漁人剚其背而穴焉，寢處於是，炊爨於是，而巨鯨渺然不之知也。故非受巨創負深痛，固不足以震動之。昔日本當安政間，受浦賀米艦一言之挫辱，而國民蜂起，遂成維新。吾國則一經庚申圓明園之變，再經甲申馬江之變，而十八行省之民，猶不知痛癢，未嘗稍改其頑固囂張之習，直待台灣既割，二百兆之償款既輸，而鼾睡之聲，乃漸驚起。[24]

在社會歷史現象中，「覺醒」一詞並不歸結於憤激，其確定涵義應在於主體對自身歷史使命的自覺意識。一個階級是這樣，一個民族也是這樣。沿用一句現成的話，可以叫作由自在到自為。而近代中國，這一過程正是以知窮思變的形式表現出來的：

　　乙未二三月間，和議將定，時適會試之年，各省舉人集於北京者以萬數千計，康有為創議上書拒之。梁啟超乃日夜奔走，號召連署上書論國事，廣東、湖南同日先上，各省從之，各自連署麋集於都察院者，無日不有，雖其言或通或塞，或新或舊，駁雜不一，而士氣之稍申，實自此始。既而合十八省之舉人聚議於北京之松筠庵（庵者，明代烈士楊繼盛氏之故宅也），為大連署以上書，與斯會者凡千三百餘人，時康有為尚未通籍，實領袖之。其書之大意凡三事：一曰拒和，二曰遷都，三曰變法。而其宗旨則以變法為歸。蓋謂使前此而能變法，則可以無今日之禍，使今日而能變法，猶可以免將來之禍；若今猶不變，則他日之患，更有甚於今者。言甚激切，大臣惡之，不為代奏。然自是執政者漸漸引病去，公車之人散而歸鄉里者，亦漸知天下大局之事，各省蒙昧啟闢，實起點於斯舉。[25]

知識分子是民族的大腦，揭示民族的使命是他們的使命。因此，中國民族的覺醒由一千三百名舉人在「公車上書」的吶喊聲中宣告於世是一點都不奇怪的。這一批人，

《馬關條約》簽訂情形

兼有學生和士大夫兩種身份,是從各地匯集的那個時候中國的優秀人才。他們曾經飽讀四書五經。但他們起草和署名《上皇帝書》一事,卻已經越出康、雍、乾以來厲禁知識分子干預時事的成規,創「清朝二百餘年未有之大舉」。一千三百人組成的集體是一個實實在在的「羣」。因此,「公車上書」並不僅僅是書生議論,而是聲氣廣披於朝野的社會行動。這種知識分子的聚羣而動常常使人想到漢末的太學生、明末的東林黨。但漢代和明代的人們是在忠義的感召下匯集起來的,他們與奸佞的對立中往往交雜着士人的朋黨意氣和傳統的倫理主義。而「公車上書」則是民族危機刺激下的集羣,他們的共識更多地來自於對民族前途的思考,並且把抵禦外侮與改革內政合為一體。就其所反映的時代意義來說是前代所不可比擬的。

舉子士人的登場,不同於三十年來主持洋務的達官們,他們在廣度和深度兩個方面更明顯地標誌着世風和士風的變化。稍後,譚嗣同作《上歐陽鵠書》,自述:

　　平日於中外事雖稍稍究心，終不能得其要領。經此創巨痛深，乃始屏棄一切，專精致思。當饋而忘食，既寢而累興，繞屋彷徨，未知所出。既憂性分中之民物，復念災炎來於切膚。雖躁心久定，而幽懷轉結。詳考數十年之世變，而切究其事理，遠驗之故籍，近諗之深識之士。不敢專己而非人，不敢諱短而疾長，不敢徇一孔之見而封於舊說，不敢不捨己從人取於人以為善。設身處境，機牙百出。因有見於大化之所趨，風氣之所溺，非守文因舊所能挽回者。不恤首發大難，畫此盡變西法之策。[26]

他真實地說出了憂患刺激下思想轉軌的艱難和苦痛。

　　二十八歲之前專意治經學的章太炎，也是在這個時候走向政治的。在他們的背後，是甲午戰爭刺激之下一代知識分子道路的改變。後來以寫小說得文名的包天笑，其時還是蘇州城裏一名十九歲的秀才。他在晚年追敍說：

　　那個時候，中國和日本打起仗來，而中國卻打敗了，這便是中日甲午之戰了。割去了台灣之後，還要求各口通商，蘇州也開了日本租界。這時候，潛藏在中國人心底裏的民族思想，便發動起來。一班讀書人，向來莫談國事的，也要與聞時事，為什麼人家比我強，而我們比人弱？為什麼被挫於一個小小的日本國呢？讀書人除了八股八韻之外，還有它應該研究的學問呢！[27]

於是，本來潛心於駢四儷六之文的人們也漸漸張目四顧，為種種新學與時論所吸引了。這個變化，直接和間接地改變了許多人的生活態度和生活方式，造就了一批近代知識分子的雛形。維新改良的潮流急速地漲湧於民族覺醒的曙光之中，成為那個時代的主流。它吸引着一切愛國的中國人從改革中尋求民族的出路。例如，商人經元善就是因此成為一個著名的政治人物。同時，孫中山、楊衢雲、陳少白也挾着革命的風雷走上前來。他們代表着歷史的下一個階段。但驚醒他們的，同樣是甲午戰爭的炮聲。

四、強敵成為榜樣

　　在明治維新前，有不多的中國人已經認識到日本是值得注意的。在 1859 年刊行

的《資政新篇》中，洪仁玕說過：「日本邦近與花旗邦通商，得有各項技藝以為法則，將來亦必出於巧焉。」[28] 這種預見是有洞察力的。而看得更準確的是李鴻章。他在1864年致奕訢、文祥的信中說：「夫今之日本即明之倭寇也。距西國遠而距中國近。我有以自立，則將附麗於我，窺伺西人之短長。我無以自強，則並效尤於彼，分西人之利藪。日本以海外區區小國，尚能及時改轍，知所取法，然則我中國深維窮極而通之故，夫亦可以幡然變計矣。」這段話推度日本，返及中國，議論之中有深思焉。19世紀70年代，日本以出兵台灣之舉在中國人面前表現了自己。這不僅激起洋務派以提防之心致力海防，而且使眾多的中國人開始注視日本、研究日本。這個過程產生了一系列著作。其中，在當時產生過影響並為後人留下明晰痕跡的，是這樣幾種：

（一）首任駐日公使何如璋寫的《使東述略》。何如璋算不上器識宏通的人物，但他忠於記述。「海陸之所經，耳目之所接，風土政俗」，皆能「就所知大略，繫日而記之；偶有所感，間紀之以詩，以誌一時之蹤跡」。這個好處使《述略》一書提供的日本史地民俗、政治經濟知識比較具體而且可靠。他出使東瀛之際，上距明治維新還不到十年，但日本的景物風貌已由本來的「漢唐遺風，間有傳者」一變而「趨歐俗」。上至官府，下及學校，「凡制度、器物、語言、文字，靡然以泰西為式」，雖「節文度數之末，日用飲食之細，亦能酷似」。他的詩作以「半是歐風半土風」咏歎了神戶港口「番樓鱗肆」與日本民居雜錯相鄰，以「雲山過眼逾奔馬」咏歎了大阪與神戶之間的「鐵道火輪」，以「一掣飛聲如電疾」咏歎了「用西人所煉電氣」為之的「電氣報」。這些來自西洋的東西在日本落戶，不能不觸動同為東方人的何如璋，他因之而感歎說：「風會所趨，固有不克自主者乎？」器物之外，還有禮制。他在記述自己用「三鞠躬」的泰西禮儀向日皇遞交國書的過程之後，議論說：「日本前代儀文，尊卑懸絕；其王皆深居高拱，足不下堂，上下否隔。明治之初，參議大臣久保市藏上表，有曰：『請自今不飾邊幅，從事於簡易。』後用其議，至易服色，改儀制，質勝於文矣。」顯然，他並不是一個反對派。日本的前代儀文與中國正相伯仲。雖說他議論的是日本，可文章是寫給中國人看的，其中未必沒有由此及彼的意思。

（二）黃遵憲「網羅舊聞，參考新政」而寫就的《日本國志》，以及積累親見親聞，「衍為小註，串之以詩」，撰成的《日本雜事詩》。黃遵憲是隨同何如璋出使的使館參贊。但比起後者，他對中外大勢的了解要更透徹一些。因此，對日本社會的觀察

也深刻得多。《日本國志》一書，從收集材料到最後定稿，先後花費了近十年光陰。它是中國人用舊史體例寫的第一本日本通史，凡十二志，四十卷，二百餘萬言。但其意義不僅僅在歷史，作者自謂：「日本變法以來，革故鼎新，舊日政令，百不存一，今所撰錄，皆詳今略古，凡牽涉西法，尤加詳備，期適用也。」所以，紀事論理尤著眼於明治維新以來。《食貨志》則述其興礦務、造輪船、勸農桑、廣製造；《學術志》則述其普設學術、海外留學，「專以西學教人」；《刑法志》則述其新式監獄制度與採用法蘭西律法；《兵志》則述其陸海軍師法佛（法）、英，兵制取自德人，等等。並且往往引申，使中國人容易想到自己。如《職官志》論曰：泰西「設官立政，……其官無清濁之分，無內外之別，無文武之異，其分職施治，有條不紊，極之至纖至惡，無所不到」。他認為這些都與中國的《周禮》相通。日本官制以《唐六典》為法則，維新後，則取法泰西為多。中國正可以「禮失而求諸野」，悟知《周禮》製作之意。《禮俗志》論曰：「余觀泰西人之行事，類以聯合力為之。自國家行政，逮於商賈營業，舉凡排山倒海之險，輪舶電線之奇，無不藉眾人之力以成事。其所以聯合之，故有禮以區別之，有法以整齊之，有情以聯絡之，故能維持眾人之力而不渙散。其橫行世界而莫之能抗者，特此術也。嘗考其國俗，無一事不立會，無一人不結黨；眾人皆知其利，故眾人各私其黨。雖然，此亦一會，彼亦一會，此亦一黨，彼亦一黨，則又各樹其聯合之力，相激而相爭。」聯想到戊戌變法期間中國短時間湧現出來的種種學會與羣體，這裏的議論正可以看作是一種先期憧憬。黃遵憲筆敍日本而意在中國，其用心是容易為人了解的。所以《日本國志》刊行以後，對有志於維新變法的人們發生過很大的影響。狄葆賢在《平等閣詩話》中說，海內奉之為瑰寶，「由是誦說之士，抵掌而道域外之觀，不致如墮五里霧中，厥功洵偉矣哉！」[29]

　　（三）康有為編纂的《日本書目志》和專門寫給皇帝看的《日本變政考》。與何如璋、黃遵憲相比，康有為的後一本著作更具有直接的現實意義。此書按時間先後繫事，始於明治元年（1868），終於明治二十三年（1890），凡十二卷。涉及政治、經濟、文化、外交、司法、教育、警政、官制、軍事。在列舉日本變政事跡的同時，又用按語評考其意義和可資取法之處，以直接發揮作者自己的政治見解和政治主張。就像《資治通鑑》裏司馬光在敍事之後以「臣光曰」起首的大段議論。這本書 1898 年 3 月初次進呈的時候，名為《日本變政記》，後改寫再呈，易名《日本變政考》。由「記」

改為「考」，說明著作的本意在於論說。其立論以「我朝變法，但採鑒日本，一切已足」為宗旨，並自負「所考萬國書，無及此書之備者」。進呈之初，即期於「大抵歐、美以三百年而造成治體，日本效歐、美，以三十年而摹成治體。若以中國之廣土眾民，近採日本，三年而宏規成，五年而條理備，八年而成效舉，十年而霸圖定矣」[30]。據說，「一卷甫成，即進上；上復催，又進一卷。上以皆日本施行有效者，閱之甚喜」。這本書對 1898 年百日維新產生的影響是非常明顯的，康有為後來自編年譜說：

> 自官制財政憲法海陸軍，經營新疆，合滿漢教男女，改元遷都，農工商礦各事，上皆深然之。新政之旨，有自上特出者，每一旨下，多出奏摺之外，樞臣及朝士皆茫然不知所自來，於是疑上諭皆我所議擬，然本朝安有是事？惟間日進書，上採案語，以為諭旨。[31]

康有為的特點是託古改制。因此，在他的按語裏，日本值得效法的維新措施，常會在渺茫的中國古史中找到非常對稱的先例。這種牽強類比雖帶有學術上的獨斷主義傾向，卻反映了改革家的一番苦心。

這三個人的認識主要形成於甲午戰爭之前。但黃遵憲和康有為著作的問世，則在甲午戰爭之後。那個時候，中國人對日本的認識正在進入一個新的階段。日本崛起於島夷，最後跨海而來，燃起一場巨大的戰火。這個變化過程就發生在中國人的眼皮底下。比之西洋諸國的歷史，無疑要具體得多。因此，戰爭帶來的屈辱愈是沉重，對於日本自強成功的領會也就愈深刻。於是，強敵變成了榜樣：《馬關條約》的墨跡尚未乾透，1896 年 3 月，中國第一批赴日留學的十三名學生已經踏上了負笈東渡的途程。他們的航向，同千餘年前的遣唐使們剛好相反。

從 19 世紀 60 年代開始，西學的一部分已經開始進入中國。但是，它所引起的爭論比它所帶來的進步更多。而甲午一戰，日本以徹底的西學打敗了中國不徹底的西學。這一事實非常雄辯地為西學致強的實效作了證明。在這一特定背景下，日本的榜樣被有志於維新改良的人們放大了，洋務運動幾十年間陸續出現的變法議論終於一步一步地轉化為一場社會運動。

五、三個方面的反思

甲午戰爭之前，早期改良派已經對洋務運動作過不同程度的批評。其中雖然不無深刻見解，但那終究不過是見諸言論。在洋務運動氣運未衰的時候，單靠言論是不會造成很大的社會影響的。甲午一戰，北洋水師全軍覆沒。日本用武器打破了洋務運動補苴罅漏的慘淡經營，比之筆墨議論，它更嚴酷得多。於是，前後凡三十年的洋務運動，因此而成為民族反思的矢的。

其一，是維新派的反思，梁啟超批評「中興以後講求洋務」者說：

今之言變法者，其犖犖大端，必曰練兵也，開礦也，通商也，斯固然矣。然將率不由學校，能知兵乎？選兵不用醫生，任意招募，半屬流丐，體之羸壯所不知，識字與否所不計，能用命乎？將俸極薄，兵餉極微，傷廢無養其終身之文，死亡無恤其家之典，能潔己效死乎？圖學不興，阨塞不知，能制勝乎？船械不能自造，仰息他人，能如志乎？海軍不游弋他國，將卒不習風波，一旦臨敵，能有功乎？如是則練兵如不練。礦務學堂不興，礦師乏絕，重金延聘西人，尚不可信，能盡利乎？機器不備，化分不精，能無棄材乎？道路不通，從礦地運至海口，其運費視原價或至數倍，能有利乎？如是則開礦如不開。商務學堂不立，罕明貿易之理，能保富乎？工藝不興，製造不講，土貨銷場，寥寥無幾，能爭利乎？道路梗塞，運費笨重，能廣銷乎？厘卡滿地，抑勒逗留，胺膏削脂，有如虎狼，能勸商乎？領事不報外國商務，國家不護僑寓商民，能自立乎？如是則通商如不通。其稍進者曰：欲求新政，必興學校，可謂知本矣。然師學不講，教習乏人，能育才乎？科舉不改，聰明之士，皆務習帖括以取富貴，趨捨異路，能俯就乎？官制不改，學成而無所用，投閒置散，如前者出洋學生故事，奇才異能，能自安乎？既欲省府州縣皆設學校，然立學諸務，責在有司，今之守令，能奉行盡善乎？如是則興學如不興。自餘庶政，若鐵路，若輪船，若銀行，若郵政，若農務，若製造，莫不類是。蓋事事皆有相因而至之端，而萬事皆同出於一本原之地。不揫其領而握其樞，猶治絲而棼之，故百舉而無一效也。[32]

這段話，語氣是嚴峻的，但全然不是肆口攻擊。它表達了歷史長流中後起的一輩對

致遠艦部分官兵　甲午海戰中，致遠艦在彈藥將盡且遭受重創後，由管帶（艦長）鄧世昌下令衝向日本艦隊的主力艦吉野號，欲與敵同歸於盡，不幸被敵擊沉，全艦官兵殉難。

前輩人的認真評判。否定洋務運動的地方，正是維新運動準備繼起而致力的地方。因此，「吾今為一言以蔽之曰：變法之本，在育人才，人才之興，在開學校，學校之立，在變科舉，而一切要其大成，在變官制」[33]。

　　其二，是洋務派的自我反思。奕訢說：「中國之敗，全由不西化之故，非鴻章之過。（請予鴻章以商讓土之權）」[34] 這裏，值得注意的是「不西化」，「化」之為義，在意思上同「徹底」是相近的。當然，從滿清王朝恭親王口裏說出的「西化」與後來另有背景的「全盤西化」在質和量上都是不相同的。它反映了更接納多一點資本主義的願望，在 19 世紀 90 年代，在維新變法行將出台之際，這種輿論是順應時勢的。因此，奕訢對洋務運動的總結似乎已經觸到了問題的實質。但也因此，他用否定句表述出來的思想，已經溢出了我們今天對洋務運動的界定。

　　其三，是來自實踐的反思。這主要見於甲午海戰幸存者們的親身敍錄：

　　我國地廣人眾，沿海甚多，不能不設海軍護衛。既設海軍，必全按西法，庶足

不(以)禦外侮。西人創立海軍多年,其中利弊,著書立說,無微不至。我國海軍章程,與泰西不同,緣為我朝制所限,所以難而盡仿,所以難而操勝算也。

　　海軍所有章程,除衣冠語言外,均當仿照西法,萬不得採擇與中國合宜者從之,不合宜者去之。蓋去一不合宜,則生一私弊。[35]

這些人力言「西化」或「西法」,不是崇洋媚外,而是生死血戰之後的心得。他們身在軍中,熟見用中國「朝制」擇取「西法」的種種私弊,並深受其苦,深受其害。其條陳憤憤然言之的「合宜者從之,不合宜者去之」是切中「中體西用」以新衛舊之弊的。

　　這種種反思說明,時代已經把中國民族的思想主流推到了洋務運動與「中體西用」的前頭。但是,正如甲午戰爭使一部分洋務派承認了維新之必要一樣,甲午戰爭也使一部分頑固派開始接受洋務運動的東西。因此,在中國社會「中體西用」還不會消失。對於很多人來說,這仍是一道不可越過的界河。

註　釋

1　《籌辦夷務始末》（同治朝），卷 78，24 頁。

2　《籌辦夷務始末》（同治朝），卷 82，3 頁。

3　《籌辦夷務始末》（同治朝），卷 79，7 頁。

4　轉見范文瀾：《中國近代史》，上冊，220 頁，北京，人民出版社，1955。

5　羅惇曧：《中日兵事本末》，見胡寄塵編：《清季野史》，8 頁，長沙，岳麓書社，1985。信夫清三郎：《日本外交史》上冊，145 頁，北京，商務印書館，1980。

6　琉球屬中國，起自明洪武十五年（1382），直到光緒初年，五百餘年中琉球按期進貢，未曾中斷。但在明萬曆三十年（1602），琉球又向日本薩摩諸侯稱藩，就成了中日兩屬之地。蔣廷黻稱之「好像一個女人許嫁兩個男子」。於是，在日本維新中力行廢藩之後，中日之間關於琉球歸屬的問題就發生了。參見蔣廷黻編：《近代中國外交史資料輯要》中卷，171~172 頁，上海，商務印書館，1932。

7　《大日本外交文書》，卷 7，1 頁。

8　當時任日本顧問的法國人巴桑納後來說，「一八七四年日清兩國締結的條約，最幸運的成果之一，就是使清帝國承認了日本對琉球島的權力」，因為在條約的字面上把遇難的琉球人「稱作日本臣民」。見清澤洌：《外交家大久保利通》，253 頁，1942。

9　胡寄塵編：《清季野史》，9 頁。

10　《籌辦夷務始末》（同治朝），卷 98，41 頁。

11　蔣廷黻編：《近代中國外交史資料輯要》中卷，364 頁。

12　《總理各國事務衙門奏擬勸朝鮮交聘各國片》，見北平故宮博物院編：《清光緒朝中日交涉史料》，卷 1，32 頁，北平，北平故宮博物院，1932。

13　《總理各國事務衙門奏朝鮮亂黨圍攻日本使館並劫王宮請派兵援護摺》，見《清光緒朝中日交涉史料》，卷 3，31 頁。

14　《李文忠公全書·譯署函稿》卷 16，10 頁。

15　羅惇曧：《中日兵事本末》，見胡寄塵編：《清季野史》，12 頁。

16　參見陳恭祿：《中國近代史》，上冊，354 頁。

17　《清光緒朝中日交涉史料》，見戚其章主編：中國近代史資料叢刊續編《中日戰爭》，第 2 冊，624 頁，北京，中華書局，1989。

18　池仲祐：《海軍實紀·述戰篇》，見張俠等編：《清末海軍史料》，320~322 頁，北京，海洋出版社，1982。

19　《李文忠公全書》奏稿，卷 78，61 頁。

20　池仲祐：《海軍實紀·述戰篇》，見張俠等編：《清末海軍史料》，315~316 頁。

21　中國近代史資料叢刊《洋務運動》（三），141 頁。

22　《覆奏海軍統將摺》（光緒二十年七月二十九日），見《李文忠公全書》奏稿第 78 卷，

52~53 頁。

23　胡思敬：《國聞備乘》，卷 1，「名流誤國」，見榮孟源等編：《近代稗海》，第 1 輯，
　　230 頁，成都，四川人民出版社，1985。

24　梁啟超：《戊戌政變記》，附錄一《改革起原》，113 頁，北京，中華書局，1954。

25　梁啟超：《戊戌政變記》，附錄一《改革起原》，113~114 頁。

26　《譚嗣同全集》，增訂本，上冊，167~168 頁，北京，中華書局，1981。

27　包天笑：《釧影樓回憶錄》，145 頁，香港，大華出版社，1971。

28　中國近代史資料叢刊《太平天國》（二），532 頁。

29　《人境廬詩草箋注》，附錄各家詩話，412 頁，上海，古典文學出版社，1957。

30　《日本變政考・跋》，《進呈日本變政考序》。

31　康有為：《康南海自編年譜》，見中國近代史資料叢刊《戊戌變法》（四），150 頁。

32　梁啟超：《論變法不知本原之害》，見中國近代史資料叢刊《戊戌變法》（三），19~20
　　頁。

33　梁啟超：《論變法不知本原之害》，見中國近代史資料叢刊《戊戌變法》（三），21 頁。

34　黃遵憲：《馬關紀事》。

35　盛宣懷檔案資料選輯之三《甲午中日戰爭》，下冊，400、414 頁，上海，上海人民出
　　版社，1982。

第十章

變與不變的哲學

李鴻章在第二次鴉片戰爭之後說過：「時至今日，地球諸國通行無阻，實為數千年來未有之變局。」[1] 就這句話所包含的時代內容而言，可以看作是積兩次失敗之痛，中國社會反思的結果。因此，在以後的幾十年裏，談時務、講維新的人們，雖然行輩不同，但多以此立論，發抒千言萬語，以表達自己層出迭起的改革主張。然而，在那個時候，不願意變的人更多。所以，一方面是沉重的壓力：變局迫來，逼使認識深化；認識的深化又推動改革越出舊界。另一方面是沉重的阻力：新舊嬗遞的每一步，都會遇到被利益和道德召喚來的憤怒的衛道者。近代中國就在這種矛盾中拖泥帶水地踟躕而行。

甲午一戰，變局急轉而為「世變之亟」。於是，出現了公車上書──強學會──康有為歷次上皇帝書──保國會──百日維新。這一連串事件，前後相接，構成了一場社會變動。它把中國的出路寄託在因勢以變之中，其鋒芒已經觸動了靈光圈裏的「成法」。無疑，這已經不止近代化一小步了。隨之而來的，是變與不變的矛盾空前激化，發展為一場帶血的鬥爭。

一、變的哲學

變與不變，是對時代推來的問題作出的兩種相反回答。兩者都出自中國社會的現實，並各自反映了這種現實的一部分。但是，對現實的論證需要借助歷史；對具體的論證需要借助一般；而為了說服多數，則需要借助權威。因此，為了闡明變和不變，雙方都從歷久彌香的儒家經籍中搬來了依據。

經過兩千多年衍化沉積之後的孔學，已經是一種豐富性和龐雜性俱見的意識形態了。其中，既有《周易》所謂「窮則變，變則通，通則久」[2]那樣的樸素辯證法，也有董仲舒摻和進去的「道之大原出於天，天不變，道亦不變」[3]那樣的凝固獨斷論。變與不變，古已有之。這種古老而又永遠新鮮的矛盾，曾經不止一次地為後來的社會提供過仁者見仁、智者見智、各取所需的便利。中日甲午戰爭失敗後，近代中國人又一次拾起了這些東西：借助於傳統的範疇，從現實中產生的爭論，被譯成了思辨語言的交鋒。但近代畢竟有近代的特點。最能表現這一點的，是倡變的人們引來了那麼多的西洋思辨，硬生生地揳入其中。於是，飽含時代內容的矛盾被塗上了一層哲學的色彩。形而下的東西獲得了一個形而上的外殼。

康有為的《新學偽經考》、《孔子改制考》、七上皇帝書以及戊戌奏稿，梁啟超的《變法通義》，譚嗣同的《仁學》，嚴復的《天演論》和其他文章，集中起來，就是那個時候維新派論變的哲學。綜其要旨，可以歸納為六個方面：

（一）變化是天地之間可以用常識和經驗來說明的普遍過程。

康有為說：「變者天道也，天不能有晝而無夜，有寒而無暑，天以善變而能久。火山流金，滄海成田，曆陽成湖，地以善變而能久。人自童幼而壯老，形體顏色氣

貌，無一不變，無刻不變。《傳》曰：『逝者如斯』，故孔子繫《易》，以變易為義。又曰『時為義大』，時者，寒暑裘葛，後天而奉天時，此先聖大聲疾呼以仁後王者耶？」這段話出自《進呈俄羅斯大彼得變政記序》，是專門寫給皇帝看的。雖說多取譬於自然，但卻是能夠引出變法正題的楔子。因此，除了康有為之外，其他的維新言論家也常常喜歡用自然來證社會，作為起講的前提。

（二）「變亦變，不變亦變。」

梁啟超說：「要而論之，法者天下之公器也，變者天下之公理也。大地既通，萬國蒸蒸，日趨於上，大勢相迫，非可閼制，變亦變，不變亦變。變而變者，變之權操諸己，可以保國，可以保種，可以保教。不變而變者，變之權讓諸人，束縛之，馳驟之，嗚呼，則非吾之所敢言矣。」這段話裏使用了多個「變」字，分別標誌着兩種含義：一是指萬國梯航以來的近代中國客觀歷史進程；二是指時人對這種過程的主觀認識和態度。「變亦變」，就是主觀同客觀相一致。在這樣的情況下，變革會成為一個自覺的主動過程，並且像日本一樣帶來民族自強的結果。「不變亦變」，則是指主觀同客觀背離。變革成為一個假他人之手強行發生的被動過程。波蘭和印度就是這樣走向亡國滅種的。「吉凶之故，去就之間，其何擇焉？」[4] 這是兩種不同的民族前途，中國人可以選擇，然而選擇時間已經不多了。

（三）「能變則全，不變則亡；全變則強，小變仍亡。」

這段話出自康有為《上清帝第六書》，代表了維新派的共識。最後兩句，批評了慘淡經營三十年的洋務運動；同時，又說明了近代社會演變過程中的質、量、度。洋務運動帶來的小變並不是壞東西，但那不過是一種量變。「購船置械，可謂之變器，不可謂之變事；設郵使，開礦務，可謂之變事，而不可謂之變政。」[5] 這一類變化，雖有圖強的意願，然而觸及的僅僅是局部的東西，「於去陳用新，改弦更張之道，未始有合也」。在列強環伺之下，其「屢見敗衄，莫克振救」[6]，已為世人所易見。與這種「小變」不同的，是全變。「日本改定國憲，變法之全體也。」[7] 以日本為樣板，則全變乃是鑿破封建政治體制同資本主義政治體制之間的度，由此達彼的質變。全變和小變的區別，劃出了維新運動與洋務運動之間的歷史界限。

（四）「開創之世」與「列國並立之勢」。

這是康有為對於「變局」的感悟和詮釋。他說：「今之為治，當以開創之勢治天

下，不當以守成之勢治天下；當以列國並立之勢治天下，不當以一統垂裳之勢治天下。」[8] 從「一統垂裳之勢」到「列國並立之勢」，說明中國所處的世界環境已經全非舊時景象了。這一變化，不僅使人知道了「大地八十萬里，中國有其一；列國五十餘，中國居其一」[9] 的事實；而且使中西交往的過程成為諸歐「破吾數千年久閉的重關，驚吾久睡之大夢，入吾之門，登吾之堂，處吾之室」[10] 的過程。因此，「列國並立」一語，不會不使中國人悚然想起春秋戰國發生過的那種無情兼併。在這種情況下，「守成之勢」只能意味着弱昧亂亡。「吾既自居於弱昧，安能禁人之兼攻？吾既日即於亂亡，安能怨人之取侮？」[11] 這兩個問號，正是「以開創之勢治天下」的時代依據。開創，是對於守成的否定。在這裏，康有為似乎已經揭示了近代中國變形了的歷史邏輯，即：社會的變革，其動力主要不是來自內部運動，而是外部壓力催逼的結果。

（五）「世變」與「運會」。

嚴復受過西方思辨哲學的訓練，所以，比之康有為、梁啟超，他對「世變」的論述更富有哲理性。「嗚呼！觀今日之世變，蓋自秦以來，未有若斯之亟也。夫世之變也，莫知其所由，然強而名之曰運會。運會既成，雖聖人無所為力。」變法是由時勢促成的，但時勢的背後是「運會」。這個詞所刻畫的東西，雖然不是感官直接可以觸知的，卻在更加深刻的層次上觸及了社會發展的樞機。「運會既成，雖聖人無所為力。」這是一種不以人的意志為轉移的力量。但感知與認識了「運會」的人能夠獲得一種歷史主動性。「彼聖人者，特知運會之所由趨，而逆睹其流極。唯知其所由趨，故後天而奉天時，唯逆睹其流極，故先天而天不違。」[12] 嚴復的「運會」實際上已經捕捉到一點社會發展規律的意思了。但從「莫知其所由然」一語又可以看出，他並不能說明這種規律的本身。不過，這是無足深怪的。

（六）「衝決網羅」。

這個命題出自譚嗣同的《仁學》，代表了維新變法時期最勇敢的言論。他所說「網羅」包括利祿、俗學（考據、詞章）、全球羣學、君主、倫常、天、全球羣教、佛法八種。[13] 其範圍又超出了康有為的「全變」。錢穆曾通解《仁學》說：「復生（譚嗣同字復生）所謂以心力解劫運者，仁即心力也。心力之表見曰通，其所以害夫通者則曰禮，曰名。蓋通必基於平等，而禮與名皆所以害其平等之物也。禮與名之尤大者則曰三綱五常，曰君臣、父子、夫婦；而君臣一綱尤握其機樞。心力之不得其通而失於

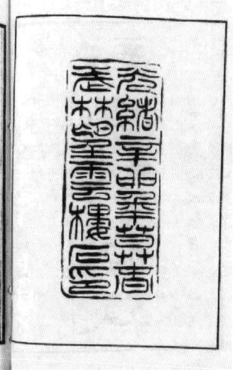

新學僞經考卷一　南海康祖詒廣夏撰　有一部

秦焚六經未嘗亡缺考第一

史記經說足證僞經考第二

漢書藝文志辨僞第三上

漢書藝文志辨僞第三下

漢書河間獻王魯共王傳辨僞第四

漢書儒林傳辨僞第五

漢書劉歆王莽傳辨僞第六

漢儒憤攻僞經考第七

僞經傳於通學成於鄭玄考第八

應

詔統籌全局摺 正月初八日具奏

奏為應

詔陳言乞統籌全局以救危立國恭摺仰祈

聖鑒事竊頭者德人割據膠州俄人窺伺旅大諸國環

發待亡自甲午和議成後臣累上書極陳時危力請變法格

未得達旋即告歸士室捶膺閉門泣血未及三年遂有茲變

臣萬里浮海再詣

闕廷荷蒙

皇上不棄芻蕘特命總理各國事務王大臣傳詢問以大計

復命具摺上陳並宣取臣所著日本變政考俄大彼得變政

考進呈

1《新學僞經考》

2《應詔統籌全局摺》（也稱《上清帝第六書》）

變與不變的哲學

長養遂達，則變而為柔、靜、儉，鬱而為機心，積而為病體，久而成劫運，其禍皆起於不仁。求返於仁而強其心力，其首務在於衝決網羅，而君統之偽學尤所先，而不幸為之君者猶非吾中國之人，徒以淫殺慘奪而得之。斯所以變法必待乎革命，必俟乎君統破而後偽學衰，偽學衰而後綱常之教不立，綱常之教不立而後人得平等，以自竭其心力而復乎仁。然後乃可以爭存於天下，而挽乎劫運。」[14] 可見，「衝決網羅」的本義，有出乎改良入乎革命的趨勢。在戊戌維新的諸君子中，譚嗣同的思想遠遠走在時代的前面。但是，他最終又是死於變法事業的。梁啟超後來說，方政變之初，「君竟日不出門，以待捕者；捕者既不至，則於其明日入日本使館與余相見，勸東遊，且攜所著書及詩文辭稿本數冊家書一篋託焉。曰：『不有行者，無以圖將來；不有死者，無以酬聖主。今南海之生死未可卜，程嬰杵臼，月照西鄉，吾與足下分任之。』遂相與一抱而別」[15]。在他捨生赴死的選擇中，既有信念的感召，也有君恩的感召。由此而產生的矛盾，是一種複雜的歷史矛盾。

維新派論變，有兩個特點。一是「變」與「新」相連。康有為說：「法《易》之變通，觀《春秋》之改制，百王之變法，日日為新，治道其在是矣。」[16]「日日維新」取義於《禮記・大學》所說的「苟日新，日日新」。按照譚嗣同的解釋，就是「革去故，鼎取新」[17]。因此，「日新」不僅是佈新，同時又是除舊。「凡改革之事，必除舊與佈新，兩者之用力相等，然後可有效也。苟不務除舊而言佈新，其勢必將舊政之積弊，悉移而納於新政之中，而新政反增其害矣。」[18] 這正是維新運動的「變」與洋務運動的「變」根本區別之所在。但是，比之佈新，除舊更難。因為它會打破大大小小的舊飯碗，從而把代表私人利益的仇神招來。利益是沒有理性的，但它與歷史的惰性合流之後，又會成為護舊的力量。親身經歷過百日維新的人們記敘說：1898 年 5 月，「梁啟超等聯合舉人百餘人，連署上書，請廢八股取士之制。書達於都察院，都察院不代奏；達於總理衙門，總理衙門不代奏。當時會試舉人集輦轂下者將及萬人，皆與八股性命相依，聞啟超等此舉，嫉之如不共戴天之仇，遍播謠言，幾被毆擊」。7 月，「下詔書，將天下淫祠悉改為學堂，於是奸僧惡巫，咸懷詬怨，北京及各省之大寺，其僧人最有大力，厚於貨賄，能通權貴，於是交通內監，行浸潤之譖於西后，謂皇上已從西教」。8 月，「候補京堂岑春煊上書請大裁冗員，皇上允其所請，特將詹事府、通政司、光祿寺、鴻臚寺、太常寺、太僕寺、大理寺及廣東、湖北、雲南巡撫，河東

總督，各省糧道等官裁撤。此詔一下，於是前者尸位素祿闒冗無能妄自尊大之人，多失其所恃，人心皇皇，更有與維新諸臣不兩立之勢」[19]。其間，往往還有為利益牽動的下層民眾：

> 京都管理街道，有工部街道廳。管理溝渠河道司官，順天府，大宛兩縣，步軍統領衙門。前三門外，又有都察院管理街道城防司汛等官，可謂嚴且備矣。究其實，無一人過問焉，以至任人踐踏，糞土載道，穢污山積，風即揚塵，雨即泥濘，春夏之交，變成瘟疫，而居其中者，奔走往來宴如也。洋人目之為豬圈，外省比之為廁屋。然每年碎修經費，所出不貲，及勒索商民訛詐鋪戶款，又甚巨，奈皆眾人分肥，無一文到工者。歲修之項，工部分其半，該管又分其半；巡查打掃之費，步軍統領衙門營城司防內外分之，訛詐勒索，工部不與焉。近日有人條奏，上盡悉其詳，乃命該管各衙門即行查勘估修，以壯觀瞻，並大清門、正陽門外，菜蔬雞魚攤肆，一概逐令於城根擺設，以示體恤。於是官吏閭民，皆稱不便，官吏愬愬百姓，聯名呈懇體恤。[20]

這種情況，使得變法與反變法之爭注定要衝破君子動口不動手的界限。比之洋務派遇到的荊棘團團，維新派面對的則是怨毒凝集成的殺機。因此，梁啟超在事後非常感慨地說：「除舊弊之一事，最易犯眾忌而觸眾怒，故全軀保位惜名之人，每不肯為之。」[21]

二是「變」與歷史進化論相結合。在中國傳統思想裏，變是以循環的形式表現出來的。士大夫們相信五德轉移、三緯相承；老百姓則稱之為「三十年河東，三十年河西」。這種古老而又懵懂的循環論，首先是被維新派的兩本書打破的。一本是嚴復譯述的《天演論》。在那裏，中國人第一次完完整整地知道了「物競天擇，適者生存」的進化「公理」：

> 不變一言，決非天運。而悠久成物之理，轉在變動不居之中。是當前之所見，經廿年卅年而革焉可也，更二萬年三萬年而革亦可也。特據前事推將來，為變方長，未知所極而已。雖然，天運變矣，而有不變者行乎其中。不變惟何？是名天演。以天演為體，而其用有二：曰物競，曰天擇。此萬物莫不然，而於有生之類為尤著。物競者，物爭自存也。以一物以與物物爭，或存或亡，而其效則歸於天擇。天擇者，物爭焉而獨存。則其存也，必有其所以存，必其所得於天之分，自致一己之能，與其所遭

值之時與地，及凡周身以外之物力，有其相謀相劑者焉。夫而後獨免於亡，而足以自立也。而自其效觀之，若是物特為天之所厚而擇焉以存也者，夫是之謂天擇。天擇者，擇於自然，雖擇而莫之擇，猶物競之無所爭，而實天下之至爭也。斯賓塞爾曰：「天擇者，存其最宜者也。」夫物既爭存矣，而天又從其爭之後而擇之，一爭一擇，而變化之事出矣。[22]

這種學理是十三經裏沒有的，但對於近代中國人所面臨的變局卻提供了一種易為局中人接受的解釋。於是，西方的自然觀在東來之後成了中國人獨特的社會觀。

　　另一本，是康有為撰作的《孔子改制考》。它第一次把進化論引入社會歷史，借用今文學家樂談的「據亂世」、「升平世」、「太平世」之義，別開生面地說明了中國的過去、現在和將來。「堯、舜為民主，為太平世，為人道之至，儒者舉以為極者也。……孔子撥亂升平，託文王以行君主之仁政，尤注意太平，託堯舜以行民主之太平。」這裏說的是孔子託古改制，但康有為在孔子身上寄託的卻是議院、選舉、民權、平等一系列資產階級的政治思想。例如，「世卿之制，自古為然，蓋由封建來者也。孔子患列侯之爭，封建可削，世卿安得不譏。讀《王制》選士、造士、俊士之法，則世卿之制為孔子所削，而選舉之制為孔子所創，昭昭然矣。選舉者，孔子之制也」[23]。這一附會帶有明顯的主觀性和強辯性，但卻為現實的變法事業造出了一種歷史根據。借助於這種根據，何邵公以來的三世說，在維新派言論家手裏分別成了對應於君主專制、君主立憲與民主共和的東西。外來的進化論使傳統的儒術有了全新的意義，而傳統的儒術又使外來的進化論取得了中國的形式。[24] 這兩個「第一次」指明，維新派的「變」同西方的進化論是一開始就聯為一體的。這種從未有過的變的觀念，呼喚着一種從未有過的社會制度。同時，它還帶來了中國傳統哲學思想的一場革命，從而改變了最難改變的東西：世界觀。孫寶瑄1898年12月16日在日記中說：

　　昨讀《天演論·導言四》，嚴又陵案語有云：島國僻地，物競較狹，暫為最宜外種闖入，新競更起。往往歲月之後，舊種漸湮，新種迭盛。如俄羅斯蟋蟀，舊種長大，自安息小蟋蟀入境，克滅舊種，今轉難得。蘇格蘭舊有畫眉善鳴，忽有班畫眉，不悉何來，不善鳴而蕃生，克善鳴者，日以益稀。澳洲土蜂無針，自窩蜂有針者入

嚴復及其譯著《天演論》《天演論》打破了古老的循環論，為中國人帶來了進化論。

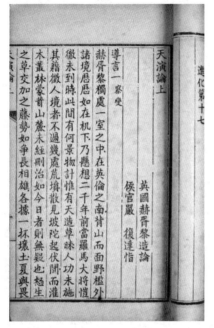 

境，無針者不數年滅。余為之掩卷動色曰：誠如斯言，大地之上，我黃種及黑種、紅種其危哉！ [25]

一批一批的中國人接受了進化論；一批一批的傳統士人在洗了腦子之後轉化為或多或少具有近代意識的知識分子。「好戰者言兵，好貨者言商，好新器新理者言農工，好名法者言新律」[26]，就其歷史意義而言，這種場面，要比千軍萬馬的廝殺更加驚心動魄。

二、不變的哲學

與變的哲學相對峙的，是不變的哲學，這是一種缺乏理性的哲學，但它們代表了舊時代的意識形態，因此既有政治權力，又有社會附着力。綜其種種議論，可以歸結為四點：

（一）祖宗之法不可變。

百日維新失敗之後，西太后曾厲色詰問光緒：「天下者，祖宗之天下也，汝何敢任意妄為！諸臣者，皆我多年歷選，留以輔汝，汝何敢任意不用！乃竟敢聽信叛逆蠱惑，變亂典型。何物康有為，能勝於我選用之人？康有為之法，能勝於祖宗所立之法？汝何昏憒，不肖乃爾！」[27] 這既是一種情緒，也是一種理論，在那個時候極富代表性。

（二）闢「邪說」以正人心。

守舊者之重於正人心正是對維新者之重於開民智的一種回應。在這一方面，前者與後者都具有強烈的自覺性。當時岳麓書院齋長賓鳳陽就說過：康門「專以異說邪教陷溺士類，且其黨與蓄眾，盤踞各省。吾湘若仍聽其主講時務學堂，是不啻聚百十俊秀之子焚而坑之，吾恐中國之患，不在強鄰之窺逼，而在邪說之誣民也」[28]。為了爭奪人心，舊派人物手中的筆有時比刀更多殺氣：「誓戮力同心，以滅此賊，發揮忠義，不為勢怵，不為禍動，至誠所積，終有肅清之一日，大快人心。」[29]

（三）詆變法為「影附西方，潛移聖教」。

湖南舊派中的健者葉德輝說：康梁「平日著書，誣孔子以驚世駭俗，不得謂之義理；辨言亂政，摭拾西書之皮毛，不得謂之經世；不知經義之宏深，僅據劉申受、龔定庵、魏默深諸家之書，抹殺二千年先賢先儒之傳註，不得謂之考據；自梁啟超、徐勤、歐榘甲主持《時務報》、《知新報》，而異學之詖詞、西文之俚語，與夫支那、震旦、熱力、壓力、阻力、愛力、抵力、漲力等字觸目鱗比，而東南數省之文風，日趨於詭僻，不得謂之詞章」。但這又是一種能夠「影附西書，潛移聖教」的東西：「聖人之綱常不可攻也，假平等之說以亂之；天威之震肅不可犯也，倡民權之義以奪之；資格限人而不可以越遷也，舉匈奴貴少賤老之俗以搖惑之；取給有窮而不可以揮霍也，援基督散財均利之法以聯屬之。」[30] 這類言論，非常敏銳地指出了新學家們手中的儒學已經西化，但由此產生的衛道之心並沒有發為學理論辯，而是匯成一種詈辱和嘶叫。這既表現了傳統儒學的強韌，也表現了傳統儒學的困乏。

（四）「變夷之議，始於言技，繼之以言政，益之以言教，而君臣父子夫婦之綱，蕩然盡矣。」[31]

變與不變之爭，「君臣父子夫婦之綱」是一個焦點。御史文悌說：「中國此日講求

1　　　　　　　　2　　　　　　　　3

1　葉德輝　湖南人，前清御史。政治思想保守，反對變法。1927 年被農民協會以「前清
　　時即仇視革新派」等罪名處決。

2　張之洞　晚清達官中，張之洞是一個喜歡講「西藝」、「西政」的人，但當西來的東西
　　溢出他心中的界限時，他又非常自覺地成了衛道者。

3　梁啟超　維新派代表人物，其文章「筆端常帶感情」，世稱「新文體」，雖被守舊者目
　　為「野狐禪」，其傳佈之廣卻超邁前人，為五四以前最受歡迎、模仿者最多的文體。

西法，所貴使中國之人明西法為中國用，以強中國。非欲將中國一切典章文物廢棄摧
燒，全變西法，使中國之人默化潛移，盡為西洋之人也。」因此，「若全不講為學為
政本末，如近來《時務》，《知新》等報所論，尊俠力，伸民權，興黨會，改制度，甚
則欲去跪拜之禮儀，廢滿漢之文字，平君臣之尊卑，改男女之外內，直似只須中國一
變而為外洋政教風俗，即可立致富強，而不知其勢小則羣起鬥爭，召亂無已，大則各
便私利，賣國何難」[32]。他也相信三綱一旦潰決，則中華將不復為中華。

　　這個時候的不變論者，不僅有頑固派，也有洋務派。後者的以新衛舊與前者的
以舊衛舊曾發生過牴牾衝突，但那是「用」之爭而不是「體」之爭，因此，當更新的
東西起而否定「體」的時候，洋務派就從「變」轉為「不變」了。這同樣是一種新陳
代謝。

　　最使他們惱火的，是兩點。一是孔子問題。維新派並不反對孔子，豈但不反

對，而且「保教」與「保國、保種」並列而三。但他們請來孔子，是讓他做變法的旗手。「語孔子之所以為大，在於建設新學派（創教），鼓舞人創作精神。」[33] 在《孔子改制考》裏，維新派把自己從西方學來的種種東西全都掛到了孔子的名下。於是，孔子面目全非了。維新派們以為，這是一種富有智慧的做法：「中國重君權，尊國制。猝言變革，人必駭怪，故必先言孔子改制，以為大聖人有此微言大義，然後能持其說。」[34] 但頑固派、洋務派最不能容忍的，恰恰是這種「狂悖駭俗，心懷叵測」的「野狐禪」。在「翼教」的旗幟下，葉德輝憤恨地指孔子改制之說為「欲託孔子以行其術」，「託尊孔之名，伏偽經之漸」[35]。頗有時譽的洋務領袖張之洞，則因維新派自改正朔，以孔子紀年而斷然中止了同他們的一度合作，從此各自東西。其「平生學術，最惡《公羊》之學，每與學人言，必力詆之。四十年前已然，謂為亂臣賊子之資」[36]。他根本就不承認康有為那個孔子。

二是民權平等說。在這方面，身任時務學堂總教習的梁啟超，言論最為激切。他說：三代之後，中國致弱的根源就在於「君權日益尊，民權日益衰」。因此，今日欲求變法，「必自天子降尊始」。君臣關係居三綱之首，但在他看來，不過是鋪子裏「總管」與「掌櫃」的關係，「有何不可以去國之義？」如果說這還是道人所不敢道，那麼，「屠城屠邑，皆後世民賊之所為，讀《揚州十日記》尤令人髮指眥裂」[37] 則已直接罵到了清廷祖宗的頭上了。這些話透着火藥味，已經滲出了康有為的政治界限。

梁啟超後來回憶說：「時學生皆住舍，不與外通，堂內空氣日日激變，外間莫或知之。及年假，諸生歸省，出札記示親友，全湘大嘩。」[38] 大嘩的直接結果，首先是湖南頑固士紳的極口痛詆：「試問權既下移，國誰與治？民可自主，君亦何為？是率天下而亂也！」「欲煽惑我中國之人心叛聖清入西籍耳！」[39] 繼之，張之洞亦著《勸學篇》，「旨趣略同」。在當時的達官中，他是一個喜歡講「西藝」、「西政」的人，然而當西來的東西漫溢出他心中設定的界限時，他又非常自覺地成了衛道者：「故知君臣之綱，則民權之說不可行也；知父子之綱，則父子同罪免喪廢祀之說不可行也；知夫婦之綱則男女平權之說不可行也。」[40] 民權平等說是維新思想中最有時代意義的內容。它既走到了兩千年傳統的前頭，也走到了三十年新政的前頭。因此，它受到頑固派、洋務派的聯手相攻是不奇怪的。

變與不變之爭，歸根到底無非是兩個問題。一是怎麼看待孔子；二是怎麼看待

學習西方。究其實質，前者說的是傳統；後者說的是革新。在近代中國的社會運動中，這兩個方面是難分難解的。革新——不論改良還是革命——總是在破除舊傳統中實現自身的。

三、思想文化中的新潮湧盪

戊戌政變之後，百日維新作為一場政治運動失敗了。但作為一場思想文化運動，新學家們帶來的解放作用遠不是西太后發動的政變所能剿洗乾淨的。從這時候起，第一批具有近代意義的知識分子已經出現。這些人，或脫胎於洋務運動，或驚醒於民族危機。他們處多災多難之世，懷憂國憂時之思；向西方追求真理，為中國尋找出路，成為最自覺的承擔時代使命的社會力量。他們在維新運動中的種種實踐活動，為後來的改革留下了歷史起點。在那個時期的新式學堂（京師大學堂、湖南時務學堂等等）和開設西學的書院（如兩湖書院）裏，出過黃興、蔡鍔那樣民主革命的風雲人物。而短時間裏紛紛興起的學會，則兼有學術與政治兩重意義。它不但使習慣於一家一戶的中國人看到了「羣」的形式和力量，而且各依其不同的具體宗旨，為廣開中國的民智而介紹西方的社會科學知識和自然科學知識。「知識就是力量。」在近代中國知識幾乎必然地會轉化為政治力量。

就思想文化的新舊嬗遞而言，戊戌前後是一個新蕾茁長的時期。無錫人裘廷樑創《無錫白話報》，提出了「論白話為維新之本」的主張。他列舉白話文的八益：一曰省日力，二曰除憍氣，三曰免枉讀，四曰保聖教，五曰便幼學，六曰煉心力，七曰少棄才，八曰便貧民，並「一言以蔽之曰：文言興而後實學廢，白話行而後實學興」[41]。其時，與他同調的還有蘇州和安徽的一批知識分子。與胡適之相比，他們早了二十年。梁啟超「筆端常帶感情」的新文字風靡一時。他把俚語、韻語、外國語熔為一爐，不受古來章法的限制，常能動人心弦。雖說守舊者無不目為「野狐禪」，而其傳佈之廣泛實在是超邁前人的。在新思想突破舊思想的時候，新文體也突破了舊文體。梁啟超的思想影響了一代知識分子，於是而有古代文體到近代文體之間的過渡。黃遵憲的詩則以反映時事、反映社會而明顯地區別於傳統的舊詩。其《今別離》曰：

別腸轉如輪，一刻既萬周。

眼見雙輪馳，益增心中憂。

古亦有山川，古亦有車舟。

車舟載離別，行止猶自由。

今日舟與車，並力生離愁。

別知須臾景，不許稍綢繆。

鐘聲一及時，頃刻不少留。

雖有萬鈞柁，動如繞指柔。

豈無打頭風，亦不畏石尤。

送者未及返，君在天盡頭。

望風條不見，煙波杳悠悠。

去矣一何速，歸定留滯不？

所願君歸時，快乘輕氣球。[42]

過去送別，有十里長亭一程連一程的纏綿悱惻，也有「勸君更進一杯酒，西出陽關無故人」的酣醉惆悵。但在輪船火車的時代，這些場面都已不合時宜，「別知須臾景，不許稍綢繆」。今別離對古別離，非常明顯地反映了交通工具的近代化改變了中國人的生活。這是用舊體詩的形式，容納了新的內容。對於那個時候流行的「同光體」是一種革新。除了這些方面之外，漢字的改革也成為這個時候的一種主張。盧戇章的《一目了然初階》最早涉及了漢字的拉丁化，繼起的改革者還有蔡錫勇、王照、吳稚輝等人。他們的意見雖然各有不同，但都是有志於一種前無古人後啟來者的事業。可以說，後來新文化運動中的許多主張，在戊戌維新的時候都已露出了端倪。

註　釋

1　中國近代史資料叢刊《洋務運動》（六），351 頁。

2　《周易・繫辭下》。

3　《舉賢良對策》，轉見班固：《漢書》，卷 56，《董仲舒傳》，2518~2519 頁。

4　梁啟超：《論不變法之害》，見中國近代史資料叢刊《戊戌變法》（三），18 頁。

5　康有為：《日本變政考》。

6　梁啟超：《論變法不知本原之害》，見中國近代史資料叢刊《戊戌變法》（三），19 頁。

7　康有為：《日本變政考》。

8　康有為：《上清帝第二書》，見湯志鈞編：《康有為政論集》，上冊，122 頁，北京，中華書局，1981。

9　康有為：《上清帝第五書》，見湯志鈞編：《康有為政論集》，上冊，204 頁。

10　康有為：《請廣譯日本書派遊學摺》，見湯志鈞編：《康有為政論集》，上冊，301 頁。

11　康有為：《上清帝第五書》，見湯志鈞編：《康有為政論集》，上冊，203 頁。

12　嚴復：《論世變之亟》，見中國近代史資料叢刊《戊戌變法》（三），71 頁。

13　參見《仁學》，見《譚嗣同全集》，增訂本，下冊，290 頁。

14　錢穆：《中國近三百年學術史》，下冊，675 頁，北京，中華書局，1986。

15　《譚嗣同傳》，見《譚嗣同全集》，增訂本，下冊，546 頁。

16　《南海先生四上書記》，見湯志鈞：《戊戌變法史》，121 頁，北京，人民出版社，1984。

17　《譚嗣同全集》，增訂本，下冊，318 頁。

18　梁啟超：《戊戌政變記（節錄）》，見中國近代史資料叢刊《戊戌變法》（一），273~274 頁。

19　梁啟超：《戊戌政變記（節錄）》，見中國近代史資料叢刊《戊戌變法》（一），270~272 頁。

20　蘇繼祖：《清廷戊戌朝變記》，見中國近代史資料叢刊《戊戌變法》（一），340~341 頁。

21　梁啟超：《戊戌政變記》，見中國近代史資料叢刊《戊戌變法》（一），277 頁。

22　嚴復：《天演論上》，導言一《察變》，見王栻主編：《嚴復集》，第 5 冊，1324 頁，北京，中華書局，1986。

23　康有為：《孔子改制考》，283~284、238 頁。

24　在嚴復的《天演論》問世之前，康有為已經從當時介紹西學的出版物中接觸過若干進化論知識。

25　孫寶瑄：《忘山廬日記》，上冊，280 頁，上海，上海古籍出版社，1983。

26　胡思敬：《應詔陳言記》，見中國近代史資料叢刊《戊戌變法》（一），384 頁。

27　蘇繼祖：《清廷戊戌朝變記》，見中國近代史資料叢刊《戊戌變法》（一），346 頁。

28　賓鳳陽：《與葉吏部書》，見《翼教叢編》，卷 6，5 頁。

29　梁節庵：《與王祭酒書》，見《翼教叢編》，卷 6，2 頁。

30　葉德輝：《長興學記駁議》、《讀西學書法書後》，見《翼教叢編》，卷 4，40~41、64 頁。

31　曾廉：《致友人》。

32　朱壽朋：《光緒朝東華錄》，4118 頁。

33　梁啟超：《清代學術概論》，58 頁。

34　皮錫瑞：《師伏堂日記》，73 頁，上海圖書館藏手抄本。

35　葉德輝：《讀西學書法書後》，見《翼教叢編》，卷 4，65 頁。

36　《抱冰堂弟子書》，見《張文襄公全集》，卷 228，27 頁。

37　梁啟超：《湖南時務學堂課藝批》。

38　梁啟超：《清代學術概論》，62 頁。

39　賓鳳陽等：《上王益吾院長書》，見《翼教叢編》，卷 5，5 頁；葉德輝：《正界篇·下》，
　　見《翼教叢編》，卷 4，31 頁。

40　張之洞：《勸學篇》，內篇第三，《明綱》。

41　裘廷樑：《論白話為維新之本》，見張枬等編：《辛亥革命前十年間時論選集》，第 1 卷，
　　上冊，40、42 頁，北京，三聯書店，1960。

42　《人境廬詩草箋注》，185~186 頁。

第十一章

庚子與辛丑

　　庚子（1900 年）是 19 世紀的最後一年，辛丑（1901 年）是 20 世紀的最初一年。19 世紀和 20 世紀之交，義和團運動轟然起於民族矛盾的激化之中。它表現了被侵略者對於侵略者鬱積已久的憤怒；同時又包含着一種文化對另一種文化的抵抗，包含着舊式小農和手工業者因自然經濟分解而蒙受的痛苦；並與百日維新失敗後的政局變動牽連相結。在近代中國社會變遷的時序中，這種愛國反帝的狂飆起落成為介於變法和革命之間的一段歷史。時人稱為「自有國家以來未有之奇變」[1]。

一、三種力量

庚子這一年，有三種不同的力量挾着武器，次第發難於南北之間。

從 5 月開始，以黃河流域下層羣眾為主體的義和團運動高潮勃起，席捲了華北。綿延四十年之久的反洋教潮流在義和团的旗幟下急遽地轉向武裝「滅洋」。這是一場自發的運動，「京畿東南各屬，一倡百和，從者如歸。城市鄉鎮，遍設神壇，壇旁刀戟林立」[2]。但「滅洋」成為自發運動裏的自覺意識，因之而有「各處喧言：『洋人進京四十年，氣運已盡，天意該絕，故天遣諸神下界，藉附團民之體，燒盡洋樓使館，滅盡洋人教民，以興清朝』」[3]。這種意識溝通了不同的階層、不同的職業，支配了成千上萬人。於是，當義和团由山東進入直隸，由鄉村進入城市之後，便燃成燎原之火。

七八月間，唐才常在長江流域策動會黨，以圖「自立軍」起義。他是資產階級改良派中的激進者，但他又沒有越出改良派的藩籬。因此，其宣言書中既有立論於「低首腥膻，自甘奴隸」的反滿論，又有「君臣之義，如何能廢」[4]的保皇論。這種矛盾，使他得到過革命派的支持，但當「勤王」成為自立軍宗旨的時候，他又失去了革命派的支持。當時，康有為曾在海外預言：「我南方勤王義軍已分佈數路，不日將起，既成方面，可與外國訂約，行西律西法。一面分兵北上勤王，助外人攻團匪以救上（光緒——引者）。」[5]他指望唐才常用武力造成一個局面，與動亂中的北方對峙，以實現其失敗了的維新變法。但唐才常以一個書生而指揮「十萬遊手無訓練之民」，復窘於餉需，在一再延期之後，遂因事機泄漏而為清軍所掩捕。各地倉猝起事，又先後敗績。他在臨刑之際說：「由中國時事日壞，故效日本覆幕舉動，以保皇上復權，今既敗露，有死而已」[6]，表現了一個維新志士為理想而死的氣概。

10 月，資產階級革命派在珠江流域領導了惠州起義。這一年夏天，港英當局目睹南北時局，曾有過策劃李鴻章據兩廣「自立」之想，並撮合興中會參與共事。英國人的立場反映了對抗俄國的意圖；李鴻章的態度顯示了洋務派在新局勢下的矛盾和探索；孫中山則着眼於建立一個獨立的南方政府，以謀「改造中國」。這是一種並不同道的合作。它因特定的時局而出現，又因時局的變化而流產。孫中山寄希望於此舉有成，「亦大局之福」，但又「頗不信李鴻章能具此魄力」。因此，在謀求與李鴻章合作

的同時，他又派「鄭士良督率黃福、黃耀庭、黃江喜等赴惠州，準備發動；史堅如、鄧蔭南赴廣州，組織起事及暗殺機關，以資策應；楊衢雲、陳少白、李紀堂在港擔任接濟餉械事務」[7]。於是，在李鴻章奉詔北上兩個月二十五天之後爆發了惠州起義。它以歷時半個月的血戰留下了自己的影響之後，因「外援難期」、糧械失繼而潰散於圍攻之中。

武裝「滅洋」，武裝「勤王」，武裝革命。不同的階級力量和政治力量在相近的時間裏用暴力鬥爭的方式操刀一割，為自己和中國尋找出路。暴力手段是改造社會的最後一種手段。當眾多的人們呼喚這一手段的時候，中國社會便陷入了岌岌乎不可終日的境地。

在這三種力量中，自立軍起義保留了資產階級改良派的積極內容，又以自己所付出的大量鮮血表現了不同於戊戌年間的新面貌。它在長江流域造成過相當的聲勢，將富有票「散放於湘、鄂、皖、贛各府州縣，為數綦伙，勢力日漸膨脹」[8]。這種聲勢，反映它所代表的政治主張在當日的中國並沒有喪失號召人心的力量。但是，百日維新失敗之後，變法改良畢竟已經越過了自己的歷史頂峰。在 19 世紀末多變的政治風雨中，它的鮮豔色澤正在消褪和淡化。因此，自立軍慷慨一擊，顯示了改良派在戊戌喋血後的再起，但並未形成牽動全局的浪潮。孫中山組織的惠州起義是資產階級革命派對滿清王朝的第二次暴力衝擊。它代表了當時中國社會最進步的力量。但這種力量還沒有突破歷史的臨界點。一個西方傳記作者曾這樣描寫孫中山：在 1900 年下半年，「康有為已不理睬他，梁啟超背叛了他，李鴻章仍不想和他拉關係，劉學詢繼續捉弄他，自立會不買他的賬，哥老會出賣了他。卜力爵士曾在香港為他開了門，但張伯倫又把門關上。日本的騙子使他損失了軍火，而正當他最需要幫助的時候，東京政府卻將他棄之不顧」[9]。密謀和流亡生涯使孫中山在世人的傳說和曲解中顯得面目不清。因此，惠州起義的硝煙升起在廣東一隅，又消散在廣東一隅。與這兩種力量相比，義和團反帝愛國運動則是影響全國而震撼中外者。民族危機成為一種凝聚力，它引導了沒有人引導的散漫小生產者，使舊的社會力量中深沉蘊藏着的民族鬥爭精神噴薄而出。在這個過程裏，落後的生產方式和落後的社會意識通過正義的行動奇特地表現了自己的活力。

這三種不同的力量用武裝鬥爭結束了 19 世紀的歷史，迎接 20 世紀的到來。

1

2

1　義和團團民　義和團以下層民眾為主要成員，他們有自己的一套紀律，且這些戒規在初
　　期得到了較好的遵守，可惜到了義和團運動後期，由於成員構成日益複雜，難免泥沙俱
　　下，出現了許多違法亂紀的現象。

2　義和團的旗幟之一：龍珠長方旗

二、義和團的社會相

自清末以來，論義和團源流，主要有三種說法。（一）義和團衍生於八卦教之一的離卦教，而八卦教出自白蓮教，因此，「義和拳一門，乃白蓮教之支流」。此說最早見於勞乃宣所著《義和拳教門源流考》。（二）義和團由團練組織變化而來。國外持此說者尤多。（三）義和團起於論拳習武的民間祕密會社。三者之分歧，以論史的困難說明了義和團組織的複雜性。義和團的本來面目就在於這種複雜性之中。

近代中國，人口的壓力和時勢的動盪造就了佈於南北的種種祕密組織。這是下層社會的一種特色。義和團以大刀會（金鐘罩）、紅拳、梅花拳、神拳為前身，其成員多係貧苦農民、傭工、赤貧無產者、黃河一帶拉船為生者、渡口撐船者、排水為生者、趕腳驢者、木匠、修傘者、廚役、賣燒餅者、賣饃饃營生者、販賣筆墨者、賣竹筷者、賣紅煙者、賣水煙者、習染坊生意者、開鐵鋪者、開客店者、已革糧書、營勇、文生教讀者[10]，還有眾多饑民。因此，它不會不帶有祕密會社的印記和色彩。

義和團所活動的地區，是八卦教有過重大歷史影響的地方。在它和白蓮教之間存在着某種淵源或關係不僅是可能的，而且是非常自然的。這種淵源，又使義和團與教門有着相似相通之處：「如欲赴某村訛搶，則分送傳單，先期徵召。迨齊集後，逐一吞符誦咒，焚香降神，雜沓跳舞。為首者指揮部署，附會神語，以誆其眾，臨陣對敵，各插一小黃旗，又以紅黃巾帶，裹頭束腰，胸際佩黃紙符；其頭目手執黃旗，或身着黃袍，背負神像，其徒眾分持槍刀及鳥槍抬炮；羣向東南叩頭，喃喃作法，起而赴鬥，自謂無前。」[11]

但是，義和團並不是教門，也不是祕密會社。它激烈而又執著地反洋人、反洋教，以此把自己同下層社會的其他組織區別開來了。當民族矛盾激生的愛國主義使義和團成為一場反帝羣眾運動的時候，它已經遠遠地離開了自己的原始形式。

在義和團之前，曾多次出現過「平英團」那樣的反侵略場面。這是槍炮逼迫下直接觸發的反應。它們用武裝的反侵略對抗武裝的侵略，以阻止異族進入中國社會。在這裏，民族的對抗同時又表現為內在之物與外來之物的對立。但義和團是在西方和東方的資本主義勢力深入中國城鄉各個方面之後爆發的。它所抵抗的，是一種滲入自身，而又盤根錯節枝葉相連的異己之物。在這裏，外來的東西一部分已經內在化，一

部分正在內在化。比之槍炮的逼迫，後者無疑要複雜得多。洋教是一個突破口，由此宣洩出來的仇恨包含着多重歷史內容。

其一，暴烈的排外主義行動中蘊結着經濟意識。李大釗在庚子後二十年說過：義和團對於「西洋人的一切器物一概燒毀，這都含着經濟上的意味，都有幾分是工業經濟壓迫的反動」[12]。1840 年以來，西方的大炮運來了西方的商品和機器。在商品和機器的背後，則是一種新的生產方式。它們挈入中國社會，使自然經濟在萬般磨難中一點兒一點兒被撕裂；又以外來的資本主義催發了民族資本主義。這種演變體現了沉默的歷史必然性，但對中國來說，它首先又是民族戰爭失敗所帶來的結果。因此，近代經濟改組的過程，觸目皆為來自西方的機製品奪走了小生產者的飯碗；來自西方的輪船火車奪走了船夫、縴夫、脚夫、驛站夫、水手、店員的飯碗。「洋布、洋紗、洋花邊、洋襪、洋巾入中國而女紅失業，煤油、洋燭、洋電燈入中國而東南數省之柏樹皆棄為不材。洋鐵、洋針、洋釘入中國而業冶者多無事投閒，此其大者。尚有小者不勝枚舉。」[13] 據袁昶估計，庚子前後，僅順天府屬州縣的窮民之中，「失車船店脚之利，而受鐵路之害者」即在四萬人以上。[14] 對於資本主義在中國的發展來說，這個過程具有原始積累的性質。但原始積累的血污同壓迫民族對被壓迫民族的掠奪又是合一的。成批成批的小生產者在這個過程裏破產失業，困苦無告，生計堵絕，不僅反映了舊生產方式解體時的歷史陣痛，而且反映了一個民族在外來壓力下的窒息。比之前者，後者更易為直觀所見。義和團「最惡洋貨，如洋燈，洋磁杯，見即怒不可遏，必毀而後快」。「閒遊市中，見有售洋貨者，或緊衣窄袖者，或物仿洋式，或上有洋字者，皆毀物殺人」[15]，正傾瀉了小生產者斷了生路之後的髮指眦裂之恨。這種忿恨釀成於飢餓和血淚之中，但這種忿恨所包含的願望又與舊的生產方式連在一起。他們不認識帝國主義，卻認識洋人洋物，於是，所有的外來之物都成了痛苦的原因。以排外主義反帝，波及輪船、鐵路、電線、機器、洋學堂、洋裝書、洋話、洋服。這種鬥爭方式，既表現了那個時代多數人的民族感情，又寄託了舊式小農和手工業者的本來願望。

其二，「仇教」中蘊結着傳統的民族文化心理。在近代中國，洋教比商品和大炮更多地輸來過「西學」，並以此影響中國的一代知識分子。從這個意義上說，它曾是中西文化交匯的中介之一。但作為一種外來之物，它本身又是同中國的傳統文化全然相悖的。上帝至尊的教義及其對多神觀念和祖先崇拜的排斥，不僅觸犯道教和佛教，

1 **晚清織布女工** 在外來資本主義的衝擊下，成千上萬的小生產者破產失業，生計堵絕。「洋布、洋紗、洋花邊、洋襪、洋巾入中國而女紅失業」，只是其中的一個片段。

2 **在華傳教士** 清末民初，歐美國家有大批傳教士湧入中國，不知不覺間，西方宗教在近代中國的傳播史變成了教案史。

3 **晚清東北天主教教堂**

而且直接踐踏了儒學真義；形成於西方民俗和歷史中的佈道、洗禮、懺悔儀式，在具有另一種民俗和歷史的中國人眼裏卻是全無神聖意義的傷風敗俗之舉。兩者之間，橫隔着幾千年歲月沉積成的不同文化心理。明代來華的意大利傳教士利瑪竇是明乎此者，他以附會儒學而取得了那個時代洋教入中土的成功。但近代傳教士在不同的歷史環境下有着不同的懷抱。19 世紀 40 年代初期，一個經歷過鴉片戰爭的傳教士在書信中描繪了「大炮在天朝呼嘯」，「城市在征服者面前一座接一座陷落」的場面，而後躊躇滿志地說：「這是政治提出的要求，是大炮迫令其實現的。一次我信步走到一個城門口，城牆上似乎永恆地寫着：『洋人莫入』。」「我是一個洋人，又是一個傳教士，我看到了牆上寫的那句話，可是我不顧一羣在場中國人的驚詫，闖進了城門。時候已經到了，我們已沉默到今天，現在是可以到中國城市的大街上，提高我們的嗓門大喊大叫的日子了。」[16] 他的話顯示了一種洶洶之勢，同時又反照出中國人目睹洋教逼入而產生的屈辱感。於是，西方宗教在近代中國傳播的歷史便成為教案史。一面，是傳教士自覺地與中國傳統文化為敵：「吾非除舊何由佈新？將欲求吾道之興，必先求彼教之毀。」[17] 在「興」與「毀」的衝突中，洋教成為一種政治化的力量：「遇有交涉之案，但憑教民一訴或教士一言，即簽票傳人，縱役勒索；到案復又不分曲直，往往抑制良民，希圖易結。而教民專得藉官吏之勢力肆其欺凌，良民上訴，亦難申理。」甚至「教士、教民與地方官並坐公案」[18]。政教分離對於政教合一的否定，曾是歐洲資產階級革命的歷史性勝利之一。然而，歐洲資產階級在中國卻為教會爭得了世俗權力。另一面，是傳統文化下的中國民眾對洋教日益增長的痛惡：「見自父祖以來素所敬奉悅服之事，素所目為甚美可願之端，一旦被外國男女學語未成，嘲弄侮詈，其一腔怨恨洋人積火，自爾有觸斯然，不可抑遏。」[19] 痛惡的過程，又是以得自傳統的觀念去揣想被痛惡者的過程。庚子年間，拳民搜索教堂，「見蠟人不能辨，以為人臘。遇粵之荔支乾，又以為人眼，相與痛詈西人，暴其慘酷」[20]。當西什庫教堂久攻不能克之後，民間又盛傳「教士以女血塗其屋瓦，並取女血盛以盎，埋之地，作鎮物，故咒不能靈」[21]。這一類記述，不僅反映了一個民族對另一個民族的敵意，而且反映了一種文化對另一種文化的猜度。1924 年，魯迅在《論照相之類》一文中說過：三十年前，S 城常有人談論洋鬼子挖人眼。一個女工還「親見一罈鹽漬的眼睛，小鯽魚似的一層一層積疊着，快要和罈沿齊平了」。然後他冷峭地指出：在 S 城，腌漬白菜是

一種習慣；而眼光娘娘神座前掛着布製眼睛，「則正是兩頭尖尖，如小鯽魚」一般。[22] 三十年是一個約數，其實，他所分析的正是義和團運動臨近時期社會心理的一面。洋教在半殖民地中國的政治化，使反洋教鬥爭具有無可懷疑的反侵略性質。但這種反侵略性質又正是通過傳統文化的自衛和排他而表現出來的。

其三，民族危機刺激下的「滅洋」意識。《馬關條約》後數年，康有為曾以一個愛國知識分子的血誠一呼再呼：「俄北瞰，英西睒，法南瞬，日東眈，處四強鄰之中而為中國，岌岌哉！」「海水沸騰，耳中夢中，炮聲隆隆，凡百君子，豈能無淪胥非類之悲乎！」[23] 刺激康有為的東西，也同樣刺激了下層社會中人。比之兩次鴉片戰爭後的「變局」，這個時候的中國正面臨一種前所未遇的危局。列強競相劃分勢力範圍已成迫來狂潮。他們強暴地打破了閉塞，並使閉塞中的人們直接面對着他們的強暴。「自台灣之割，日人淫虐殘賊，民不堪命；德之在膠州；英之在九龍；俄之在金州、旅順行徑略同，皆使人無男女之別，身家不保，而稅又奇重。膠州之洋兵，挖剔先賢仲氏眼目，碎毀聖像，百姓飲恨吞聲，痛入骨髓。」[24] 民族矛盾的激化促成了民族對抗意識的強化。於是「滅洋」作為一個口號引人注目地同時出現於中國南北，表現了民眾的認識從個別到一般的深化。在統一的資本主義國內市場形成之前，民眾的自發認識並不能產生近代意義的民族主義。但是，這個口號已超越了個人命運、家族命運、鄉土命運則是一種明顯的事實。瓜分狂潮起於膠州灣事件。山東首受巨擊，也因之成為風暴的起點。「自德人佔據膠澳，教焰益張，宵小恃為護符，藉端擾害鄉里，民間不堪其苦，以致釁端屢起。」「下流社會尤為急烈，以恨德人者推展而及所有之歐洲人」，「而以仇視歐人，乃並與歐人接近者亦仇視之」[25]。因之而有「義和拳會名目樹旗起事，以『扶清滅洋』為名」，百姓「雲集響應，所在蜂起」[26]。蔡鍔後來說：

甲午一役以後，中國人士不欲為亡國之民者，羣起以呼嘯叫號，發鼓擊鉦，聲撼大地。或主張變法自強之議，或吹煽開智之說，或立危詞以警國民之心，或故自尊大以鼓舞國民之志。未幾而薄海內外，風靡響應，皆懼為亡國之民，皆恥為喪家之狗；未幾有戊戌變法自強之舉。此振興之自上者也。逾年有長江一帶之騷動，此奮起自下者也。同時有北方諸省之亂，此受外族之憑陵，忍之無可忍，乃轟然而爆發者也。[27]

他所說的北方諸省「轟然而爆發者」正是指的義和團。他並不贊成義和團，但他縱觀歷史，正確地指出了義和團是外族憑陵之下不願為亡國之民者用自己選擇的方式直接訴諸行動的結果。

多重的歷史內容，決定了義和團運動的民族正義性，又決定了這種正義鬥爭的歷史局限性。瞿秋白曾指出：構成義和團主要成分的「遊民階級，失業的勞動階級，因為自己經濟地位及生活條件的緣故，不能有明確的政治意識和階級覺悟」[28]。由於沒有明確的政治意識，所以，傳統觀念就成為一種自然的意識。日本人佐原篤介輯《拳事雜記》一書，收錄有義和團運動期間衡州「拳匪」代擬的「和約」一件，保留了那個時代的思想資料：

一、各國前所索賠款，一概作廢。二、各國應償中國兵費四百兆兩。三、各國兵船已在中國口者，不准駛出。四、各國租價照今加倍。五、將總署交還中國。六、康有為回國治罪。七、所有各國教堂一律充公。八、日本將台灣交還中國。九、德國將膠州交還中國。十、俄羅斯將大連灣交還中國。十一、所有教士各歸其國，不准再來。十二、中國仍有管理高麗安南之權。十三、中國海關仍歸華人辦理。十四、各國使臣來中國者，照乾隆時所定之例，不許進京。十五、另賠義和拳兵費四百兆。十六、日本亦須照乾隆時例入貢。十七、華人交通西人，及不遵官場約束者，歸朝廷治罪。十八、所有東西洋人與中國官場相見，須行叩頭之禮。十九、外人不准在中國遊歷。二十、俄羅斯西伯利亞及各處鐵路，均須拆毀。二十一、英國須將新安九龍交還中國。二十二、各國運來中國貨物合應加倍收稅。二十三、洋人商船到口者，須先稟明該處守口中國兵官，方准入口。二十四、大米不准出口。二十五、凡貨物運往外國者，亦須加倍收稅。[29]

作為朝廷「和約」，這是一件偽造品。但作為歷史材料，它卻真實地反映了製造者的思想。在這裏，深沉的愛國主義情感是同植根於自然經濟的保守意識連在一起的；抵禦外侮的強烈願望是同陳舊的天朝觀念和華夷之見連在一起的。這種矛盾，顯示了一場正義的反帝羣眾運動中落後的封建主義內容。當舊式小生產者自發地充當民族鬥爭主體的時候，他們不能不在代表民族的同時又代表傳統。矛盾不是主體選擇的結果，而是歷史規定性的體現。舊的生產力只能找到中世紀的社會理想，也只能找到中世紀

的精神武器和物質武器。

於是，義和團運動的民族英雄主義便歷史地具有一種非理性的外觀：

習拳者持咒面東南方，三誦而三揖，即昏絕於地。頃之手足伸屈，口作長歔，一躍而興，舞蹈不已……（其咒文有）「天靈靈，地靈靈，奉請祖師來顯靈，一請唐僧豬八戒，二請沙僧孫悟空，三請二郎來顯聖，四請馬超黃漢升，五請濟顛我佛祖，六請江湖柳樹精，七請飛標黃三太，八請前朝冷如冰，九請華佗來治病，十請托塔天王金咤、木咤、哪咤三太子，率領天上十萬神兵。[30]

（紅燈照則）皆處女為之，亦安爐奉香。每出行，數十為羣，左手執帕右執扇，皆紅色，攔街舞蹈，若跑秧歌狀。前後以黃衣力士護衛，遇行人必使面壁長跪，俟其過盡乃行。其附體之神，則有樊梨花、穆桂英、張桂蘭、劉金定等類，亦摭自說部。[31]

以神道為武器，顯示了羣體的愚昧，但卻是當時的紀實。進化論雖東來，然而多數中國人所熟悉和信仰的還是孫悟空、黃天霸之類。在經濟落後的北中國尤其如此。民初文人羅惇曧說：「北人思想，多源於戲劇，北劇最重神權，每日必演一神劇，《封神傳》、《西遊記》，其最有力者也。故拳匪神壇，所奉梨山聖母孫悟空等，皆劇中常見者。愚民迷信神權，演此劫運。蓋醞釀百年以來矣。」[32] 指出愚昧並不是為了嘲笑愚昧。萬千來自下層社會的人們匯聚在神道觀念之下，手執引魂幡、混天大旗、雷火扇、陰陽瓶、九連環、如意鈎、火牌、飛劍，勇敢地對抗帝國主義的火炮快槍，在這個過程裏，愚昧會升華為悲壯。

義和團運動與戊戌變法一樣，同是民族矛盾激化促成的事變。但就中國社會的新舊嬗遞而言，義和團運動的落後一面又正是戊戌以後的一種歷史回流。庚子年間流傳的一件揭帖，把怒恨「賊子通洋保國會，不久落頭歸陰城」列為「上帝今有七怒」之一[33]，表達了拳民對新黨的憎惡。從這種憎惡中產生的「一龍二虎三百羊」之說，雖曾在很長一段時間裏備受反封建的美讚，但其實是「義和團既藉仇教為名，指光緒帝為教主，蓋指戊戌變法，效法外洋，為帝之大罪也」[34]。與光緒並列的李鴻章、奕劻、康有為，儘管品類不一，卻多是用夷變夏的人物。據《庚辛記事》：「奕劻見時事不可，面奏太后，請力行新政。太后曰：『吾自有我家法度，何必多言！』奕劻默然

1　義和團破壞鐵路和電線

2　紅燈照　一作紅燈罩，是義和團運動中的女性組織之一。入會女子一般穿紅衣紅褲，右手提紅燈，左手持紅摺扇。據說她們經七七四十九天的練習後，可步行水上而不濕，並可騰空而飛，又手中扇子一揮，則敵人大炮會不響，或者船艦房屋會自然起火等等。這些多半為迷信和宣傳的幌子，但卻因此吸引了更多女性加入。

而罷。」[35] 而留學生秦力山「隻身至天津，求見拳黨大師兄」，使改扶清滅洋標幟為革命排滿，結果，「拳黨斥力山為二毛子，命牽之出」[36]。義和團因反洋人、反洋教而旁及洋務派、改良派和革命排滿者，一概視為異類。保定地區的拳民更推而廣之，「又恨南人刺骨，意為南人在該處者均受役於洋人，以及電報局、鐵路車站等處與洋人聲氣相通，故亦欲害之，呼南人曰『二毛子』，南人遂被害，逃出者無幾」[37]。南人之可惡，在南人之近洋。

19 世紀 40 年代最早開眼看世界的人物，在民族戰爭失敗後提出「師夷之長技以制夷」的命題。在這個命題裏，反抗西方的侵略與學習西方先進事物是統一的。這種統一，以其所包含的時代內容而代表了近代中國的歷史方向。二十年後，地主階級分化出的一部分當權官僚發起的以「洋務」為內容的自強新政，五十年後，向資產階級轉化的士大夫及知識分子羣體發起的維新變法，雖因其當事者的不同社會背景而不可同日而語，但都程度不等地反映了這種統一。於是而有中國社會從中世紀到近代的艱難變革。19 世紀 40 年代、60 年代、90 年代因之前後相接，成為新陳代謝的三個歷史環節。義和團運動無疑比洋務派、改良派表現了更多的反侵略勇氣，但破產小農和手工業者歸復自然經濟的強烈願望又使他們的眼界無法越出中世紀。因此，他們在英勇反抗侵略的同時又會本能地守護兩千年來已經陳腐的固有之物。後一面正是排外主義的內在之義。除了個別例外，當時的改良派和革命派對義和團的評論皆多持貶意。這種貶意包含着明顯的偏見，但又並非全是偏見。《中外日報》在當年 9 月曾論曰：「夫人之所以篤信團匪者，曰以其能扶清也，以其能滅洋也。夫以吾輩居中國之土，為中國之人，豈不願中國自強，使食毛踐土者，亦蒙其庇蔭，而不為外人所藐視。然欲強中國，亦自有道。」「揣若輩之意，殆謂所謂洋人者不過六七公使，數十商人，數百教士云耳。所謂東西洋各國者，不過區區數島云耳。苟其一鼓作氣，聚而殲旃，使歐美諸人之足跡，永不復見於中國，而後可以復大一統之舊觀，而後可以遂閉關獨立之夙願。」[38] 愛國主義永遠是一種打動人心的力量。但從愛國主義出發走向近代化和從愛國主義出發回到中世紀，確乎並不同義。它們區分了近代愛國主義的兩種不同的時代內容，並顯示了歷史的多面和錯雜。

從愛國主義出發回到中世紀，表現了舊式小生產者在民族自強和近代化變革的重合交織面前所產生的迷惘。這種迷惘又決定了他們會同地主階級中的最頑固者發生

感應。一個目睹過庚子之變的官員在書稿中記述說：

> 初，戊戌上聽康有為言變法，擢用新黨。甫創事，諸王大臣皆懼，構為蜚語，惑慈聽。於是太后復出聽政，立誅新黨數人，捕有為及其徒梁啟超。有為走英，啟超走日本，皆庇焉。遂與王大臣等謀廢立，以上有疾頒示天下……而八國公使合詞以法國名醫某為薦，太后拒不納；又固請，不可已，遂入診。審辨良精，奏言某經當有患，然決於聖壽無慮也。太后大憾之。已而有為至日本，與啟超為《清議報》，則譏宮闈無所諱。大臣等得之，益以激太后怒。己亥冬以李鴻章為粵督，謀誅有為等。鴻章至粵，不報，久之，乃奏言有為等不可得。太后大怒曰：「此仇必報！」是冬謀廢立益亟。……乃以十二月二十四日立端郡王載漪子溥儁為大阿哥。……載漪喉各公使入賀，因以覘所向。公使不聽，有違言。載漪尤慚忿，日夜思所以報，而山東義和拳時已浸淫入畿輔。[39]

於是有「太后與載漪謀，欲藉（義和團）以遂所志」的局面。這裏敍述的栩栩細節未必全部得自所見，但證以別家記錄，它所描繪的前因後果和當事者的種種心理卻是相當真實的。舊黨人物藉義和團「以遂所志」的結果，造成了使人目迷的歷史複雜性：在四次御前會議之後參加戕殺公使、圍困使館、攻打教堂的團民和士兵身上，當權舊黨的仇外之心和他們自身的滅洋之志已發為一種渾然共鳴；而這個時候出現的「龍團」（駐端邸）、「虎團」（駐莊邸）、「仙團」（駐大公主邸）[40]諸種名目，則留下了天潢貴胄們曾經信仰過神拳的確鑿事實。當時的輿論「謂端邸之排斥外人，非公憤，蓋私仇」[41]。就西太后和載漪來說，確乎言之有據，曲盡其態。但就多數舊黨人物論，他們之藉重義和團卻未必全部出於私仇。有個名叫左紹佐的刑部郎中曾在一封信中自述：「佐生五十有四年，目睹洋務之壞，幽憂憤鬱，以迄今日。幸得逢聖武天斷，為匹夫匹婦復仇，豁然如沉痾之得蘇也，此本朝臣子吐氣之時，千載一遇也。」他的話表達了一個地主階級知識分子由來已久的積憤。這種積憤攀附於民族感情，但又代表着極端的頑固：「往者丁日昌、郭嵩燾，敢於著書以誇大洋人，曰船堅，曰炮利，天下習而風靡，士大夫以能誦言洋人之強，自號為知時務。降而康有為之黨，乃至菲詈中國先聖帝王以譽洋人，而變法之議，交哄而不解。佐每覽丁郭二人之言，未嘗不太息痛

恨，以為是人者，其棺與屍可剖而戮也！」他鄙視以船堅炮利稱洋人者，但他又找不到一種對抗船堅炮利的現實力量，因此，為一伸積憤而信仰超自然的力量便成為他的心理歸宿：「今之義民，真吾赤子也，真吾先家之令子也，佐初聞亦不信，逐日推求其理，考其行事，真有神奇不可解者。」「神兵之來，理之所有，所謂天之所助者順也，抑亦我聖祖在天之靈，有以監而臨之耶！」[42] 比之個別人物的私仇或心術，這種從頑固走向迷信的過程更真切地反映了 19 世紀末年守舊士大夫的普遍心態。

以理學自命的大學士徐桐，曾在書贈義和團大師兄的一聯中發抒情懷：「創千古未有奇聞，非左非邪，攻異端而正人心，忠孝節廉，只此精誠未泯；為斯世少留佳話，一驚一喜，仗神威以寒夷膽，農工商賈，於今怨憤能消」[43]。「攻異端而正人心」和「仗神威以寒夷膽」的前後對應，於讚頌拳民之中，表露了理學「聖道」與義和團「神道」之間的內在聯繫。「客或說桐曰：『拳民藉妖術以圖一逞，寧欲倚之以平寇耶？』桐曰：『輪車、電郵、機械百出夷人亦妖術耳。譬彼治瘡，以毒攻毒，疾且瘳矣。』『然則中堂能保拳民之必勝乎？』曰：『拳民神也，夷人鬼也，以神擊鬼，何勿勝之有！』」[44] 士大夫階層是壟斷知識的勞心者，他們的非理性化，既反映了傳統社會在民族矛盾面前的倔強和不屈，又反映了傳統社會無可救治的沒落。庚子年間與徐桐齊名的剛毅、毓賢、李秉衡輩，在當日的官場中多非污吏。他們有救國之心，但他們的救國之心又寄託於用封建主義戰勝資本主義的蠻起一決之中。從「撻伐」教士、公使到八國聯軍逼入下的車駕「西狩」，其間不過幾個月之久，由救國而誤國是一種悲劇。這是一代頑固士大夫的共同悲劇。因兵敗而自殺的李秉衡留下過一首詩，敍寫了內心的悲愴：

戰和兩事都無據，一死聊酬高厚恩。
白髮孤臣滿腔血，朝朝灑向蹈和門。[45]

三、庚子事變的最後一幕

為革命而斷頭的鑒湖女俠秋瑾，曾在《精衛石》彈詞中說：「（義和拳）闖成大

禍難收拾，外洋的八國聯軍進北京。」[46] 她省略了義和團運動爆發的前因，使人意猶未足。但她說出了兩個歷史事件在遞接中的聯繫。侵略激起了反侵略。前者代表了橫暴，後者代表了義憤。然而，在歷史的曲折演進中，義憤又常常成為新的橫暴的導因。這種矛盾決定了近代百年民族鬥爭的長期性和艱巨性。庚子七月，兩江總督劉坤一在奏疏中說：「竊查此次戰事，由於匪徒藉口仇教，肆行燒殺，致釀大患，各國亦以剿匪及保護商民教士為詞，調艦增兵，合而謀我。」[47] 東西各國之「合而謀我」並非自庚子始。但「合而謀我」見諸八國聯手喝兵興武卻是藉「保護商民教士為詞」的直接結果。於是，從八國聯軍攻陷大沽炮台開始，中國便面臨着 19 世紀最後一場民族戰爭。

不同的階層和人物在八國聯軍攻勢面前表現出來的不同情態，構成了庚子事變的最後一幕。

作為一個愛國的民眾羣體，義和團曾以血肉搏槍炮的氣概顯示了頑強的民族精神。俄國記者揚契維茨基在《八國聯軍目擊記》一書中記敍了 1900 年 6 月 2 日夜間發生在天津火車站的場面：

每一次齊射之後，我們都聽到了刺耳的號叫聲，只見紅燈掉落了，潰散了，熄滅了。但是團民們仍然揮舞大刀長矛，高喊「義和拳！紅燈照！」向車站前進。

他們中有一位師傅，是個臉色陰沉的高個子老頭。他帶領一羣團民徑直向我們連衝過來。走在前頭的小孩子舉着大旗，上面寫着「義和團」三個大字。

月亮照耀着這些喪失理智的莽漢，照耀着他們的大刀和旗幟。

一排子彈射過去，大旗倒下了，又舉了起來，接着又倒了下去。[48]

一個月零三天之後（農曆六月初九），發自威海衛的電稿又報道了當地義和團「遇有戰事，競衝頭陣，聯軍禦以洋槍、死者如風驅草，乃後隊存區區之數，尚不畏死，倏忽間亦皆中彈而倒」[49] 的事實。他們在從容赴死時走過的血路是歲月所不能磨滅的。但是，作為下層民眾自發的鬆散羣體，義和團所造成的浩大聲勢又不能不在激烈的軍事對抗和迭速的失敗之中漸趨解體。據當時人所記，8 月上旬（農曆七月中旬），京津之間「盡係團匪蹤跡」[50]。但天津陷落十天之後八國聯軍即攻入北京。而四十年前英法聯軍走完同一段路程，曾足足花了一個多月之久。這種對比說明：在短時間內從四面八方匯聚起來的人們，在短時間內正在向四面八方散去。至北京失陷前兩天，

「義和團外鄉之人，連夜逃遁，在京之人，改裝易服。一日一夜之間，數十萬團民蹤跡全無，比來時尤覺迅速也」[51]。潰散和退卻，既是缺乏統一領導和統一組織的結果，又是槍炮打破神道的結果。它與眾多團民以血肉搏槍炮的一面同樣真實。兩者的共存，反映了舊式小生產者作為一種社會力量的優點和弱點。在此以後，各地民眾的分散抵抗還時有所見，但它們畢竟已是一場大規模鬥爭的裊裊餘音了。

「艱難百戰誰分謗，一夜寒星落大營。」[52] 淮軍宿將聶士成被義和團目為「二毛子」，並被守舊士人稱為「專攻義民以護洋人」[53] 者。但他指揮的軍隊與八國聯軍數度惡戰，「西人謂自與中國交兵以來，從未遇此勇悍之軍」。當聯軍逼近天津的時候，他因忿恨義和團「四處焚掠」，「倡滅洋以釀禍啟釁」而屠戮團民，「擊殺千餘人」。團民則「愈恨，乃乘其與洋兵苦戰時，擁其家屬眷口而去」[54]。在深重的外患面前出現這種局面，深刻地說明了庚子年間中國社會矛盾的重重交錯，但是，在深重的外患面前，聶士成又以免冑赴敵，「腹裂腸出而死」的結局，與百千死於聯軍炮火的義和團團民表現了同樣壯烈的民族精神。他生前，一班京官正以「西沽炮台士成得八十萬金，賣與敵人」[55] 的罪名誣劾之。他死後，「朝旨並不優恤，惟責以調度掣肘，傷身誤國，死不足惜而已」[56]。作為一個愛國軍人，他死得其所；作為一個封建臣子，他又死不瞑目。

與聶士成成為鮮明對比的，是被舊黨倚為長城的董福祥。「召對時，孝欽后獎之，福祥對曰：『臣無他能，惟能殺洋人耳！』」於是徐桐逢人稱譽，以為他日強中國者必此人。[57] 其實，董福祥所指揮的甘軍，殺掉的不過是日本公使館書記官杉山彬（Akira Sugiyama）。他曾以一萬多人的軍隊圍攻使館，以見其「能殺洋人」的勇敢。但在數百名外國武裝面前相持近兩個月而卒未能下。至天津失陷，董福祥奉命率兵拒敵。結果，「楊村一敗，乘勢直奔，一氣而返京師」[58]。當八國聯軍攻入北京的時候，「炮聲震天，福祥率潰卒出章義門走」[59]。《高枬日記》錄有當時的兩首民謠：「二月街謠云：『芝麻醬，下白糖，鬼子就怕董福祥。福祥足，兩頭峭，先殺鬼子後拆鐵道。』至今又謠云：『芝麻醬，下白糖，鬼子最恨董福祥。福祥足，跑得快，未曾開炮就先敗』」[60]。可謂描畫都盡。

曾任美以美會匯文書院教習的中國教民鹿完天，是當日使館區中的被圍困者之一。作為一個教民，他被時勢拋入了一種無可選擇的境地，「乃與各國官民築壘共

守。百餘日，晝夜環伺，精神疲倦，腸胃飢渴，死者白骨暴露，生者黃顏疲脊」。作為一個被圍困者，在八國聯軍攻破北京之際，他與周圍那些口唱阿利路亞相慶的人們一樣，同有「數月苦毒，一旦盡釋」之感。但作為一個中國人，當他目見西方人「擁大炮升城，對內廷直打」的時候，又悲從中來，掩面而泣。這是一種家國之哀：「我輩食毛踐土十餘世，世受國恩，生為中國人，死為中國鬼，今睹此變，煤山以前，何堪設想。回憶數月之苦毒，未有若是之甚也。」[61] 這種家國之哀表述了一個自稱為「耶穌人」者的民族感情。但在庚子年間的中國，他與具有同一種感情的義和團民們卻心不相通地成了敵對者。聯軍入京之後，「因洋人得志，奉教之人狐假虎威」[62] 是屢見於記述的事。教民之不同類，正說明了教民中的別有肝肺者並不全是西方宗教熏陶出來的產物。就其實質，他們正是外在的侵略勢力積六十年滲透、揳入而在中國社會內在化的結果之一。

在八國聯軍的炮口下，北京是一個真正的悲慘世界：「居人盈衢塞巷，父呼其子，妻號其夫，闔城痛哭，慘不忍聞。逃者半，死者半，並守城之兵，死者山積。」[63] 但當北部中國陷入民族戰爭兵燹之中的時候，南部中國卻在「中外互保」下依然一派舊景。「互保」表現了東南地區當權的洋務人物與西方各國合作以抵制義和團的意向。它保全了西方人在長江流域和華南的利益，並因此而成為一場反帝愛國鬥爭的對立面。英國人之首先熱心於「互保」，其原因蓋在於此。然而，南方督撫們起勁地致力於「互保」，又包含着審時度勢之後的用心。張之洞說：「京畿驟亂，開釁各國，沿海震動，各國窺伺，沿江若稍有紛亂，洋人必入倨長江，自為保護，東南非我有矣！」所以，「彼此處於鎮靜，嚴密防範，自可相安無事」[64]。他是「互保」的作始者之一，無疑，他所表達的保全疆土之心應當是有代表性的。「東南互保」的這種兩重性，使它對當時的中國社會產生過兩重影響。一方面，它壓抑了南方地區的反帝運動，另一方面，它又阻止了八國聯軍的南下蹂躪；一方面，它免除了列強在撲殺北方義和團時的南顧之憂，另一方面，它又使戰勝之後的列強在處置中國時不能不正視駐守東南的幾十萬軍隊。最後，隨着守舊的王公、親貴、官僚在外來壓力下的崩碎，洋務人物又一次進入了王朝的中樞。於是而有 20 世紀初年的「新政」。

義和團運動的失敗說明：當道義的憤怒仍然同舊時代連在一起的時候，正義者是不可能戰勝非正義者的。但是，庚子事變的槍炮沉寂以後，自膠州灣事件以來的瓜分

1 義和團在老龍頭火車站同日、俄侵略軍作戰

2 被八國聯軍炮火摧毀的北京正陽門

1

2

狂潮也失去了其滔滔勢頭。這種轉向是多種原因的結果，而列強之見及「中國所有好戰精神，尚未完全喪失，可於此次『拳民運動』中見之」[65]，正是主要原因之一。它反映了戰勝者對於戰敗者的忌憚。由是，「外人於此，則平日唱兵力瓜分、和平瓜分之議，或塗紅圈綠線於支那地圖謂某地為某國勢力範圍之企圖，亦未膽敢如前之猖獗耳」[66]。

瓜分狂潮的轉向避免了中國社會在肢解中淪為殖民地，但民族戰爭的失敗又急速地加深了中國社會的半殖民地化。

四、半殖民地的深化

《南京條約》之後，中國社會一步步地淪為半殖民地。這是一個量變的過程。但量變中有局部的質變，過程因此而顯出了階段性。庚子和辛丑之交是一個階段的結束和另一個階段的開始。半殖民地的深化在這裏表現為半殖民制度的確立。它意味着舊式的民族反抗和鬥爭已經難以改變中國的命運了。這種變勢，集中體現於《辛丑各國和約》的十二則條款和十九則附件之中。概而論之，大致有四個方面：

（一）武力震懾下的變化。辛丑以前，列強已割去了中國的一部分土地。但外國合法地駐兵於中國國土則自《辛丑條約》始：「各國應分自主，當駐兵隊護衛使館，並各將使館所在境界自行防守。」這是列強對上一年甘軍與義和團圍攻使館的直接回報。其結果是產生了一個武裝化的使館區。它具有租界和附屬地所具有的一切行政、警察、土地、司法權力，並以「中國人民概不准在界內居住」的規定顯示了比租界和附屬地更露骨的侵略性。在同一個理由（保護使館）下，中國被迫撤除了大沽炮台以及從北京到出海口之間的軍事據點，取而代之的是各國「酌定數處留兵駐守」[67]。這無疑是使館區的一種遙遙延伸。對列強來說，駐兵中國的意義並不在於數量，而在於權利。在這種權利下，東交民巷的大炮注視和監督着紫禁城，象徵着條約制度的權威和中國的國將不國。一個西方歷史學家說：到了這個時候，「它（中國——引者）已經達到了一個國家地位非常低落的階段，低到只是保持了獨立主權國家的極少的屬性的地步」[68]。

第二次鴉片戰爭時期，公使駐京曾是英法聯軍北上的內容之一。如果說當時西

方人的兇悍侵略中還不自覺地包含着近代外交觀念與中國夷夏之見的歷史對立，那麼，辛丑以後產生的公使團（外交團）則已由外交代表而成為內政中的一種強力。它代表了列強的集體意志，並因此而左右中國社會的政潮起伏。1918 年，陳獨秀寫過一則隨感錄，其中說：「中國人，上自大總統，下至挑糞桶，沒有人不怕督軍團，這是人人都知道的了；但是外交團比督軍團還要利害。列位看看，前幾天督軍團在北京何等威風！只因為外交團小小的一個勸告，都嚇得各鳥獸散。什麼國會的彈劾，什麼總統的命令，有這樣利（厲）害嗎？」[69] 這雖是辛丑之後十七年的事，但卻是辛丑以來武力震懾下的變化之一。

總理各國事務衙門改為「班列六部之前」的外務部，是這個時候列入和約的中國政治機構嬗變。這種嬗變不無新舊代謝的意思，然而它的實現又是戰敗之後外力強逼的結果。因此，新舊代謝同時又表現為半殖民地化過程中更深的沉淪，梁啟超在幾年前預言過：「變亦變，不變亦變，變而變者，變之權操諸己，可以保國，可以保種，可以保教。不變而變者，變之權讓諸人，束縛之，馳驟之。嗚呼，則非吾之所敢言矣」[70]，以辛丑而思戊戌，他的話不能不算是一種言中。

（二）經濟制裁。《辛丑條約》所規定的賠款多達白銀 4.5 億兩，加上三十九年期限中應付的年息，總數在 9.8223 億兩以上（在時勢變遷之後，因種種不同原因，中國對各國的賠款或減免、或停付。因此，庚款的實際總額小於此數），若再加地方賠款，則逾 10 億。由於支付須用外國貨幣，又逢銀價連年大跌，中國在折算中不得不承受數額之外更多的損失。這種以掠奪為內容的經濟制裁，留給賠款者的是深重的民族苦痛。其一，從 1895 年到 1913 年的十八年裏，中國民族資本開設的廠礦共有 549 家，其中資本在 100 萬元以上 500 萬元以下者，不過十七家而已。但截至庚子賠款最後減免或停付為止，中國歷年所付白銀已達 6.5237 億餘兩，折合銀元近 10 億。以此量彼，可以見巨量資金流失之下民族經濟生機被壓抑的程度。其二，據當時各國調查，中國全年財政收入為白銀 1 億兩，而支出則需 1.1 億兩。戶部奏議說：「就中國目前財力而論，實屬萬不能堪。然而和議既成，賠款已定，無論如何窘急，必須竭力支持。」[71] 這是一種真實的兩難之境。「竭力支持」不過是外部的壓力轉化為內部的壓力：每年賠款均分攤入省，各省又分攤入州縣，州縣復分攤於各色人等。最後的結果是丁糧加派和舊稅愈重、新稅愈多，以至「凡肩挑背負、日用尋常飲食之物，莫

《辛丑條約》簽訂情形　繼《天津條約》、《馬關條約》等不平等條約之後，清政府和西方列強又一次坐到了談判桌前。圖片左邊是英、美、俄、德、日等十一國代表，右邊是清廷全權代表奕劻（前右一）、李鴻章（前右二）。名曰談判，但實際上清廷只剩下簽約的「義務」。中國近代史上賠款數目最龐大、主權喪失最嚴重的不平等條約就此簽訂。

不有捐」[72]。中國社會的每一個人都承受了庚子賠款之苦。由此產生的一個結果，正如英國駐漢口的代理總領事法磊斯（Everard Duncan Home Fraser）所說：「賠款須向全國徵收，但由於禍亂所及各省已被聯軍洗劫一空，實際上這些省應出之款項仍須由那些忠誠的，並已付出自己份額的省份來額外負擔，這樣就使人們更加憎惡外國人。」[73]另一個結果則是抗捐抗稅的鬥爭成為民變主要內容之一。在晚清最後十年裏，它們促成社會矛盾的進一步激化，為後來武昌起義的猛烈一擊準備了某種現實的條件。這兩種結果，都顯示了經濟之轉化為政治，影響了社會，影響了歷史。

　　（三）嚴刑懲兇。庚子事變後，戰勝的列強多次指名索取人頭。於是而有懲治首禍諸臣的條約明文：「上諭內及日後各國駐京大臣指出之人等皆須照應得之罪，分別輕重，盡法嚴懲，以蔽其辜。」[74]這些人曾是西太后的同道者，但在外國人的意志面

前卻變成了刀俎上的魚肉：

　　端郡王載漪，先撤去一切差使，交宗人府嚴加議處。復革去爵職，暫交宗人府圈禁，再行發往盛京，永遠圈禁。次又改發新疆，永遠監禁，末復定為斬監候，因屬懿親，加恩發往極邊新疆，永遠監禁。

　　輔國公載瀾，先議處停公俸，降一級調用，復發往新疆永遠監禁，末復定為斬監候，因屬懿親，加恩發往極邊新疆，永遠監禁。

　　莊親王載勛，先革去官職，復交宗人府圈禁，再行發往盛京，永遠圈禁。末復賜令自盡。

　　怡親王溥靜，先革去官職，復交宗人府圈禁。

　　貝勒載濂，先革去官職，復着閉門思過。

　　貝勒載瀅，先革去官職，復交宗人府圈禁。

　　大學士徐桐，定為斬監候。因已殉難自盡，業經革職撤消恤典，故免再議。

　　協辦大學士吏部尚書剛毅，因已病故，追奪原官，復定為斬立決，因已故，免議。

　　刑部尚書趙舒翹，先議處革職留任，復定為斬監候，末復賜令自盡。

　　吏（應為「禮」——引者）部尚書啟秀，先革職，復照會各國，交回正法。

　　前刑部尚書（應為侍郎——引者）徐承煜，先革職，復照會各國，交回正法。

　　都察院左都御史英年，先議處降二級調用，復革職定為斬監候，末復賜令自盡。

　　山西巡撫毓賢（前任山東巡撫），先革職發往極邊充當苦差，永不釋回，復傳旨正法。

　　前四川總督李秉衡定為斬監候，因已殉難自盡，業經革職撤消恤典，故免再議。

　　甘肅提督董福祥，先革職留任，復即行革職。[75]

　　這些人是首禍之品位最高者。詔旨屢屢更改而處分逐漸加重，正說明了沒有人能夠抗拒外人的咄咄相逼而挽救他們的命運。頑固官僚代表了中國社會最落後和最腐朽的一面。他們在庚子年因頑固而殺人，以「乘機誣陷，交章參劾」致不同政見的袁昶、許景澄和聯元、徐用儀、立山於大辟[76]；在辛丑又因頑固而被殺被戍。就其本身而言，他們並不是值得惋惜的人物。但由列強指名懲處這些人，並通過懲處這些人以儆其他人，卻是民族的恥辱。近代百年之中，成批成群的高官因外國人的勒逼而受「盡法嚴

懲」，這是絕無僅有的一次。

（四）心理征服。心理征服的目的是摧毀民族精神。其一，按照條約規定，中國派親王載灃赴德國，以謝公使克林德（Klemens August Katteler）被殺之罪；派親貴那桐赴日本，以謝書記官杉山彬被殺之罪。並在克林德「遇害處所樹立銘志之碑，與克大臣品位相配，用辣丁、德、漢各文列序中國皇帝惋惜此等凶事之旨」[77]。據一個西方人說，建造這座碑坊花費了白銀 36 萬兩，其壯麗程度超過了皇宮牌樓。[78] 但對每個走過這座碑坊的中國人來說，這種壯麗並不是景觀，而是沉重的壓抑。其二，在「諸國人民被戕害凌虐之各城鎮，五年內概不得舉行文武各等考試」[79]。舊式士類是傳統教育制度培育出來的精英人物，並因此而常常成為反洋教潮流中的自覺者。停止文武考試五年，顯示了熟知中國社會情狀的外洋諸國對這部分人的精神壓服。「彼以為中邦人士夙重科名，以此示懲，可為大戒。」士人以科舉為生計。因此，這種壓服以奪其出路而深中痛處。然而，時移勢易，「停限未滿，而停止科舉之議，且由邦人倡之」[80]。在庚子事變六年之後，由洋務派發議而實現了維新派的主張，舊式士類自此而趨解體。這種變化又是壓服者始料所不及的。其三，朝廷「永禁軍民人等入仇視諸國各會，違者問死」[81]。作為政府禁令，它同庚子年間高談「民氣」的廟堂議論正是一種鮮明的對比。從後者到前者的轉變，說明了以頑固抗外人者在頑固被壓碎之後的完全屈服。

隨着庚子事變的過去，由傳統意識所維繫的民族心理防線在震盪中的解體便成為 20 世紀初年中國社會的顯著變化之一。

自道光後期以來，清王朝曾在抵禦外侮的旗幟下領導過多次民族戰爭。這是一個對抗和失敗交錯的過程。多次失敗導致了屈服；多次對抗又表現了逼來之勢面前的不甘屈服。兩者交錯，反映出晚清當局者在 19 世紀後六十年民族衝突裏的矛盾心態。庚子與辛丑之交是一個轉折點。1902 年 2 月 3 日的《泰晤士報》報道過前此兩天西太后接見各國駐京公使的情況，其敍述頗能傳神：「太后進屋一把抓住康格夫人（美國公使夫人）的手，好幾分鐘沒有放開。她渾身顫抖，抽泣哽噎地說進攻使館區是極大的錯誤，她後悔莫及。」[82]「後悔莫及」像是一種反思，但由此產生的「量中華之物力，結與國之歡心」，表現的則是奴顏和諛態。這種奴顏和諛態是過去所未曾有過的。在她身上，民族戰爭的失敗同時又意味着民族抵抗意識的全部喪失。西太后經歷

1 德國公使克林德 《辛丑條約》除規定清政府須就克林德被殺一事向德國致歉外，還要求在克林德被害處建立碑坊，上刻「為國捐軀，令名美譽」等字樣。1918 年德國在一戰中戰敗，中國成為戰勝國之一，克林德碑遂被改名「公理戰勝」碑。

2 醇親王載灃（中坐者）赴德道歉之旅 1901 年，因德國公使克林德在華被殺，清廷被迫派載灃以頭等專使大臣的身份，代表中國政府親自赴德向德皇致歉。圖為載灃在赴德途中的軍艦上。

了八國聯軍之役以後的心理變化，代表了一個王朝的變化。因此，奴顏和諛態並不是一種個人現象。聯軍入京之時，京官朝貴中眾多人「相率戶前掛某某國順民旗」，「鼓樂燃爆竹，具羊酒以迎師」[83]。這種景象是庚申之變時不可能見到的。據時人記述：在德軍所駐守的順治門外一帶，「其界內新設各店牌號，大都士大夫為之命名，有曰『德興』，有曰『德盛』，有曰『德昌』，有曰『德永』，有曰『德豐厚』、『德長勝』等。甚至不相聯屬之字，而亦強以德字冠其首。種種媚外之名詞，指不勝屈。而英、美、日、義諸界亦莫不皆然」。記錄其事者憤慨地評論說：「彼外人詎能解此華文為歌頌之義，而喪心亡恥一至於斯」[84]。「喪心亡恥」刻畫了道德自命的士大夫階層在國難臨頭時的道德淪喪。但透視道德淪喪，可以看到的則是兩千年歷史和傳統所蘊結的精神支柱在分崩離析時產生的無所依傍和茫然自失。這是道德蛻變背後的深層內容。它不僅影響了士大夫羣體，而且影響了其他社會階層。有人曾對北方下層社會比較而論之曰：「當團匪起時，痛恨洋物，犯者必殺無赦。若紙煙，若小眼鏡，甚至洋傘、洋襪，用者輒置極刑。」至聯軍入後，則風氣一變而為「西人破帽隻靴，垢衣窮褲，必表出之。矮櫓白板，好署洋文，草楷雜糅，拼切舛錯。用以自附於洋，昂昂掀脣，翹若自憙」[85]。要估計下層社會中這類人所佔的比例是一件困難的事。但他們的存在卻與士大夫之媚外者一樣，同是確曾有過的事實。周作人在《知堂回想錄》裏提到過民國初年北京的一個包車夫。他曾加入義和團，但其時則已成為熱心的天主教徒了，「房裏供有耶穌和聖母馬利亞的像，每早禱告禮拜很是虔誠」。問他為什麼改信宗教，回答說：「因為他們的菩薩靈，我們的菩薩不靈嘛。」[86]庚子年間，傳統意識支撐下的猛烈排外達到了高峰。在它失敗之後，則是傳統意識維繫的民族心理防線的解體。舊的社會力量作為反帝鬥爭獨立主體的時代已經過去了。

　　梁啟超說過：19世紀和20世紀之交是「中國兩異性之大動力相搏相射，短兵緊接，而新陳嬗代之時也」[87]。傳統意識所維繫的民族心理防線，曾是一道抵抗異族入侵的長城。但在近代中國產生了新的社會力量之後，它又成為民族精神中陳舊的一面。庚子辛丑之間，陳舊一面的解體，同時又促成了新的民族覺醒：「北上聯軍八國眾，把我江山又贈送，白鬼西來做警鐘，漢人驚破奴才夢。」[88]於是，「自亡清義和團之變，而革命黨始興」[89]。革命代表了民主共和對封建專制的歷史否定。但革命在20世紀開始之後成為時代的主流則又是救亡所喚起的新的民族覺醒的結果。

註　釋

1　趙聲伯：《庚子紀事長札》，見中國社會科學院近代史研究所《近代史資料》編輯組編：《義和團史料》，下冊，661 頁，北京，中國社會科學出版社，1982。

2　《驢背集》，見中國近代史資料叢刊《義和團》（二），485 頁，上海，上海人民出版社，1957。

3　中國社會科學院近代史研究所編：《庚子記事》，12 頁，北京，中華書局，1978。

4　《記自立會》，見杜邁之等編：《自立會史料集》，2~3 頁，長沙，岳麓書社，1983。

5　《中華民國開國前革命史（上編）》，見杜邁之等編：《自立會史料集》，22 頁。

6　《自立會始末記》，見杜邁之等編：《自立會史料集》，10 頁。

7　中華民國史資料叢稿《孫中山年譜》，46~47 頁，北京，中華書局，1980。

8　《自立會始末記》，見杜邁之等編：《自立會史料集》，9 頁。

9　［美］史扶鄰：《孫中山與中國革命的起源》，221 頁，北京，中國社會科學出版社，1981。

10　參見中國社會科學院近代史研究所編：《山東義和團案卷》，上冊，2 頁，濟南，齊魯書社，1980。

11　故宮博物院明清檔案部編：《義和團檔案史料》，上冊，93 頁，北京，中華書局，1959。

12　《由經濟上解釋中國近代思想變動的原因》，見《李大釗文集》，下冊，180 頁，北京，人民出版社，1984。

13　《盛世危言·紡織》，見夏東元編：《鄭觀應集》，上冊，715 頁。

14　參見《亂中日記殘稿》，見中國近代史資料叢刊《義和團》（一），347 頁。

15　《天津一月記》，見中國近代史資料叢刊《義和團》（二），146 頁。

16　《中國與十字架》，見張力等：《中國教案史》，263~264 頁。

17　［英］宓克撰，嚴復譯：《支那教案論》，28 頁，南洋公學譯書院鉛印本。

18　中國史學會濟南分會編：《山東近代史資料選集》，60 頁，濟南，山東人民出版社，1959；《張文襄公全集》，117、30 頁。

19　［英］宓克撰，嚴復譯：《支那教案論》，30 頁。

20　轉引自龍顧山人：《庚子詩鑒》，見中國社會科學院近代史研究所：《義和團史料》，上冊，131 頁。

21　陣恆慶：《清季野聞（節錄）》，見中國社會科學院近代史研究所：《義和團史料》，下冊，637 頁。

22　參見《魯迅全集》，第 1 卷，181 頁，北京，人民文學出版社，1981。

23　康有為：《京師強學會序》，見湯志鈞編：《康有為政論集》，上冊，165、166 頁。

24 左紹佐：《悟澈源頭》，見中國社會科學院近代史研究所編：《義和團史料》，上冊，232 頁。

25 故宮博物院明清檔案部編：《義和團檔案史料》，上冊，44~45 頁；《膠州事件》，《義和團檔案史料》，上冊，280 頁。

26 劉福姚：《庚子紀聞》，見中國社會科學院近代史研究所編：《義和團史料》，上冊，222 頁。

27 《軍國民篇》，見毛注青等編：《蔡鍔集》，19 頁，長沙，湖南人民出版社，1983。

28 《義和團運動之意義與五卅運動之前途》，見《瞿秋白選集》，204 頁，北京，人民出版社，1985。

29 中國近代史資料叢刊《義和團》（一），259~260 頁。

30 龍顧山人：《庚子詩鑒》，見中國社會科學院近代史研究所編：《義和團史料》，上冊，33 頁；《拳變餘聞》，見胡寄塵編：《清季野史》，46 頁。

31 龍顧山人：《庚子詩鑒》，見中國社會科學院近代史研究所編：《義和團史料》，上冊，34 頁。

32 羅惇曧：《庚子國變記》，14 頁，上海，上海書店，1982。

33 參見王火選輯：《義和團雜記》，見中國社會科學院近代研究所編：《義和團史料》，上冊，11 頁。

34 羅惇曧：《庚子國變記》，4 頁。

35 中國近代史資料叢刊《義和團》（一），324 頁。

36 《秦力山事略》，見杜邁之等編：《自立會史料集》，241 頁。

37 《綜論義和團》，見中國社會科學院近代史研究所編：《義和團史料》，上冊，161 頁。

38 《論中國欲自立宜先求開民智之策》，見中國近代史資料叢刊《義和團》（四），211 頁。

39 李超瓊：《庚子傳信錄》，見中國社會科學院近代史研究所編：《義和團史料》，上冊，207~209 頁。

40 參見龍顧山人：《庚子詩鑒》，見中國社會科學院近代史研究所編：《義和團史料》，上冊，125 頁。

41 《綜論義和團》，見中國社會科學院近代史研究所編：《義和團史料》，上冊，196 頁。

42 左紹佐：《悟澈源頭》，見中國社會科學院近代史研究所編：《義和團史料》，上冊，230~233 頁。

43 《拳變餘聞》，見胡寄塵編：《清季野史》，56 頁。

44 《驢背集》，見中國近代史資料叢刊《義和團》（二），506~507 頁。

45 張廷驤：《不遠復齋見聞雜誌（選錄）》，見中國社會科學院近代史研究所編：《義和團

史料》，下冊，646 頁。

46　《秋瑾集》，131 頁，上海，上海古籍出版社，1979。

47　朱壽朋：《光緒朝東華錄》（四），4530 頁，北京，中華書局，1984。

48　[俄] 德米特里．揚契維茨基：《八國聯軍目擊記》，92 頁，福州，福建人民出版社，
　　1983。

49　中國近代史資料叢刊《義和團》（一），149 頁。

50　《綜論義和團》，見中國社會科學院近代史研究所編：《義和團史料》，上冊，172 頁。

51　中國社會科學院近代史研究所編：《庚子記事》，31 頁。

52　《驢背集》，見中國近代史資料叢刊《義和團》（二），489 頁。

53　左紹佐：《悟澈源頭》，見中國社會科學院近代史研究所編：《義和團史料》，上冊，
　　234 頁。

54　《綜論義和團》，見中國社會科學院近代史研究所編：《義和團史料》，上冊，157 頁。

55　《驢背集》，見中國近代史資料叢刊《義和團》（二），490 頁。

56　參見《綜論義和團》，見中國社會科學院近代史研究所編：《義和團史料》，上冊，158
　　頁。

57　參見《拳變餘聞》，見胡寄塵編：《清季野史》，56 頁。

58　《綜論義和團》，見中國社會科學院近代史研究所編：《義和團史料》，上冊，158 頁。

59　李超瓊：《庚子傳信錄》，見中國社會科學院近代史研究所編：《義和團史料》，上冊，
　　219 頁。

60　中國社會科學院近代史研究所編：《庚子記事》，173 頁。

61　《庚子北京事變記略》，見中國近代史資料叢刊《義和團》（二），432、431 頁。

62　中國社會科學院近代史研究所編：《庚子記事》，47 頁。

63　劉福姚：《庚子紀聞》，見中國社會科學院近代史研究所編：《義和團史料》，上冊，
　　225 頁。

64　《張文襄公全集》，卷 160，12、15 頁。

65　瓦德西語，見范文瀾：《中國近代史》，506 頁，北京，人民出版社，1951。

66　張枏等編：《辛亥革命前十年間時論選集》，第 1 卷，上冊，62 頁。

67　王鐵崖：《中外舊約章彙編》（一），981 頁。

68　[美] 馬士：《中華帝國對外關係史》，第 3 冊，383 頁。

69　任建樹等：《陳獨秀著作選》，第 1 冊，428 頁，上海，上海人民出社，1984。

70　中國近代史資料叢刊《戊戌變法》（三），18 頁。

71　1901 年 9 月 28 日戶部奏，存中國第一歷史檔案館，轉見張力等：《中國教案史》，

606 頁。

72 《宣統政記》，卷 11，24 頁，石印本，瀋陽，遼海書社，1934。

73 [澳] 駱惠敏編：《清末民初政情內幕》（上），204 頁，北京，知識出版社，1986。

74 王鐵崖：《中外舊約章彙編》（一），980 頁。

75 《天津拳匪變亂紀事》，見中國近代史資料叢刊《義和團》（二），63~64 頁。

76 參見《拳變餘聞》，見胡寄塵編：《清季野史》，66 頁。

77 王鐵崖：《中外舊約章彙編》（一），980 頁。

78 參見 [澳] 駱惠敏編：《清末民初政情內幕》（上），244 頁。

79 王鐵崖：《中外舊約章彙編》（一），980 頁。

80 龍顧山人：《庚子詩鑒》，見中國社會科學院近代史研究所編：《義和團史料》，上冊，117 頁。

81 王鐵崖：《中外舊約章彙編》（一），981 頁。

82 [澳] 駱惠敏編：《清末民初政情內幕》（上），218 頁。

83 《庚辛紀事》，見中國近代史資料叢刊《義和團》（一），332 頁；狄葆賢：《平等閣筆記（選錄）》，見中國社會科學院近代史研究所編：《義和團史料》，下冊，666 頁。

84 狄葆賢：《平等閣筆記（選錄）》，見中國社會科學院近代史研究所編：《義和團史料》，下冊，667 頁。

85 《拳事雜記》，見中國近代史資料叢刊《義和團》（一），289 頁。

86 周作人：《知堂回想錄》，155 頁，香港，三育圖書有限公司，1980。

87 梁啟超：《本館第一百冊祝辭並論報館之責任及本館之經歷》，見張枬等編：《辛亥革命前十年間時論選集》，第 1 卷，上冊，50 頁。

88 《寶刀歌》，見《秋瑾集》，82 頁。

89 《中華民國開國前革命史序》，見《章太炎政論選集》，下冊，821 頁，北京，中華書局，1977。

第十二章

歐風美雨馳而東

1902 年 2 月，《泰晤士報》駐北京記者莫理循說過：「我們在『暴亂』（指義和團運動——引者）中並無所失。而事實上我們的威信大增，我們敢肯定地說，多少年來我們在北京或在中國的地位，從未像今天這樣高。我們與清朝官員的聯繫從未像今天這樣密切。」[1] 他以一個西方記者的觀察，說明了 20 世紀開始時中外關係的一種重要變化。這段話使用了兩個「從未」，反映了歷史的比較和聯繫。

在19世紀，戰爭貫穿了中外關係。這種由戰爭推動的民族交往從來不會是甜蜜的。從鴉片戰爭到八國聯軍入京，既表現了外來勢力一而再、再而三地用暴力摧毀民族藩籬，也表現了中國地主階級一而再、再而三地重建千瘡百孔的民族藩籬。衝擊和抵拒存在於同一個時間和空間之中。因此，來自西洋和東洋的形形色色之物既在步步深入中國，又不能如水銀瀉地無孔不入。

《辛丑條約》是一個大變。它壓碎了地主階級本已變得十分脆弱的民族心理防線。「深宮之默許，政府之密約，疆吏之暗失，使臣之陰從，怪怪奇奇不可思議之約章，雖非草野寡陋不曉朝事者所可根究。然一則曰，量中華之物力結友邦之歡心，非皇皇之聖訓乎；一則曰，與其與奴隸不如贈朋友，非良相之嘉謨乎。」[2] 於是，藩籬既失之後風雨難蔽難擋。外來的東西從四面八方源源而入。作為一種摹狀其態勢的觀念，這個時候出現了「歐風美雨」一詞。

一、「莽莽歐風捲亞雨」

1840 年以來，堅船利炮、聲光化電、西藝西政曾依次成為中國人概括外來之物的用語。這個次序反映了認識的逐層深化。但在這些稱謂裏，外來之物仍是具體之物，而「歐風美雨」則並不一一而指言其物。在一片風雨之勢中，來自異域的政治、經濟、軍事、思想、文化急速地滲入中國社會的各個方面。人們在目不暇接中已經無法歷歷而數之、從容而名之了。產生於 20 世紀初的這個新詞，兼具形象思維和抽象思維，以精煉的方式表達了千言萬語，推其原始，這一新詞大概最早出自蔡鍔之手。1902 年 2 月，他在《軍國民教育篇》中用「歐風美雨之震盪」來形容那個時候的局勢。稍後，梁啟超的詩中又有「莽莽歐風捲亞雨」[3] 之句。師徒兩人用相同的語言表達了一代中國人相同的觀感，因此，數年之內新詞轉成熟語。滬地報關業公所落成之初，曾以文記其由來，敍商界之事而憂國家之事，發抒心懷說：「溯自海禁大開，歐風美雨之浸淫我東亞大陸者，蓋有日矣。」[4] 在信手拈來中寫出了 20 世紀初年輿論的慣調。

歐風美雨包含着兇暴的腥風血雨，也包含着潤物無聲的和風細雨。與前者相比，後者沒有留下那麼多的傷痛和敵意，但風吹雨打之下，卻浸泡了千家萬戶。它積

累於《辛丑條約》之前，而在《辛丑條約》之後大作其勢。沿海口岸在 19 世紀最早承受西洋物事的「東漸」，在 20 世紀初也最早承受歐風美雨的洗沐。清末的《上海縣續志·序》不勝其感慨地說：「上海介四通八達之交，海禁大開，輪軌輻輳，竟成中國第一繁盛商埠。邇來世變迭起，重以滄桑，由同治視嘉慶時，其見聞異矣。由今日視同治時，其見聞尤異矣。更閱數十年，人心風俗之變幻必且倍甚於今日。」這種變化正是洋物侵蝕和影響的結果。它們無分貴賤地進入了上流社會和下層社會，在不知不覺中改造了人們的日行起居。於是，貼近洋場的地方便首先開始了移風易俗：

取火之物，向用火石，其色青黑，以鐵片擦之，即有火星射出，與紙吹相引而生火，人家莫不備之；光緒乙未、丙申之際，始改用火柴，俗稱「自來火」，為歐洲輸入品。夜間取光，農家用籌（俗稱油盞），城鎮用陶製燈檠，家稍裕者，則用瓷製或銅錫製者，有婚喪事，則燃燭，光緒中葉後，多燃煤油燈，而燈檠遂歸淘汰。洗面擦身之布，舊時多用土布，有用高麗布者已為特殊，其布仿於高麗，質厚耐久，自毛巾盛行，即下至農家，亦皆用之。洗衣去垢，曩日皆用本地所產皂莢，自歐美肥皂行銷中國後，遂無有用皂莢者。計時之器，僅有日晷儀，用者亦不多，購買外洋鐘錶者尤為稀少，自輪船、火車通行，往來有一定時刻，鐘錶始盛行。箱篋之類，鄉間盛行板箱，中上人家則用皮製者，嫁妝內所備多用朱漆，餘則用廣漆；光宣之間，西式提箱仿造於滬地，於是旅客多購用之。[5]

（衣服之制）光緒年又漸尚短衣窄袖，至季年，馬褂不過尺四、五寸半，臂不過尺二、三寸，且仿洋裝，制如其體。[6]

租界均有電燈，英界尤多，如星羅棋佈然。晚間照耀，無異白晝，頗便行人。近年（光緒三十三年）以來，南市及製造局亦已裝設。……電車，光緒三十三年創行，後又有無軌者。[7]

在生活方式改變的同時，生產內容也漸次發生了變化：

光緒中葉以後，開拓市場，機廠林立，丁男婦女赴廠做工。男工另有種花園、

築馬路、做小工、推小車。女工另有做花邊、結髮網、粘紙錠、幫忙工。生計日多，而專事耕織者日見其少矣。[8]

至清末民初之際，嘉定東南部「因鄰近租界之故，改藝蔬菜以應供求者尤多」，上海縣則植馬鈴薯，「蓋自爪哇傳來，佐西餐中之肉食」[9]；寶山縣則種洋蔥「以銷售申地，為西餐主要物」[10]。隨之而來的另一種變化是世風人心離古道越來越遠：

> 婦女貪上海租界傭價之昂，趨之若鶩，甚有棄家者，此又昔之所未見者也……自租界北闢，男以嚣販營生而奢華漸啟，女以紗絲工作而禮教鮮存矣。[11]

> （聲氣遠播之後）內地婦女之妄想自由，誤用自由者，遂相率至滬，父母丈夫不能阻也。[12]

在這個過程裏，正是來自西方的商品改變了中國社會的面貌。它沒有大炮那麼可怕，但比大炮更有力量；它不像思想那麼感染人心，但卻比思想更廣泛地走到每一個人的生活裏去。當它改變了人們的生活之後，它同時成了人們生活的一個部分了。舊與新，中與西，於是乎難分難割。在沿海口岸，這種變化較多地包含了 19 世紀的積累，因此，比較起來，富有傳統色彩和國粹意味的北京社會在歐風美雨沖刷下的變化更直接地說明了 20 世紀的特點。

1909 年，有一個署名「蘭陵憂患生」的人寫過《京華百二竹枝詞》，用咏歎畫出了《辛丑條約》之後首善之區的社會面面觀。其咏女學生曰：

> 或坐洋車或步行，不施脂粉最文明。衣裳樸素容幽靜，程度絕高女學生。

其咏報館曰：

> 報紙於今最有功，能教民智漸開通。眼前報館如林立，不見《中央》有《大同》。（《中央》、《大同》均當時報紙名稱）

其咏刑場曰：

1　上海女子天足會集會

2　北洋女子公學師生合影　清末民初，「女學生」可謂最「潮」的羣體了，所到之處，無
　　不令人矚目。

1

2

當年棄市任觀刑，今日行刑場築成。新舊兩般都有意，一教警眾一文明。

其咏銀行曰：

但於國計民生便，善法何嫌仿外洋。儲蓄、交通均有益，巍然開設幾銀行。

其咏紙煙曰：

貧富人人抽紙煙，每天至少幾銅元。蘭花潮味香無比，冷落當年萬寶全。

其咏打球房曰：

韓家潭裏好排場，誰說高樓讓外洋。請向報端看廣告，北京初創打球房。

其咏前門外陝西巷飯店曰：

菜羅中外酒隨心，洋式高樓近百尋。門外電燈明似畫，陝西巷深醉瓊林。

其咏馬路曰：

一平馬路真如砥，信步行來趣更奢。眼底耳根兩清靜，從今不見破騾車。

其咏新式衣裳曰：

新式衣裳誇有根，極長極窄太難論。洋人著服圖靈便，幾見纏躬不可蹲。[13]

這種景象不但是一百年前的北京人所不曾看見過的，也是首開自強新政的第一代洋務人物所沒有看見過的。在歐風美雨飄打下所呈現出的類似景象絕非僅見於上海和北京，這在當時的中國南北帶有較大的普遍性。

以服飾為例：1912 年 6 月 27 日《大公報》在描述天津女子服飾時寫道：「有剪了頭髮穿件長衫戴頂洋帽的，也有禿着頭（穿）洋裝的，這是剪髮的一起。不剪的呢，大半不梳辮子啦，有梳在兩旁邊的，梳在後頭的，有知百個式樣。」同年 8 月 20

日《時報》刊載的《蘇州之士煞》一文，對蘇州人士的裝束評論說：「綢傘高擎足踏革履之女界學生華麗煞」，「馬鞭高揮自穿之將弁人材氣焰煞」，「草帽高帶口銜雪茄之少年學生時髦煞」。當時，上海已成為全國服飾的中心，巴黎的時新服飾，在三四個月後就會流行於這裏，各地又追蹤上海。即使南京、蘇州、北京也都昂首以瞻。咏歎者在描述中流露了一種品其味而樂之的意思，紀實之外，更反映了身歷其境的人們已慣見此情此景，而不以新奇為怪。

流行於這一時期的「文明」一詞，以其特有的模糊性和包容性羅括了種種舊俗之外的新事，使外洋飄來的東西在朦朧中減殺了腥膻氣和夾生氣。比之 19 世紀，「以夷變夏」這個古老而又刺激過許多人神經的命題似乎已經在國人的靈魂和感情中越來越淡化了。

俗與禮相連，在一個久以禮教立國的社會裏，飲食、衣冠、住行都積澱着倫理文化特有的意義。因此，「易俗」雖始於一物一事之微，而風起於青萍之末，不會不撼動聖人制作之意。

光、宣之交，盛行文明結婚，倡於都會商埠，內地亦漸行之。禮堂所備證書（有新郎、新婦、證婚人、介紹人、主婚人姓名），由證婚人宣讀，介紹人（即媒妁）、證婚人、男女賓代表皆有頌詞，亦有由主婚人宣讀訓詞來賓唱文明結婚歌者。」[14] 在這種場合，舊式婚禮以繁文縟節賦予男女雙方的「將合二姓之好，上以事宗廟，而下以繼後世」[15] 的宗法意義和功利主義已被西方的個體本位意識所替代。於是「夫婦有義而後父子有親，父子有親而後君臣有正，故曰昏（婚）禮者，禮之本也」[16] 的禮教命意漸無依傍。

清末民初之際，這一類始於變俗而終於變禮的現象是多見的，治風俗史者至有「婚喪失據」之歎。出現在這個過程裏的東西未必全是值得讚美的：「在昔閨中韵事，曰焚香讀書，曰燃脂寫韵，今則悉以吸煙代之。吾人如涉足梨園及遊戲場所，可見粉白黛綠者流，十之七必以紙煙實其櫻唇，恣吸若狂，而昔人之所謂口脂香者，悉變為煙臭矣。」[17] 新式的「臭」當然不會比舊式的「香」更好一點兒。但作為那個時候世態的一面，它同樣記錄了禮俗在歐風美雨飄打下的弛跂和剝落。

二、哲學、電影、戲曲、小說

在 20 世紀初期，歐風美雨對中國人的影響最可觀地表現在哲學思想和文化藝術方面。哲學思想更概括，文化藝術更凝固。因此，這兩個方面的變化適足以說明西學深入中國社會的程度已超過了以往任何一個時期。

中國學術向以經史子集分門類，本無「哲學」名目，梁啟超亡命海外，初入此道，譯為「智學」。而曾不數年，學界之晚生後學已能侃侃論之了。1903 年，有個叫張繼煦的人在《湖北學生界》作《敍論》，說：「西人之學，由虛而漸趨於實。歐洲中世以前，宗教家以其憑空構造之謬論，風靡一世，其腐敗寧有愈於吾之今日。乃哥白尼之天文學出，而學界一變；培根倡格物之說，而學界一變；笛卡爾倡窮理之說，而學界又一變。迨至今日，科學大盛，而宗教幾乎息矣。且其實學之階級，猶有可證者，唯物主義昌則唯心主義微，天然之哲學進而為軌範的科學，人道學派進而為實科學派。」[18] 這段話雖然所論僅及皮毛，但它勾畫西方近代哲學思想衍變的扼要輪廓，卻大體是不錯的。

在西方哲學東來的過程中，不同的知識分子選擇過不同的學派和思潮。以譯述《天演論》而得名的嚴復着意的是用英國經驗論旨趣說「名學」，推崇歸納邏輯，多實證精神和理性色彩。而同時的王國維則在理性哲學和唯意志論之間表現了一種「信」與「愛」不能同一的苦惱：「哲學上之說，大都可愛者，不可信；可信者，不可愛。余知真理，而余又愛其謬誤。偉大之形而上學，高嚴之倫理學，與純粹之美學，此吾人所酷嗜也。然求其可信者，則寧在知識論上之實證論，倫理學上之快樂論，與美學上之經驗論。知其可信，而不能愛；覺其可愛，而不能信，此二三年中最大之煩悶。」[19] 這種矛盾意態雖產生於學理的歧義，但正曲折地反映了那個時候相當數量的中國人更容易接受西方哲學中張揚主觀精神的一面。

哲學體現了特定的時代精神，當一個民族處於深重憂患之中的時候，外來的精緻思辨是不容易找到生根之地的。因此，20 世紀初期，更多的西方哲學讀物皆由日文轉譯，而人生論、社會論之作遠過於形而上的知識論。蕭一山作《清代通史》，曾感歎「又陵（嚴復）介紹西洋文化，絕無籠統膚淺之弊，獨惜當時正在東洋留學生之稗販狂潮中，竟未能發生交流之作用，殊可慨矣」[20]。他惋惜「稗販」淹沒上品，嚴復

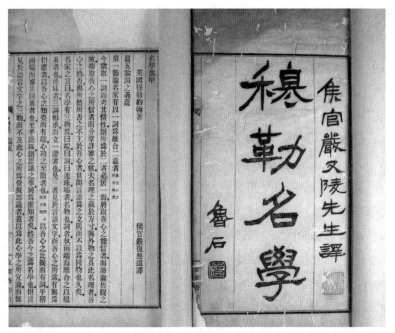

1

2

1 《穆勒名學》（嚴復譯） 嚴復所譯《穆勒名學》等富於理致的作品，「絕無籠統膚淺之弊」，卻不如粗糙的「稗販」那樣打動人心。因為與「名學」（邏輯）相比，當時中國社會更需要可以用於為民族尋路的哲學。

2 林紓 工詩古文辭，以意譯外國名家小說見稱於時。林紓並不懂外文，藉人口譯出大概意思，他再筆譯成優美的古漢語，其作一時風行全國，但其中不免有脫離原意之處。如他譯法國小說《巴黎茶花女遺事》，採用中國古典小說的筆調來描寫，說亞芒憤恨離去為「拂袖而去」，較真的讀者寫信責問：「西裝袖子如何拂得？」又如，他描寫茶花女燈下讀小說為「挑燈夜讀」，讀者也表示異議：「茶花女香閨那裏來的油燈？」

在這個時候所譯的《穆勒名學》、《名學淺說》一類富於理致的作品沒有像《天演論》那樣發生很大影響。然而學術的歷史是由社會的歷史規定的，與「名學」（邏輯）相比，中國社會更需要可以用於為民族尋路的哲學，粗糙的「稗販」，之所以能夠打動人心，其原因蓋在於此。

於是，以借鑒為動機，文藝復興時代以來的西方哲人開始陸續來到中國。幾千年來只知道以孔孟程朱之是非為是非的知識分子們開始知道世界上還有底得婁（狄德羅）、拉柏特里、笛卡兒、盧梭、康德、叔本華及其種種關於人生的學說。1902 年，十六歲的柳亞子「讀盧梭《民約論》，倡天賦人權之說，雅慕其人，更名曰人權，字亞盧」[21]。而鄒容撰《革命軍》，更寄意於藉歐西「諸大哲之微言大義，為起死回生之靈藥，返魄還魂之寶方，金丹換骨，刀圭奏效，法、美文明之胚胎，皆基於是。我祖國今日病矣，死矣，豈不欲食靈藥投寶方而生乎？苟其欲之，則吾請執盧梭諸大哲之寶幡，以招展於我神州土」[22]。

哲學切近事功是近代中國的一種特色。因此，西方哲學思想在化人的同時又會使自己社會化、廣義化，並與政治學說匯融。積流播而成風氣，遂開五四時期各種各樣新思潮的先河。

如果說，哲學思想影響的主要是知識分子羣體，那麼文化藝術的變化，則直接影響了三教九流中的芸芸眾生。所謂文化藝術，一種是指電影。《上海研究資料（續集）》記述說：

追溯極原始的電影（幻燈片）在上海最早公映的記錄，乃係一八八五年十一月二十一日及二十三日（清光緒十一年十月十五日及十七日）顏永京氏在格致書院的映演世界集錦；但這是業餘性質的，而且僅偶一為之，所以發生的影響並不大。到了一九〇三年，西班牙人雷瑪斯開始在上海以放映電影為營業，才奠定電影放映事業未來發展的基礎。

電影是一種前所未有的藝術形式。它不同於中國傳統戲曲的虛擬、誇張，具有如歷其境的真實感，能直接刺激人的感官。因此「此項新興的藝術，實能引起極多數人的愛好與欣賞」[23]。其實，藝術的形式和藝術的內容在這裏是不容易分開來的。在

中國人能夠自攝電影以前,所謂「愛好與欣賞」,當然包括了觀賞者對影片所呈現域外風物和情趣的感受。

另一種是新式戲劇。新劇最早出現在上海舞台是 19 世紀的事。以外國僑民為演員而以外國名劇為藍本。出身於顯宦家庭的孫寶瑄在 1902 年的日記中記載了他當天觀外國劇的感想:「西人之劇,男女合演,其裳服之華潔,景物之奇麗,歌詠舞蹈合律而應節。人問其佳處何在?余曰:無他,雅而已矣。我國梨園,半皆俗樂,西人則不愧為雅奏。」[24]

這種嘖嘖稱羨的比較,說明了上流社會對新劇的接受和歡迎。但西方演員或旅華僑民在中國登台演戲畢竟不是那個時候的常態。因此,西劇雖能使人耳目一新,但影響畢竟不大。它真正為人注目而能發生影響則是在 20 世紀初。那個時候,成批出洋回國的留學生,特別是日本留學生,把國外的戲劇形式帶回中國,加以改編,在一些新式學校裏首先演出。「這無非受着西風東漸的影響,因為西洋人把戲劇認作社會教育,有覺世牖民之功,演戲的什九是有知識的大學生。」[25]

引入新劇者的初志並不是為藝術而藝術,但別開生面之後,境界動人眼目,遂為其他劇種所移植,並最終搬上了舞台。其間,一部分熱衷於藉戲劇以警悟世人的知識者和革命者曾在或長或短的時間裏以粉墨為生涯,以當時人演當時事。於是在傳統的「優伶」戲班之外,產生了一種面目不同的新式劇社。他們沒有時俗的江湖氣,而多慷慨激昂的志士情態。1907 年到 1911 年之間,著名的進化團和春陽社先後演出過《秋瑾》、《徐錫麟》、《革命家庭》、《愛國血》、《東亞風雲》、《共和萬歲》、《黃鶴樓》等劇目,皆以反映當時政治情緒為宗旨。與電影相比,新式戲劇一開始就更貼近中國人的時務。[26]這種新劇,在辛亥革命後稱文明戲,後來遂稱話劇。

在新劇發展的過程中,出現了過去所沒有的佈景,並影響了舊式舞台的構造。當時人描寫十六鋪新舞台曰:「台屋構造,半武歐西。有三重樓,可坐數千人。皆繞台作半圓式,台形亦如半月。未開演時,亦垂以幕。」[27]其描述詳盡正反映了一種由衷的新鮮感。慣見茶園與戲院合一,以嘈雜喧鬧為樂的中國人,一旦置身其間,其情趣當然大不一樣。這種明顯的比照,對於舊式戲劇是一種衝擊和刺激,由此促發了傳統戲劇的改良。上海先得風氣,舊劇多效法機關佈景,與北地氣派漸異,「海派」一詞於是乎出。

在電影和新劇出現的同時，小說也開始脫出了舊軌。魯迅曾說：

光緒庚子（1900 年）後，譴責小說之出特盛。蓋嘉慶以來，雖屢平內亂（白蓮教、太平天國、捻、回），亦屢挫於外敵（英、法、日本），細民暗昧，尚啜茗聽平逆武功，有識者則已翻然思改革，憑敵愾之心，呼維新與愛國，而於「富強」尤致意焉。戊戌變政既不成，越二年即庚子歲而義和團之變，羣乃知政府不足與圖治，頓有掊擊之意矣。其在小說，則揭發伏藏，顯其弊惡，而於時政，嚴加糾彈，或更擴充，並及風俗。[28]

一時說部羣出，《官場現形記》、《二十年目睹之怪現狀》、《老殘遊記》、《孽海花》尤為狀寫社會百態而能道其形相者。「小說家者流，自昔未嘗為重於國也」[29]，而一變為以譴責社會為能事，這不僅是文人習氣的變化，而且是時代觀念的變化。1898 年，梁啟超說：「在昔歐洲各國變革之始，其魁儒碩學，仁人志士，往往以其身之經歷，及胸中所懷政治之議論，一寄之於小說。於是彼中綴學之子，黌塾之暇，手之口之，下而兵丁，而市儈、而民氓、而工匠、而車夫馬卒、而婦女、而童孺，靡不手之口之，往往每一書出而全國之議論為之一變。」他稱這種小說為「政治小說」，並熱心呼喚它們在中國出現。[30] 其言不無過誇，然而以西方政治小說與中國譴責小說相比，兩者命意確乎有相似的一面。

如果說這還只能算是兩者間接的中西感應，那麼林紓「耳受而手追之」，以古文義法譯歐美小說「一百五十種，都一千二百萬言」[31]，則通過悲歡離合的故事，直接搬來了西方的家庭倫理、人情民性和喜怒哀樂。在出現過詆洋為鬼和奉洋若神心理的中國，這些東西無疑會使西方人因之而減去許多「鬼」氣和「神」氣。其移人觀感於無形，比之百千論說更有影響。翻譯小說作為文學藝術的一種形式，正是發始於這個時候的。雖然林紓本人不過是一個半瓶子的新派，但後來從事新文化運動的一輩人卻多半受過林譯小說的熏陶。[32] 所以，胡適後來論中國文學五十年之間的變遷，稱林紓為「介紹西洋近世文學的第一人」。

此外，詩歌、繪畫都在歐風美雨中發生了新舊嬗變。藝術形式的變化是社會變化的一面，它以特定的視角反映民族心理的變化和民間情趣的變化。

三、複雜的社會心態

　　20世紀初期中國社會的變化，既有和風化雨之中的自覺吸收，也有風雨交作下被迫的吞噬。以「風雨」指物，本來包含着多重內容，因此，那個時代的中國人對於歐風美雨有着一種十分複雜而且矛盾的心理。對這種心理剖而論之，大體可以分析出三層意思：

　　（一）緊迫與憂慮交集。20世紀初年，秋瑾預為「光復軍起義」作檄文，切言「歐風美雨咄咄逼人」[33]，有時不我待之慨。同一時期，陳天華在《警世鐘》裏所說的「帝國主義何其雄，歐風美雨馳而東」；高天梅在《路亡國亡歌》裏所說的「諸君知否，歐風美雨橫渡太平洋，帝國侵略主義其勢日擴張」[34]，都抒發了相同的感受。這一類言辭出自具有革命思想的人之口，意在警悟世人，喚起覺醒。它們表達了緊迫與憂慮交集，然而又不乏民族自強的信心。這些人目睹歐風美雨的馳逼，但他們立論，並不就風雨而論風雨，推其禍始，莫不指矢於滿族人的君權。「彼國儻來之物，初何愛於我輩？所何堪者，我父老子弟耳，生於斯，居於斯，聚族而安處，一旦者瓜分實見，彼即退處藩服之列，固猶勝始起遊牧之族。」[35]因此，歐風美雨壓力下所產生的首先不是排外情緒而是反滿意識。民族矛盾催化了民族革命。

　　（二）悲愴和恐懼。以主編《國粹學報》而在當時的輿論界標張一幟的鄧實強調的是「歐風美雨，馳捲中原，陸沉矣，邱墟矣，亡無日矣」[36]。他憤憾於故家舊物在風雨中的淪亡。與之同調的還有《江蘇》第七期的一篇文章：「歐風吹汝屋，美雨襲汝房，汝家族其安在哉！」這些言辭表達了痛哭流涕的悲愴感情和亡國滅種的恐懼心理。它們反映了《辛丑條約》之後的民族危機，從而反映了一部分知識分子對歐風美雨中包攝的腥風血雨的抵抗。這一類感情，常常使他們的愛國主義表現出歸復舊物的傾向。於是，在歐風美雨的侵襲中產生了「國粹」一詞：「國粹者，一國精神之所寄也。其為學，本之歷史，因乎政俗，齊乎人心之所同，而實為立國之根本源泉也。是故國粹存則其國存，國粹亡則其國亡。」[37]這些人並不是舊日的頑固黨，但他們卻把民族復興的希望更多地寄託於「古學」的復興：「學者乎！夢夢我思之，泰山之麓，河洛之濱，大江以南，五嶺以北，如有一二書生，好學信古，抱殘守缺，傷小雅之盡廢，哀風雨於雞鳴，以保我祖宗舊有之聲名之物，而復我三千年史氏之光榮者乎，則

安見歐洲古學復興於十五世紀，而亞洲古學不復興於二十世紀也。」[38]國粹會使人具有強烈的種族意識。他們中不少人因種族意識而傾向反滿革命，也因種族意識而藐視所謂「醉心歐化」者。

（三）在歐風美雨中創造中國的近代文明。寧調元說「十年前是一重囚，也逐歐風唱自由」[39]；唐羣英說「文明未播中原種，美雨歐風只自嗟」[40]。這些言辭表達的不是恐懼，甚至不是憂慮。由「重囚」到「唱自由」，謳歌了歐風美雨的思想解放作用；因文明未到中原而「自嗟」，流露了欲得未得的嚮往和惋惜；自勵於「歐風美雨造英雄」則表現了那個時代的志士有心追躡歐美的懷抱。它們反映了一部分中國知識分子對歐風美雨中近代文明的歡迎。這些人與堅守國粹的人們有着同樣多的民族主義感情，但他們同時又貼近和感應了世界潮流。兩者的同一，使他們把民族的振興寄託於民族的近代化。

這三個方面的意思富有代表性地抉出了歐風美雨中包含的不同內容，並顯示了那一代愛國者憂國憂民的情感和心懷。三者各有宗旨，但都是語重心長有感而發的。其中，就歷史發展不可逆轉的方向來說，最積極而有意義的是最後一種。古老的中國在近代百年能曲折而持續地前進，正是最後一種心態見諸行動的結果。時代把中國社會的新陳代謝同歐風美雨融於同一個過程。因此，腥風血雨與和風化雨留下的痕跡都已經成為我們民族近代歷史的一部分了。

註　釋

1　[澳] 駱惠敏編：《清末民初政情內幕》（上），216 頁。

2　《中國滅亡論》，見張枬等編：《辛亥革命前十年間時論選集》，第 1 卷，上冊，80 頁。

3　梁啟超：《奉酬星洲寓公見懷一首次原韻》，見《飲冰室合集》，文集之四十五（下），9 頁，上海，中華書局，1936。

4　《報關業公所落成記碑》，見上海博物館圖書資料室編：《上海碑刻資料選輯》，413 頁，上海，上海人民出版社，1980。

5　《嘉定縣續志》，卷 5，風土志，引自《近代上海地區方志經濟史料選輯》，343~344 頁，上海，上海人民出版社，1984。

6　《重輯張堰志》，卷 1，區域志，引自《近代上海地區方志經濟史料選輯》，331 頁。

7　《上海鄉土志》，第 146 課，電燈；《上海小志》，卷 3，交通，引自《近代上海地區方志經濟史料選輯》，335 頁。

8　《法華鄉志》，卷 2，風俗，引自《近代上海地區方志經濟史料選輯》，336 頁。

9　《真如志》，卷 8，禮俗志；《上海縣續志》，卷 8，物產；引自《近代上海地區方志經濟史料選輯》，37 頁。

10　參見《寶山縣續志》，卷 6，實業志，引自《近代上海地區方志經濟史料選輯》，38~39 頁。

11　《青浦縣鄉土志》，卷 29，風俗；《彭浦里志》，卷 1，疆域志上，風俗；引自《近代上海地區方志經濟史料選輯》，336 頁。

12　馬建忠：《適可齋記言》，北京，中華書局，1960。

13　路工編選：《清代北京竹枝詞（十三種）》，119~129 頁，北京，北京出版社，1962。

14　徐珂編撰：《清稗類鈔》，第 5 冊，1987 頁，北京，中華書局，1984。

15　《禮記·昏義第四十四》。

16　《禮記·昏義第四十四》。

17　胡朴安：《中華全國風俗志》，下篇卷 3，213 頁，上海，上海書店，1986。

18　張繼煦：《敍論》，載《湖北學生界》第 1 期。

19　王國維：《靜安文集·自序二》。

20　蕭一山：《清代通史》，第 4 冊，2031 頁。

21　《柳亞子文集》之《自傳·年譜·日記》，8 頁，上海，上海人民出版社，1986。

22　鄒容：《革命軍》，見張枬等編：《辛亥革命前十年間時論選集》，第 1 卷，下冊，653 頁。

23　上海通社編：《上海研究資料（續集）》，533、532 頁，上海，上海書店，1984。

24　孫寶瑄：《忘山廬日記》，上冊，469 頁。

25 錢化佛述，鄭逸梅撰：《三十年來之上海》，15 頁，上海，學者書店，1947。

26 參見上海文化出版社編：《上海掌故》，21~23 頁，上海，上海文化出版社，1982。

27 孫寶瑄：《忘山廬日記》，下冊，1263 頁。

28 《中國小說史略》，見《魯迅全集》，第 8 集，239 頁。

29 阿英：《晚清文學叢鈔·小說戲曲研究卷》，19 頁，北京，中華書局，1960。

30 參見阿英：《晚清文學叢鈔·小說戲曲研究卷》，14 頁。

31 參見錢基博：《中國現代文學史》，189 頁。

32 參見周作人：《中國新文學的源流》，101 頁，北平，人文書店，1932。

33 秋瑾：《光復軍起義檄稿》，見《秋瑾集》，21 頁。

34 丁守和主編：《辛亥革命時期期刊介紹》（5），112 頁。

35 《光復軍起義檄稿》，見《秋瑾集》，21 頁。

36 鄧實：《中國地方自治制論》，載《政藝通報》190403。

37 許守微：《論國粹無阻於歐化》，見張枬等編：《辛亥革命前十年間時論選集》，第 2 卷，上冊，52 頁。

38 鄧實：《古學復興論》，見張枬等編：《辛亥革命前十年間時論選集》，第 2 卷，60 頁。

39 寧調元：《感懷詩》，見《近代詩選》，465 頁，北京，人民文學出版社，1963。

40 唐羣英：《絕句八首》，見中國人民政治協商會議湖南省委員會文史資料研究委員會編：《湖南文史資料選輯》，第 15 輯，160 頁，長沙，湖南人民出版社，1982。

第十三章

假維新中的真改革

20 世紀的頭一個月，即戊戌政變之後兩年又四個月，在八國聯軍炮口下逃出北京的西太后以皇帝的名義下詔變法，由此開始了晚清最後十年所謂「新政」時期。面對庚子以後的社會危機和日益迫近的革命，它明顯地帶有王朝自我挽救的意味。而一個撲殺過變法維新志士的人物侈口昌言「變法」，又像是一種歷史的嘲諷。所以，人們稱之為「假維新」，以區別於戊戌年間那場以救亡圖存改造王朝為目的的維新運動。然而，真實常常存在於矛盾之中。在假維新的過程中又實現過一部分真改革。教育制度的變化就是其尤為顯著者。當辛亥革命推翻清王朝的時候，它同時又保留和完善了這一部分改革的成果。這種保留和完善體現了歷史的承認，而歷史從來不會承認假貨。所以，詮釋這一時期的「新政」的真義，不僅在於指出假維新，更重要的在於從假維新中剝繹出真改革。

一、殘局與變法

　　從義和團到八國聯軍，幾個月之間中國社會經歷了一場巨大的震動，朝野上下，幾乎無不感受到了這一非常之變所帶來的強有力的震撼。津京陷落之後，西方列強雖然沒有把西太后列為「首禍」，卻以另一種方式「懲辦」了她，把她拉出了深宮，使她在倉皇「西狩」途中親嘗了顛沛流離之苦和被震撼的滋味，幾乎喪盡了皇太后昔日的威嚴。「兩宮微服出走，間關道途，晝餐無糧糒，夕休無床榻，飢寒羸瘁，有平民所不堪者，況萬乘之尊乎？」[1] 西太后不無辛酸地自述過這段經歷：「連日奔走，又不得飲食，既冷且餓。途中口渴，命太監取水，有井矣而無汲器，或井內浮有人頭，不得已，採秫秸秆與皇帝共嚼，略得漿汁，即以解渴。昨夜我與皇帝僅得一板凳，相與貼背共坐，仰望達旦。」[2] 痛定之餘，不能不有所「振作」，不能不引出一點反思：「自播遷以來，皇太后宵旰焦勞，朕尤痛自刻責，深念近數十年積習相仍，因循粉飾，以致成此大釁，現在議和，一切政事尤須切實整頓，以期漸圖富強。」「我中國之弱，在於習氣太深，文法太密，庸俗之吏多，豪傑之士少。文法者庸人藉為藏身之固，而胥吏倚為牟利之符；公事以文牘相往來，而毫無實際，人才以資格相限制，而日見消磨。誤國家者，在一『私』字；困天下者，在一『例』字。」[3] 這段話用光緒皇帝的口氣表達了西太后的心理，有責人之意而無罪己之心，但多少還是觸及了中國根深蒂固的弊病。這是一個頑固冥鈍的人物在嚴酷的時勢逼迫下產生的一點反思，是一種遲來而又易逝的反思，但它畢竟促成了「新政」的開場，揭開了晚清最後十年「變法自強」活動的序幕。

　　1901 年 1 月 29 日，西太后以光緒皇帝的名義在西安頒佈了「預約變法」的上諭，承認了在「萬古不易之常經」外，沒有「一成不變之治法」。並明令，「着軍機大臣、大學士、六部、九卿、出使各國大臣、各省督撫，各就現在情形，參酌中西政要，舉凡朝章、國故、吏治、民生、學校、科舉、軍政、財政。當因當革，當省當併，或取諸人，或求諸己，如何而因勢始興？如何而人才始出？如何而度支始裕？如何而武備始修？各舉所知，各抒己見，通限兩個月，詳悉條議以聞」[4]。人們久已習慣於摘引此諭中的這樣一段話：「蓋不易者三綱五常，昭然如日星之照世；而可變者令甲令乙，不妨如琴瑟之改弦」，以說明其用心之可惡。的確，這是對「新政」的一種

限制。「三綱五常」是維繫中國傳統社會秩序的最重要的精神力量,是傳統社會倫理的核心,久已被視為傳統文化中萬世不易的「體」,是規範人們行為的至上準則。

對其不可變易性的強調,說明它並沒有逸出洋務自強運動的軌跡,因此,人們往往把它同洋務自強運動相比照,認為前者是後者的翻版。然而,問題並不那麼簡單,在同一道上諭中還有另一段話:「捨其本源而不學,學其皮毛而又不精,天下安得富強耶?」這裏的「本源」究為何物,難一言以斷。但它至少已經超出了西藝的範圍則是無疑的。用「皮毛」以稱洋務自強運動,其所求者,當更深於「皮毛」。這層意思反映了極守舊者在嚴峻時局下的某種變化。

同年 2 月,清政府再頒上諭,在懺悔庚子之變的同時,重申了變法之意,要求大臣去私心破積習,力行實政。「所以諄諄詔諭者,則以振作之與因循,為興衰所由判;切實之與敷衍,即強弱所由分。」不「振作」,不實力「變法」,就沒有出路。4 月,設立督辦政務處,議商變法條陳。派奕劻、李鴻章、榮祿、昆岡、王文韶、鹿傳霖為督辦政務大臣,劉坤一、張之洞為參與大臣。8 月 20 日,即西太后與光緒皇帝離開西安「回鑾」前四天,以慈禧太后的名義再發文告,表示清政府立意「變法」的決心:

> 爾中外臣工,須知國勢至此,斷非苟且補苴所能挽回厄運,惟有變法自強,為國家安危之命脈,亦即中國民生之轉機。予與皇帝為宗廟計,為臣民計,捨此更無他策。[5]

一種求生本能或王朝自救意識終於把一個油乾燈枯的顢頇王朝推上了改革之路。督辦政務處的設置,「捨此更無他策」的自覺意識,以一種從未有過的姿態顯示了曾經撲殺或仇視過變法的人物所表現出來的變法決心。但組成督辦政務處的大多數人物又以他們各自的經歷說明了清王朝夾袋中人才已盡。以舊人而包辦維新,以中古的人來推進近代的事業,是不會有希望的。

在「妥速議奏,實力奉行」的上諭召喚下,許多不甘王朝傾覆的臣僚遞上了奏摺。在應詔而議變法的諸多奏摺中,最著名而又產生過實際影響的是,1901 年 7 月由兩江總督劉坤一、湖廣總督張之洞聯銜發出的三摺,這就是出了名的「江楚會奏三疏」。第一疏論育才興學,所言以教育制度改革為主,其大要分四端:(一)設文武

學堂。州縣設小學及高等小學。童子八歲以上入蒙讀書，十二歲以上可入小學，十五歲以上入高等小學。府設中學，年滿十八歲而於高等小學畢業者，始得肄業。三年畢業後，再入省城高等學校，其課程為七門（經學、史學、格致學、政治學、兵學、農學、工學），畢業後入京師大學。（二）酌改文科以變通科舉。頭場考試以中國政治、史事為限，名曰博學；二場考各國政治、地理、農工、武備、算學，名曰通才；三場考四書五經，名曰純正。（三）停罷武科。（四）獎勵遊學，尤提倡赴日本留學。第二疏論致治、致富、致強之道。所言以整頓變通中國之成法為主，凡十二端：（一）崇節儉，禁奢華。（二）破常格，變通繁文縟節，官吏可直言正諫；用人宜少壯，不以常格限之。（三）停捐納。（四）課官重祿。京城設仕學院，各省設教吏館，以養成有用官吏，減少官場無益支出而增厚俸祿，使官吏辦公有資。（五）去書吏，改用委員。（六）去差役，推行警察。（七）恤刑獄。（八）改選法，凡正途、保舉、捐納之官，皆到省補用試用。（九）籌八旗生計。（十）裁屯衛。（十一）裁綠營。（十二）簡文法，簡省虛文無用之冊籍而寬其例。第三疏論採用西法。其大要而切實易行者分十一端：（一）廣派遊歷。（二）練外國操。（三）廣軍實。（四）修農政。（五）勸工藝。（六）定礦律、路律、商律、交涉刑律。（七）用銀元。（八）行印花稅。（九）推行郵政。（十）官收洋藥。（十一）多譯東西各國書籍。大要皆變而不失其正者為主。[6]

　　劉、張二人在晚清政治格局中，佔有舉足輕重而又十分特殊的地位。相對於頑固守舊勢力而言，他們（尤其是張之洞）在那時的中國可以算是開拓性人物。他們的「會奏」系統詳備而具體，且切實可行，因而成了晚清最後十年「新政」的範本。這個「會奏」是他們以自己的見識和目力對中國當時嚴酷之時勢的洞察而提出來的。張之洞當時曾說過：「欲救中國殘局，惟有變法一策。」「殘局」一詞集中地體現了20世紀初年清王朝所面臨的困境和危機，反映了八國聯軍之役後中國社會矛盾的空前激化，它比前此業已出現的「奇局」、「危局」包含了更嚴峻的內容。因此，一個不久前猶力持「中學為體，西學為用」的人物，在這個時候也不得不承認「惟有變法一策」了。時勢移人，一至於斯。雖然，由他發起的「江楚會奏三疏」並沒有提出前所未有的新見識，但它幾乎包容了自馮桂芬《校邠廬抗議》以來洋務派的改革主張，也包含了改良派除民權、立憲之外的大部分主張。兩者的交融就是其意義和價值所在。在它的背後，是張謇、湯壽潛等參與炮製「會奏」的客觀事實。這表明前此的洋務派到這

1 慶親王奕劻　為挽救殘局，清政府成立了以奕劻為首的督辦政務處，作為籌劃推行新政
　的專門機構。然而，以「舊人」包辦「維新」，只是一個歷史的黑色幽默。

2 慈禧太后西逃後返京　兩宮回鑾，重歷久違的排場，但痛定之餘，不能不有所「振
　作」，由此促成了「新政」的開場。

時不僅接受了改良派的主張，而且在某種程度上也接受了改良派的指教。這不是願不願意的問題，而是不以人們意志為轉移的抉擇。

除劉、張會奏的三疏外，比較引人注目的還有駐俄大使楊儒條擬的《變法致強六策》和狀元實業家張謇的《變法平議》一書。他們各有側重地發表了意見，但大體上沒有超出「江楚會奏三疏」。這些奏議程度不同地反映了中國時局和社會意識的變遷，反映了八國聯軍之役後官僚士紳的變革要求和社會心態。這種普遍的社會心態直接導向了隨之而來的改革。歷史在經過一個巨大的迂迴之後又似乎回到了原來的起點。清政府為扭轉「殘局」而擺出了改革的姿態，雖不能說毫無歷史主動性，但對於一個重創之後的腐朽王朝來說，已無力挽回其萬劫不復的歷史命運。

二、「新政」五面觀

自 1901 年西太后以光緒皇帝的名義在西安頒佈第一道「變法自強」上諭始，到 1911 年清王朝傾覆止，清政府曾先後推行了一系列改革措施，所涉範圍相當廣泛，既有除舊也有佈新，概而言之，主要有以下五個方面。

（一）軍制改革。有清一代，軍制的變革大抵經歷了三個階段：一是前期的八旗和綠營；二是嘉慶、道光年間產生的團練變而為咸豐、同治年間的湘、淮軍；三是光緒、宣統年間出現的新軍。從八旗和綠營到湘、淮軍再到新軍的編練，體現了軍制自身在近代社會急劇變革中的新陳代謝。

新軍的編練始於 1895 年。由於清政府在甲午戰爭的慘敗，「一時內外交章，爭獻練兵之策，於是北洋則有新建軍，南洋則有自強軍，是為創練新軍之始」[7]。不過，比較完整意義上的軍制改革則是 1901 年清政府下詔「變法」後開始的。八國聯軍之役後，清政府從所謂「時事多艱，練兵實為急務」的原則出發，以「所習硬弓刀石及馬步射，皆與兵事無涉，施之今日，亦無所用」，下令停止「武生童考試及武科鄉會試」。並命各省在年內嚴汰綠營、防勇十分之二三，在原有各營中精選士兵成立常備、續備、巡警等軍。1902 年，清政府以北洋、湖北訓練新軍頗具規模，自應逐漸推廣，因令各省選派將弁赴北洋、湖北學習新軍操練，學成後，發回原地管帶新軍。

1　吳祿貞　中國第一期留日士官生。曾指揮自立軍發動起義,起義失敗後,被張之洞扣押。審訊中,張之洞反而為其說服,對其委以重任(武昌武普通學堂教習、會辦),一時轟動武漢。

2　湖北新軍在進行演練　湖北新軍是張之洞於湖北訓練的新式軍隊,本意是用以鞏固王朝統治,誰知後來卻成了清王朝的掘墓人之一。(武昌起義就是由湖北新軍中的革命軍率先發難的。)

1903 年，清政府設立練兵處，總理練兵事務；各省設督練處（亦稱督練公所）。1904 年，練兵處會同兵部奏定《新軍營制餉章》、《陸軍常備學堂辦法》以及選派陸軍學生出洋遊學章程，正式劃定軍制，規定新練軍隊分常備、續備、後備軍三等[8]，並規定招募應徵、官制、訓練、給養、獎罰、徵調、退休、軍器、運輸等一切制度。1905 年，統一全國新軍編制為三十六鎮，按省分配，限年完成。[9]

新軍機構，除有中央陸軍部的節制外，主要由練兵處負責，奕劻為練兵大臣，袁世凱為會辦大臣，鐵良為襄同辦理。各省督練公所，下設兵備處、參謀處、教練處，各置總辦一員。督辦公所的最高官吏為督辦，統轄全省軍營，總攬三處職權，一般由各省督撫兼任，也有由駐防旗軍的將軍兼理的。新軍的編制分軍、鎮、協、標、營、隊、排、棚，相當於後來的軍、師、旅、團、營、連、排、班。與軍制相應，各級將領依次為總統（未設置）、統制、協統、標統、管帶、隊官、排長、正副目。一鎮中設統制官、參謀官、執事官、執法官、軍需、軍械、軍醫、馬醫、司號、書記長、司事生、司書生等官佐，計 748 名，弁目兵丁 10436 名，夫役 1328 名，共計 12512 名。已編練完成的各鎮，雖不一定盡與上述數據相符，但多在萬人以上，也有不足萬人的鎮。另有一種混成協，情況有些特殊。它與鎮管轄下的步兵協不同，除步兵二標外，還擁有馬、炮、工程、輜重等兵種，所以叫混成協，是鎮的縮編。這種混成協不隸於鎮，近於後來的獨立師、獨立旅。武昌起義時的黎元洪就是這種混成協的協統。也有的是因成鎮不足，先成立混成協，再由混成協擴充為鎮。

與新軍的編練相適應，1895 年前後，清政府先後在天津、南京和武漢等重鎮設立武備學堂和隨營學堂。新政開始後，清政府下令在全國一些重要城市設立各種軍事學堂，以滿足新軍擴編的需要。新設陸軍學堂分陸軍小學堂、中學堂和官兵學堂，是為「正規學堂」。此外，還設立速成陸軍學堂和速成師範學堂，以應各鎮所需的軍官、教習之用。同時委派大量的留學生，分赴英、法、德、奧等國學習軍事，尤以日本為最多。1902 年至 1908 年，赴日本學習陸軍的不下千人。對學成歸國的留學生，各省督撫爭相延攬，以為己用，如湖廣總督張之洞之邀吳祿貞，東三省總督趙爾巽之邀蔣方震，浙江巡撫張曾敭之邀蔣尊簋，雲貴總督李經羲之邀蔡鍔，等等。他們或在新軍中任協統、標統、管帶以及督練公所督辦、總教習，或在講武堂、陸軍各級學堂中供職，有的還被擢升為鎮的統制。這些具有近代軍事知識的軍官、教習，不僅推動了中

國軍制的近代化，而且在後來的歷史變化中發揮了不可替代的巨大作用。

軍制的改革不僅使中國軍隊開始有不同於舊式軍隊而接近於近代化軍隊的嶄新建制和兵種的分類，而且由於軍隊成分的變化和知識化程度的提高，使得中國人向來鄙視軍人的傳統觀念發生了明顯的改變，一些士紳也自願充任新軍的將佐，這在此前是很難想像的。新軍比起舊軍（如八旗、綠營、湘軍、淮軍等）來，確實表現為一種新的力量，但這種新的力量與腐朽的清王朝，卻是一對深刻的矛盾。清政府想以新軍的擴編來穩固其正在動搖中的統治秩序，而新軍卻不願為其效忠，且沿着相反的方向演變。所以，新軍的產生和擴充，並不意味着清王朝的重新鞏固，而是其內在矛盾的繼續擴大。

（二）政治體制改革。清承明制，建立了以皇帝為核心、宰輔制與部院制相結合的一整套官制。它曾有效地維繫過多民族國家的統一和穩定，但近代以來它又以其體制的臃腫、行政效率的低下阻遲了中國社會的近代化。愈到後來，這種腐朽的落後的性能表現得就愈明顯。戊戌維新時期，改良派曾力圖以一種新的制度來改造它，並最終取代它，但守舊勢力又以反手一擊的方式否定了這種努力。直到 1901 年 4 月清政府設督辦政務處後，行政制度的實質性改革才拉開了帷幕。

作為這一時期「新政」的重要內容之一，前期的政治體制改革包括整飭吏治，裁汰、合併中央和地方的若干舊有機構。在中央，首先裁汰了各衙門的胥吏差役，停止捐納實官，歸併詹事府於翰林院，撤通政使司。在地方，裁撤了河東河道總督和雲南、湖北、廣東三省巡撫，以及「徒擁虛名」的漕運總督。與此同時，又創設了若干新的機構，例如督辦政務處、商部、學部和巡警部。同一過程還包括舊機構改組為新機構，如改總理各國事務衙門為外交部，班列六部之首。

1906 年，清政府宣佈「籌備立憲」後，政治體制的改革被納入到憲政的軌道，明確宣示預備立憲「先行釐定官制」。9 月 2 日，清政府頒佈改革官制的上諭，着派載澤、世續、那桐、榮慶、載振、奎俊、鐵良、張百熙、戴鴻慈、葛寶華、徐世昌、陸潤祥、壽耆、袁世凱十四人為官制編纂大臣，隨即成立了「編制館」，作為編纂官制的專門機構，由慶親王、首席軍機大臣奕劻，文淵閣大學士孫家鼐，外務部尚書、協辦大學士、軍機大臣瞿鴻禨三人總司核定。不久，編制館以「釐定中央各衙門官制繕單」進呈，在這個奏摺中，要求按照立憲國制，以立法、行政、司法三權並峙的原

則，改革以軍機處為政務中樞的部院制，在中央設立資政院，司立法之責；裁汰軍機處與舊內閣，設十一部，掌行政之事；而「司法之權則專屬之法部，以大理院任審判，以法部督之」。[10] 這一草案的提出，使冥頑不化的守舊勢力如喪考妣，紛紛上奏拚死反對，宣稱裁軍機處、設內閣之制，將導致君主大權旁落、鼎祚潛移。西太后基於對君上大權和皇親貴冑特權的考慮，依循軍機處不議、內務府事不議、八旗事不議、翰林院事不議、太監事不議五不議改官制原則，於 11 月 6 日頒佈上諭，明令「內閣軍機處一切規制，著照舊行」。同時，又改組了中央各部：改戶部為度支部，財政處併入；將太常、光祿、鴻臚三寺併入禮部；改兵部為陸軍部，著以練兵處、太僕寺併入；改刑部為法部；工部併入商部，成立農工商部；設郵傳部，專司輪船、鐵路、電線、郵政；改理藩院為理藩部；改巡警部為民政部；外務部、吏部、學部仍舊；凡十一部。各部設尚書一員，侍郎二員，「不分滿漢」。上諭中還明確指出應增設「資政院」以「博採羣言」，設「審計院」以「核查經費」，其餘一概「毌庸更改」[11]。

厘定中央官制體系後，1907 年 7 月，清政府諭准編制館上奏的《修訂各直省官制情形摺》，該摺以司法獨立和地方自治為厘定地方官制的原則，規定一省或數省設總督，專司轄內的外交與軍政；每省設一巡撫，總理地方行政，下設三司（布政、提學、提法）二道（勸業、巡警）。但因清政府企圖通過改革地方行政制度「裁抑督撫之權限」，以鞏固君上大權，將「財政及兵馬之事權，悉收回於中央政府」，因而遭到了大部分督撫的反對。所謂地方官制改革，實質上收效殊微。

1907 年清政府改考察政治館為憲政編查館，以奕劻、載灃、世續、張之洞、鹿傳霖等為大臣。9 月 20 日，清政府下諭先設資政院，「以立議院基礎」，着派溥倫、孫家鼐充任總裁。[12] 11 月 11 日，又令各省籌設諮議局，府州縣籌設議事會。1909 年 10 月，各省（除新疆外）先後完成議員選舉程序，成立了諮議局。1910 年 9 月 23 日，在北京成立資政院。1911 年 5 月，也就是清王朝行將崩潰之際，頒佈了一道上諭，宣佈「採取各國君主立憲之制」，「組織內閣」。舊設內閣、軍機處等機構一併裁汰，並將原設的十一部調整為十部：即外交部、民政部、度支部、學部、陸軍部、海軍部、司法部、農工商部、郵傳部、理藩部。內閣由皇帝「特旨簡任」的國務大臣組成，下設一廳四局：承宣廳、制誥局、敘官局、統計局、印鑄局。此外特設弼德院，作為皇帝親臨顧問國務之所，以防權位下移。

1

2

1 資政院 清末「新政」並未完成向三權分立為核心的近代政治體制的轉變，
　但改革中出現的一些新的設置，如資政院，成為封建政體的異軍。

2 清廷赴歐憲政考察大臣合影

　　在政治體制改革的推進中，清政府逐漸調整和改造了相沿已久的「祖制」，並不自覺地朝着近代化的建制邁進。它雖然沒有超出戊戌維新的社會政治藍圖，但它由「師夷」走向「變法」，由「變器」走向「變道」，又說明它比洋務自強運動走得更遠。它並沒有完成向以「三權分立」為核心的近代政治體制的轉變，改新制而不易舊人也大大地沖淡了它的革新色彩。但改革中出現的一些新的設置，如資政院、諮議局，卻是封建政體的異軍，是中國近代政治體制新陳代謝的一個重要環節。這種政治體制的改革儘管是表面的，有形式而無實際效能，但它已觸動了傳統中最保守的東西，相對於那種「權限不分」、「職任不明」的舊政治體制來說，無疑是一種進步。

　　（三）法制改革。一時代有一時代的精神，一時代有一時代的法制。周秦以來，中國形成了自創一格的「中華法系」，成為公認的世界五大法系 [13] 之一。在歷史的推移和王朝的更迭中，法制雖代有損益，但「諸法合體」、「政刑不分」的舊法律結構形式卻始終未變。直到八國聯軍之役後，朝野上下，爭言變法，於是而有新律之萌芽。[14]「新政」開場後，劉坤一、張之洞在「江楚會奏三疏」中率先提出修訂刑律。1902 年5 月，清政府派刑部左侍郎沈家本、出使美國大臣伍廷芳兼取中西，修訂法律。1903年，設修訂法律館，命沈、伍為修訂法律大臣，着手修訂舊法和制定新法。在這一過程中，他們以「務期中外通行」為修律原則，參考古今，博稽中外，折衝樽俎，「以中國法律與各國參互考證」制定中國新法。[15]

　　概而言之，「新政」期間的法制改革大體有三個方面：

　　其一，刪改《大清律例》，制定新刑律。《大清律例》開始制定於順治初年，基本完成於乾隆初年，係中國歷代刑律中最繁苛的一部，「新政」期間的法制改革即是從修改、刪節這部律例開始的。沈家本、伍廷芳受命後，經過數年的刪改，1910 年以《大清現行刑律》頒行，作為新刑律頒佈前的過渡性刑律。這部刑律取消原來按六部名稱而分的六律總目，將舊律中的繼承、分產、婚姻、田宅、錢債等純屬民事的條款劃出，不再科刑，以示民刑有別；更定刑名，將沿用已久的笞、杖、徒、流、死五刑，改為死刑、徒刑、流刑、拘留、罰金，以示中外無異；改革死刑執行辦法，規定「死刑僅用絞刑一種」，刪除凌遲、梟首、戮屍、緣坐、刺字等酷刑。從 1906 到 1908年在日本顧問岡田博士的幫助下，完成了《大清新刑律》的制定，並於 1910 年 12 月25 日頒佈，預定 1913 年始實行。新刑律是中國第一部近代刑律，它以「折衷各國之

良規，兼採近世最新之學說」，而又「不戾乎我國歷世相沿之禮教民情」為基本宗旨。分總則與分則：總則規定犯罪構成要件，刑罰的一般原則；分則規定具體的犯罪和處罰辦法。刑罰又分主刑和從刑，主刑有死刑、無期徒刑、有期徒刑、拘留、罰金；從刑有「褫奪公權」和沒收。此外還採用資本主義國家法律中的罪名法定主義、猶豫制定（緩刑）和假釋制度等，取消因「官秩」、「良賤」、「服制」在刑律適用上所形成的差別。新刑律體現了近代法律精神，它所提出的許多刑名至今仍被沿用。

其二，改革「諸法合體」的傳統法律結構。自古以來，中國的法典基本上是刑法典，但又包含有民法、訴訟法及行政法等法律內容，形成了「民刑不分、諸法合體」、民商不分、實體法與程序法無別的法律結構。所謂「往昔律書體裁雖專屬刑事，而軍事、民事、商事以及訴訟等項錯綜其間」，指的就是這種情形。沈家本主張，應「隨乎時運之遞遷」而改革這種法律結構，民商及訴訟等律均應「欽遵明諭特別編纂」[16]。為此，修訂法律館「注重世界最普遍之法則」，「原本後出最精確之法理」和「求最適於中國民情之法則」，制定了《大清民律草案》、《刑事訴訟律草案》和《民事訴訟律草案》等部門法與單行法規。1910 年農工商部據各商會所編的商律調查案，編定了《大清商律草案》。這些部門法及單行法規大多因清王朝滅亡而未及頒行。

其三，「政刑」分離，司法獨立。在中世紀的中國，政刑之權「叢於一人之身」，上自皇帝，下至州縣長官莫不如是。沈家本根據資本主義行政、立法、司法三權分立的原則，力主「司法獨立」。他認為：「東西各國憲政之萌芽，俱本於司法之獨立。」[17] 司法獨立不僅可收統一事權之效，且可為「異日憲政之始基」[18]。因此，他「考古今之沿革，訂中外之異同」[19]，制定了《各級審判廳試辦章程》和《法院編制法》。編制法規定全國的法院分為初級、地方、高等審判廳，大理院四級，分設於縣、府、省、中央，採用四級三審制，並在大理院和地方審判廳設立相應的檢察廳，各級審判廳和檢察廳專司審判而俱受法部的行政監督。1907 年，在法部的主持下，創設審判廳於東三省，並試辦於直隸、江蘇兩省。中國之司法、行政分立自此而始。

舊律的刪改修訂，新法如刑法、民法、商法、訴訟法的編纂，司法獨立的試行，這三個方面合成了中國法制近代化的一步。新法富於近代法律的色彩，但由於舊觀念舊勢力的抵制而沒有發生多少實際作用。

（四）獎勵實業。清政府「獎勵實業」之舉發端於甲午戰爭後，但作為一項具有

實質性內容的政策在全國範圍內施行，卻是在 1903 年商部設立之後。1902 年，清政府在「帑項奇絀」、「庫儲一空如洗」的財政困境中，開始注目於「商政」，講求商務，並接受了督辦政務大臣奕劻等人的奏請，於翌年 7 月在中央設立商部，以為「振興商務」之地。[20] 由載振任尚書，伍廷芳、陳璧分別為左右侍郎，後來又聘張謇為頭等顧問官。在中世紀的中國，農本商末，商在社會生活尤其是政治生活中一向被歧視而處於四民之末，沒有什麼地位可言，所以商部之設，由政府出面倡導實業，不能不說是一個大變化。

　　商部成立後，即着手制定商律，先後頒行了《商部章程》、《獎勵公司章程》、《商人通例》、《公司律》、《破產律》、《商會簡明章程》等一系列商法。這些商法雖然在實施過程中大多流於形式，但它們以法律的形式肯定了工商業者的社會地位，為工商業者的經營管理活動和合法權利提供了某種保護，也為解決商事訴訟提供了若干法律依據，因而又多少改變了崇本輕末、重農抑商的古老傳統，對於扭轉「狃於積習」、「恥言貿易」、卑商賤商的社會風氣也還是有些好處的。1906 年，清政府對中央各部進行改組，將工部併入商部，成立農工商部，將原由商部管轄的輪船、鐵路、郵政事務劃歸新設立的郵傳部。雖然農工商部的地位有所下降，但繼續推行商部的獎勵實業政策，同年頒佈了《獎勵商勛章程》，第二年又先後頒行了《華商辦理實業爵賞章程》和《獎勵華商公司章程》。這些章程構成了清政府獎勵實業政策的基本內容。獎勵可分三類：一是有高超技藝的手工藝人和有所發明創造者，二是實業提倡者，三是投資於實業者。章程中規定，辦理一千萬元以上實業者賞給男爵，辦理兩千萬元以上實業者賞給子爵。這比 1903 年《獎勵公司章程》規定頭等顧問官加一品頂戴需五千萬元少得多。儘管受到獎勵的實際人數微乎其微，據統計，按《華商辦理實業爵賞章程》得獎的僅四人，按《獎勵華商公司章程》得獎的也不過二十八人。[21] 但比之幾十年前，曾國藩、左宗棠、李鴻章以百戰之功換取侯爵、伯爵之封，工商業者憑藉資財即可獲爵，表現出社會價值觀念的劇變。而觀念的變化不僅反映了現實的變化，還影響現實的變化。「由是國人耳目，嶄然一新，凡朝野上下之所以視農工商，與農工商之所以自視，位置較重。」[22] 曾一度出現「民之投資於實業者若鶩」的局面。就這一點而言，獎勵實業的政策為中國資本主義的發展創造了有利條件。

　　1905 年到 1910 年，國內新設廠礦企業出現了一個新的高峰，其中資本在萬元以

上者有二百零九家，共擁有資本 7525.5 萬元。同 1895 年至 1898 年出現過的高峰相比，其資本力量更強，投資範圍更廣。除此而外，清政府對華商承辦鐵路也採取了一些「優獎」和鼓勵措施。如「華人請辦鐵路，如係獨力資本至五十萬兩以上，查明路工實有成效者，由臣部（即商部——引者）專摺請旨給予優獎，以資鼓勵。其招集華股至五十萬兩以上者，俟路工告竣即按照本部奏定之十二等獎勵章程核辦」[23]。儘管清政府並沒有真正做到「體恤商情」、「保惠商人」，但它直接促成了各省鐵路公司的創設高潮和「劫路」、「保路」、「招商築路」運動的勃興。由於社會經濟、政治制度及技術等方面的原因，除浙江、廣東等少數省外，實際的造路成績並不顯著，多數省份始終停留於計劃階段，但這一時期修築敷設的鐵路是至今還存在的歷史痕跡。當然，這些成果未必能全部歸於「新政」，但在這些成果中有着新政留下的或深或淺的印記。

（五）教育改革。晚清新政中最富積極意義而有極大社會影響的內容當推教育改革，而教育改革又是從廢科舉開始的。

科舉起於隋代。在其初始，作為魏晉以來的九品中正制的否定物，它曾經是一種含有歷史合理性的東西。但經歷了一千多年之後，這種制度已經走向了它的反面。特別是明代開始，被稱為「經義之文」的八股大盛，「遂使世之慕速化者，置經史實學於不問，競取近科闈墨，摹擬剽竊以弋科第」[24]。科舉之弊，明季歸有光慨乎言之：「士方沒首濡溺於其間，無復知有人世當為之事。榮辱得喪，纏綿縈繫，不可脫解，以至老死而不悟。」[25] 在此之後，批評科舉和八股者代有人出。梁啟超曾從救亡圖存出發，痛斥「經文」之害：

經義試士，始於王安石。而明初定為八股體式，尊其體曰：代孔孟立言；嚴其格曰：清真雅正。禁不得用秦漢以後之書，不得言秦漢以後之事。於是士人皆束書不觀，爭事帖括。至有通籍高第，而不知漢祖唐宗為何物者，更無論地球各國矣。然而此輩循資按格，即可以致大位，作公卿，老壽者即可為宰相矣。小者亦秉文衡，充山長，為長吏矣。以國事民事託於此輩之手，欲其不亡，豈可得乎？況士也者，又農工商賈婦孺之所瞻仰而效者也。士既如是，則舉國之民從而化之。民之愚，國之弱，皆由於此。昔人謂八股之害，甚於焚書坑儒，實非過激之言也，故深知中國實情者，莫不

謂八股為致弱之根原。蓋學問立國之基礎，而八股者乃率天下之人使不學者也。[26]

張之洞亦有感於此，歷數科舉之積弊，主張變通科舉：

> 自明至今，行之已五百餘年。文勝而實衰。法久而弊起。主司取便以藏拙，舉子因陋以僥幸，遂有三場實止一場之弊。所解者高頭講章之理，所讀者坊選程墨之文，於本經之義，先儒之說，概乎未有所知。近今數十年文體日益佻薄，非惟不通古今，不切經濟，並所謂時文之法度文筆而俱亡之。[27]

二者批評的角度不同，但結論卻頗為一致。都認為科舉非加以根本改造不可。然而，科舉已成為一種教育傳統，它比任何批評者更頑強！百日維新甚至革除過八股，然而轉瞬之間它又重新復活。在喪失了合理性的東西身上所表現出來的這種頑強，正體現了歷史惰性的沉重力量。歷史惰性各國都有，但中國尤其突出。1901 年清政府下詔，並於第二年廢止了八股，但科舉仍未被逐出歷史。1903 年，袁世凱、張之洞遂上奏亟呼廢除科舉，其中說：「其患之深切著明，足以為學校之的而阻礙之者，實莫甚於科舉……科舉一日不廢，即學校一日不能大興；士子永遠無實在之學問，國家永遠無救時之人才；中國永遠不能進於富強，即永遠不能爭衡於各國。」[28] 袁世凱其人不足論，但他的這番話畢竟正確地說明了科舉與新式教育及國家命運的關係。1905 年各省督撫會奏《立停科舉以廣學校摺》中，又進一步強調了停罷科舉之意：

> 科舉一日不停，士人皆有僥幸得第之心，以分其砥礪實修之志。民間更相率觀望，私立學堂者絕少，又斷非公家財力所能普及，學堂決無大興之望。[29]

這段話與前此袁、張的奏摺表達了同樣的觀點、同樣的要求。在這樣一種社會輿論壓力下，清政府頒佈了一道上諭，廢止了科舉：「著即自丙午科為始，所有鄉會試一律停止，各省歲科考試亦即停止。」[30] 同年 12 月，清政府又諭令設立學部，作為管理全國教育的最高行政機構，自此教育行政才從禮部中獨立出來。

從非議、抨擊到最後廢止科舉，前後經歷了數百年的時間，這是耐人尋味的。但它的廢止，改變了久被非議而不可觸動的傳統教育制度，做成了戊戌維新想做而沒

有做成的事，可以說是中國教育史上具有革命性的改革。然而，這並不意味着 20 世紀初年的「新政」比 19 世紀末年的維新更進步、更有力。因為時勢戰勝了傳統，所以 19 世紀無法實現的主張在 20 世紀變成了現實。這也不意味着科舉功名的社會價值已完全喪失，有功名的人仍然得到社會的垂青，具有濃厚的士大夫意識的紳貴階層也每每以功名自詡。1904 年最後一次廷試的狀元劉春霖，後來曾應海上聞人杜月笙之請，為杜氏祠堂落成點主。在科舉廢止數十年後，功名的這種社會價值還保留於民俗之中，可見傳統影響的源遠流長。

在近代中國浪浪相逐的改革潮流中，呼喚人才是中心題目之一。經歷了庚子之變後，更多的人看到了這一點。「江楚會奏」的第一疏開頭便說：「竊謂中國不貧於財而貧於人才，不弱於兵而弱於志氣。人才之貧，由於見聞不廣，學業不實；志氣之弱，由於苟安者無履危救亡之遠謀，自足者無發憤好學之果力，保邦致治，非人無由。」[31] 新時代所需要的人才是舊教育制度培育不出來的，因為它窒息了士子的創造意識和個性，於是而有興學堂之舉。1903 年，張百熙、榮慶、張之洞奏請「遞減科舉，注重學堂」，「從下屆丙午科起，每科遞減中額三分之一」，期於十年減盡。而科舉所減之額酌量移作學堂取中之額。「俾全國臣民確見裁減科舉，歸重學堂辦法，咸曉然於朝廷意向所在。」他們指望由此能出現「人人爭自濯磨，相率而入學堂，以求實在有用之學」[32] 的氣象。但時不我待，歷史沒有給予十年光陰。僅僅兩年之後，袁世凱、張之洞等人就已感到：「就目前而論，縱使科舉立停，學堂遍設，亦必須十數年後，人才始盛。如再遲至十年，甫停科舉，學堂有遷延之勢，人才非急切可成，又必須二十餘年後，始得多士之用。強鄰環伺，豈能我待。」[33] 在他們的力促下，科舉提前五年被廢止了。唯其如此，新政時期的辦學成績斐然可觀。從恢復、擴建京師大學堂開始，各省先後創辦了高等學堂、中學堂和小學堂，以及各種職業教育和女子教育。出現了中國近代史上僅見的興辦新式教育的熱潮。其間，一些注重人才的殷實之家、明達之士還私人出資興學。張謇即以興辦學堂而有名於時。他先後在南通倡辦了通州師範、女子師範、幼稚園、小學、中學等普通學堂，還創辦了紡織、農學、醫學等技術學堂。經營建築業的楊斯盛數年中連續創設了廣明小學、廣明師範講習所和浦東中學。到了 1909 年，各類新式學堂達五萬九千一百一十七所，學生數逾一百六十萬。在當時的中國，這並不是一個小數目。

1　1910年京師大學堂師生合影　京師大學堂是北京大學的前身，創建於1898年戊戌維新時期，是中國近代第一所國立大學，標誌着中國高等教育的近代化。後因八國聯軍侵華被迫停辦兩年。1902年恢復辦學。

2　清末留日學生合影　同京師大學堂師生相比，留日學生已是氣象一新，不過歷史決定了他們亦無法挽救清王朝的頹勢。

創辦新式學堂的同時，清政府採納了劉坤一、張之洞等提出的「多派士人出洋遊學」的主張，通令各省迅速選派，鼓勵自費留學，並讓出使大臣留心察訪華僑子弟就近留學，學成回國，經過考核，分別賜給進士、舉人、貢生等項出身，予以任用。選派留學生出國在 19 世紀 70 年代已經開始，而在甲午戰爭後數量大增。新政期間，由於不分官費自費概以科名獎賞學成歸國者，遂使留學蔚為潮流，在 20 世紀初年出現了第一次「留學熱」。赴國外，尤其是赴日本留學幾成一種風氣。據統計，到 1905 年年底，留日學生數大約有八千人至一萬人。在這些留學生中，後來產生了一大批民主革命的志士。

在廢科舉、興學堂、派遊學的同一過程中，產生了《欽定學堂章程》（「壬寅學制」）和《奏定學堂章程》（「癸卯學制」），這是中國最早的學制。前者因不夠完備而沒有實行，後者則明確地規定了從蒙養院到通儒院的各級學校的學制，採用新的教育內容和方式，並對學堂畢業的學生給予科名鼓勵，從高小畢業到大學畢業分別授予附生、貢生、舉人、進士的功名。這個學制的實行對 20 世紀中國學校教育制度產生過很大的影響，它為中國近代教育奠定了第一塊基石。

新式教育必須有不同於舊教育的宗旨。1906 年，學部在《奏請宣示教育宗旨摺》中說：「中國之大病：曰私、曰弱、曰虛，必因其病之所在而拔其根株，作其新機，則非尚公尚武尚實不可也。」明確點出新教育的宗旨。所謂「尚公」，就是「務使人人皆能視人猶己，愛國如家，蓋道德教育莫切於此矣」。所謂「尚武」，就是「凡中小學堂各種教科書，必寓軍國民主義，俾兒童熟見而習聞之」，「以勵其百折不回視死如歸之志」，「以造成完全之人格」。所謂「尚實」，就是教育須「勖之以實際，課之以實用」，「以期發達實科學派」，「必人人有可農可工可商之才」，而求「下益民生，上裨國計」[34]。同科舉制度下的知識分子「考其學業，科舉之法外，無他業也；窺其志慮，求取科名之外，無他志也」[35] 相比較，這種教育宗旨對於人才的要求，已經大不相同了。它還有舊的印記，但更多的是新的內容。同一年，王國維從另一角度提出，教育之宗旨應當在於「使人為完全之人物而已」。他說：人的能力分成身體和精神兩種。教育的目的是發達這兩種能力，與之相應，教育的宗旨分體育和心育兩方面。心育中又有智育、德育、美育三類，以配符於真、善、美的境界。只有包含着這些內容的教育才是完全的教育，只有完全的教育才能育出完全的人物。在中國教育史

上，他第一次提出了德、智、體、美四育並重的教育宗旨。[36] 他的思想比學部所言的尚公尚武尚實更深刻，因而對後世的影響也更大。

就其內容來說，清末新政不僅繼承了洋務運動的事業，而且繼承了百日維新的事業。不僅如此，在某些部分它比後者走得更遠。當時身任北洋大學教習的美國傳教士丁家立說：「袁（世凱）和張（之洞）兩位總督，目前已着手實施他們徹底廢除舊式科舉制度的計劃，定期削減考取功名的名額，只需十年就將停科。此後，學位概由書院頒發。」他稱之為「一項革命性的法令」[37]。丁家立以資產階級的眼光看出，新政中的教育改革部分已經超出了改良的範圍。雖然教育制度的改革產生於自上而下的過程中，但一百六十餘萬新式學生的出現和眾多八股士類的淘汰則直接和間接地牽動了整個社會。新的知識分子已經不是舊教育的基礎了。新政造就了他們，但他們又超出了新政劃定的界限，奔向立憲和革命。同這種政治傾向相適應，在當時大有社會影響的是他們所傳播的無神論。無神論是中國古已有之的東西，但新式知識分子把它同西方無神論者如狄德羅、拉美特利之說相結合，同西方自然科學和其他學理相結合，因而其論證更能說服人。以科學來討伐鬼神，其力量是傳統的無神論所大大不及的。黃宗羲曾用「昧者以為神之往來，不知靈氣之發於山川也」[38] 來說明「鬼火」。但近代無神論則非常簡單地以對「磷火誤認」來解釋之。相比之下，後者實在要科學得多、明白得多。秋瑾說：「人生原是最靈物，土木何能有性靈？終日禮拜何益處？反因此潦倒困終身！神仙鬼佛諸般說，盡是謠言哄弄人。」[39] 這是有鑒於義和團濃厚的迷信陋習，從明顯的實際事例出發引導人們否定鬼神，從無神論的觀點去批判迷信的有神論了。比起太平天國以拜上帝教的一神教反對神仙鬼佛的多神教來，也大大地前進了一步。在遍地都是有神有鬼論者的時代，用科學說明無鬼無神，對於民族觀念的更新有着非常積極的意義。一個迷信的民族是不可能進入近代化進程的。

三、兩點歷史思考

改革是一項極其複雜的社會系統工程，清末新政由一批曾仇視改革或與改革為敵的人物完成了一場帶有革命內容的改革。在這種意味深長的矛盾背後是歷史造成的

兩個原因：其一，庚子之變以後的局勢是一種真正的統治階級再也無法照舊統治下去的時局。1901 年 2 月頒佈的上諭中說：「無事且難支持，今又構此奇變。」正是對這一點的承認。新政在主觀上是為了防止革命掀揭屋頂而挖開的一個窗洞，但在客觀上卻成為時勢假手不願改革者而實現的一場改革。歷史常常會使動機與效果大相異趣，對於一個沒落的階級尤其如此。其二，有人說過：戊戌政變殺青年人、南方人多；八國聯軍殺老年人、北方人多。透過這種南北方和青老年的對立，是改革人物與頑固保守人物的對立。侵略者用暴力消滅了後一類人物中的一部分，同時又以此震懾了其他部分。這並不是一件值得稱頌的事，但它導致的結果卻是為中國的改革消除了一些阻力。許多歷史的是非是隱藏在歷史的深處的，只有透過某些歷史細節的表象，才能把握歷史邁進的步伐和節奏。

　　清末新政是以自下而上的推動和自上而下的改革雙向互動的形式出現的。清政府原想藉此實現王朝的自我挽救，但新政非但沒有延長它的壽命，從某種意義上說還加速了它的滅亡。它推行教育改革，是想造就「尊崇孔教，愛戴大清國」[40] 的人，但無論是在國內新式學堂中還是在留學生中，清政府並沒有獲得多少為己所用的人才，反而出現了一個不同於傳統士類的知識分子羣體，成為王朝的掘墓人。清政府在全國各省擴編新軍，原本是要以此來彈壓各種可能出現的變亂，卻又給革命黨人在各省以發展革命勢力的機會，新軍絕大多數成了王朝的「嘩兵」、「叛兵」。清政府獎勵實業，原想藉此擺脫嚴重的財政危機，卻導致了「資產階級利益、知識分子利益與專制制度的衝突越來越大」……所有這一切，都走向了清政府預想的反面。何以會如此？歷來論者大都從其推行新政的動機來說明它的欺騙性和反動性，這並沒有錯，但問題沒有這麼簡單。清政府推行新政固然有取悅列強、拉攏立憲派、打擊民主革命的一面，更有統治階級變法自強的一面；它有欺騙、拂逆輿情的一面，更有符合歷史發展邏輯的具體內容。歷史的效果往往不以人們的動機為轉移。清末官制改革，在客觀上推動了國家體制的近代化；教育改革，奠定了中國近代化教育的基礎；軍制改革，推進了中國軍事的近代化；法律改革，開了中國法制近代化的先河；獎勵實業，則直接促成了創辦實業的高潮。因噎廢食，因人廢事，並不是一種科學的態度。人們習慣於用御史歐家廉的幾句話：「易私塾門榜即為學堂，改親兵衣飾即為巡警，建一二洋式衙署，用一二留學生，即是崇奉西法」，來說明新政的有名無實。固然這段話反映了當時的

1 揭露清廷「新政」導致民眾負擔加劇的漫畫

2 1909年載洵、薩鎮冰等赴歐洲考察海軍期間與西人合影

一些實況，但遠不是新政的全部。清政府「清理財政而漏卮愈大，編練新軍而嘩兵愈眾，改輕刑律而斷獄愈多。事事有盡更其故之思，人人有不如其初之慨」[41]。最後從新政走向滅亡，有其更深層的原因。這裏不想談得太遠，單就其中兩點來加以說明：

（一）舊人辦新政。清末立新制而不易舊人，由曾與改革為敵的人物來推行新政，有其深刻的歷史原因。但它的結果不僅沖淡了新政的革新色彩，而且限制了新政的歷史展開。新的制度必須有新的價值觀念、思想和行為模式與之相適應，否則絕不可能賦予新制度以真實的生命力，失敗和畸形發展的悲劇性結局也就不可避免。就晚清新政來說，直接參與其事的「樞臣疆吏」有奕劻、載澤、戴鴻慈、袁世凱、端方、榮慶、鐵良、壽耆、世續、載灃、瞿鴻禨、那桐、蔭昌、載洵、紹昌等。這批人中，凡有立憲傾向的，大多只是「言官」而沒有實權，其餘絕大多數僅有王朝自救意識而無變革意識，既無實施憲政的誠意又缺乏推行憲政的能力。即使是諮議局和資政院中的議員，不向皇帝磕頭就不舒服，不叫謝恩就不是滋味的，也大有人在；不知立憲為何物或乾脆反對立憲的人物更不在少數。這類人物在資政院的「欽選」議員中所佔比例尤為突出。因為「欽選」議員羣體主要是由皇親貴冑、王公世爵和碩學通儒所構成的。即使在「民選」議員中，有功名的亦佔89.2%。當然有功名的並非就是抱殘守缺的，但就整體而言，他們的落後性更多於進步性。應該說，在「籌備立憲」之初，統治集團中有些人還是寄以希望的，但舊的政治慣性又吞噬了這種希望。一位官僚曾不無悲憤地說：「內外臣僚，久已習為軟媚」，「在位諸臣，人各有心，或陽奉而陰違，或始勤而終怠，行之不力，則功墮半途」[42]。新政終因執行無人而使朝廷之信用漸墜，國民失望愈深。自救的新政不僅無法保持王朝的內在凝聚力和集體價值，反而使社會益形棼亂，成了王朝的催命符。

（二）傳統和既得利益的雙重阻力。一切改革的推進都必然會碰到來自既得利益和傳統這兩方面的阻力。因為改革無可避免地要觸動既得利益和傳統。在近代中國，這雙重阻力表現得尤其明顯！中國的傳統既深且久，有極大的凝固性，不破傳統就不能前進。但自周秦以來形成的以孔學為軸心的文化傳統，已與民族習慣、民間生活渾然一體，無所不在。更可怕的是，這種阻力又往往與既得利益扭結在一塊，形成一種強大的抗改革因素。從1906年的「立憲改官」到1911年「皇族內閣」的出籠，統治集團中的各種勢力和派別，圍繞着權力的再分配展開了殘酷的爭奪。如榮慶之於張百

熙，奕劻之於瞿鴻禨，鐵良之於袁世凱，都是這種爭奪的具體表現。一方面是掌握着最高權力的皇宗貴胄唯恐大權旁落、「鼎祚潛移」，而拚命想藉「籌備立憲」之名推行中央集權；另一方面則是地方督撫（實力派）要「劃分中央與地方行政權限」實行責任內閣制，以削弱君主與王公大臣的權力。一方面是皇宗貴胄拚命排擠漢族官僚，剝奪漢族官僚的某些職位和權力；另一方面則是漢族官僚竭力培植各自的勢力和各種社會關係，與之對抗。一些過去被擯棄於仕宦門外的士紳，也想伺立憲之機，謀取一官半職。中央與地方、集權與分權、滿與漢等諸種矛盾和衝突，反映的是改革與傳統的對立，改革與既得利益的衝突。梁啟超指出：清政府「號稱預備立憲改革官制，一若發憤以刷新前此之腐敗，夷考其實，無一如其所言，而徒為權位之爭奪，勢力之傾軋。藉權限之說以為擠排異己之具；藉新缺之立以為位置私人之途；賄賂公行，朋黨各樹，而庶政不舉。對外之不競，視前此且更甚焉」[43]。在新政的推行中，賄賂、請託、勒索、鑽營、排擠、傾軋，各種卑劣的心機與手腕都無所不用其極地施展出來。有人慨乎言之：「自明降諭旨改革官制以來，迄於今日，大小臣工，徘徊瞻顧，虛懸草案，施行無期，而昏夜乞憐，蠅營狗苟，其風益熾。清議不足畏，官常不足守。上則如社鼠城狐，要結權貴；下則如飢鷹餓虎，殘噬善類。」[44]這一點，清政府在瀕臨滅亡之際頒佈的《實行憲政諭》中說得更清楚：

　　政地多用親貴，則顯戾憲章；路事朦於僉壬，則動違輿論。促行新治，而官紳或藉為網利之圖，更改舊制，而權豪或只為自便之計。民財之取已多，而未辦一利民之事，司法之詔屢下，而實無一守法之人。馴致怨積於下而朕不知，禍迫於前而朕不覺。[45]

結果愈改愈亂，愈革愈糟，從內部加速了清王朝的解體。這是清王朝所不願看到的結局，但又是它一手造成的。歷史有情乎？無情乎？

註　釋

1　吳永：《庚子西狩叢談》，2 頁，長沙，岳麓書社，1985。

2　吳永：《庚子西狩叢談》，51 頁。

3　中國近代史資料叢刊《義和團》（四），81~82 頁。

4　中國近代史資料叢刊《義和團》（四），81~82 頁。

5　故宮博物院明清檔案部編：《義和團檔案史料》，下冊，1327~1328 頁。

6　參見《張文襄公奏稿》，卷 32。

7　《清朝續文獻通考》，卷 230，兵考 2，9509 頁。

8　常備軍訓練以三年為限，期滿後發給憑照，資遣回籍，列為續備軍，主要補充常備軍額之不足和運送軍火物資；如續備軍還不夠用，則由後備軍補充。由於清代軍制陳陳相因和新軍建制的尚未完成，所以常備、續備、後備的規定並沒有真正實行。

9　三十六鎮的具體分配是，廣東兩鎮，廣西一鎮，甘肅兩鎮，雲南兩鎮，貴州一鎮，限五年編練足額；江北、安徽、江西、河南、湖南、熱河各一鎮，限四年編練足額；近畿四鎮，直隸、湖北、江蘇各兩鎮，山東、山西、陝西、新疆各一鎮，限三年編練足額；奉天、吉林、黑龍江、浙江、福建各一鎮，限兩年編練足額；四川三鎮，限三年編練足額，其中一鎮與度支、陸軍部協作練成。實際上，到清朝滅亡為止，編練計劃並沒有完成。據《清史稿·兵志》的綜合統計，全國只編成二十六鎮，有些書上說只編成十六鎮，是沒有將未成鎮的隊伍算進去。

10　參見故宮博物院明清檔案部編：《清末籌備立憲檔案史料》，上冊，463~464 頁，北京，中華書局，1979。

11　參見故宮博物院明清檔案部編：《清末籌備立憲檔案史料》，上冊，471~472 頁。

12　參見故宮博物院明清檔案部編：《清末籌備立憲檔案史料》，下冊，606 頁。

13　即中華法系、阿拉伯法系、印度法系、羅馬法系和英美法系。

14　參見趙爾巽等：《清史稿》，卷 142，志 117，刑法。

15　參見《刪除律例內重法摺》，見沈家本：《寄簃文存》（上），卷 1，台北，商務印書館，1976。

16　沈家本：《奏刑律分則草案告成由》，中國第一歷史檔案館藏，檔·法·律例 80 號。

17　故宮博物院明清檔案部：《清末籌備立憲檔案史料》，下冊，843 頁。

18　故宮博物院明清檔案部：《清末籌備立憲檔案史料》，下冊，827 頁。

19　故宮博物院明清檔案部：《清末籌備立憲檔案史料》，下冊，843 頁。

20　參見朱壽朋：《光緒朝東華錄》（五），總 5063 頁。

21　Wellington K.K.*Chan:Merchants,Mandarins and Modern Enterprise in Late Ching China*,Cambridge,Mass.,Harvard Univ.Pr.,1977,p.194.

22 《十年以來中國政治通覽》，載《東方雜誌》，第 9 卷第 7 號，紀念增刊，86 頁，1913。

23 宓汝成：《中國近代鐵路史資料》，926~927 頁，北京，中華書局，1984。

24 薛福成：《應詔陳言疏》（1875 年），見《庸庵文編》。

25 轉引自《明清史國際學術討論會論文集》，173 頁，天津，天津人民出版社，1982。

26 梁啟超：《戊戌政變記》，25 頁。

27 張之洞：《勸學篇》，外篇，變科舉第八，兩湖書院，1898。

28 舒新城編：《近代中國教育史料》，第四冊，118~119 頁，上海，中華書局，1933。

29 舒新城編：《近代中國教育史料》，第四冊，124 頁。

30 舒新城編：《中國近代教育史資料》，上冊，66 頁，北京，人民教育出版社，1981。

31 《張文襄公奏稿》，卷 32，1 頁。

32 舒新城編：《中國近代教育史資料》，上冊，61~62 頁。

33 舒新城編：《中國近代教育史資料》，上冊，63 頁。

34 舒新城編：《中國近代教育史資料》，上冊，222~224 頁。

35 轉見《明清史國際學術討論會論文集》，173 頁。

36 參見舒新城編：《中國近代教育史資料》，下冊，1008~1010 頁。

37 [澳] 駱惠敏編：《清末民初政情內幕》（上），311 頁。

38 《姚江春社賦》，見《黃宗羲南雷雜著稿真跡》，256 頁，杭州，浙江古籍出版社，1987。

39 《精衞石》，見《秋瑾集》，131 頁。

40 《奏定學堂章程》（五），《各學堂管理通則》，8 頁。

41 故宮博物院明清檔案部編：《清末籌備立憲檔案史料》，上冊，356 頁。

42 故宮博物院明清檔案部編：《清末籌備立憲檔案史料》，上冊，360~361 頁。張枬等編：《辛亥革命前十年間時論選集》，第 3 卷，130 頁。

43 《梁啟超詩文選》，199~200 頁，廣州，廣東人民出版社，1983。

44 張枬等編：《辛亥革命前十年間時論選集》，第 3 卷，129 頁。

45 故宮博物院明清檔案部編：《清末籌備立憲檔案史料》，上冊，96 頁。

第十四章

「中等社會」

「中等社會」一詞，於古無徵。它是中西社會衝撞、交錯與融合的產物，是 20 世紀初年的革命黨人所着力論説的一個概念。在這一概念背後，是 19 世紀下半葉以來中國社會變遷過程中産生和累積起來的一種力量。作為一個複雜的社會實體，它崛起於庚子之變後，不僅反映了那時中國社會經濟結構、階級結構的裂變與改組，而且反映了在歐風美雨浸染下中國社會價值觀念與行為模式的變化。革命黨人出自「中等社會」，又代表了「中等社會」。當他們用這個概念把自己同上等社會和下等社會區別開來的時候，他們同時體現了「中等社會」自覺意識的開始。它的出現本身體現了中國近代各種社會實力的消長，並很快成為推進中國近代社會新陳代謝的決定性力量。

一、一個複雜的社會實體

在 19 世紀，曾有過以上等、中等、下等名人名事的說法。如太平天國時期，綠林人物張嘉祥就說過：「上等之人欠我錢，中等之人安枕眠，下等之人跟我去，好過租牛耕瘦田。」[1] 這裏所區分的上等、中等、下等主要是以貧富貴賤為天然尺度，着眼於社會個體，因而它僅僅是直觀的結果。作為一個新的概念，「中等社會」則不僅僅是直觀的結果，亦是理性抽象的結果。義至而後名立，「中等社會」從社會地位和經濟狀況兩個方面概括了操各種不同職業而居於相同社會層次的人所構成的複合體，它着眼的是社會構造，因而它具有比前者更豐富、更深刻的社會內涵。就當時中國社會的階級關係而言，「中等社會」相當於中產階級，而「中產階級主要是指民族資產階級」[2]。也就是說資產階級屬於「中等社會」。但出現於 20 世紀初年的「中等社會」又不完全是資產階級的同義詞。當時人說：

> 湖南無兼併之豪農，無走集海陸之巨商，無鳩合巨廠之大工業，諸君佔中等社會之位置，唯自居於士類者成一大部分，而出入於商與士之間者附屬焉，出入於方術技擊與士類之間者附屬焉。[3]

這段話雖只以湖南一省的情形為言，但它對「中等社會」所做的界說是具有典型性的，反映了那個時候人們心目中的「中等社會」的狀貌。它用「豪農」、「巨商」、「大工業」[4] 作對比，反襯出「中等社會」在經濟上類乎尚有剩錢餘米之屬的中產地位。但更能說明「中等社會」特點的，則是它所例舉的諸種社會構造成分。

（一）「自居於士類者」。在傳統小農社會中，民概分為四：曰士曰農曰工曰商，士為四民之首。學而優則仕，修身齊家治國平天下，是他們恪守的政治信念，所謂「士而仕，猶農之耕也」。士可以通過科舉考試而取得「功名」這一特殊身份。但由士而進於政治行政系統的並不在多數，因為取得「功名」本身並不意味着得到官職。在中世紀的中國，「功名」具有特殊的社會價值，它不僅把有功名者同平民社會區別開來，而且賦予他們各種權利。即便未能躋身官僚之列，也能憑藉它左右鄉村社會的眾多事務，扮演極為重要的角色。一般說來，這批人在職的時候，是官；不在職的

時候，則是紳。然而士與士之間的社會地位和社會身份並不都是一樣的。其中之低級者，如眾多的生員，只是小紳士，實際上已經介乎紳與民之間，他們沒有上流紳士那麼多財富和權力，又比一般的「耕氓市井」之類多了一點兒功名。於是這些人天然構成了鄉村社會裏的中等階層。這是一個相當龐大的階層，有人估計，在 19 世紀的最後二十五年，這一部分士類大約有九十一萬人，佔全國人口總數的萬分之二十四。[5]這個數目不可能像自然科學那樣精確，當然也不能直接用來說明 20 世紀初年的中國社會情況，但它提供了一個可資推算的依據。所謂「自居於士類者」，這是一部分。他們不屬於中產階級，也不具有多少新質，但他們又被歸於「中等社會」，這種事實說明了「中等社會」依然帶有舊時代的深刻烙印。

「自居於士類者」的另一部分，也是最重要的部分，是 19 世紀末開始的各種新式學堂所培養出來的近代知識分子，包括為數不少的留學生，以及從傳統經生、儒士脫穎而來的知識分子。同科舉制度下產生的八股士類相比，這類人已經不同程度地受到了新思潮、新學理的洗禮，是另一種類型的知識分子。他們不同於那種「捨帖括八股書畫之外更無其他學問」的「闒茸污賤驕蹇無恥之士」，對傳統經籍版本的熱衷與執著逐步讓位於一種積極的社會參與意識和救世意識。他們有新的知識結構，新的人生理想，新的價值觀念，新的行為選擇。在救亡圖存的總目標下，他們開始了新的追求。在傳統經籍之外尋求有益於社會進化的新知，尋求強國之道。所以他們作為一個羣體一經出現，即引起社會各界的廣泛注目，甚至被尊為「製造新中國之良工」。20 世紀初年頗具聲勢的「學界風潮」之後，「稍有熱誠者，咸引領張目而望之」[6]，對正在崛起的新一代知識分子寄以殷切的期望。有人曾說，中國社會「殆已有多數之絕望，乃於各種絕望之中而單有一種焉，浮影於熱心家之腦中，而產生出一線之希冀者，此何物也？吾必曰：學生社會！學生社會！」「蓋學生者，實能於各種社會中獨樹一幟，有吸取新思想之資地，有稟受新感情之腦筋，有擔任新中國之學問。社會主義方倒歐風傾亞雨而來，旁皇無所著，而直接承受之力，不得不以學生為之媒。」[7]把學生視作變外來為內在的觸媒，這在中國歷史上是從來不曾有過的。它反映了隨時代變遷而來的社會觀念的變化，突出了學生在中國社會變遷過程中的特殊地位。與八股士類不同，新式知識分子不再拚搏於科場，不再執著於功名，但在久已習慣用士農工商劃分各色人等的社會裏，他們仍然「自居於士類」。據統計，1902 年共有近代學

堂 35787 所，1912 年增至 82272 所；學生則從 1006743 人增至 2933387 人。[8] 比較起來，這批人在數量上更多於八股士類。新的士類在近代中國的大批出現，體現了知識分子階層的新陳代謝。

19 世紀末 20 世紀初，這種新陳代謝不僅表現於新的士類在數量上的激增，更表現於時代發展對舊的士類的淘汰。在這個時候，新的社會需要使舊的知識無用武之地，而科舉制度的廢除又斷絕了詩書墨卷中人的出路，使之失去了安身立命之所。因此，「中等社會」裏的舊式士類在斯文掃地之後另謀出路成了一種引人注目的社會現象。投筆從戎即是一條重要的出路。一九〇五年（光緒三十一年）陳孝芬是在黃陂應募入伍的。「那次募兵結果，九十六人中就有十二個廩生，二十四個秀才。」[9] 曾被山東學政賞識過的秀才吳佩孚，最後「棄卻儒冠，另就事業」，投身到武備學堂去了。[10] 讀一讀辛亥革命時期的新軍人物記載，類似吳佩孚者大有人在。除此而外，還有從事其他職業的，於是而有「出入於商與士之間者」、「出入於方術技擊與士類之間者」之類稱呼。舊式士類的這種變遷，不僅是職業的變化，而且是利益和感情的變化。在同一過程裏，新式知識分子則成了時代的驕子，他們尖銳地抨擊王朝秩序，又向社會傳播各種新的觀念意識。隨着他們的產生，同時出現了種種前所未有的職業，如記者、編輯、律師、醫生（西醫）、近代學堂的教師以及職業革命家，等等。他們成為 20 世紀士類的主流，並因此而成為「中等社會」的中堅。

（二）「出入於商與士之間者」。在傳統的中國社會，士以求義為志，商以求利為本。士與商不僅道不同不相為謀，而且後者為前者所不齒。在以農為本、商為末的社會裏，輕商、卑商、賤商是一種由來已久的傳統。在這種傳統下，商是不可能有獨立的社會地位的。但從 19 世紀中葉起，這種人為的界線開始模糊了。西方商品經濟的衝擊，促使中國感受和認識了商品與資本的力量，於是而有洋務運動中出現的一部分先進的中國人傾力呼籲「商戰」，並形成一股社會思潮。「商戰」不僅包括商業，也包括工業，它既重視商品的消費流通過程，也重視商品的生產過程，所謂「商戰」需以工業、農業為本。作為民族壓迫下所產生的反應，「商戰」非常自然地把四民之末的工商業者同民族自強聯繫起來。於是，為士類鄙夷的商人之業開始得到了知識分子和社會的承認。創設於 1897 年的商務印書館，其初始的經營業務主要是印刷各種商業、商界的文件和賬簿等，所以稱「商務」，它的出現在某種程度上即透露出這種歷

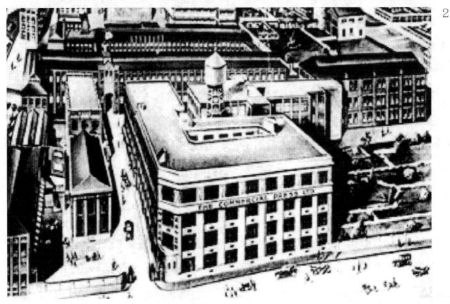

1　愛國學社成立時師生合影　1902年，上海南洋公學部分學生抗議校方壓制自由思想，
　　憤而退學，後中國教育會建立愛國學社，以幫助這些學生繼續接受教育。學社以灌輸民
　　主主義思想為己任，同時作為革命活動聯絡機關，為辛亥革命培養了不少革命戰士。

2　商務印書館　其初始的經營業務主要是印刷各種商業、商界的文件和賬簿等，是以稱
　　「商務」。

史信息。與這種觀念變化同時發生的，是中國自給自足的自然經濟在外力侵蝕下的逐步改組，它比觀念更有力地改變着舊的社會結構，在這個過程中產生了三種新的情況：

其一，舊式商業向近代工商業轉化。外國商品的輸入改變了舊式商業的經營內容，隨着經營內容的改變，經營方式亦隨之改變。上海「京廣雜貨鋪」之易名為「洋貨號」、「洋貨鋪」，當然不只是名稱的更易，更重要的是它所經營的商品內容的變化。當商業以經營農副產品為主的時候，商業的主要聯繫對象是農村，但當商業以經營洋貨為主的時候，其商業網絡會撒得更廣，其聯繫對象也會廣泛得多。《上海縣志》記載了同光時期一個叫朱佩珍的人由「習賈」而獨資經營五金鋪。「起家徒手，無所資藉，徒以重然諾，審取與，為士大夫所愛重。東西各國人士來此經商或旅遊者，聞其名，爭結納焉。」[11] 這段話生動地說明，舊式商業向近代工商業轉化的結果改變了商人本身。為士大夫所愛重，與東西各國人士相往來的形象是舊式商人所不曾有的。與其說這是「重然諾，審取與」所取得的，還不如說這是經營內容和經營方式的變化所造成的。在他們和士人之間，傳統的界線已趨淡化。

其二，舊式士類滲入了工商業。這是 19 世紀末 20 世紀初開始出現的一種新風氣。它既是傳統價值觀念變化的結果，也是經濟與社會變動壓力逼挾而成的結果。這兩種結果裏，又往往交織着愛國主義的情愫。張謇在中法戰爭後即認為「中國須興實業，其責任須士大夫先之」。甲午戰爭後，他目睹國事日非，毅然辭官，以狀元身份投身近代工商業，「士生今日，固宜如此」[12]，即體現了這樣一種情懷。在這個時期，僅川沙一縣就出現過好幾個操工商之業的「諸生」。例如：「黃彬，字紫文，高行鎮人，國學生，幹練有才。光緒初年，邑人朱其昂創辦上海招商局，章程皆其手訂」；「朱純祖，字麗生，市區人，監生。……年甫十齡，孤苦零丁，學習米業，中年創設朱麗記花米行，歷二十餘載」；「姚光第，號述庭，市區東門外人，南邑諸生……光第感於清季地方貧瘠日甚，就其家設機器軋棉廠，實為川沙機器軋棉之始」[13]。「諸生」棄文經商，不再局促於科舉──仕途之一路，固然是在「恥於言商，恥於言利」社會風氣轉變的情況下才可能出現的，但這種事實又有力地衝擊了舊時代的義利觀念，表現出舊式士類的價值指向逐漸由單一化走向了多元化，這無疑是一種進步。這批人由士類而來，因此他們並不是舊式商人。他們所操之業多為近代化的製造與貿易，因此也不是舊式商業。

1

2

1　以狀元身份投身近代工商業的張謇　甲午戰爭後，張謇毅然辭官辦廠，認為興實業才能
　　救國，「士生今日，固宜如此」，將「士」的精神在新形勢下作出了全新的表達。

2　晚清蘇州蘇經繅絲廠

其三，新式知識分子投身於工商業。在 19 世紀的最後幾年裏，各省開始興辦農、工、商、礦之類的專科學堂。這種新式學堂培養出來的畢業生，加上學成回國的留學生，是一批數目可觀的專業人才。他們中的多數人沿着工商業徑直走向工商界。這部分人是更完整意義上的近代工商業者。

上述三類人物都是以工商為業的，但又不同程度地出入於「商與士之間」。他們的利益同新的經濟方式連在一起，並在經營實業的過程中逐步向近代人轉變。但他們中的一部分又保留着傳統的痕跡。1904 年商部頒佈《商會簡明章程》之後，全國各地大中城市紛紛設立商會。到 1911 年，除川、粵、桂、滇、黔、湘等省沒有統計數據外，各省市共設總商會三十四個，商會六百一十六個。[14] 以工商業資本家為主體的商會之設，是 20 世紀初年出現的引人注目的社會現象。儘管它仍帶有某些中世紀行幫的印記，有的甚至還受到行幫的制約，但商會取代行幫卻是一種歷史趨勢。它的大量出現反映了中國民族資本主義經濟的初步發展，同時也體現了工商業資本家羣體意識的形成。作為一種新的社會力量，工商業資本家在抵制洋貨、收回利權、立憲運動等眾多社會事務中日益顯示出其自身的實力和存在價值。是他們，奠定了民主革命的社會經濟基礎。

（三）「出入於方術技擊與士類之間者」。「方術」一詞，始見於《莊子‧天下》，原指學術和治術。漢代以降，方術乃泛指一切神術，包括陰陽推步之學、數往知來之術、相術、醫術、神仙術、厭勝、符咒、祈禳、扶乩，等等。在中世紀的中國，它們大多出自傳統信仰或古代巫術，帶有很強的迷信神祕色彩。這裏所謂「方術技擊」者，泛指用一技之長以取得較為富裕生活的人們，例如名優、書畫家、以岐黃之術鳴者，以及其他種種自由職業者。

對「中等社會」內部構造的分析說明，「中等社會」是一個反映特定歷史內容的複雜的社會實體。20 世紀初年，資產階級的形象已經可以辨識，但資產階級的陣營是不明晰的。不明晰是這個時期資產階級的一種特點，它們同其他社會成分的交疊和粘連還沒有完全消除。然而，「中等社會」的複雜性，並不僅僅表現在社會構造上的新舊交疊與粘連。單就其政治傾向來說，就可分為革命與改良兩大派別，而在革命與改良兩大陣營內又存在着許多宗旨各異的小派別。作為「中等社會」的代表，革命黨人在推翻清王朝這個總目標上是一致的，但它們顯然不是鐵板一塊，毫無分歧的。1905

年同盟會的成立，固然表現出革命黨人很強的近代政黨觀念，但同時也存在着傳統的畛域觀念和宗派主義思想，而且後者往往模糊和掩蓋了前者。革命黨內許多爭議的背後幾乎都有這種舊的意識在作祟。1908 年《江漢日報》連載的《革命黨史》一文就曾對革命黨內部各派的政治主張做過介紹：（一）以黃興、章太炎、陶成章為代表的「民族主義派」，它「承繼中國數千年來所謂『內諸夏外夷狄』之學說，恢復國權，發揚國粹者固有之民族主義也」。中國內地學界多屬此派。（二）以孫中山、胡漢民、汪兆銘為代表的「民族民權主義之急進派」，它「法歐美之學說，倒現在之政府，建社會民主政體⋯⋯且直以武力而期成功」。革命黨人多屬此派。（三）以陳天華（陳死後由宋教仁「執其牛耳」）為首領的「民族民權主義之漸進派」，它「同第二派之主義，有其實行而大異其趣，不徒用武力，俟黨勢十分擴張，國民程度稍為發達，而後徐圖成功」。此派「黨員甚少、勢力微弱」。（四）以張繼為領袖的「無政府主義派」，它主張「倒現在之政府，不建再後之政府」。在這四派之外，還有以「女子復仇」為宗旨的「尊女主義派」，由劉光漢指導；有主張「社會平等」的「社會主義派」，以「蜀魂」為領袖。[15] 這種說法未必都符合歷史事實，但革命黨內部的政治分野卻是客觀存在的，並不是所有的革命黨人都有建立民主政體的自覺意識。孫中山曾說：

　　所有抱着革命思想的中國人，約略可分為三類：第一類人數最多，包括那些因官吏的勒索敲榨而無力謀生的人；第二類為憤於種族偏見而反對滿清的人；第三類則為具有崇高思想與高超見識的人。這三種人殊途同歸，終將以日益增大的威力與速度，達到預期的結果。[16]

　　這段話極好地說明了革命的社會基礎的複雜性。作為一個整體，革命黨人都有反對腐敗王朝的要求，是清王朝的叛逆。但「那些因官吏的勒索敲榨而無力謀生的人」和「憤於種族偏見而反對滿清的人」首先不是把清朝當作一個君主專制政體來反對。翻開那時的報刊，撲眼而來的，不是反貪官污吏，就是仇滿情緒（當然也有藉這種情緒來宣傳民主革命真義的）。這種事實不僅牽制或遮掩了那些「具有崇高思想與高超見識的人」的民主追求，而且說明了他們不是或不全是傳統社會的叛逆。

　　「中等社會」的複雜性並不是個別人為的產物，歸根結底，它導源於中國近代社

會，是中國近代社會新陳代謝的複雜性的反映。「中等社會」所表現出來的複雜的社會歷史內容，是近代社會新舊兩種因素互相交織糾纏而又矛盾衝突的產物。中國近代社會是「將幾個世紀縮在一時」的社會。微弱的若干工商業都市與普遍停滯着的農村同時存在，若干的鐵路航路汽車路與普遍的獨輪車路、只能用腳走的路和用腳還不好走的路同時存在[17]，「自油松片以至電燈，自獨輪車以至飛機，自鏢槍以至機關炮」[18]也都是摩肩挨背地存在。社會經濟發展的不平衡與物質形態上社會發展序列的重疊交錯，決定了「中等社會」的社會關係及其觀念意識的多重性。「中等社會」的出現，是中國社會階級結構的深刻變化，但它的複雜性又說明它的不純粹性。不純粹性是正常的，天底下沒有絕對純粹的東西。但「中等社會」的這種複雜性和不純粹性，毫無疑問又給後來的歷史佈下了濃重的陰影。

二、「破壞上等社會」與「提挈下等社會」

「中等社會」介乎「上等社會」與「下等社會」之間，它不僅區別於「上等社會」和「下等社會」，而且承擔着「破壞上等社會」和「提挈下等社會」的雙重責任。它的作用和使命就體現於這兩種責任之中。

大致說來，「上等社會」是代表既得利益的統治集團，包括政府諸公、鴻儒碩彥、各地疆臣、領兵大員、駐外公使、州縣官吏等。「彼夫出道而呵，人闢而趨，氣焰熏熏，挾持政柄者，大率皆頑鈍腐敗之魁傑也。彼輩除考據詞章以外無學問，除奔競鑽營以外無閱歷，除美缺優差以外無識見。加之數十年陶熔於宦海，養成一種柔滑狡獪、麻木不知痛癢之性質，治內專務壓制，對外只知唯諾，任列強弄之股掌之上，波譎雲詭，罔測其端。是豈能立於今日世界競爭風潮最劇烈之漩渦而不墮落者乎？則位置之上於學生者無望矣。」[19]這部分人所代表的是一種舊的社會勢力，因而是革命和「破壞」的對象。「下等社會」則是以農工為主體的勞動者階級組成的龐大的社會力量，當然也包括會黨、馬賊、鹽梟、娼妓、江湖術士、無業遊民等流氓無產者在內。它受「上等社會」的壓迫，因而有革命的要求。但是，「下等社會之中，識字者蓋寡，廿四朝歷史、十八省地理、自幼稚而少壯而老大，眼中耳中腦中，未嘗經一二

之感觸，愛國之心何由而起？且蠻野橫悍，動輒蟻聚蜂屯，戕害外人，昧公法，召釁端，其愚更可憫矣。以與世界高掌遠跖之文明國民相競爭，如卵投石，如湯沃雪，安往而不敗哉？則位置之下於學生者更無望矣」[20]。它像是「一個布袋裏的馬鈴薯」，並不能自己代表自己，需要新的階級來代表它，「提挈」和「卵翼」它。學生之位置介於「上等社會」和「下等社會」之間，為「過渡最不可少之人」。它不僅代表了「中等社會」的自我意識，而且自覺地意識到了它比「上等社會」更先進，比「下等社會」更先覺。楊篤生說：

> 諸君（即「中等社會」——引者）在於湖南之位置，實下等社會之所託命而上等社會之替人也。提挈下等社會以矯正上等社會者，惟諸君之責；破壞上等社會以卵翼下等社會者，亦為諸君之責。[21]

「矯正」和「破壞」具有革新的意義，「提挈」和「卵翼」具有指導、啟蒙的意義。二者相連，又說明了其間的內在聯繫，即要「破壞上等社會」就必須「提挈下等社會」，「提挈」是「破壞」的前提條件。對於「中等社會」來說，這並不是一件輕而易舉的事，時論云：

> 上等社會既誤於前，崩潰決裂，俱待繼起者收拾之。為今日之學生者，當豫勉為革新之健將，使異日放一大光彩，以照耀於亞洲大陸之上，毋使一誤再誤，終罹亡國之禍，以為歷史羞。前途茫茫排山倒海之偉業，俱擔荷於今日學生之七尺軀，則對上等社會所負之責任重也。下等社會為一國之主人，如何使完其人格，如何使盡其天職，必養其獨立自營之精神，而後能為世界之大國民，以立於萬馬奔騰潮聲洶湧之競爭場而不蹔。今日之學生，即下等社會之指向針也，則對下等社會所負之責任重也。[22]

這段話裏既有強烈而深沉的社會民族責任感，也有先知先覺的救世意識。但在那時的中國，正是依靠這種救世意識才產生了「中等社會」同「下等社會」的最初聯繫。從救世意識出發，還有一部分人達到了更進一步的認識：「支那民族經營革命之事業者，必以下等社會為根據地，而以中等社會為運動場。是故下等社會者，革命之中堅也；中等社會者，革命事業之前列也。」[23] 因此，「中等社會」必須走向「下等社會」，

「與下等社會為伍」，並用新的社會理想「經紀」「下等社會」，使他們成為「革命的中堅」、進行「有價值之破壞」和「有秩序之革命」。

（一）「與祕密社會為伍」。祕密社會即通常所說的會黨，是獨立於中國社會行政系統和行會制度之外的「第三種社會」。它源於南方而流佈全國，分枝極多，除天地會外，還有三合會、三點會、哥老會、江湖會等，在下層社會有巨大的革命潛力。辛亥革命時期，革命黨人出於反清革命的需要，與祕密社會保持着密切的聯繫，並試圖在利用它的同時改造它，把它納入革命的軌道。這種改造與利用的方式大抵有四：一是走訪各山堂，進行民主革命的說服動員。如陶成章、魏蘭之遍訪浙東哥老會諸堂口[24]，萬武、劉道一之密訪馬福益[25]，譚人鳳之遊說長江會黨[26]，黃申薌之聯絡湖北會黨[27]等。二是打進去，以個人身份參加會黨組織，取得會黨的信任，獲取對首領進言、參謀的地位。如陳少白之參加三合會受封為「白扇」[28]；井勿幕在西安與哥老會首領歃血為盟結成三十六弟兄[29]；秋瑾、劉復權等人之加入橫濱三合會，受封為「白扇」、「洪棍」（掌刑）、「草鞋」（將軍）[30]；林述唐、黃興之在湘、鄂入哥老會被封為「龍頭」（首領）等[31]。三是拉出來，使會黨分子加入革命組織。僅以興中會為例，有姓名、事跡可考的興中會二百八十六名成員中：會黨分子入會者共四十四人，近六分之一。[32] 四是建立聯絡會黨的祕密機關或外圍組織。前者如光復會在浙江利用溫台處會館，並在上海設立聯絡點；後者如華興會為聚集兩湖哥老會而組織同仇會。革命黨人在與之為伍的同時，積極向他們宣傳民族、民主大義，以冀改造其宗旨、組織和作風。這些事實說明了革命黨人在「轉移其舊思想而注入之以新思想，轉移其舊手段而注入之以新手段」方面，確實做了許多實在的工作，會黨因之也成為反清革命的重要力量，為民主革命作過貢獻。但祕密社會有它自己依以生存的土壤，自己的組織和作風，並不容易被改造。它是一個動搖的階層，「缺乏建設性，破壞有餘而建設不足，在參加革命以後，就又成為革命隊伍中流寇主義和無政府思想的來源」[33]。它的組織和作風，如江湖義氣、山頭主義、分散主義，蘊含着頑強的生命力，因此革命黨人在改造它的過程中又往往被它所改造，在利用它的同時又往往被它所利用。1908年，革命黨人（胡漢民）已說「會黨首領難用，與其烏合不足恃」。孫武等也認為「對於各會黨只可採取聯絡，不可依為心腹」[34]。於是把運動「下等社會」的重點從會黨轉移到新軍上來。

1 馬福益 早年加入哥老會，後為劉道一等革命黨人說服，參加反清起義，最後被清廷捕殺。而當年革命黨人為「圖大事」聯絡甚至加入「黑社會」（會黨），早已不是什麼秘密，例如黃興曾被哥老會舉為「龍頭」（老大）、秋瑾曾是日本三合會（一個反清組織）的「白扇」（軍師）。

2 鄒容及其《革命軍》 鄒容，曾經留學日本，思想激進，不滿二十歲即因革命而犧牲。其宣傳革命的小冊子《革命軍》風行海內外，佔清末革命書刊銷售量的第一位。

（二）「與軍人社會為伍」。這裏所謂「與軍人社會為伍」主要指的是與新軍為伍。新軍的兵源多數來自破產農家的子弟和其他中小資產階級知識分子。他們本來就懷有不滿現狀的反抗情緒，自然容易接受革命宣傳，何況他們由分散的家庭生活集中到部隊中來，更能表現出多數人的力量。但是，新軍畢竟是清政府直接控制的武裝，要使他們投身到革命一邊來，還必須積極地宣傳和爭取，即所謂「破壞其舊勢力而聳動之以新勢力，排斥其舊事功而歆羨之以新事功」。革命黨人對新軍展開的活動，首先是投入新軍或入伍為兵。同盟會成立後不久，即在日本選拔軍事骨幹李烈鈞、程潛、唐繼堯、張鳳翽、孔庚等二十八人，組成「鐵血丈夫團」，回國分赴各省參加新軍，掌握實力。文學社首領蔣翊武也投入了新軍。有些軍事學堂畢業的革命黨人被分發到新軍中去後，和士兵生活在一起，暗地裏宣傳革命，如雲南講武堂的學生在 1911 年就有相當一部分投入新軍第十九鎮各步、騎、炮、工等兵種的標營中活動。其次，通過新軍中的革命黨人，祕密地散發革命書刊，其中如陳天華的《猛回頭》、鄒容的《革命軍》，在新軍中的影響很大。武昌起義老人所寫的《武昌首義回憶錄》，其中許多人都說到他們曾讀過和傳遞過這類小冊子。此外革命黨人還組織講演會，向士兵灌輸民主革命思想。再次，利用組織形式開展活動。就湖北來說，最初出現的革命組織，有科學補習所和日知會，成員多為新軍中的中下級軍官，他們在開展活動方面比士兵方便，影響也更大。革命黨為了和新軍互通聲氣和爭取有革命傾向的官兵，在新軍駐營附近、交通要道或租界，設立酒店、雜貨店以至住宅，這種商店和住宅也就成了革命的祕密機關。在湖北以外的革命黨人較活躍的地區，在新軍中組織祕密團體，積蓄革命力量的也不少。如熊成基在安慶新軍中主持的「岳王會」，第二十鎮中的「武學研究會」，即其實例。

革命黨人運動新軍革命，到武昌起義前夕，已取得了顯著的成效。據統計，當時湖北新軍第八鎮和第二十一混成協一萬五千人（按：李春萱回憶為一萬六千多人，熊秉坤回憶為一萬八千七百多人），純粹革命黨將近兩千人，經過聯絡而同情革命的約四千人，與革命為敵的至多不過一千多人，其餘則是搖擺不定的。[35] 除清政府控制較嚴的新軍外，多數地區新軍中的革命或同情革命的力量，到武昌起義前夕，也大都逐步取得優勢。如「灤州北門外師範學堂駐有七十九標一二三三營，自排長以至士兵，十九皆傾向革命」[36]。辛亥革命主要就是依靠新軍的起義而取得勝利的。

　　（三）「與勞動社會為伍」。「勞動社會」以農工為主體，他們生活在社會的最底層，是比「祕密社會」和「軍人社會」遠為龐大的社會羣體。20 世紀初年，「中等社會」已經意識到這一巨大的社會力量，認為「革命之業，斷不能破碎滅裂，僥幸其或成矣」，只有「鳩集羣力」才能成功。「勞動社會」日在飢寒交迫中，有很強的革命性，因而是民主革命最天然的同盟者。但它受封建的錮蔽既長且久，受專制政體的鉗制最嚴且酷，胼手胝足，愚昧無知，因而又具有極大的落後性，必須「改革其舊智識而注之以新智識，變易其舊習慣而注入之以新習慣」[37]。否則「雖有千萬之大眾生，終不得不寂滅」[38]。「夫以富有壯快驍悍之性質之民族而倡破壞於暗敗卑劣政府之下，而無政治思想以經紀之，雲興鼎沸，糜爛生民，不可收拾，使赤眉、銅馬、黃巾、青犢之羣，盧循、徐道復、黃巢、朱溫、宋江、李全、張獻忠、李自成之屬，披倡宇宙間。」[39] 其結果非但無功，反遭「野蠻破壞」之禍。因此「與勞動社會為伍」，首先，必須教育「勞動社會」，「指示破壞之方針，指示以收拾破壞之目的，率種姓、風俗、能力、道德同一之民族以趨之。其用在於羣，羣天下之思想而為有意識之破壞；其事主於積，積天下革命之材力，而為有價值之破壞。故有積極之破壞，即有積極之建設」[40]。引導和教育處於蒙昧狀態中的下層羣眾，把他們納入民主革命之軌道，使他們成為革命力量，避免盲目的破壞，而進行「有意識之破壞」、「有價值之破壞」，顯示了「中等社會」的自信，本身並沒有錯，但問題在於「中等社會」並沒有真正深入到「勞動社會」中去，而是寄希望於幾個「達識之士」和「聰明睿知之大人」「率而用之，振臂一呼」；或用暗殺、「灑血炸彈」來「使四萬萬眾恍然驚覺」。這除了說明「中等社會」的天真幼稚外，還說明了它與中國社會現實某種程度的脫節。

　　革命黨人「與下等社會為伍」，主要是與祕密社會和軍人社會為伍，但在同一過程中也已意識到引導勞動社會的重要性。這種事實說明，他們不僅看到了「下等社會」需要「中等社會」的指導，而且看到了「中等社會」需要「下等社會」的力量；不僅看到了「下等社會」裏的祕密社會和軍人社會，而且看到了祕密社會和軍人社會後面的勞動社會。當然，在他們眼中的勞動社會還是朦朧的，但他們已經開始注目於此了。

三、「中等社會革命」：承先啟後的歷史環節

　　在 20 世紀初年的時論中，法國大革命是常常被引用以說明中國的論題，並一度成為革命與改良大論戰雙方用以闡發各自政治理想的論據。改良派從法國大革命的歷史得出「革命之舉，必假借於暴民亂人之力，天下豈有與暴人亂民共事，而能完成者乎，終亦必亡，不過舉身家國而同斃耳」[41] 的結論，故而反對革命。梁啟超說：「泰西革命之主動，大率在中等社會。蓋上等社會則其所革者，而下等社會，又無革之思想無革之能力。」泰西革命源於生計問題，「故中等社會，常以本身利害之關係，故奮起而立於革命之場。若中國則生計之與政治，向固絕無影響者存也，故彼中革命一最要之機關，而我獨闕如也」。因此中國歷史上只有「上等下等社會革命」而無「中等社會之革命」。革命之業「必賴多數人」，革命派「欲用之以起革命之多數下等社會，其血管內皆含黃巾闖獻之遺傳性也」[42]。與改良派不同，革命派則從法國大革命中汲取戰鬥激情和理論依據，認為「泰西革命之所以成功者，在有中等社會主持其事；中國革命之所〔以〕不成功者，在無中等社會主持其事」[43]，中國革命的前途「惟有使中等社會皆知革命主義，漸普及下等社會」[44]，才有成功希望。

　　革命黨人贊成第三等級，但以革命黨為代表的「中等社會」不同於第三等級。法國大革命時期的第三等級是由納稅者組成的，它包括工商業資產階級、農民、工人、城市貧民和為數眾多的小生產者，如小業主、小商人和工匠等。納稅把他們連結成一個陣營，與不納稅的僧侶、貴族等特權階級相抗衡。在第三等級中，資產階級（包括金融、工業、商業資產階級）是新生產關係的代表者，是大革命的領導力量，他們不僅代表第三等級，而且代表「百分之九十六的國民」。20 世紀初年的中國社會與大革命時期的法國社會是不同的。那時法國的資本主義已有了相當充分的發展，資本主義生產方式已具備與封建生產方式抗衡的力量。因此，在第三等級背後，是歷史發展過程中已經成熟的社會變革要求。而 20 世紀初年的中國提供給中等社會的社會變革的基礎是不成熟的、薄弱的。新式知識分子是「中等社會」最進步的部分。但他們的思想、觀念並不是從中國社會裏直接孕育出來的，而是在民族危機的刺激下，接受了西

方資產階級革命的理論。因此,他們與他們所代表的社會之間有着某種程度的脫節。與法國大革命時期的第三等級的陣營相比,在「中等社會」與農工所組成的「下等社會」之間又有某種程度的脫節。在中國這樣特殊的社會環境下,脫節是正常的,但它又必然影響到改造中國社會現實、建立近代生活的實效。

近代中國的改革是從上層開始的,是在外國資本主義侵略和農民起義的雙重壓迫下邁開第一步的:依次推移,由上層肇始,逐級延及中下層,它的發展形成一個塔形。作始於洋務運動而登場於甲午戰爭後的改良派曾寄希望於「上等社會」,他們看不起「下等社會」,極言革命之禍以推動清廷變法,並賦予變法以防止「下等社會」揭竿而起的意義。所謂推行君主立憲便可以「防家賊,靖內亂」,「永絕亂萌」,避免「流血的破壞」。直到 20 世紀初年的「中等社會」,才認識到「中等社會」必須以「下等社會」為依託、為根據地,並自信有能力領導「下等社會」進行「積極之破壞」、「有秩序的革命」。儘管這種認識仍然是不明晰的、朦朧的,「中等社會」也並沒有真正把「下等社會」發動起來,但它卻使「中等社會」和「下等社會」有了一定的聯繫。顯然,由「中等社會」領導的中國革命,已經不是「湯武革命」或劉邦、朱元璋之類的英雄事業了。它與歷史上的農民戰爭已有了很大的不同,「中國自秦以降,革命者多崛起民間,於平民革命較近之」,實際上只不過是改朝換代的工具。而「中等社會」革命則「出於國民」,「革命之後,宣佈自由,設立共和,其幸福較之未革命之前,增進萬倍,如近日泰西諸國之革命是也」[45]。也就是說,「中等社會」革命的目標是推翻專制政體,建立民主共和政體,因而已具有近代民主革命的品格,走出了改朝換代的軌轍。「五四」以後,新的宇宙觀、人生觀一齊湧來,新一代改革者科學地認識和闡明了下層羣眾在社會進步中的作用,「下等社會」的力量得到了真正的發揮。這就是共產黨領導的工農大眾革命。而「中等社會」領導的革命則是一個承先啟後的歷史環節。

註　釋

1　寶昌榮選註：《天地會詩歌選》，134 頁，北京，中華書局，1962。廣西天地會民謠，流傳頗廣。張嘉祥後來投順了朝廷，成為太平天國的主要敵手之一。有人因此而不願意承認這種飽含反抗精神的話出諸他口，其實大可不必如此。

2　《毛澤東選集》，2 版，第 1 卷，4 頁，北京，人民出版社，1991。

3　楊篤生：《新湖南》，第四篇，1903。

4　這裏所謂「大工業」究係何人，待考。若按常理推斷，當指居於上等社會或與上等社會有密切聯繫的張之洞、盛宣懷輩。

5　Chung-Li Chang：*The Chinese Gentry*，University of Washington Press.1955.p.99.

6　《倡學生軍說》，載《蘇報》，19030624。

7　《江南水師學堂之鬼蜮》，載《蘇報》，19030620。

8　參見 [美] 費正清：《劍橋中國晚清史》，下冊，623 頁，北京，中國社會科學出版社，1985。

9　中國人民政治協商會議湖北省委員會編：《辛亥首義回憶錄》，第 1 輯，70 頁，武漢，湖北人民出版社，1979。

10　參見瀨江濁物：《吳佩孚正傳》，見榮孟源等編：《近代稗海》，第 5 輯，617~618 頁，成都，四川人民出版社，1985。

11　民國《上海縣志》，卷 17，遊寓，見黃葦等編：《近代上海地區方志經濟史資料選輯》，321 頁。

12　張孝若：《南通張季直先生傳記 · 附年譜年表》，傳記，82 頁，上海，中華書局，1930。

13　方鴻鎧等修，黃炎培等纂：《川沙縣志》，卷 16，人物志，統傳，見黃葦等編：《近代上海地區方志經濟史資料選輯》，324、315、312 頁。

14　據《各省商會詳表》統計，見《中國年鑒（第一回）》，1544~1570 頁，上海，商務印書館，1924。

15　參見中國社會科學院近代史研究所：《辛亥革命時期期刊介紹》，第 3 冊，451 頁，北京，人民出版社，1983。

16　《中國問題的真解決》，見《孫中山選集》，上冊，61 頁，北京，人民出版社，1966。

17　參見《毛澤東選集》，2 版，第 1 卷，188 頁。

18　《魯迅全集》，第 1 卷，344 頁，北京，人民文學出版社，1980。

19　李書城：《學生之競爭》，載《湖北學生界》，1903 年第 2 期。

20　李書城：《學生之競爭》，載《湖北學生界》，1903 年第 2 期。

21　楊篤生：《新湖南》，第二篇，1903。

22　李書城：《學生之競爭》，載《湖北學生界》，1903 年第 2 期。

23　《民族主義之教育》，載《遊學譯編》，1903 年第 10 期。

24　參見陶成章：《浙案紀略》，見中國近代史資料叢刊《辛亥革命》（三），3 頁，上海，上海人民出版社，1957。

25　參見萬武：《策動馬福益起義的經過》，見中國人民政治協商會議全國委員會文史資料研究委員會編：《辛亥革命回憶錄》，第 2 集，245~247 頁，北京，文史資料出版社，1981。

26　參見《石叟牌詞》，見《譚人鳳集》，長沙，湖南人民出版社，1985。

27　參見賀覺非：《辛亥武昌首義人物傳》，上冊，黃申薌，310 頁，北京，中華書局，1982。

28　陳少白：《興中會革命史要》，80 頁，建國月刊社，1935。

29　參見中國人民政治協商會議陝西省委員會文史資料研究委員會編：《陝西辛亥革命回憶錄》，31、173 頁，西安，陝西人民出版社，1982。

30　參見王時澤：《回憶秋瑾》，見中國人民政治協商會議全國委員會文史資料研究會編：《辛亥革命回憶錄》，第 4 集，225 頁。

31　參見馮自由：《革命逸史》，第 6 集，42 頁，北京，中華書局，1981。

32　據馮自由：《興中會時期之革命同志》一文列表統計，參見馮自由：《革命逸史》，第 3 集，30 頁。

33　《毛澤東選集》，2 版，第 2 卷，646 頁。

34　中國人民政治協商會議全國委員會文史資料研究委員會編：《辛亥革命回憶錄》，第 1 集，508 頁。

35　參見中國人民政治協商會議湖北省委員會編：《辛亥首義回憶錄》，第 1 輯，125 頁。

36　中國近代史資料叢刊《辛亥革命》（六），291 頁。

37　《民族主義之教育》，載《遊學譯編》，1903 年第 10 期。

38　《中國之改造》，載《大陸》，1903 年第 4 期。

39　《民族主義之教育》，載《遊學譯編》，1903 年第 10 期。

40　《民族主義之教育》，載《遊學譯編》，1903 年第 10 期。

41　康有為：《法國革命史論》，載《新民叢報》，1906 年第 85 期。

42　梁啟超：《中國歷史上革命之研究》，載《新民叢報》，1904 年 46~48 期合本。

43　《中國革命史論》，見《陳天華集》，215 頁，長沙，湖南人民出版社，1982。

44　《絕命辭》，見《陳天華集》，236 頁。

45　《中國革命史論》，見《陳天華集》，214、224 頁。

第十五章

變革中的兩大動力

　　革命與改良之於社會，如燕鵲之有雙翼，舟車之有兩輪。革命是「用暴
力打碎陳舊的政治上層建築，即打碎那種由於和新的生產關係發生矛盾而到
一定的時候就要瓦解的上層建築」[1]，變舊質為新質；改良則是以漸進的鬥
爭形式推動舊事物向新事物轉化，它們既是相互依存的，又是矛盾對立的，
二者交叉地出現，或緩或急地促進社會的新陳代謝。近代中國就是在革命與
改良的不斷變革中曲折前進的。

一、相互交替的兩個歷史階段

在歷史前進的道路上，新的力量往往不是以單一的形式出現。而在歐風美雨飄打下的近代中國，各種思潮一齊湧來，形成為政治實力，更是如此。1894 年至 1895 年間，北洋艦隊被日本打得全軍覆沒，洋務派三十餘年的「富強」設想也被擊得粉碎，醞釀已久的維新變法思潮便形成一股富有朝氣的政治力量出而領航了。他們通過「公車上書」，組織強學會，把旨在「變政改制」的政治思潮推向政治運動。與此同時，資產階級革命派也開始活動起來，組織興中會，發動廣州起義。在甲午戰爭的民族災難中成立的興中會和強學會，一個以革命為宗旨，一個以改良為依歸；一個要把皇帝拉下馬，一個向皇帝上書請願。它們揭出了革命與改良兩面大旗，都想為衰落的中國尋找新的出路。

同時登場的這兩股新的政治力量，不是相等地開展活動的，而是隨着形勢的發展各有其變化，新舊遞嬗的邏輯決定了它們各有其自己的時代。從 1895 年 5 月康有為發動「公車上書」到 1898 年 9 月戊戌政變的幾年間，改良派被時人看作「新黨」，其變法活動以北京、天津、上海、長沙、廣州等地為樞紐，有風靡全國之勢，確曾給人以開創局面、迎接富強的希望。那時的興中會仍只是在海外華僑中和港粵之間聯絡，且被士流目為「亂黨」。即便是到了 1900 年 10 月的惠州起義，也不過是南海一隅閃電式的一擊，並無全局性影響，顯然居於次要地位。

改良派在甲午戰爭之後躍登歷史舞台，其思想淵源和鬥爭趨向，是由戰前三十餘年的改革思潮發展而來，也是由對洋務派的批判和發展而來。洋務運動中與頑固派相峙的洋務派，雖不完全具有資產階級改良派的形態和性能，但洋務思潮的掀起和失敗，在上層社會引起波動，為戊戌維新準備了現成的基礎和前提，同時規定了繼之而起的否定者（既克服又保留）只能是改良運動。維新運動之代洋務運動而起，成為時代中心，正是歷史運動的自身邏輯使然。而這時的革命派自身又為時代主流所吸引，不但與改良派分不清涇渭，就是對洋務運動破產之後仍有政治權位的洋務派頭目也沒有完全排除幻想。孫中山在 1894 年，章太炎在 1898 年還分別向李鴻章上書論政，想通過他在政治上有所興革。革命派與改良派既有熱愛祖國、要求改變現狀的共同願望，他們曾經尋求合作，就是到了 1899 年農曆六月康有為已在加拿大成立了名聲不

好的保皇會，革命派也還是沒有放棄同康、梁攜手的活動。這種事實說明，在近代中國，革命一開頭並不是改良的對立面，而是改良的合作者。

戊戌政變把改良運動從頂峰上推落下來，作為變法主持人的光緒帝被黜，作為變法策劃人的康有為出亡，盤根錯節的舊勢力一巴掌擊倒了頗有聲勢的維新變法，意味着一個歷史時期的結束。這個結果同時顯示了新與舊之間的力量對比，康有為曾以他的思想「力懾勝人」，但他沒有與之相應的物質力量。所以，儘管康有為為中國社會選擇了變法維新之路，但當時的中國社會並沒有選擇康有為。隨之，改良運動退出了主流地位，它以自己的失敗，為革命準備了基礎和前提。在宗旨矛盾的自立軍失敗之後，特別是經過接踵而至的義和團運動和八國聯軍的入侵，清朝的腐敗兜底暴露，國內的反清情緒日增，革命的聲勢日漲，逐步取代改良而成為時代的中心。從歷史發展的鏈條看，前為戊戌維新，後為辛亥革命，戊戌與辛亥是近代中國在前進道路上的兩個交替的歷史階段。革命與改良歷史地位的變化，反映了辛亥對戊戌既否定又發展的歷史辯證關係。因此，在近代中國變革的道路上，如果說 19 世紀最後幾年的時代象徵是康有為，那麼到了 20 世紀初年則進入了以孫中山為代表的時代。雖然，康有為生於 1858 年，孫中山生於 1866 年，他們近於同一輩人，但在社會政治思潮及其實踐的急遽變嬗中，他們的腳步卻是後浪推前浪，顯示為兩代人。

歷史階段的交推，並不是按照一定尺度的階梯。在有的歷史階段的交推中，一種新的力量敗陣下來，另一種新的力量在前者的敗局下成長起來，接應上去；而前者在敗退中尋求機會，經過新的組合，捲土重來，並與後者抗衡。清末革命派與改良派之由交替而並峙，就是這種複雜歷史現象的展示。20 世紀初年，民族矛盾的強烈刺激使一大批知識分子由愛國走向革命，其中包括原來參加維新運動的如秦力山、楊篤生、章太炎等一批人也都投到革命的旗幟下來了。時局的震盪，甚至連梁啟超也有「中國實捨革命外無別法」[2] 之想。這是一股潮流。繼興中會之後，在這個潮流的影響下又相繼產生了一批資產階級革命團體，如華興會、光復會等，並造就了一羣有影響的領袖人物。這說明，以興中會為契機的革命組織活動由海南跨向了長江。1905 年 8 月成立的同盟會「集全國之英俊」，匯聚了新團體和新人物的精粹，形成了成熟的具有全國規模的統一的領導資產階級民主革命的政黨，它的理論體系——孫中山的三民主義也正式公之於世，並擴大武裝起義和開展思想戰線上的鬥爭，標誌着革命的成熟

而有了勝利的希望。

此時的革命雖已成為時代主流，歷史卻並沒有一邊倒。發生在中國土地上的日俄戰爭，不僅以暴力摧殘了中國人的生命和財產，而且以其出人意表的結局極大地影響過一代中國人的思想。大而強的俄國何以會敗於「蕞爾島國」日本，勝敗之由安在？特定的社會環境決定了特定的眼界和目力，許多人就他們所知道的世界得出了一條道理，認為俄國之敗於日本，不是俄國的兵力財力不如日本，而是日本為君主立憲國，俄國為君主專制國，俄國之敗於日本是專制敗於立憲，或者說是日本之打敗俄國是立憲打敗了專制。這個論證，對那時的上層人士既有借鑒又有切膚之感。張謇所說的「日俄之勝負，立憲、專制之勝負也」，表達的就是這樣一種社會意識。於是，在戊戌維新中曾經提出而被視為過激的立憲，此時卻成了有極大魅力的字眼，皆以立憲為挽救清朝、振興中國的唯一途徑。就在俄國戰敗的 1905 年 7 月，洋務官僚張之洞、袁世凱、周馥及出使大臣孫寶琦等都出面而奏請立憲。在「百日維新」的變法高潮中，對立憲不置一詞的清朝統治者，這時也把它看作救生圈，派五大臣「分赴東西洋各國考求一切政治，以期擇善而從」，以德、英、日三個君主立憲國為考察的主要對象。次年 8 月發佈「預備立憲」上諭，給立憲派的活動提供了合法條件。儘管清廷所取的不過是立憲之名，但它的立憲姿態卻使真心相信立憲有回天之術的立憲派從中看到了莫大的希望。

作為一種反應，國內出現了一批由張謇等人組織的立憲團體，為中國的立憲事業搖旗吶喊。「雲破月來花弄影」，奔營於海外的康有為也為之一振，宣佈改保皇會為「國民憲政會」；梁啟超、蔣智由等則在日本設立「政聞社」，發刊《政論》雜誌，打出立憲的旗號向國內策動，並宣佈「絕無干犯（皇室——引者）尊嚴之心」[3]，他們為了實現自己的理想而泯除前此的恩怨，原諒了西太后；滿懷立憲理想的楊度，在日本創刊《中國新報》鼓吹立憲，旋即回國活動。這樣，戊戌年間失敗了的改良派重新崛起，成為朝野呼應、內外聯絡的立憲勢力。

立憲派是與維新派、保皇派一脈相承的資產階級改良勢力。因在不同的歷史階段爭奪的着重點不一樣，依次形成為三個不同段落的分稱：戊戌變法時為維新派，戊戌政變後為保皇派，日俄戰爭後為立憲派。這些變換的稱號反映了各自的主旨，也略寓褒貶。但改良派一直是它們的總稱。總稱表明了它們的改良主義路線的一貫性，分

1 1897年秋，孫中山與日本友人合影

2 華興會會員黃興（前左一）、宋教仁（前左四）、章士釗（後左一）等合影　資產階級
革命團體匯聚了一大批新人物，形成了成熟的革命政黨。

變革中的兩大動力

稱表明了它們各自的時間特徵與對革命派的關係的變化：維新運動時的維新派在於除舊佈新，挽救危亡，以消弭革命於方萌；保皇活動中的保皇派以保護光緒帝、反對慈禧太后為宗旨，與革命派又聯繫又爭奪；立憲運動中的立憲派則呼籲開國會、立憲法以挽救清朝的危亡，與革命派尖銳對立，互爭成敗。作為維新派領袖的康有為在立憲運動中雖仍岸然自尊，但已漸失昔日的聲光，而活躍於立憲運動中的卻是戊戌時還不太露頭角的張謇等人。可見改良派自身的血液也在經歷着循環和代謝，並在立憲運動中發展了他們的勢力。以他們為主體而連續出現的抵制美貨運動、召開國會請願運動、收回利權運動和保路運動顯示了立憲派在當時中國社會的基礎和聲勢。這種基礎和聲勢說明改良還沒有走完自己的歷史路程。因此，在革命成為時代中心之後，立憲派又成為與革命派橫向對峙的政治力量。

二、共和與立憲：兩種模式的爭奪

立憲派與革命派在 20 世紀初年主要表現為兩種政治理想和分道揚鑣的對抗形式，無非是君主立憲制與民主共和制兩種模式的爭奪。

改良派與革命派在甲午戰爭後相繼登場的初期，即以各自的鬥爭形式表現出了它們的不同面貌。但在維新運動的高潮中，互不干預，且以互為中國的前途履險而默認。直至因自立軍的宗旨矛盾，興中會的畢永年與唐才常激辯而去，由改良向革命轉變的章太炎也割辮明志，開始表露出二者的「道不同，不相謀」。自此，它們在活動中的齟齬、文字上的辯難就層見疊現了。1903 年 12 月，曾以「彼此均屬逋客，應有同病相憐之感」，謀求同改良派合作以實現中國社會變革的孫中山在《敬告同鄉書》中公開宣佈：「革命、保皇二事決分兩途，如黑白之不能混淆；如東西之不能易位。」[4] 他的話表達了對改良派的失望，同時又明確地劃分了革命和改良兩個陣營的界線。章太炎在同一年發表的產生過很大影響的《駁康有為論革命書》一文，則用更加尖刻的語言說明了二者的對立，從而揭開了革命與改良大論戰的序幕。

1905 年至 1907 年之間以《民報》和《新民叢報》各為一方的兩派大論戰，已遠遠超出了單篇文章和個別人物的範圍，在《民報》與《新民叢報》之外，革命派與改

良派的其他報刊也是唇槍舌劍，互不相讓；就是局外旁觀的報刊對雙方的論旨也不能不曲折地、隱晦地表示自己的意見。這固然體現論戰的規模，同時也表明此時的革命派與改良派已由原來的互不干預走向了全面對峙，前此的革新與守舊兩種思想的衝突一變而為在革新的道路上革命與改良的衝突。這場大論戰所涉問題至廣，其論旨由建立一個什麼樣的國家為核心，波及與此相關聯的各種理論和實踐。要乎言之，論戰主要圍繞三個基本問題展開：（一）要不要推翻滿清政府；（二）要不要建立共和政體；（三）要不要實行社會革命。在這三個問題上，革命既是那時的趨勢，自然也就代表了正確的方向。但是，在很多實際問題上改良派的議論又具有歷史的合理性，並不是全部真理都掌握在革命派手中。曾是章太炎「莫逆之交」的孫寶瑄說過：

> 今日海內，黨派有四：曰變法黨，曰革命黨，曰保皇黨，曰逐滿黨。變法黨者，專與阻變法者為仇，無帝后滿漢之見也。保皇黨者，愛其能變法之君，捨君而外，皆其仇敵也。革命黨者，惡其不能變法之政府，欲破壞之，別立政府也。三黨所持，皆有理。惟逐滿黨專與滿人為仇，雖以變法為名，宗旨不在變法也，故極無理，而品最下。[5]

這段話出現於革命與改良大論戰之前，但它所作的評論已經觸及了論戰中的若干問題。孫寶瑄是個要求變革的知識分子。他的話公允地反映了革命與改良在中國變革道路上的地位和價值。革命派和改良派用激烈的論戰來證明自身的合理和進步，但對這一時期中國的民族意識來說，這種論戰又在某種程度上構成互補，二者都在近代思想的發展歷史上留下了自己深深的印痕。大論戰本身雖然沒有結論，但在革命派與立憲派的兩種反抗形式──武裝起義和請願鬥爭之間的分途較量必然要決出分曉。

革命派的武裝起義，在 1906 年的萍瀏醴起義後，由間歇而頻繁，由小試而大幹。幾年間，革命勢力大大地激盪起來。與此同時，立憲派由少數人的局部立憲活動，至 1910 年末發展為數十萬人一再簽名的全國性大請願。他們想通過清朝政府實現他們的立憲主張，「俾希望立憲之人心迎機而大暢，鼓吹革命之患氣不遏而自燼」[6]，避免革命的流血破壞。一個旨在推翻清朝，建立民主共和政體；一個力爭改造清朝，使之走上君主立憲的軌道。雙方各自對着同一個對象──清朝開展鬥爭。過去說的「逐

鹿中原」，是指同一形態的起義英雄們的武裝角逐，清末則是資產階級內部兩種政治勢力採取不同方式的角逐。這是隨社會形態發生變化而來的階級結構和鬥爭方式的變化，不僅對封建時代的角逐是一個進步，即與中國進入近代社會以來的反封建鬥爭比，也是一種進步。革命派和立憲派在角逐中各自的力量都在增長。增長的社會因素，固然有不少原來的改良派分子投向革命，但也有許多從舊營壘中遊離出來的分子還不能一步跨進革命的門檻，只能成為立憲派的補充力量。由於革命派與會黨、新軍的結納日多，而千波萬瀾的羣眾自發性鬥爭也有利於革命派的武裝起義，革命的聲勢已大於立憲，它代表了時代的大方向。但立憲派在晚清社會政治格局中能夠成為站在革命派與清政府之間的「第三種勢力」，作為一個頗有聲勢的社會羣體而存在本身，說明了他們仍有其依以生存的社會基礎，他們作為新派人物的顏色並沒有完全脫落。比照革命派，立憲派在社會經濟、文化領域也有優勢。在經濟領域，立憲派直接從事工商業的人不少，與工商界有較廣泛的聯繫；革命派直接從事工商業的人卻罕見，與工商界聯繫不密切。所以，與工商界利益攸關的抵制美貨運動、收回利權運動和保路運動，多為立憲派發動，在社會政治生活中產生過很大影響。立憲派基於保護和發展工商業的要求，敢與帝國主義進行挽回利權的鬥爭，卻害怕革命帶來破壞，他們更要堅持立憲以抵制革命。在文化領域，在那時的學堂、報刊、著譯等資產階級新文化事業中，革命派固然已很活躍，但立憲派和傾向立憲的人數卻要大得多。如從戊戌時期創辦起來的作為新文化教育事業重鎮的京師大學堂和商務印書館，大抵仍以立憲人士為核心。如梁啟超的論著、嚴復的譯書，儘管他們的影響已大大地超越了立憲的政治界線，然而梁、嚴的立論畢竟是為立憲說法的。由於這種複雜的社會歷史關係，在 1900 年至 1911 年間，武裝起義和羣眾鬥爭雖已如火如荼，但立憲思想在知識羣及其他領域仍很流行，為許多人所接受。這裏且以 1911 年 2 月 23 日黃尊三的一段記述為例：

晚，（熊）芷齋來談，多為人處世之言。余詢其對國事之主張，則不能明白答覆，只云立憲即足救亡。余謂立憲不過一種制度，制度之運用在人，今之政府，能運用立憲之制度乎，吾殊未之敢言。況立憲之空名，政府亦未敢輕與。以余拙見，簡直說非革命不可。熊君聽余言革命二字，勃然變色曰，宋遯初素稱革命巨子，今日尚不言革命，汝輩何幼稚乃爾，可謂不知時務。余曰，宋之言革命與否，非余所敢知，不

能以宋某個人不言革命，使天下人均不言革命，足下未免太迷信遯初，而輕視天下人。況遯初未必真真不言革命也。足下蓋中立憲黨之毒而於國情為昧昧也。熊君聞余言憤甚，欲繼與余辯，下女報客來，而余二人之談判遂中止。[7]

黃尊三、熊芷齋當時同在日本留學。20世紀初期的留學生是中國政壇的晴雨錶。過去相關辛亥革命著作大都強調了留日學生的革命化，其實那十年前後留學日本的兩三萬人中，持熊芷齋這種態度、堅主立憲的人比比皆是。前此，胡漢民所說「其學業將成而自命前輩者，輒畏言革命，且信仰至日本維新立憲而止」[8]，就是指的熊芷齋這類留日學生。

20世紀初年，革命與改良之由縱向的遞嬗變為橫向的對峙，除了上述所說的情況外，還有外來和內在兩個原因。

就外來因素而言，資本主義取代封建主義都不外採取君主立憲制或民主共和制，君主立憲與民主共和構成資本主義世界的兩種基本政治模式。對於中國新興的資產階級來說，兩者都是現成的榜樣。革命派和改良派各自擇取一種榜樣以打倒另一種榜樣。康有為曾經作過統計，得出了君主立憲比民主共和多的結論，藉以闡發他的主張。但因為兩者的成功都已被過去的實踐所證明，所以就理論論爭而言，其中的任何一種都沒有足夠的力量徹底打倒另一種。這種情況又決定了兩者都能用自己的邏輯來說服一部分愛國的中國人。那時來自西方的外部條件有極大發言權，日俄戰爭的勝敗既是那樣令人信服，何況君主立憲與民主共和在西方是同一社會形態裏兩種並存的政治模式，改良派也就更有理由與革命派爭奪，要求在中國實行君主立憲。然而，中國究竟應採用哪種模式，是君主立憲還是民主共和，並不是一廂情願的事，而是由特定的時代、國情、社會環境與文化傳統決定的。厚此薄彼，以一方否定另一方，是缺乏歷史依據的。但在新興資產階級前進的歷史上，採用民主共和還是君主立憲，對封建勢力的打擊程度是不一樣的，也就是說民主共和對封建勢力的打擊大於君主立憲。在那時的中國，不把皇帝拉下馬，歷史就不能前進。民主共和與君主立憲兩種政治模式的爭奪，反映了中國近代社會新陳代謝過程中的矛盾和曲折。

就內在關係來說，在當時中國，封建制度是社會進步的最大障礙，而帝制又是這種制度最直接的體現者。革命派以鏟除帝制為己任，固然代表了中國社會的客觀要

求，革命之具有主導意義，其理由正在於此。但是，把實現立憲政治作為革故鼎新的最高目標的戊戌變法的失敗，並不同於沒落階級的失敗，而是新舊勢力的懸殊、新的暫時不能克服舊的而遭致失敗。戊戌後，立憲仍是一個為人們憧憬的新景象。而且，在戊戌時光緒皇帝曾經支持過維新變法，並在變法失敗後飽經折磨，與改良派同歷劫難。所以，在不少中國人心目中的光緒是主持新政而有立憲希望的「皇」，是維新變法的象徵，他們深信老耄的慈禧總活不過年富的光緒。難怪康有為揮舞着「衣帶詔」在海外華僑中有很大市場，在國內也仍然有影響。特定的歷史條件使得保守的形式具有了進步的內容。當革命派把握了正確的方向，以破竹之勢行進的時候，改良派卻把根鬚紮進了現實的社會變動之中，以捕捉時機，實現立憲的政治理想。兩者展開競賽，但兩者都不是倒行逆施。須知立憲在中國的實現並不是全無可能的，即便是到了1905年之後，也還存在着立憲的微弱前景，還有一些號召力，特別是對那些從舊營壘中漸次蘇醒過來而又害怕革命的人們。其一，日俄戰爭之後，公使孫寶琦和總督周馥、張之洞、岑春煊、袁世凱在統治集團內部先後籲請「變更政體」、推行立憲，主張內而依順輿情，外而跟上時代潮流，這種事實說明了洋務派向改良派的大步接近。儘管他們各有用意，但這種時局逼迫下的變化畢竟能夠容納比洋務運動更大的改革。其二，立憲派於1910年1月、6月、10月相繼舉行的「速開國會」的請願運動，曾遍及了十六個省，牽動過數十萬人，光是參與簽名者，就達二十萬人。它顯示了擁護立憲的社會基礎。其三，在20世紀初期的風雲變幻中，國內出現了一批改良派的後勁人物，其中尤以張謇最為著名。他沒有康有為那麼多理論，但他比康有為更富於策略；作為眾多實際運動的領袖，他的才幹又高於康有為。他以狀元的身份而毅然辭官南歸，創辦實業，體現了由一個中世紀的儒生到近代中國人的轉變。[9]但他並不能從封建的束縛中完全脫穎而出，仍只能把戊戌提出來的立憲作為自己追求的政治目標，並把各項新政集中到立憲這個總目標上來。就這一點來說，立憲運動是戊戌維新的繼續和發展，而康有為是立憲的前驅，張謇則是立憲的後勁。前驅和後勁既體現了改良派自身的代謝，又表現為立憲的社會接力。以上三者的存在，是一種歷史的安排。「東邊日出西邊雨，道是無晴卻有晴」。它們為立憲派的目標提供了可能實現的條件。然而，可能實現的東西最終並沒有實現，革命以先聲奪人之勢推翻了帝制。造成這一結果除了當時中國的客觀情勢外，還有兩個方面的契機：

1　2

1　清廷頒佈成立內閣上諭，稱年限不再更張，但時人已識破清廷只是「以振作為敷衍」。所謂的上諭，不過一紙空文罷了。

2　載灃與溥儀　老邁昏聵的慈禧和少年貴冑載灃均非百日維新中的光緒可比，這已注定了清末立憲的結局。時人諷刺政府：「昔有再醮之婦，嫁續娶之夫，人贈以一聯云：又是一番新氣象，依然兩件舊東西。可以為今日政府寫照。」

　　（一）立憲具有雙重意義。一方面，它是中國社會的一種變革，立憲派要求限制君權，推行資產階級的議會政治，要的是真立憲，因而有其合理性和積極意義。另一方面，它又是對早該淘汰的清王朝的一種挽救。只有變革王朝才能挽救王朝，二者是統一的。新政的實施說明了清王朝已有自我挽救的意識，但慈禧太后只取立憲之名又說明它並沒有相應的變革意識。立憲派一再警告清政府：「國運非收拾人心，無可挽回；人心非實行憲法，無可收拾」。並「以假立憲者真革命之說儆之」[10]。但種種跡象表明，「自先帝（指光緒——引者）立憲之詔下，三年以來，內而樞密，外而疆吏，凡所為違拂輿情，摧抑士論，剝害實業，損失國防之事，專制且視前益劇，無一不與立憲之主旨相反」[11]。當時人曾說：「今日之政府，所謂以振作為敷衍者也。昔有再醮之婦，嫁續娶之夫，人贈以一聯云：又是一番新氣象，依然兩件舊東西。可以為今日政府寫照。」[12]雖然形容太過刻薄，但意思是很傳神的。老耄昏瞶的西太后和繼起的少年貴胄載灃均非百日維新中的光緒之可比。歷史提供了可能的條件，但清王朝卻沒有一個認識這種條件的人。他們用假改革來欺騙人民，而欺騙人民是不可能不受歷史懲罰的。1911 年年初外國人已經看到：「中華帝國正在沒落，其四肢已經爛掉。」[13]顯示了局外旁觀者的敏銳與清醒。

　　（二）這一時期中國正處於「山雨欲來風滿樓」的大變革前夕，「政府之專己自逞，違拂民心，摧抑士論⋯⋯於是人民希望之路絕，激烈之說得而乘之，而人人離畔矣」[14]。以下層羣眾為主體的民變如千波萬瀾，起伏於南北各地。他們用自發的形式反映了 20 世紀頭十年中國社會矛盾的激化。民變以動亂的形式為革命創造了社會環境。歷史矛盾運動常常互為因果，這些民變大都是清王朝為籌集新政費用攤派捐稅而引起的。新政以自我挽救為動機，但當新政成為人民羣眾沉重的經濟壓力時，它又變成了加速王朝覆滅的催命符。在革命和改良的對峙中，下層羣眾以自己特有的方式作出了抉擇。這是一種不自覺的抉擇。但它一經出現，就會改變歷史已有的安排。

三、不同一性中的同一性

　　立憲派與革命派是一對矛盾，它是近代中國社會的帝國主義與中華民族、封建

主義與人民大眾兩對基本矛盾派生出來的一對矛盾，是在反帝反封建要求下產生的一對矛盾，二者的並峙表現了它們的不同一性，也有對抗性，但這種矛盾反映的是同一個階級的不同階層在改革方式和道路上的分歧，對立着的雙方都在為沉淪中的中國尋求新的出路，都要求改變半殖民地半封建的社會地位，建立近代化的制度、國家和社會，因而又具有同一性。複雜的社會環境及歷史條件決定了革命與改良在互相對立中又互相聯結，在不同一性中具有同一性。

革命派和改良派是在同一經濟基礎上發展起來的兩股新的政治勢力，它們的主張和要求都不同程度地體現了近代資產階級的社會政治、經濟、文化要求。近代中國的社會經濟發展不平衡，突出地表現為南北間的差異，資本主義首先是從南方興起並長期佔優勢，這與西方勢力首先進入這個地區有關。1893 年有人寫信給張之洞說：「方今機器之利，粵人知其益者，十之八九；兩江閩浙，十之二三；河洛以北，百不得一。名卿巨公，以為是者半，以為非者亦半。」[15] 這些話大體反映了當時南北間對認識和接受西方事物的差距。所以，近代的新興力量大多肇始於得風氣之先的南方或以南方為主。倡導改良與革命的首要人物都出自南方。同盟會在 1905 至 1906 年有統計的會員為九百七十六人，其中廣東一百七十人，湖南一百五十八人，四川一百三十人，湖北一百二十五人，餘為其他各省。江、浙、皖人數不著者，因三省主要為光復會活動地區。光復會不像興中會、華興會的人幾乎全體加入同盟會，而只有少數人陸續加入。從改良思潮的醞釀到改良派的形成固然起於南方，即便是後來的立憲運動也以南方為基地。如江浙的預備立憲公會、湖北的憲政籌備會、湖南的憲政公會、廣東的自治會均是。兩派的組織及其活動地區說明了它們的社會基礎的同一性。儘管我們通常區分它們一為民族資產階級的上層，一為民族資產階級的中下層，這是就其社會地位和政治態度說的。若就其經濟關係而言，立憲派同工商業的關係還多於革命派，對提倡實業有更大的興趣。

革命派與改良派同時以「救亡圖存」為自己出世後的第一聲吶喊，愛國是二者共同的歷史起點，反帝是他們共同的旗幟。康有為為「救亡圖存」而謀求政治上的改良，孫中山也因列強的「虎視鷹瞵」而指出革命旨趣，由愛國走向革命。其後，革命派固然是高舉愛國革命的旗幟，立憲派又何嘗不以民族安危為念！在革命派與改良派的大論戰中，一方害怕革命引起列強干涉而召瓜分之禍，一方則以革命在於謀國家之

獨立可以避免列強干涉為辭，二者對帝國主義的本質都還缺乏應有的認識和堅決的反抗宗旨，同樣表現出雙方固有的軟弱性，但都想從帝國主義的枷鎖下解放出來，使中國並立於世界民族之林。所以在收回路礦權利的一系列鬥爭中，大抵為立憲派發動或立憲派與革命派相率投入鬥爭。如山西省立憲派首領梁善濟先是與革命黨人解榮輅聯名上書清廷外務部，要求收回盂縣等地礦權；繼而他又與革命黨人一道解除山西商務局與英國福公司的合同。1911 年 6 月上海成立「中國國民總會」時，同盟會會員與立憲派人士分別擔任了正副會長，該會受同盟會的指導，是以反抗列強侵華相號召而廣泛吸收各階層參加的愛國團體。保路運動中，湖南、湖北、廣東三省都是大批立憲人士發動而有革命黨人參加的愛國鬥爭；四川立憲黨人發展為保路同志會武裝抗清，成為武昌起義的導火線。不可否認，在改良與革命的道路上，立憲派與革命派常處於對立的地位，但又應該看到，在愛國反帝的要求上，立憲派與革命派更有相互配合、共同鬥爭的友情。這種友情不僅表現為上述挽回利權的許多事例，而且深藏於榮辱與共的民族情感中，無論革命還是立憲，其反對外來侵略，反對清朝賣國，都具有極大的同一性。

革命與改良兩派都取法於西方，向西方學習。作為革新中國與打擊舊學的思想武器，最初取自西方的社會契約論、三權分立說、進化論和以實驗科學為基礎的歸納方法等，是由改良派與革命派相率譯解的。對這些學說的理解和運用，一方得之為漸進量變，為君主立憲；一方得之為躍進質變，為民主共和。這種異趣，是由外來變為內在的社會機制和兩派各自的政治傾向造成的。我們固然應看到這種異趣，但兩派畢竟是同取一瓢水，目的在於衝擊中國的舊學，導中國於革新之路。即使在兩派激烈論戰的立憲運動期間，《新民叢報》也沒有喪失對舊營壘的衝擊作用，論戰可以說是雙方對舊營壘從來沒有過的剖析。所有這些學說的譯解，除了革命派和改良派的書刊外，還有其他方面的譯述，對許多青年知識分子和睡眼方開的士人還是思想啟蒙，不一定先存在政治的涇渭，如進化論、實驗科學的方法主要引導他們突破舊的樊籬去觀察和分析歷史與現狀。在一個相當長的時期內，盧梭、孟德斯鳩、達爾文、華盛頓、林肯、彼得大帝以及明治維新崇拜的英雄形象，成為兩派人汲取思想和戰鬥激情的共同來源。民族的、時代的追求，在近代中國社會具有極大的意義，它們常常超越政治分野的廣度而馳騁於人們心中。

1　孫中山與同志在東京合影

2　隆裕太后與侍從太監合影

　　革命與改良兩派都把中國的去路寄託於實現資本主義，因此反封建同是二者的奮鬥目標。改良派一開始就是向封建挑戰的，想以漸進的方式使資本主義體制取代封建主義體制。戊戌維新運動與封建頑固派勢力曾經鬥了一場。立憲運動同革命對峙雖然削弱了反封建的作用，但要求發展資本主義，其矛頭是指向封建的。革命派標舉民主共和，進行暴力革命，與改良派比較，是全面而一貫地反封建的。在反封建這個大目標上，立憲派與革命派有較大的差距。立憲派之所以與革命派對峙，主要是在對待代表封建統治的清朝的問題上有分歧。本來君主立憲制的君主、民主共和制的總統，只是兩種模式的國家的元首，儘管在其開始對打擊封建的程度不無差異。然而在中國歷兩千年的君主高於一切的封建專制統治，不把皇帝拉下馬，對封建政治勢力就會是極大的保留。正如恩格斯指出：「法國的君主制在 1789 年已經變得如此不現實，即如此喪失了任何必然性，如此不合理，以致必須由大革命（黑格爾總是極其熱情地談論這次大革命）來把它消滅。所以，在這裏，君主制是不現實的，革命是現實的。」[16]辛亥革命時中國面臨的情況也是如此，不廢除君主，那是非常不現實的。就這點而言，革命派具有更徹底的反封建程度，而改良派在反封建的同時又帶有某種保留。話又得說回來，君主立憲畢竟是資本主義體制，不屬於封建主義體制，立憲派對封建誠然有較大的妥協性，然而基於資產階級的要求，畢竟又是反封建的，這是它與革命派具有同一性的基點。

　　在歷史社會的新陳代謝中，不同一性和同一性是普遍地存在的。一切對立的事物，都在不同一性中寓同一性，沒有不具同一性的對立面。立憲派之與革命派，除了上述在社會基礎、政治背景、理論指導和反封建這個總目標上都有若干聯結外，事實上，從甲午戰爭到義和團運動，不僅改良派的鬥爭有全局性影響，是時代的呼聲，而且兩派在愛國革新的要求下，都為中國的處境而冒險犯難，彼此不無惺惺惜惺惺之意。他們曾經在日本、新加坡、檀香山等地尋求合作，興中會的參與自立軍起義，就是這種合作的明顯標誌。武昌起義，革命派以武裝推翻清朝對立憲派的長期論爭給出了答案，建立了中華民國。至此，立憲派也是一片共和呼聲，羣起而組織共和黨。不管叫投機也好，叫轉變也好，革命派接納了他們，他們表示趨從革命，可以說是前度的合作在新的情況下的再現，也是潛在的同一變為表面化的同一。當革命黨人以為「破壞告終，建設伊始」的時刻已經到來，倡議發展實業，以厚民生；立憲黨人對此

表現了極大的興趣，積極響應，組織協會，籌建企業。凡此種種，表現了二者的最終目的都想把中國建成一個資本主義強國。

在清末，革命派、立憲派與清王朝的三角關係中，革命派一面要發動武裝起義推翻清王朝的戰爭，一面又要從政治路線上同立憲派作鬥爭；反過來，立憲派一面要花很大的氣力對付革命派，另一面為了實現立憲的政治目標，仍要與以慈禧太后為代表的頑固派爭奪；同樣，清朝政府也是在同兩面的格鬥中掙扎。其中，革命派與清王朝是誰消滅誰的問題，而立憲派與清王朝、與革命派則各有其互相對峙和互相聯結的一面，其對峙和聯結又是互為進退的。立憲派對清王朝的立憲失望時，同革命派的聯結就增長，並現其同一性。革命派與立憲派的對峙，也不同於農民階級與地主階級、不同於工人階級與資產階級的對峙，它們是在資產階級這個統一體中為建立資本主義國家而產生的分歧，其間具有較大的同一性；而在政治思想戰線上的鬥爭，如何對待封建主義的各個方面，比人民臺眾自發的反封建鬥爭也具有更實際的內容。革命與改良兩派的對峙與聯結、同一性與不同一性，決定了它們各自在中國近代社會新陳代謝中的歷史地位。

註　釋

1　《列寧選集》，3 版，第 1 卷，631 頁，北京，人民出版社，1995。

2　丁文江、趙豐田編：《梁啟超年譜長編》，318 頁，上海，上海人民出版社，1983。

3　中國近代史資料叢刊《辛亥革命》（四），115 頁。

4　《孫中山全集》，第 1 卷，232 頁，北京，中華書局，1981。

5　孫寶瑄：《忘山廬日記》，上冊，422 頁。

6　中國第二歷史檔案館編：《中華民國史檔案資料彙編》，第一輯，101 頁，南京，江蘇人民出版社，1979。

7　黃尊三：《三十年日記》之《留學日記》，316 頁，長沙，湖南印書館，1933。

8　《胡漢民自傳》，22 頁，台北，傳記文學出版社，1969。

9　參見張孝若：《南通張季直先生傳記‧附年譜年表》，傳記，68 頁。

10　楊立強等編：《張謇存稿》，21 頁，上海，上海人民出版社，1987。

11　《張季子九錄‧政聞錄》，卷 3，40 頁，上海，中華書局聚珍仿宋版，1931。

12　孫寶瑄：《忘山廬日記》，上冊，547 頁。

13　[澳] 駱惠敏編：《清末民初政情內幕》（上），683 頁。

14　楊立強等編：《張謇存稿》，18 頁。

15　盛宣懷檔案資料選輯之四《漢冶萍公司》（一），51 頁，上海，上海人民出版社，1984。

16　《馬克思恩格斯選集》，2 版，第 4 卷，215~216 頁。

第十六章

民變與革命

　　民變是下層羣眾用直接訴諸行動的方式表達自己對現存社會的不滿和反抗，是中國社會內在矛盾激化的產物。與革命相比，民變具有自發性、分散性和落後性，因此二者並不相同。但在 20 世紀初期，波波相續、綿綿不絕的民變又同前仆後繼、峰峰相連的革命交錯迭出，二者的並存導致了彼此的影響。革命與民變的這種相互關係是晚清最後十年中國社會新陳代謝的內容之一。

一、亂世眾生相

庚子之變後的中國，風雲際會，出現了革命、改良、朝廷三方格鬥角逐的社會政治格局。革命派要以暴力推翻清朝，改良派則以改造王朝、推行君主立憲為己任，清廷在革命與改良的夾擊中進行王朝的自我挽救。在同一過程中，下層羣眾則以千波萬瀾的民變發洩了對腐敗王朝的怨憤和不滿。作為一種社會反抗現象，民變並非到這個時候才出現的。但晚清最後十年的民變，風起雲湧，迤邐相屬，「幾乎無地無之，無時無之」，無論在次數上還是在廣泛性上，都是前所未有的。當時某報曾刊載過三幅漫畫：一幅是官把民打在地上，一幅是官民對打，另一幅是民把官打翻在地。官民對打既是官與民勢不兩立的體現，也是當時中國社會處處民變的真實寫照。據統計，從 1902 年到 1911 年，各地起伏生滅的民變多達一千三百餘起，平均每兩天半發生一次。這些民變席捲全國各地各民族，觸及了城鄉社會生活的各個方面，因而具有雜多的名色。[1] 就其內容而分，民變大體可以概括為十類：

（一）抗捐抗稅。抗捐抗稅是中國古已有之的社會反抗現象。但 20 世紀初年的捐稅之多直接促成了抗捐抗稅之多，兩者的廣泛性都是史無前例的。本來，庚子賠款「遍攤於十八行省，民間已嘖有煩言。近則新政所需，無不用其攤派，計臣但知提撥，不問款項之何來，疆吏無計搜羅，且復刻剝以塞責」[2]。當時有句流行的奏語：「朝廷責之疆吏，疆吏責之有司，有司不取之百姓，將於何取之。」取之百姓之法無他，就是巧立名目，重徵舊稅，開徵新捐。據史料記載，直接成為民變刺激物的，至少有六十多種捐稅。其名目如次：燈膏捐（土藥捐）、肉捐、車馬捐（騾馬捐）、厘捐、酒捐、煤炭捐、房捐、蠶絲捐、茶攤捐、鋪捐、統捐、茶捐、茶碗捐、船捐、靛捐、旱挑捐、展簾捐、豬捐、魚捐、剃髮捐、糖捐、雞鴨捐、小商品捐、學捐、牙帖捐、器具捐、柴草捐、糞捐、國民捐、米捐、路礦捐、花布捐、警捐、花捐（妓女捐）、畝捐、牛馬捐（牲口捐）、果捐、稱捐、竹木捐、牌照捐、戲捐、出口捐、契紙捐、戶口捐、文廟捐、油坊捐、染坊捐、紙捐、河捐、路捐、教養局捐、煙絲捐、轎捐、檳榔捐、瓷器捐、巫道僧尼捐、紅事捐（結婚）、農會捐、洋藥統捐，等等。「當捐之行也，一盞燈、一斤肉、一瓶酒，無不有稅。」[3]「所有柴、米、紙張、雜糧、菜蔬等項，凡民間所用，幾乎無物不捐。」[4] 苛捐激變，時人指出：「亂由於捐，捐由於擅」，

是「擅捐者累之」、「擅捐者釀之」、「擅捐者激之」，是官府勒索苛派、縱官殃民所致。[5] 與捐稅意義相仿的，還有《辛丑條約》之後中央和地方政府攤派的賠款，以及添設厘局、苛徵漕糧、開墾荒田、納錢升科之類的經濟斂刮。在這些名目中，新捐稅所佔的部分遠過於舊捐稅。新捐稅的產生，反映了城鄉經濟生活的變化。與之相適應，舊日曾經佔主要地位的自然經濟下的抗糧抗租，在 20 世紀初期的民變中已融入了抗捐抗稅的潮流，變成了抗捐抗稅的一個組成部分。

（二）搶米風潮。辛亥革命前十年，大江南北，災荒踵接，哀鴻遍野。而奸商哄抬米價，積穀者又復任意居奇，致使米價暴漲。「細民無以糊口，思亂者十室而九。」[6] 於是而有饑民搶米、搶糧船、搶麵粉廠、搶食品店、搶礱坊、吃大戶（吃排飯）、搗毀米店以及禁阻米穀出境，要求開倉平糶、取消米捐一類的民變，屢見於浙江、江蘇、四川、廣東、江西、直隸、安徽、河南、湖南、湖北、奉天、熱河、山東諸省，其總數在一百五十次以上。[7] 饑民的主要成分是農民和城鎮市民。因此，搶米風潮同時發生於農村和城鎮。兩者之中，尤以後者所產生的社會影響為巨大。1910 年 4 月，長沙市民要求減價平糶米穀、搶劫城廂內外各礱坊堆棧之米的風潮一變而為燒撫署、洋行、教堂的暴動，引起「舉國震動」[8]。這是近代經濟的發展使城鎮和市民在中國社會所佔地位日益提高的結果。在同一過程中出現的農村饑民湧入城市的事實又從側面反映了正在形成的新的城鄉關係。由於城鎮在日常經濟交往中吸引和制約着農村，因此，在災荒歲月，求食的農民又沿着這條現成的道路來到了城鎮。

（三）為求食有鹽而導致的城鄉騷亂。在幾千年漫長的封建社會裏，國家包辦食鹽已經成為一種傳統。到了清代，這種傳統具體化為「鹽政」。在鹽政統制之下，鹽商壟斷鹽業而政府收取鹽利。因此，鹽業交易成為不受商品經濟規律制約的商品流通過程。晚清最後十年，清政府困於財政窘境，實行鹽斤加價，添徵鹽稅；鹽場暗中大肆賣放，中飽私囊；不法鹽商又趁機抬價牟利，遂引起民眾的強烈不滿。由食鹽而觸發的騷亂主要表現為民眾搶鹽、搗毀鹽店鹽局、反抗官辦鹽局和查禁私鹽、反對鹽商壟斷鹽利，要求官鹽減價，以及以販賣私鹽為生的鹽梟起義。據《清末民變年表》估算，此類民變共有四十六起，在數目上約相當於搶米風潮的三分之一，但它們動輒釀成武裝衝突，其暴力色彩更濃於搶米風潮。如 1903 年 12 月，陝西因賠款不敷，「鹽斤加價」，引起眾忿。而代銷官鹽的商店又壟斷食鹽，「分兩既不足數，價值又復濫

加，民間日食所需，益形不便」。鹽販乘機起事，搶劫鹽店，燒毀鹽局及鹽騾商廠。[9]
類似暴動在江南蘇、松、常、鎮、揚、通一帶更盛。洪澤湖、巢湖、太湖地區販賣私
鹽的鹽梟林立，他們組織武裝船隊，出沒於湖灣港汊，同前來「緝私」的官兵對壘，
被清政府視作「隱患」。這些「鹽梟」起義和民眾騷亂雖是一種舊式的民變，但在商
品經濟已經發展的情況下，它又帶有新的特點。1908 年 8 月，「廣西賀縣商人罷市，
抗議知縣祖護鹽商，草菅人命」[10]，商人捲入這種騷亂正意味着商品經濟對傳統鹽政
的衝擊。舊式民變由此而具有了過去所沒有的內容。

（四）會黨、農民起義。民間祕密結社，由來已久，但這一時期會黨人數、活
動區域都在擴大。東北的「胡匪」（「馬賊」），兩廣的天地會，河南的白蓮教、黃道
會、仁義會、小刀會、在園會、彌陀會、江湖會（英雄會），四川的紅燈教，安徽的
洪蓮會、紅刀會（王祖會），山東的聯門教，江西的洪江會，福建的桶子會、五穀會
（神農會），湖南的同福會，湖北的紅燈會，長江中下游流域的哥老會，冀魯一帶的聯
（連）莊會，江浙地區的青幫，以及會黨之外無一定名義的農民揭竿起事，前後相逐，
此伏彼起。這是一個不斷漸滅而又不斷再生的過程。會黨和農民起義的一部分同抗捐
抗稅、搶米風潮等等相交織而重合。但就其全體而言，其意義在於用一種無法逆轉的
趨向，反映了那時中國社會矛盾的日益激化。當清政府着手於自我挽救的時候，會黨
和農民起義卻以連綿無窮的社會動亂宣佈了舊制度的不可救藥。對於一個不可救藥的
社會來說，動亂是另一種藥石。

（五）罷工鬥爭。早期工人的罷工鬥爭具有明顯的經濟色彩。促成罷工的直接原
因常常來自增加工資、追索欠薪（包括反對克扣工資）和縮短工時、反對虐待的要
求。如 1902 年 3 月，上海城內染坊工人罷工；同年 5 月，上海耶松船廠木工罷工；
1903 年 4 月，杭州箔業工人罷工等即屬要求增加工資。1904 年 3 月，上海勤昌絲廠
女工罷工，則屬索欠工資。同年 5 月，浙江鄞縣鄞江橋石工數百人罷工，就屬要求提
高工資。但也有少數是帶有政治性的。例如 1905 年，上海華新紗廠工人為反對盛宣
懷將該廠賣給日本資本家而發動的罷工就是一種愛國主義的鬥爭。在清末民變中，產
業工人代表了一種新的社會力量。雖然他們還沒有形成自覺的階級意識，更沒有由自
在的階級轉變為自為的階級，因而在清末民變的潮流中只能表現為民眾力量之一。但
是，這個時期的罷工卻是工人階級自身發展歷史的一部分。作為僱傭勞動者，他們用

經濟鬥爭來反對資產階級；作為新生產力的代表者，他們又在政治鬥爭中追隨着資產階級。這是一種矛盾，也是一種特點。

（六）兵變。清末兵變不下二十起，多以士卒索餉、反對克扣軍餉為起因。如1907年4月廣東瓊州南路續備軍第五營因管帶克扣月餉，士兵飢餓嘩變，殺死哨官、管帶。1911年四川定鄉新軍因管帶「刻待士卒」而發生兵變。也有激成於長官橫暴的，如1904年廣西柳州兵變。也有的是因軍制改革而引起的，如1911年德州防營兵變。山東「自營制改革，物議嘩然，所用將弁又皆卒伍下材，馭軍無法，士心憤怒，思亂者眾」[11]。少數兵變則是受了革命的影響，帶有反清的政治色彩。這一時期的兵變既涉及舊式的防營和漕勇，也涉及新式的巡警和新軍，因此它已經不是點而是面了。軍隊是國家機器的主要成分，兵變則意味着這種成分的分崩離析。在當時的民變中，兵變並不是比重最大的部分，但它顯示了軍隊對於政府的異己化。而軍隊開始異己化的時候，也正是政府開始走向解體的時候。

（七）學潮。作為一種社會鬥爭的方式，學潮多以哄堂、罷課、退學、示威為主要反抗手段，是過去民變中所不曾有過的新內容。它起於多種原因而反映了多種內容。其一，起因於學校內部的矛盾，如伙食菲薄，教員不稱職，招生舞弊，校方壓制學生追求民主，以及封建式的體罰和學校專制制度的壓迫等。浙江、江蘇、直隸、福建、上海、湖北、陝西、四川等地的新式學堂均發生過類似的學潮。其二，起因於學生與社會的矛盾，例如警察欺負學生，政府停止官費，官吏扣留學生等。其三，起因於時局造成的政治矛盾和民族矛盾，例如為爭回路礦利權，為召開國會等。前者把矛盾直指帝國主義，北京、上海、杭州、武昌、安慶、南京等地都出現過較大規模的學生集會，並組織學生愛國團體，痛斥帝國主義的侵略行徑，社會影響頗巨；後者主要把矛盾指向封建專制主義，旨在推進中國政治的民主化。觸發學潮的這些矛盾派生於中國社會的主要矛盾，所以學潮直接或間接地表現了學生對社會的積極參與。學生常常是民主革命的先鋒和橋樑，是中國社會最進步的力量。因此，以學生為主體的學潮的興起與擴大，始終吸引着進步輿論的密切關注和有識之士的積極支持。1903年《蘇報》特闢「學界風潮」專欄，予以報道和評論。此後各種報刊和雜誌也有所反映，在社會上引起相當大的反響，它構成了中國社會近代化尤其是政治民主化運動的一個重要組成部分。當然，清末的學潮還算不上是自覺的學生運動。特別是眾多的學生罷課

同少數文童罷試的交互出現，使這種學潮呈現出新舊雜陳的過渡色彩。但它是一個雛形，後來的學生運動正是從這裏起步的。

（八）反對教會與外國侵略者的鬥爭。「仇教」、反洋教在義和團運動之前就已起伏於全國各地。庚子以後，這一方面的鬥爭表現為兩類：其一，以下層民眾為主體的用暴力行動反抗教會和教士的欺壓。這種行動往往表現為阻止平民入教和搗毀教堂。江西、安徽、福建、四川、湖南、廣西、雲南、青海、山西等省都曾發生類似的鬥爭。其中最突出的是 1906 年 2 月的南昌教案。此類鬥爭，本質上是義和團運動的餘波，所以毫不奇怪，在反洋教的過程裏，憤怒的羣眾曾不止一次地重舉「掃清滅洋」、「順清滅洋」、「保清滅洋」之類的義和團旗幟。其二，紳商領導下的愛國運動。與民眾的反洋教行動相比，這種鬥爭更帶有經濟的特點。例如收回路礦權利的鬥爭，因抗議美國迫害華工而發生的抵制美貨運動，以及日船「二辰丸事件」之後廣東的抵制日貨運動，等等。這兩類民變都是民族矛盾的產物。但在當時的中國，它們卻又常常變為人民同清政府之間的衝突。

（九）反對「新政」。農民反對「新政」是晚清最後十年民變中引人注目的內容。新式學堂、勸學公所在廣大農村普遍地遭到憎惡，甚至同教堂、官署一起被列為砸毀的對象，這一類事件至少有六十七起。招商局和其他輪船公司行駛運河的船隻則因行駛引起的波浪沖刷堤岸而被沿岸的農民搗壞。見於記載者，僅江都、揚州兩地就各有五艘輪船被毀。此外，還有層出不窮的反對清丈土地（包括牧地和旗地）、反對自治新政、反對調查戶口、反對釘門牌、反對禁種罌粟（煙苗）之類的鬥爭。農民反對「新政」，一半是因為「民窮」，「新政」所需無不在百姓身上設法，因此舉辦「新政」對農民來說意味着更多的新捐稅。而貪官污吏又往往藉「新政」之名橫徵勒派，遂使許多「善政良法」成為「作奸為虐之一端」[12]，成為「病民之根」[13]。一半是因為「民愚」，農村留存着更深的舊傳統，因此，城市能夠接受的東西卻常常被農民拒絕。「若夫野老鄉豎，於一切新政，既為平素所未見未聞，一旦接觸於耳目間，自不免傳為異事，演成不經之說」，「釀成非常之巨禍」[14]。1910 年江南宜興地區農民反對調查戶口，說是因為部分農民聽信謠傳，說官府查取男女生辰，「為修築鐵路鎮壓（鄭州——引者）黃河橋工之用」，於是迭起暴動。[15] 新式學堂、勸學公所之被搗毀亦常因它們設在寺廟、祠堂之內，褻瀆了神靈。1910 年夏，直隸易州地區亢旱，高陽社等處十八村民眾

進城祈雨，由學堂門前經過，「該堂學生在外聚觀，私議愚民迷信。祈雨人聞之，即與辯論」，憤而砸毀學堂門窗器具。[16] 上述情況決定了反對「新政」並不具有歷史的進步性。但在 20 世紀初期成千上萬農民對「新政」的抵制卻又體現了某種歷史的必然性。清政府的「新政」並沒有實現中國的改革，但「新政」的名義卻從經濟上和心理上觸犯了農村社會的傳統觀念。於是，為了消弭革命而施行的「新政」卻引發了來自另一方面的反抗。

（十）其他反對壓迫的鬥爭。除了以上九類民變之外，這一時期還出現過工人、學生、店員同軍警的衝突，羣眾性的抵抗拆遷民房和鐵路局徵購土地，抗議巡防擾民，反對禁止攤販、禁止平民開礦，商民打毀紳士為去職官吏所送的「德政牌」，以及劫獄釋囚等等。這些變亂旋生旋滅，但它們以時間上的繼起性和空間上的並存性畫出了當時中國的一派亂世景象。

晚清最後十年的民變持續時間長短不一，規模大小不等，參加者包括除官之外的農民、工人、商人、學生、「鹽梟」等城鄉社會的各個階層和由城鄉社會遊移出來的會黨。他們沒有統一的旗號、目標和組織，但他們以動亂的方式加速了應該淘汰的東西被淘汰，反映了這個時期中國的世相和眾生相。同 19 世紀中葉太平天國所造成的長期動亂相比，社會變遷灼然可見。

太平天國時期的社會反抗起自農村，城市不僅是被動的承受者，而且常常成為農村反抗的對立面。但晚清最後十年的民變中，佔相當比重的反抗卻發自城市。例如罷工、學潮、商民抗捐罷市、抵制洋貨、收回路礦權利的愛國運動、攤販的聚眾抗爭，以及一部分搶米風潮，都是在城市或以城市為中心展開的。不唯如此，由於城市在近代社會生活中的地位日益重要，城市的反抗又往往影響和帶動鄉村的反抗。如長沙的搶米風潮，把「湖南數百年來最高無上之大衙門，付之一炬」，不僅使湖南全省沸騰起來，各地羣眾「相繼而起」[17]，而且「長江一帶因而震動，湘事息而謠傳未已，外人奔走相告，頗涉張皇……風聲所至，危疑幾不可終日」[18]。城市反抗的輻射力於此可見一斑。以商人、學生、手工業者為主體的城市反抗是社會經濟發展的結果，它比廣大農村中的騷動和起義具有更進步的社會生活內涵，因而也具有更積極更深遠的社會影響，它從一個側面說明了 20 世紀的城市已經不是前此的城市了。

太平天國曾以「處處平均，人人飽暖」和「通天下皆一式」的平均主義吸引過渴

求平等的小農，把封建制度下分散的小農凝聚成一種社會力量。與此相比，晚清最後十年的民變中抗捐抗稅則成為一大潮流。平均主義反映了自然經濟，是植根於傳統小農社會土壤之上的具有巨大誘惑力而又永遠無法實現的社會烏托邦；抗捐抗稅則反映了商品經濟，因而相對集中地發生於工商業比較發達的南方各省。兩者的比較顯示了太平天國之後半個世紀裏中國城鄉社會商品經濟的發展程度和城鄉社會關係的變化。

太平天國曾以前所未有的規模衝擊了一個衰邁的王朝，但歷史限制了超越歷史的要求。根深蒂固的皇權思想與已滲入民族血液的小農意識又不可避免地使人間「小天堂」蛻變成一個新的王朝，屢見於太平天國文告中的「我朝」、「朝綱」之類詞句即自覺不自覺地體現了這種意識，而窮侈極麗、金碧輝煌的王府則是這種意識的實物化，因此太平天國的反抗並未脫出歷代農民戰爭改朝換代的歷史軌跡。但 20 世紀初年的民變卻已非循環式的改朝換代所能涵蓋了。民變中既有舊的力量，也有新的力量，它們各自按照自己的內在要求而行動。這種行動既造成了彼此的呼應，也造成了彼此的矛盾。鬥爭的複雜性，反映了多方面新陳代謝所形成的社會生活的多樣化。在這種複雜性和多樣化之中，新與舊的關係、官與民的對立因擴展而變得日益嚴峻了。

二、民變與革命的交互激盪

民變的矛頭主要指向官府，是下層羣眾自發性的反抗行為，革命則是以推翻清朝、建立民主政體為目標的自覺運動。晚清最後十年，革命既在民變之外，又與民變並存。二者既不可替代，又彼此滲透、相互影響。不少民變曾借助革命的旗號大造聲勢，革命亦利用民變謀求自身的發展。

在民變與革命交互激盪的過程中，民變與革命曾發生過三種直接或間接的聯繫。（一）民變以革命旗幟相號召，這種情況在兩廣和長江中下游諸省尤為普遍。1907 年 10 月 17 日，湖南巡撫岑春煊在《遵旨嚴緝革黨分別科罪片》中說：「奸匪假借革命名詞，煽惑人心，希圖擾亂治安」[19]，反映的就是這種情況。廣東西部的龍州、上思等地的民變，還「公然以『排滿革命』煽惑號召」[20]。1905 年湖南瀏陽的洪江會首領姜守旦「因曾聞由日本遊學假歸之江西萍鄉縣人蔡紹南演革命邪說，故有革

命軍偽號」[21]，這是革命聲勢壯大之後才可能出現的。（二）與革命黨人串結以擴大聲勢。如廣州府屬沙所堂眾或二三百人為一股，或四五百人為一股，設立堂名，「更製旗幟、號衣、新式槍炮，近聯港、澳革命諸黨，遠亦與西省會匪潛通」[22]。1911年四川黔江縣附生溫朝鐘，「潛通革黨」，並與同邑增生王克明「倡言革命，私立社會，到處演說誘惑愚民」，嘯聚千人，攻陷彭水縣治，焚毀衙署、監獄、教堂。[23] 青海西寧的黃表會首領李旺、黃蠟匠等則以「掃清滅洋」為口號發動起義，勢力達於甘肅、陝西，並與革命黨人有聯繫。[24] 長江中下游諸省的會黨與革命黨更是「紛紛串結」[25]。這些事實既說明了革命對民變的影響，也說明了民變對革命的推進。（三）乘革命黨起義之機，發動民變。如1907年6月革命黨人鄧之瑜發動惠州七女湖起義後，附近府縣會黨亦相機而羣起響應，即是一例。民變與革命的這種聯繫主要是在祕密會黨起事和兵變中體現出來，其他民變則很少與革命取得聯繫。

參與黃花崗起義失敗後被捕的革命黨人　這是一羣囚首垢面的囚犯，也是中國最早一批為革命獻身的志士⋯⋯

在民變與革命發生聯繫的同一過程中，革命同民變也曾發生過三種直接的關係。其一，由革命黨人參與或策動民變。1907 年，粵西龍州、上思等地民變，即「係孫汶劇黨黃和順潛回勾脅所為」[26]。1910 年 2 月廣州新軍兵變就是由同盟會會員倪映典組織的。此外，山東等地的民變亦無不有革命黨「潛相結納」，從中勾串。其二，民變將發之際，革命黨人主動投入而予以引導或支持。如 1906 年以會黨為主體的萍瀏醴起義，就是由革命黨人劉道一、蔡紹南等聯絡會黨，組織機關，籌劃發動的。1907 年廣東欽廉一帶的民變，「時有革命逆黨接濟糧械」[27]。其三，民變的出現吸引了革命黨人，但在革命黨人尚未到達時民變即已被鎮壓。如 1910 年長沙搶米風潮，就是如此。革命與民變的這種關係，顯示了革命派對羣眾力量的認識。然而，在當時的社會條件下此類直接聯繫並不佔多數。

三、民主革命的基石

對於革命來說，民變的最大意義乃在於它們以自己的出現和存在推進了形勢，促成了清朝統治秩序的瓦解。

（一）晚清最後十年的民變具有風起雲湧之勢，包含了各種社會力量。它以全面的動亂全面地挖空現存封建秩序的牆腳，把清王朝推入四面楚歌的絕境之中。民變中出現過「三月四月旱，五月六月亂，七月八月爛（時事糜爛），九月十月換（換朝代也）」的民謠，也出現過「力扶漢種，志奪乾坤」的口號，這些民謠和口號，既反映了當時中國普遍的社會心理和民眾的認識水平，也反映了自發行動中的朦朧的政治意識。雖然這種意識還帶有過去時代的色彩，但它又成為革命黨人「驅除韃虜」口號的現實回聲。在民變挖空舊秩序的牆腳之後，革命造成的奮力一擊，遂使封建帝制應聲倒塌。

（二）清政府曾把「新政」當作永固皇基、熄滅革命火焰的靈水。但歷史作弄了欺騙人民的人。以「新政」挽救王朝氣數的動機，卻換來了推翻王朝以實現改革的結果。「新政」加重了捐稅，因而大大地擴展了自己的對立面；新式學堂培養了近代學生，因而造就了成批的反封建志士；新軍淘汰了綠營練勇，結果卻鑄成了把槍口指向王朝的武裝力量。早在 1903 年 8 月，就有人在《江蘇》第五期上發表文章指出，清

政府是「革命製造廠」，它想以鼎鑊之威摧抑民氣，遏亂萌而弭隱患，結果卻「誅數人而數十人出，誅數十人而數百人、數千萬人出」。矢志追求立憲的梁啟超不勝其感慨地指出：「疇昔守舊時代，取之民也有制……貪墨之風，猶未至大長也。自屬行新政之議起，乃不啻為虎縛之翼矣。自頃以來，教育之費取諸民也，警察之費取之民也，練兵之費取之民也，地方自治之費取之民也。甚至振興實業，所以為民間維持生計者，而亦徒取之民也。民之所輸者十，而因之所得者二三，此什之七八者，其大半皆經由官吏疆臣之手，展轉銜接，捆戴而致諸輦下矣。試觀昔日雖極頑固竺舊之徒，舉無不攘臂而言新法者，使其中非有大利存焉，胡以先後之判若兩人耶！」[28] 清政府上下貪官污吏藉口「新政」，專務肥己，結果「新政」非但沒有達到自救的目的，反而成了速亂之階。一個署名「長興」的人在 1910 年就已看出：

我國今日之新政，固速亂之導線也。十年以來，我國朝野上下，莫不奮袂攘臂，嚣然舉行新政。興學堂也，辦實業也，治警察也，行徵兵也，兼營並舉，日不暇給。然而多舉一新政，即多增一亂端，事變益以紛拏，國勢益以搶攘。夫我國今日所謀之新政，固行之東西文明諸國，致治安而著大效者也；然移用於我國，則反以速亡而召亂。[29]

這是立憲派的言論，但它極為準確地說明了一個真理，即在一種腐敗的制度下移植一部分新事物，並不會使腐敗的東西新生，而只會使新鮮的東西腐敗。「新政」之所以促成民變，其原因蓋在於此。立憲派在絕望之後轉向革命，其原因也在此。

（三）在幾千年封建社會裏，民變和農民戰爭推動社會的歷史作用是通過統治階級的讓步政策而實現的。「文景之治」，「貞觀之治」，莫不如是。因此，農民羣眾的反抗不過是歷史不自覺的工具。但清末民變並非如此。一方面，民變阻遏了清王朝的自我挽救，從而取消了統治階級謀求讓步改革的最後機會。另一方面，所謂「匪徒謀逆，往往假借革命名詞，搖惑人心」[30]，說明民變的一部分又往往自覺地借助革命的聲威。而這兩方面都是在為革命鋪路。近代社會新陳代謝機制的變化，決定了清末民變已經不是歷史不自覺的工具了，而成了民主革命的基石。

註　釋

1　參見張振鶴、丁原英：《清末民變年表》，載《近代史資料》，總 49、50 號，1982。

2　《裁缺通政使郭曾炘奏宜徐議憲政摺》，見故宮博物院明清檔案部：《清末籌備立憲檔案資料》，上冊，207 頁。

3　《論近日民變之多》，載《東方雜誌》，第 1 卷第 11 號，270 頁，1904。

4　中國第一歷史檔案館等編：《辛亥革命前十年間民變檔案史料》（上），355 頁。

5　參見中國第一歷史檔案館等編：《辛亥革命前十年間民變檔案史料》（上），25 頁。

6　中國第一歷史檔案館等編：《辛亥革命前十年間民變檔案史料》（上），158 頁。

7　據《清末民變年表》統計，載《近代史資料》，總 49、50 號，1982。

8　《論萊陽民變事》，載《國風報》，1910（18）。

9　參見中國第一歷史檔案館等編：《辛亥革命前十年間民變檔案史料》（下），820~821 頁。

10　張振鶴、丁原英：《清末民變年表》，載《近代史資料》，總 49 號，1982。

11　中國第一歷史檔案館等編：《辛亥革命前十年間民變檔案史料》（上），188 頁。

12　中國第一歷史檔案館等編：《辛亥革命前十年間民變檔案史料》（下），632 頁。

13　劉師培：《論新政為病民之根》，載《天義報》，1907 年 8~10 期合刊本。

14　中國近代史資料叢刊《辛亥革命》（三），395 頁。

15　參見中國近代史資料叢刊《辛亥革命》（三），389 頁。

16　參見中國第一歷史檔案館等編：《辛亥革命前十年間民變檔案史料》（上），64 頁。

17　《湖南省城亂事餘記》，載《東方雜誌》，第 7 卷第 5 號，15 頁，1910。

18　《宣統二年五月初一日兩江總督張人駿致軍機處請代奏電》，藏中國第一歷史檔案館。

19　中國第一歷史檔案館等編：《辛亥革命前十年間民變檔案史料》（上），418 頁。

20　中國第一歷史檔案館等編：《辛亥革命前十年間民變檔案史料》（下），469 頁。

21　中國第一歷史檔案館等編：《辛亥革命前十年間民變檔案史料》（上），418 頁。

22　中國第一歷史檔案館等編：《辛亥革命前十年間民變檔案史料》（下），415 頁。

23　參見中國第一歷史檔案館等編：《辛亥革命前十年間民變檔案史料》（下），804 頁。

24　參見石殿峰：《甘寧青的人民武裝鬥爭》，見中國人民政治協商會議全國委員會文史資料研究委員會編：《辛亥革命回憶錄》，第五輯，457~485 頁。

25　中國第一歷史檔案館等編：《辛亥革命前十年間民變檔案史料》（下），157 頁。

26　中國第一歷史檔案館等編：《辛亥革命前十年間民變檔案史料》（下），469 頁。

27　中國第一歷史檔案館等編：《辛亥革命前十年間民變檔案史料》（下），469 頁。

28　梁啟超：《六月廿五六兩日上諭恭跋》，載《國風報》，第一年第十八號，1910。

29 《論萊陽民變事》，載《國風報》，第一年第十八號，1910。

30 中國第一歷史檔案館等編：《辛亥革命前十年間民變檔案史料》（上），418 頁。

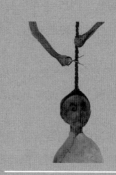

第十七章

「揖美追歐，舊邦新造」

　　1911 年，黃花崗之役、保路運動、武昌起義浪翻波連，匯成辛亥風雲。經過庚子以來十年的千曲萬折之後，歷史在革命、改良、民變和清廷的自我挽救之間終於做出了自己的選擇。革命派以一往直前之氣推翻了清王朝，革了數千年帝政之命。身歷其境的張謇在當時曾說：「各省決心獨立，蓄根在怨苦政府三年內之反對立憲，授柄在官收商辦鐵道之不合法；而發機在蔭昌漢口之戰，恣行殺略，凡識時務者皆能知之，既由極高之熱度釀成一般之輿論，潮流萬派，畢趨共和。」[1] 於是而產生了中華民國。「民國」之取代自秦始皇以來兩千多年的「帝國」，是近代中國社會內在矛盾發展的結果，是一種前無古人的變化。它抉破了歷代王朝的更迭機制，否定了整個皇權體制，因而也觸動了傳統社會的各條神經，是政治制度和社會思想的一大躍進，在新舊遞嬗的歷史進程裏留下了自己不可磨滅的影響。

一、從國歌說起

國歌，顧名思義是代表一個國家的歌曲，中國歷代王朝只有宮廷頌歌而從來不曾有過國歌。1912 年元旦南京臨時政府成立後，即命教育總長蔡元培負責徵求國歌。同年 2 月，南京臨時政府正式公佈了由沈恩孚作詞，沈彭年譜曲的中華民國國歌：

亞東開發中華早，揖美追歐，舊邦新造。飄揚五色旗，民國榮光，錦繡河山普照。我同胞，鼓舞文明，世界和平永保。

作為一種現成的對比，武昌起義以後，北京的朝廷也有過一曲遲來的「國歌」，其歌詞出自嚴復之手，樂曲則由清宗室溥倫之弟溥侗選自康熙、乾隆年間遺留下來的皇家頌歌：「鞏金甌，承天幬，民物欣鳧藻，喜同胞，清時幸遭。真熙皞，帝國蒼穹保，天高高，海滔滔。」[2] 兩種幾乎同時出現的國歌卻反映了兩種完全不同的意境和胸懷。前者譜寫了一代先進的中國人向西方學習，建立一個資本主義的新中國的高蹈的時代精神，後者則在為腐朽不堪的王朝歌功頌德、粉飾太平，祈禱清帝國金甌永保。「芳林新葉催陳葉，流水前波讓後波。」民主革命的勝利，民國取代了帝國，使王朝的「國歌」很快變成了王朝的挽歌。「揖美追歐，舊邦新造」壓倒了「帝國蒼穹保」，顯示了此時新聲勝舊聲。在這兩種旋律的背後，是王朝時代的逝去和民主共和時代的到來。

「揖美追歐，舊邦新造」，十分集中地概括了以孫中山、黃興、宋教仁等為代表的革命黨人力追不捨的社會政治目標和為之奮鬥不息的方向。即要在政治體制上效法歐美，在中國建立一個真正的以「三權分立」為核心的近代民主國家。由於革命黨人推崇美國和法國，因此，「追歐」實際上是「追法」。當時有些報刊曾將孫中山稱作「中國的華盛頓」，就體現了在政體上以美國總統制為榜樣的自覺意識。美國和法國同屬於資本主義民主國家，但二者在政體上不無差別，一個採用總統制，一個實行內閣制。武昌起義後，對於正在醞釀的中央政府組織機構是取美國式的總統制還是取法國式的內閣制，同盟會內部並不一致，存在着分歧和爭議，居正記其事道：

（同盟會於 1911 年 12 月 26 日）假哈同花園公宴總理（孫中山），宋遯初自寧赴會。席次，克強與英士、遯初密商，舉總理為大總統，分途向各代表示意。計已

1 宋教仁　宋教仁擔心「總統不善則無術更易之」，是以力主內閣制，後被假民主、真獨
　　裁的「總統」袁世凱暗殺。

2 上海南京路慶祝民國紀元

定，晚間復集總理寓所，會商政府組織方案，宋遯初主張內閣制，總理力持不可，克強勸遯初取消提議，未決。克強定期赴寧，向代表會商定。[3]

宋教仁力主內閣制的理由，據他自己後來說：

> 吾人則主張內閣制以期造成議會政治者也。蓋內閣不善而可以更迭之，總統不善則無術更易之，如必欲更易之，必致搖動國本。此吾人所以不取總統制而取內閣制也。[4]

這種考慮不是全無道理。經多次討論，孫中山已同意行內閣制，並擬議以黃興為內閣總理。但此前各省代表聚集武昌開會所通過的《中華民國臨時政府組織大綱》不設總理。12 月下旬，宋教仁在南京各省代表會議上「歷指總統制之弊」，提議修改組織大綱，但多數代表贊成總統制，通過了《修正中華民國臨時政府組織大綱》，結果南京臨時政府仍維持總統制。清帝遜位的第二天，孫中山向南京參議院提出辭職咨文，推薦袁世凱繼任大總統。同年 3 月 11 日正式公佈了參議院起草的《中華民國臨時約法》。這個約法確立了行政、立法和司法三權分立的原則，規定政治的組織形式為內閣制，其目的在於用約法、內閣來限制和約束袁世凱。儘管後來袁世凱踐踏了這個約法，但它規定了「中華民國之主權，屬於國民全體」，不再是「普天之下，莫非王土」，不再是任何人所得而私了，這便是它的意義和價值所在。南京臨時政府的成立以及《中華民國臨時約法》的頒佈，是「揖美追歐」的結果，也是「五四」以前八十年先進的中國人經過幾代人的奮鬥而取得的最富深遠意義的結果。從過去渾然一體的泰西到「揖日追俄」再到「揖美追歐」，從彼得大帝、明治天皇到拿破侖、華盛頓，在一個繼承一個的同時又一個否定一個，如浪層相逐，交錯地出現。由此而顯示出中國人對西方認識的逐步深入和近代中國社會的進化。當南京臨時政府公佈了第一首民國國歌的時候，「揖美追歐，舊邦新造」已由革命派的意向變成了中華民族的共同意向。

與國歌相伴而生的是國旗。國旗是從圖騰演化而來的，是圖騰的近代化。中國很早就開始有以姓氏為飾的帥旗和將旗，但那是將帥個人的標識。在沒有國家觀念的時代是不可能出現國旗的。清季以黃龍旗為「中國旗式」。黃龍旗原係黃色的三角旗，

旗上繪着飛龍戲珠。後改三角形的國旗為長方形。然而龍之為物象徵了九五之尊，黃色又是帝王專用之色，因而從嚴格意義上說，黃龍旗代表的不是國家而是帝王。早在1895年，興中會發動的廣州起義，便採用陸皓東設計的青天白日旗，以取代清朝的黃龍旗。1906年冬，同盟會召集幹事會編纂革命方略，並討論中華民國旗式問題。孫中山主張用青天白日旗，並在旗上增加了紅色，改為青天白日滿地紅旗。其他與會者亦提出各種旗式，有提議用五色旗，有主張用十八星旗，有提議用金瓜鉞斧旗，有主張用井字旗。但後來同盟會發動的歷次武裝起義，均用紅藍白三色旗為國旗。武昌起義後，黃龍旗倒了。於是，「鄂、湘、贛三省用十八星旗，粵、桂、閩、滇、黔數省用青天白日旗三色旗，江、浙、皖及各省多用五色旗」[5]。此外，還有用井字旗、金瓜鉞斧旗和白旗的。這些不同的旗幟各有不同的寓意。十八星代表那時中國的十八省；五色代表漢、滿、蒙、回、藏五族共和；井字代表井田而引申為天下大同；金瓜鉞斧代表尚武強兵的精神；三色代表自由、平等、博愛之義；白旗則代表以明滌去污染、光復舊物之旨。它們以不同的寓意共同地表達了國家和民族至上的觀念，是民族觀念形態上的一種進步。因此，在那個時代作為黃龍旗的否定物，它們之間應當是不分軒輕的，但不同寓意本身又是一種互相比較。南京臨時政府成立後，臨時參議院決定以紅黃藍白黑五色旗為中華民國國旗，以十八星旗為陸軍旗，以青天白日旗為海軍旗。因為五色旗代表了清末民初最普遍的觀念，因此，五色旗成了被最大多數人接受的圖騰。

武昌起義後產生的國歌和國旗，使中國第一次具備了一個近代國家應有的外觀。同內容相比，這不過是一種形式。但當形式寄託着內容的時候，它就是一種不可缺少的東西了。

二、「皇帝倒了，辮子割了」

「皇帝倒了，辮子割了。」這八個字是目睹了辛亥革命的少年瞿秋白對當時社會變化的體驗之詞，它形象地說明了辛亥革命的兩大歷史功績：一是革了皇帝的命，一是革了辮子的命。

在中國，不懂得皇帝的權威，就不會懂得辛亥革命打倒皇帝的偉大歷史意義。從秦始皇到宣統，在二千一百三十二年的時間裏中國的歷史是同皇帝連在一起的。1902年梁啟超在《新史學》中說：「二十四史非史也，二十四姓之家譜也。」因而力貶「只知有朝廷而不知有國家」的古典史學，倡導「史界革命」，重建近代新史學。「五四」以後，更多的人看到這一點，並予以掊擊。但在「天下者君主一人之天下」的中世紀中國，在皇權觀念淪肌浹髓的時代，用皇權來記錄歷史卻是一種必然。這種事實本身正說明了皇權所有過的沉重力量。

作為人主，皇帝是世俗的權威；作為天子，皇帝是神聖的權威；作為君父，皇帝又是倫理的權威。一言以蔽之，朕即國家，朕即法律。皇帝高踞於權力金字塔的頂端。地方聽命於中央，中央聽命於皇帝。韓愈在《原道》中說：「君者，出令者也；臣者，行君之令而致之民者也；民者，出粟米麻絲、作器皿、通財貨以事上者也。君不出令，則失其所以為君；臣不行君之令而致之民，則失其所以為臣；民不出粟米絲麻、作器皿、通財貨，以事其上，則誅。」[6]皇帝君臨天下，臣是他的奴僕，民則是他的奴隸。對於臣民來說，雷霆雨露皆天恩。臣民的一切都是皇帝賜予的，甚至連處死也稱之為「賜死」，被殺還要「謝主隆恩」。皇帝本是圓顱方趾之屬，卻無人敢以圓顱方趾之屬視之。他掌握着生殺予奪的大權，主宰着歷代臣民命運的悲歡；他操縱一切權力又凌駕於一切人之上。所謂「天下之事無大小皆決於上」[7]。在皇帝之下，沒有獨立自由的個體，只有臣民而不可能有國民。《宋史·劉攽傳》說：「王安石在經筵，乞講者坐。攽曰：『侍臣講論於前，不可安坐，避席之語，正是古今常禮。君使之坐，所以示人主尊德樂道也；若不命而請，則異矣。』」這種樂於俯伏而視抬頭為怪的議論，以其可鄙的媚態說明了君權之下人性的畸形。

當然，不同的朝代、不同的皇帝會有不同的作為，其專制的程度也不一樣，但專制的實質卻是始終如一的。隨着歷史的推移，明代君權達到了高峰。明太祖朱元璋汰中書省、廢丞相，令六部直接聽命於自己，創廷杖制度，置廷杖於殿上，臣下晉見皇帝，動輒捱杖，「天下莫不駭然」。清承明制，君權登峰造極，甚至連軍機大臣也「只供傳述繕撰，而不能稍有贊畫於其間」[8]。同時為維護赫赫皇權而深文周納，大興文字獄。明清時期，文忌之多，文網之密，文禍之慘，株連之廣，都是前所未有的。致使眾多文士學人不敢輕談時事與政治，埋首經籍，「為考證而考證，為經學而治經

學」。有位老臣梁詩正積數年之經驗曰：「不以字跡與人交往，無用稿紙亦必焚稿。」這句話以一個臣僚的戰慄之情說明了君主專制之狠之毒。

在漫長的歷史裏，農民戰爭曾不止一次地把皇帝拉下馬。然而即使造反的事業也體現了皇權主義。從陳勝、吳廣到李自成、張獻忠，都沒有撞破王朝更迭的機制，只成為王朝周期性更迭的歷史中介。秦漢易代之際的項羽和劉邦以「天下苦秦久矣」而起，但對於帝王之威風卻心嚮往之。一個說「彼可取而代之」，一個說「大丈夫不當如是耶？」，階級是對立的，滋養階級的社會土壤卻並不是對立的。於是代替皇帝的仍然是皇帝。明末清初，出現過一批貶抑君權的知識分子，顧炎武、王船山、黃宗羲、呂留良、唐甄、金人瑞是其中之大有名者。在他們留下的議論和著述裏，黃宗羲的《明夷待訪錄》和唐甄的《潛書》是最具民主性光彩的作品。黃宗羲說：

古者以天下為主，君為客，凡君之所畢世而經營者，為天下也。今也以君為主，天下為客，幾天下之無地而得安寧者，為君也。是以其未得之也，屠毒天下之肝腦，離散天下之子女，以博我一人之產業，曾不慘然，曰：「我固為子孫創業也」。其既得之也，敲剝天下之骨髓，離散天下之子女，以奉我一人之淫樂，視為當然，曰：「此我產業之花息也」。然則為天下之大害者，君而已矣。[9]

對君權的懷疑和批判是這一時期卓識之士共同思考的題目。他們以前此未曾有過的深度揭示出君主專制制度的許多致命弊病。唐甄甚至說：「自秦以來，凡為帝王者皆賊也。」[10] 其思路追跡所及的已不是一代的治國得失，而是自秦始皇以來整個封建君主專制主義統治的歷史。這種思想一方面反映了君權達到高峰之後的歷史反思，另一方面則反映了那時社會經濟發展中產生的市民意識。雖然他們只能在古籍中尋求社會的出路，但這並不是倒退，他們畢竟天才地看到了中世紀行將臨近的黃昏。然而，易代之後，清王朝株連慘酷的文字獄又中斷了這種思想，中國社會仍舊沿着皇權賡續的軌跡緩緩而行。

歷史進入近代以後，西方近代民主思想逐漸傳入中國。從不滿君主專制、羨慕民主政治到反對專制政體、建立民主政治的要求，從忠君愛國到抑君愛國再到叛君愛國，先進的中國人逐步把目光和心思從唐虞盛世轉到了中國之外的另一個世界，在中

西比較中以新的思維對傳統的專制政治進行了深刻的反思。他們從救亡圖存出發，用進化論來論證民主政治取代君主專制的歷史必然性，以天賦人權論、社會契約論、自由、平等、博愛等西方近代民主思想為理論武器對君主專制主義展開了猛烈的批判，力圖在中國建立一個西方早已出現的民主政體。戊戌維新就是在中國建立君主立憲政體的嘗試。而辛亥革命更以暴力推倒了帝制，代之以民國，為二千一百三十二年的歷史打了一個用鐵和血鑄成的句號。只有漫長的歷史才能稱量出這個句號的真正意義和重量。它是一條分界線。在此之後，帝王由人主、天子、君父變成了人民的公敵。「敢有帝制自為者天下共擊之」成為一種時代意識。隨着帝制的取消，附生於帝制的種種醜惡制度也被次第掃除，例如世襲制度、太監制度等等。

與「皇帝倒了」緊密相連的是紀年的改革。中國歷代都採用帝王紀年，帝號即年號，如秦始皇幾年、漢高祖幾年之類。漢武帝開始於帝號之外另立年號，自此這種辦法一直沿用到清末的「宣統」。20 世紀初年，革命黨人既以推翻清朝為己任，自然不願使用清帝的年號；他們又有建立民主共和國的要求，也就不願因襲過去那種以帝王個人為轉移的紀年。當時擬議或運用的新紀年方法有：（一）以「天運」紀年，即在慣用的干支上冠「天運」二字；（二）在干支上冠「中曆」二字的紀年；（三）以清朝入關、明朝滅亡為紀年起點；（四）以「周召共和」紀年；（五）以公元紀年。但用得較多的是黃帝紀年。[11] 黃帝是中華民族的遠祖，以黃帝紀年取代清帝的年號，顯然包含着軒轅子孫對於「韃虜」的否定，包含着反滿種族革命的思想。1903 年 7 月，劉光漢在《國民日月報》上發表了一篇《黃帝紀年說》，文後有《附黃帝紀年表》、《附黃帝降生後大事附表》，申述應採用黃帝紀年的理由說：

民族者，國民特立之性質也。凡一民族不得不溯其起原。為吾四百兆漢種之鼻祖者誰乎？是為黃帝軒轅氏。是則黃帝者，乃製造文明之第一人，而開四千年之化者也。故欲繼黃帝之業，當自用黃帝降生為紀年始。吾觀泰西各國莫不用耶穌降生紀年，回教各國亦以摩哈麥特紀年，而吾中國之紀年，則全用君主之年號。近世以降，若康、梁輩漸知中國紀年之非，思以孔子紀年代之。吾謂不然，蓋彼等藉保教為口實，故用孔子降生為紀年；吾輩以保種為宗旨，故用黃帝降生為紀年。

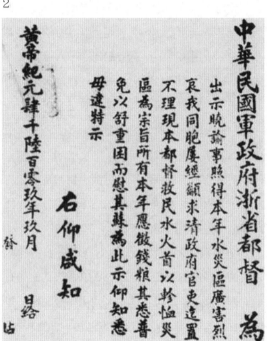

中華民國軍政府浙省都督　為

出示曉諭事照得本年水災區屢害烈

哀我同胞屢經籲求清政府官吏逍置

不理現本都督救民水火首以矜恤災

區為宗旨所有本年應徵錢糧其悉善

免以舒重困而慰其蘇為此示仰知悉

毋違特示

右仰咸知

黃帝紀元肆千陸百零玖年玖月　日給

簽　佔

1 孫中山就任臨時大總統　就任時，孫中山即電告各省都督，中華民國改用陽曆，以黃帝紀元四千六百九年十一月十三日，為中華民國元年元旦。

2 浙江軍政府免徵當年錢糧的告示，落款為黃帝紀元。

「揖美追歐，舊邦新造」

這段話概括了當時許多人的意見。在與清帝對抗的各種紀年中，以黃帝紀年為正宗。武昌起義後，許多人又感到用黃帝紀年並不恰當。當時有署名「老圃」之人，作《論黃帝紀元》一文，認為「自革命以來，各省民軍皆用黃帝年號，此為一時權宜計，固足以喚起國民之種族思想。然為永久計，若欲以此為民主國之紀元，則與新民國之民主主義大相剌謬」。因為「我國所謂黃帝，無論其功德如何，要為專制政體之皇帝」，共和政府「方排斥之不暇，寧有崇拜之理」，更以黃帝「年遠代湮」，無確定生年，用作紀年，無可徵信。[12] 於是，孫中山在就任臨時大總統時，即電告各省都督：「中華民國，改用陽曆，以黃帝紀元四千六百九年十一月十三日，為中華民國元年元旦。」陽曆的採用，不同於歷史上的改元更朔。但民國初年出的曆書是陰陽合曆，一邊用陽曆，一邊有陰曆，農時二十四節氣仍舊保留。這種與社會生產需要相結合的曆法，是合理的。當時王閨運有一副對聯：「男女平權，公說公有理，婆說婆有理；陽陰合曆，你過你的年，我過我的年。」即反映了民國初年的社會風貌。陰陽合曆的民國紀年法取代清帝的年號，表達了民主觀念對帝王觀念的否定。紀年的改革是「皇帝倒了」的結果，但對中華大地上遠離革命風暴中心的人們來說，正是紀年的改革才使他們千真萬確地相信皇帝已經倒了。

在當時人的心目中，與「皇帝倒了」相並而提的是「辮子割了」，辮子本是女真人的一種風俗習慣，而非「漢官威儀」的應有之物。但隨着滿族的興起和努爾哈赤的向外拓展，留辮與不留辮，遂由風習問題一變而為滿漢民族間的一個嚴峻的政治問題。1621 年，努爾哈赤攻下遼瀋後，即大規模地強迫漢人剃髮留辮。1644 年，清兵入關，在攻佔北京，尤其是攻佔南京之後，厲行剃髮令，「叫官民盡皆剃頭」，違抗者「殺無赦」。當時不僅有「留頭不留髮，留髮不留頭」之令，而且還有「一個不剃全家斬，一家不剃全村斬」之令。[13] 漢人自古注重冠服，「披髮左衽」是最不能容忍的奇恥大辱，更何況「身體髮膚，受之父母」。剃髮留辮因其違背了漢民族的歷史傳統和思想感情，曾演化成滿漢民族間的一種激烈對抗，於是而有「揚州十日」、「嘉定三屠」等民族慘劇。清朝統一後，剃髮留辮憑藉政權的力量由滿族的風習變成了滿漢民族共同的風習。既是一種風習，也就有相當大的穩定性和凝固性，不容易改變。戊戌維新期間，康有為進呈《請斷髮易服改元摺》，以辮子不利於打仗、不便於用機器、不利於衛生，且為外人恥笑為言，力主「斷髮」（即剪辮），認為不如此不足以「易視聽」，

1 革命軍剪去平民髮辮　在當時人心目中，與「皇帝倒了」相並而提的是「辮子割了」。

2 1924 年泰戈爾訪問北京時與辜鴻銘（右二）等人合影　民國以後，剪辮子換洋裝，成
　一時風潮，但吃過洋麵包的辜鴻銘卻巋然不動，頭戴瓜皮小帽、拖着辮子的他，在一羣
　西裝俊彥中顯得格外醒目。

「揖美追歐，舊邦新造」

不利於變法維新。辮子是一束頭髮，然而它又維繫着家家戶戶同王朝和傳統的一種歷史聯繫，因此剪辮子與否不啻是一種嚴肅的政治抉擇。19 世紀末 20 世紀初，民主思想勃興，留辮成了效忠清王朝的標誌，剪辮則往往與反清革命相繫結，帶有鮮明的排滿革命意識，是革命的標誌。

武昌起義後，各地革命黨人即動員羣眾剪辮。1912 年 3 月，南京臨時政府大總統令內務部：「茲查通都大邑，剪辮者已多。至偏鄉僻壤，留辮者尚復不少。仰內務部通行各省都督，轉諭所屬地方，一體知悉。凡未去辮者，於令到之日，限二十日一律剪除淨盡。」[14] 以行政的命令推行剪辮，具有非同尋常的意味。在此之前，社會上對沒有辮子的人，「最好的是呆看，但大抵是冷笑，惡罵。小則說是偷了人家的女人……大則指為『裏通外國』，就是現在之所謂『漢奸』」[15]。在此之後，剪辮非但是正當的，而且是一個必須執行的命令。於是，剪辮漸成一種新風尚，留辮者則為社會輿論所不齒，「非譏之為豚尾，即詈之曰滿奴，甚欲削奪其選舉權，以實行強迫手段」[16]。魯迅曾不止一次地說過，他感謝辛亥革命，就是因為從此可以不帶辮子而自由自在。辛亥革命前後的兩種迥然不同的情形說明，辮子比皇帝更直接地使每個普通老百姓感受到革命浪潮的衝擊。

剪辮與否本身不會給社會生活帶來多大影響，但在近代中國它顯然又帶有觀念變革的意義。各種各樣的中國人曾在辮子面前表演過各種各樣的本相。孫中山割辮子於 1895 年廣州起義失敗之後，顯示了一個革命先行者同王朝的決裂。黎元洪割辮於武昌起義的槍口逼迫之下，顯示了一個舊官僚在推搪之下的政治轉折。袁世凱割辮於就任民國大總統之前夕，顯示了一個「名義上是共和主義者，但內心卻是專制君主」[17] 的人捨魚而取熊掌的權衡。梁啟超有個廚子在買菜途中被人割了辮子，因此而大哭了幾天，這是一種生於積習，既說不清又剪不斷的戀舊之情。而吃過很多洋麵包的辜鴻銘在辛亥革命很久以後還拖着辮子，自詡「殘雪猶有傲霜枝」，傲然走上北京大學的講台。這又是一種自覺的遺老意識。形象雖然如此眾多，但社會觀念的變化畢竟已成為時代潮流。誰敢帝制自為就成了人人討伐的對象；誰還拖着辮子，抱着老皇曆自居於潮流之外就成了封建餘孽。「封建餘孽」四個字出現於辛亥革命後，鮮明地反映了這場革命矛頭所向的威力。

三、社會習尚的改革

社會習尚的改革，當時稱作「舊染污俗，悉行蠲除」。「舊染污俗」代表了歷史沉積中的醜陋一面。但它們又為千百萬人所接受，並在社會變遷的過程裏表現為一種無意識的頑固力量。因此，變政難，移風易俗更難。而革新政治又是與風習的改良緊密聯繫在一起的。1912年4月1日，孫中山在南京參議院解職辭中說：「又凡政治、法律、風俗、民智種種之事業，均須改良進步，（中國）始能與世界競爭。」唯其如此，辛亥革命後的改革社會風習之舉，對於中國近代社會的新陳代謝就具有不可以區區視之的意義。

南京臨時政府成立後，頒佈了一系列革除「舊染污俗」的政令，推進社會風習的改良。與此同時，宋教仁、蔡元培等發起成立了社會改良會，發表了宣言及章程，力主「以人道主義去君權之專制，以科學知識去神權之迷信」，在章程中更把它具體化為三十六條：

一、不狎妓；二、不置婢妾；三、提倡成年以後有財產獨立權；四、提倡個人自立不依賴親朋；五、實行男女平等；六、提倡廢止早婚（男子十九歲以上，女子十七歲以上始得嫁娶）及病時結婚之習；七、提倡自主結婚；八、承認離婚之自由；九、承認再嫁之自由；十、不得歧視私生子；十一、提倡少生兒女；十二、禁止對兒童之體罰；十三、對於一切傭工不得苛待（如僕役、車夫、轎夫之類）；十四、戒除拜門、換帖、認乾兒女之習；十五、提倡戒除承繼、兼祧、養子之習；十六、廢跪拜之禮，以鞠躬、拱手代之；十七、廢大人、老爺之稱，以先生代之；十八、廢纏足、穿耳、敷脂粉之習；十九、不賭博；二十、在官時不受饋贈；二十一、一切應酬禮儀宜去繁文縟節（如宴會、迎送之類）；二十二、年節不送禮，吉、凶等事不為虛糜之饋贈；二十三、提倡以私財或遺產補助公益善舉；二十四、婚、喪、祭等事不作奢華迷信等舉動，其儀節本會規定後會員皆當遵守傳佈；二十五、提倡心喪主義，廢除居喪守制之形式；二十六、戒除迎神、建醮、拜經及諸迷信鬼神之習；二十七、戒除供奉偶像牌位；二十八、戒除風水及陰陽禁忌之迷信；二十九、戒除傷生耗財之嗜好（如鴉片、嗎啡及各種煙酒等）；三十、衣飾宜崇質素；三十一、養成清潔之

習慣；三十二、日常行動不得妨害公共衛生（如隨處吐痰及隨意拋擲污穢等事）；三十三、不可有辱罵、喧鬧、粗暴之行為；三十四、提倡公墳制度；三十五、提倡改良戲劇及諸演唱業；三十六、戒除有礙風化之廣告（如賣春藥、打胎等）及各種印刷品（如賣春畫、淫書等）。[18]

這三十六條涉及「舊染污俗」的各個方面，概而言之，就是用人道主義和科學知識去替代那些相沿成習的非人道的、迷信的陋俗。就其本質而言，「舊染污俗」是對人性的壓抑，而人道和科學則體現了人性的解放。儘管民初改革社會風習並沒有最終完成這種解放，但它在久旱之後灑下了第一陣甘霖。

（一）禁纏足、禁鴉片、禁賭博。其中最有成效的是禁纏足。據俞正燮在《癸巳類稿》中考證，纏足弓鞋始於南唐而大盛於南宋，沿至20世紀初期，可謂源遠流長。流淌於源流之中的，是一代一代婦女的血淚。在這個過程裏，曾經飽受纏足之苦的一代，又把這種痛苦施於下一代。她們以自己的痛苦和替別人製造的痛苦，表現了可怕的歷史惰性。康熙、嘉慶時期，曾禁止過纏足；戊戌變法期間的仁人志士也曾設會以勸阻纏足；晚清新政之中又公佈過不准纏足的禁令。但掃除這一酷習則是在辛亥革命之後。1912年3月，南京臨時政府大總統關於禁止纏足致內務部令：「至纏足一事，殘毀肢體，阻閡血液，害雖加於一人，病實施於子姓，生理所證，豈得云誣。至因纏足之故，動作竭蹶，深居簡出，教育莫施，世事罔問，遑能獨立謀生，共服世務。」[19]這個命令以不容置疑的理由申論了纏足之害。革除纏足惡習，在經歷了纏纏放放、放放纏纏的曲折歷史之後，在民國初年逐漸成為一種時尚。「女子裹腳從此解放了，已裹的放掉，已經裹小的也放大，社會上很自然地一致認定，民國紀元以後生下的女兒，一概不裹腳。」[20]當天足被越來越多的人接受的時候，那些「塗朱傅粉穿耳纏足之習」，也就自然而然地被「視同怪物」[21]。歷史的惰性寄生於多數人之中，所以，只有多數人觀念的改變才能戰勝歷史的惰性。

（二）改稱謂。1912年3月2日，孫中山以大總統的名義發佈命令：「官廳為治事之機關，職員乃人民之公僕，本非特殊之階級，何取非分之名稱。查前清官廳，視官等之高下，有大人、老爺等名稱，受之者增愧，施之者失體，義無取焉。」「嗣後各官廳人員相稱，咸以官職；民間普通稱呼則曰先生，曰君，不得再沿前清官廳惡

稱。」[22] 稱謂既是社會關係的產物，又是社會關係的表現。以「官職」、「先生」、「君」來替代「老爺」、「大人」之稱，在當時的意義就在於用人格的平等來代替人格的不平等。它顯示的是資產階級自由、平等、博愛精神對於封建主義不平等的否定。當然，在後來的歲月裏，官職又變成了不平等的象徵。這種變化反映了在中國實現平等需要經歷一個相應的歷史過程。但革除「前清官廳之惡習」並不因此而喪失了自己的進步性，因為它正是這個過程中的一步。在稱謂改變的同一過程裏，湧現了一大批新詞彙，這些新詞彙不僅充實了人們的語言，更反映了時代、社會生活、人際關係的變遷。與此同時，一些舊詞彙也被賦予新的意義和內涵。如「同志」一詞，《周易》即有所謂「上下交而其志同」，但辛亥革命前後流行的「同志」一詞的內涵已有很大的變化，它強調政治信念的一致，因而已具有近代意義。

（三）廢跪拜。1912 年 3 月，內務、教育二部為丁祭事會同通告各省電文，說：「查民國通禮，現在尚未頒行。在未頒以前，文廟應暫時照舊致祭。惟除去拜跪之禮，改行三鞠躬，祭服則用便服。其餘前清祀典所載，凡涉於迷信者，應行廢止。」[23] 以鞠躬之禮代替前此的跪拜、相揖、請安、拱手等舊式禮節，是民國初年禮儀改革的一個重要方面，它反映了禮節上的尊卑等級觀念已逐漸被平等觀念所取代，成為一種不言而喻的意識。包天笑曾不無嘲諷地描寫過晚清北方的屈膝請安：

> 談起請安，在北方，子弟見尊長，僕役見主人，下屬見上司，都要請安。他們做官的人，很講究此道，請安請得好，算是風芒、漂亮、邊式。做大官的人要學會一種旋轉式的請安，假如你外官初到任，或是到一處地方，有許多比你低級的，環繞着向你請安，你要環繞着回禮，這種請安，名之曰「環安」。你要弄得不好，踏着自己的袍子，一個失錯，向前跌衝，那就要失態了。還有所謂請雙安的，屈兩膝，身體一俯，也要講究姿勢，滿洲婦女優為之，從前的宦官人家都要講求那種禮節。[24]

這段話寫出了一種世態。在這種世態裏，醜陋竟變成了美的藝術。但是，自從 1793 年喬治‧馬戛爾尼（George Macartney）使華以來，中國的跪拜之禮卻久已成為西方人眼中野蠻和落後的象徵。兩者之間，是歷史留下的差距。因此，廢除跪拜之意義不僅在於解放了兩膝，而且在於跨過了野蠻與文明之間的歷史差距。

1

2

1 清末兩位官員在互行跪拜禮　自馬戛爾尼使華以來，中國的跪拜之禮久已成為西方人眼中野蠻和落後的象徵。廢除跪拜之意義不僅在於解放了兩膝，亦在於跨過了野蠻與文明之間的歷史差距。

2 清末民初平民之間的作揖之禮　作揖本是漢族民間傳統的一種禮節，近代隨着西方文化傳入中國，人們接受並使用握手禮，作揖這樣的見面行禮方式漸漸被國人遺忘。

（四）禁止販賣人口、「豬仔」，通令疍戶、惰民等享有公權、私權。1912 年 3 月 2 日到 19 日，臨時政府在十七天裏發表了三道公報，在「重人權而彰公理」的名義下痛責「奸人市利買賣人口」、「拐販豬仔」，以及「賤民」制度：

前清沿數千年專制之秕政，變本加厲，抑又甚焉。若閩粵之疍戶，浙之惰民，豫之丐戶，及所謂發功臣暨披甲家為奴，即俗所稱義民者，又若剃髮者並優倡隸卒等，均有特別限制，使不得與平民齒。一人蒙垢，辱及子孫，蹂躪人權，莫此為甚……（並明令規定）以上所述各種人民，對於國家社會之一切權利，公權若選舉、參政等，私權若居住、言論、出版、集會、信教之自由等，均許一體享有，毋稍歧異。[25]

在這個通令之前，孫中山曾以大總統名義令內務部禁止販賣人口，「其從前所結買賣契約，悉予解除，視為僱主僱人之關係，並不得再有主奴名分」。在此之後，又令外交部妥籌禁絕販賣人口、「豬仔」，其中說：「除令廣東都督嚴行禁止『豬仔』出口外，合亟令行該部妥籌杜絕販賣及保護僑民辦法，務使博愛、平等之義，實力推行。」[26] 儘管販賣人口一類傷天害理之事並沒有因此而絕跡於中國，但卻從此結束了「賤民」被看作別一種人的歷史。

（五）倡女權。婦女解放、倡導女權的思想和活動在中國早就有了，但那大都是男人們的聲音。以婦女謀求婦女自身的解放，卻是秋瑾勇敢地衝出家庭首先揮舞起來的旗幟。在她之前，天地會、太平天國只有蘇三娘、洪宣嬌那樣的著名女流；掀起維新運動的公車上書一千三百餘人中還不曾有婦女；即使整個維新運動中，也只有像支持丈夫譚嗣同維新的李閏那樣的女子。他們都沒有脫離水滸型或正統型的巾幗形象。只有到 20 世紀初年，民主思潮在中國勃興，婦女才有從「香閨繡榻」中走出來的機會，才陶鑄出秋瑾、何香凝這樣站在時代前列的傑出女性。辛亥革命時期，因女子參軍而出現過女子國民軍、女子北伐光復軍、女子軍事團、同盟女子經武練習隊、女子尚武會等團體。雖然她們以「追木蘭、良玉之芳塵」[27]為號召，但當她們以「專制達於極點，滿清之氣運告終；共和程度既齊，漢族之河山當復」[28]為宣言的時候，她們已經遠遠超越了木蘭和良玉的「芳塵」。在同一時間裏，因女子爭取參政而產生過女子參政同盟會、女子同盟會、女子參政同志會、中華女子共和協進會、神州女界共和

協濟社等團體。如果說參軍表達了近代婦女的義務意識，那麼參政則表達了近代婦女的權利意識。中國從來只有「天下興亡，匹夫有責」之說，但 1912 年 1 月 11 日的《民立報》卻傳出了發自女界的另一種聲音：「天下興亡，匹婦有責」[29]。一字之差卻使人頓生換了人間之慨。這是前此所不可能有的變化。

（六）易服飾。在古代中國，「衣服有制」。正朔服色，向來被視為國家根本之所繫，是傳統禮儀制度的重要內容。因此，變易服飾並不僅僅是個人的志趣愛好問題，而是一種政治鬥爭和文化衝突的外在表現。它的更新，往往是社會制度和風俗習尚變遷的一個標記。正因為如此，近代一些力主革新的進步人士常常把易服飾同政治變革相聯繫。早在 1892 年，宋恕便提出「易西服」的主張，他說：

> 變法之說，更仆難終，請為相公先陳三始：蓋欲化滿漢文武之域，必自更官制始；欲通君臣官民之氣，必自設議院始；欲興兵農水火之學，必自改試令始。三始之前，尚有一始，則曰欲更官制、設議院、改試令，必自易西服始。[30]

「易西服」即用「西服」來取代長袍馬褂。但宋恕把「易西服」視作「更官制、設議院、改試令」的前提，顯然別有深意。他想藉此以掃除「千年積重」，造成一種向西方學習的人文環境，推進政治的革新。但那個時候提倡「易西服」無異於「用夷變夏」，因此比倡設議院更為世俗所不容。宋恕深有體會地說，我「與人談『三始』，猶有然之者；談『一始』（即易西服），則莫不掩耳而走，怒目而罵，以為背謬已極，名教罪人」[31]。戊戌維新時期，康有為在時呈的奏議中曾不正一次地提及「易服」。他認為「王者改制，必易服色」。中國「守舊者固結甚深，非易其衣服不能易人心，成風俗，新政亦不能行」[32]。這種近乎形式主義的看法背後，卻有其深刻的道理。中國以禮教立國，服飾決不僅僅是民族的外觀，而帶有深刻的禮的烙印，從服飾上映襯出來的是特權、等級和道德信念。晚清時期，不少開明的中國人已經承認長袍馬褂不如西服便利。但在當時，滿街都是長袍。更多的人把西服看作二毛子或假洋鬼子的表徵。

帝制取消之後，隨之而來服飾也發生了根本性的變革。那些曾經象徵着等級尊卑的服飾被棄若敝屣，「宮廷內外，一切前清官爵命服及袍褂補服翎領朝珠，一切束之高閣」[33]。而「西式裝服」則隨機大暢，「人士趨改洋服洋帽，其為數不知凡幾」[34]，蔚然

孫中山穿着早期七粒釦的中山裝　中山裝因孫中山而得名,這種服裝及其衍生的變化服裝,成為1980年代以前國人的主要服裝樣式。直到今天,中國領導人在一些重要場合也會穿中山裝。

成為一種風氣。西式服裝的暢銷是傳統服飾被棄置後的一種必要補充,也是在沒有「適當之服式」以替代傳統服飾的情況下必然出現的社會現象,此其一。其二,服飾的政治意味逐漸被審美情趣所取代,其款式也由單一走向了多樣,所謂「西裝東裝,漢裝滿裝,應有盡有,龐雜至不可名狀」[35]。一些「適於衞生,便於動作,宜於經濟,壯於觀瞻」的時代服裝開始被研求和推廣。孫中山一生既穿過長袍,也穿過西服。然而當他就任南京臨時政府大總統期間,卻既不穿西服,也不穿長袍。他穿的是一種改制過的學生裝。這種服裝有西服的優點,但比西服更合乎中國人的口味,且價格廉於西服。於是,在民國成立之後,它比西服更容易代替長袍馬褂。孫中山不僅改革了傳統的社會制度,而且改革了傳統的服裝。因此,他所創製的服裝至今仍被稱作「中山裝」。

「自由盡是新風尚。」民國初年,社會習尚的改良在上述六個方面之外,還有破除迷信,革除舊的婚喪禮俗,倡導自由婚姻等等。它是一股時代性的社會潮流。當時有人在《時報》上發表了以《新陳代謝》為題的文章,其中寫道:

　　共和政體成，專制政體滅；中華民國成，清朝滅；總統成，皇帝滅；新內閣成，舊內閣滅；新官制成，舊官制滅；新教育興，舊教育滅；槍炮興，弓矢滅；新禮服興，翎頂補服滅；剪髮興，辮子滅；盤雲髻興，墮馬髻滅；愛國帽興，瓜皮帽滅；愛華兜興，女兜滅；天足興，纖足滅；放足鞋興，菱鞋滅；陽曆興，陰曆滅；鞠躬禮興，拜跪禮滅；卡片興，大名刺滅；馬路興，城垣捲柵滅；律師興，訟師滅；槍斃興，斬絞滅；舞台名詞興，茶園名詞滅；旅館名詞興，客棧名詞滅。[36]

社會的興革、事物的新陳代謝是一個複雜的揚棄和汲取過程，並不像引文中所描寫的那樣立竿見影，但它卻反映了革故鼎新潮流所向的威力和民初社會異乎往古的變遷。

四、實業的推進

　　提倡實業，振興實業，是資產階級革命派和立憲派共有的認識。早在革命與改良兩大陣營的激烈論戰中，革命派就聲明革命不能沒有破壞，革命一旦取得勝利，隨之而來的必然是大建設。立憲派與工商界有較廣泛的社會聯繫，積極倡導實業，直接參與實業建設者更是不少。他們害怕革命帶來破壞，引起外國列強的干涉，也主要是從實業建設着眼的。雖然革命與改良兩派追求的社會政治理想不同，但他們都是從愛國出發，都想通過自己的努力把中國建設成一個富強的資本主義國家，所以對發展資本主義生產的要求是一致的。基於這一相同的要求，在民國創立之後，革命派、立憲派和工商界莫不懷着「破壞告成，建設伊始」的興致，致力於實業。1912 年初成立的「工業建設會」旨趣中說：

　　政治革命，丕煥新猷，自必首重民生，為更始之要義；尤必首重工業，為經國之宏圖。夫社會經濟，墜落久矣。金融也，交滯；機關事業也，悉成荊棘。孰為為之，遞流至於此極？彼農非不生之也，而粗糲之生貨不投俗尚，商非不通之也，而舶來之精品又深歐化。是則農為前驅，而工不為之後盾，商為白戰，而工不與以寸鐵，工以成之之謂何！何昧昧焉而不提倡之也！不提倡工業，而適當工業的民族帝國之潮流，宜其社會經濟悉漏卮於千尋之海壑而無極矣。往者憂世之士，亦嘗鼓吹工業主義

以挽救時艱而無效也，則以專制之政毒未除，障害我工業之發達，為絕對的關係，明達者當自知之。今茲共和政體成立，喁喁望治之民，可共此運會，建設我新社會，以競勝爭存，而所謂產業革命者，今也其時矣。[37]

政治和經濟必須互相適應，是歷史唯物主義的一個基本原理。經濟的發展必然推動政治的變革，政治的革命也同樣會促動經濟的變遷。中國民族工業長期處於帝國主義和封建主義雙重壓迫的夾縫中，飽受壓抑之苦的資產階級渴望政治革命帶來「產業革命」。辛亥革命的勝利不僅使「當時人們特別感到解放的歡欣」，以為發展實業的最佳「運會」到來了，而且確曾為資產階級發展實業提供了封建專制政體下所不可能有的政治和經濟兩個方面的有利條件。

　　革命的勝利提高了中國資產階級在社會上的地位。清末，資產階級的社會地位有所提高，但總的說來仍然比較低下，官商之間存在着相當的隔閡。民國創立後，臨時約法規定「中華民國人民一律平等，無種族、階級、宗教之區別」，資產階級不再像以前那樣居於「四民之末」。不少實業界人士進入國家政府部門和國會。如南京臨時政府實業部總長張謇、交通部總長湯壽潛等，都是近代實業界之大有名者。在各地軍政機構中，也有不少實業界頭面人物直接參與政事。上海光復後成立的滬軍都督府中，前上海自治公所總董、商團公會會長李平書，全國商團聯合會會長沈縵雲，前上海自治公所董事王一亭、虞洽卿、朱葆三等分別出任民政總長、財政總長、交通總長、洋商交涉使等要職。資產階級社會政治地位的改變，使他們有可能利用自己掌握的部分權力制定有利於實業發展的新法令政策。

　　辛亥革命後，各級政府都比較重視實業，制定和頒行了一系列振興實業的法令條例。如南京臨時政府財政部擬定的《商業銀行條例》，鼓勵民間私人資本開辦銀行。1912 年孫中山還親自籌設中華實業銀行，自任名譽總董。據統計，清末最後十餘年創設銀行不過十七家，而 1912 年新設之銀行即達十四家。為改變前清有心於實業者「欲開發則不能」的窘境，實業部擬定了《商業註冊章程》，准許各類商號自由註冊；取消前清規定的種種註冊費用。商人呈辦廠礦企業，「只要資本實業」「於民生主義，國計前途，大有裨益」的，政府即予以批准，「力為保護」。開辦企業的種種限制的取消，使工商業的發展獲得更多的自由。臨時政府北遷後，工商部又頒佈了《暫行工藝

品獎勵章程》，把專利權之授予嚴格限制於工藝品的首先發明及改良者，並規定了具體年限，從而廢徐了前此的封建性專利壟斷。各地政府也都採取了一些相應的鼓勵實業政策。湖北、上海、杭州、廣州、福建等地政府都曾宣佈廢除厘金、苛稅，積極倡導實業建設。湖北起義軍還曾於 1911 年 10 月 12 日頒佈公告，明確規定：「虐待商人者，斬。擾亂商務者，斬。關閉店鋪者，斬。繁榮商業者，獎。」[38] 這個公告出現於南京臨時政府成立之前，但它以簡潔明了的文字反映了革命黨人的經濟政策。

除了頒佈以振興實業為中心內容的法令條例外，革命派和立憲派大都自覺以振興實業為己任。武昌起義後，還在由美歸國途中的孫中山就宣稱：「此後社會當以工商實業為競點，為新中國開一新局面。」[39] 他在就任臨時大總統的時候和辭職以後，更積極倡導實業，認為「實業為民國將來生存命脈」。在前一種情況下，他號召：「合漢、滿、蒙、回、藏為一家，相與合衷共濟，丕振實業，促進教育，推廣全球之商務，維持世界之和平。」[40] 在後一種情況下，他呼籲：「興實業實為救貧之藥劑，為當今最重要之政策。」[41] 與此同時，他和黃興、宋教仁等一起積極從事各種實業建設。1912 年，孫中山除籌設中華實業銀行作為「振興實業之總機關」外，更兼任全國鐵路督辦、中華民國鐵道協會會長、上海中華實業聯合會會長、永年保險公司董事長。黃興也與其他革命黨人先後創辦國民銀行、中華汽船公司、湖南五金礦業股份公司、富國礦業股份公司等實業。立憲派前此對收回利權、發展實業作過貢獻，這時更是躍躍欲試，孜孜以求。張謇說：「今欲鞏固民國，非振興農工商各項實業不可！」[42] 隨後又提出「棉鐵主義」等振興實業計劃。梁啟超在結束長期的逋客生涯之後，1912 年 10 月 30 日在北京總商會舉行的歡迎會上說：「在今日尤為一國存亡之所關者，則莫如經濟之戰爭」[43]，大講振興實業之法。湯化龍、熊希齡、沈雲沛、王清穆等人則分別組織經濟協會、拓殖協會、中國實業研究會、中國實業會等實業團體。

據不完全統計，僅 1912 年一年內創立的各種實業團體就有四十多個。這些團體如中華民國工業建設會、中華實業團、民生團以及西北、安徽、鎮江、蘇州、黑龍江等地的實業協會，莫不以建設工業社會、振興實業為旨歸，號召人們羣策羣力地推進實業建設。他們還發行了《經濟雜誌》、《中國實業雜誌》、《實業雜誌》、《中華實業叢報》、《中華實業界》等專刊。1912 年到 1915 年間新創辦的這類實業報刊不下五十種，其中大都以倡導實業為主旨。於是，振興實業成為民國初年代表時代腳步的

1

1　南洋兄弟煙草公司廣告

2　孫中山辭去臨時大總統一職後，商辦
　　鐵路公司所舉行歡迎會。

2

中華民國元年五月十七日商辦粵路公司歡迎孫中山先生合拍紀念

「揖美追歐，舊邦新造」

社會思潮，天下「羣知非實業不足以立國，於是有志於實業者項背相望」[44]。據《農商部統計報告》提供的數據，這一時期所設工廠分別是，1910 年九百八十六家，1911 年七百八十七家，1912 年一千五百零二家，1913 年一千三百七十八家，1914 年一千一百二十三家。這些數據從一個方面顯示了辛亥革命後實業有所發展的趨向。這種發展趨向從工人的激增也可以反映出來。中國近代產業工人的人數，辛亥革命前不過五十萬至六十萬人，1919 年五四運動前夕即達到了兩百萬人。透過產業工人人數的激增，不難窺見民國初年實業推進的步伐。

振興實業與民族市場息息相關，南京臨時政府在倡導實業的同時又積極倡導國貨運動，嘉許和鼓勵那些以本國原材料生產的工藝品。工商業者更相率以「挽回利權、杜塞漏卮」為標榜，組織國貨維持會、維持土貨會等團體，實力提倡國貨，抵制洋貨。一時間「提倡國貨，挽回權利之說，洋洋溢溢萬口同聲」[45]。當時人多以購國貨為榮、買洋貨為恥。正是在這種風氣下，不少國貨工廠「生意發達，日不暇給」，許多企業絕處逢生。如創辦於 1905 年的南洋兄弟煙草公司，辛亥革命時因銷行不暢，資本虧蝕頗多。「辛亥革命後，華僑愛國心大受鼓舞，國貨暢銷，僅爪哇一地月銷『飛馬』（香煙——編者）一千箱左右。1912 年獲利四萬餘，1913 年獲利增至十萬元，1914 年為十六萬元。業務蒸蒸日上，發展迅速。」[46] 又如針織業、織布業、製鞋業、火柴業等也在「國貨」浪潮的推動下，獲得長足的發展，出現了前此不曾有過的盛況。

由革命轉向建設是歷史的必然，即使在全國範圍內還沒有爭取到足以進行建設事業的局面，提出來作為奮鬥目標也是必需的。如果沒有經濟建設的目標，革命也就喪失自己最終的意義。上述的事實表明：辛亥革命後，尤其是第一次世界大戰時期，確曾出現過中國民族工業發展的「黃金時代」，然而人們殷殷嚮往、已在招手的建設機會很快喪失了，中國並沒有出現隨政治革命而來的「產業革命」。個中緣由，過去只強調了帝國主義的侵略。帝國主義沒有支持南京臨時政府，這是事實。但更主要的原因在於封建政治勢力的破壞，革命黨人非但沒有能力制約封建軍閥，反而一步步受封建軍閥的制約。勝利的辛亥革命推動了實業的發展，而隨之而來的軍閥統治和軍閥混戰，又窒息了民族工業的生機。1913 年 3 月，宋教仁曾敏銳地指出：

　　今革命之事畢矣，而革命之目的則尚未全達，是何也？不良之政府雖倒，而良政治之建設則未嘗有也。故民國成立，已屆年餘，而政治之紛擾，無一定策畫如故也，政治之污穢，無掃蕩方法如故也。以若斯之政府，而欲求得良善之政治，既不可能，亦不可望矣。[47]

而沒有「良善之政治」，也同樣不可能有真正的實業建設。

五、南孫北袁之間

　　南北議和之後，袁世凱代替孫中山就任中華民國的臨時大總統。以孫中山為代表的革命派以十多年的奮鬥推翻清王朝，但成為民國元首的卻是反對革命的袁世凱。這種矛盾，後人論史或歸於孫中山之拱手相送，或歸於袁世凱之鼠竊狗偷。然而，1912 年 2 月 15 日黃興致袁世凱的電文中說：「本日午後二時，參議院全體一致公舉先生為中華民國臨時大總統，億眾騰歡。民國初基，賴公鞏固。」[48]袁世凱是選舉出來的，於法有據，因此不能簡單地歸之為孫中山的拱手相送，也不能完全歸之為袁世凱的鼠竊狗偷。在「全體一致公舉」和「億眾騰歡」的背後，是那個時候歷史的選擇。孫中山後來常以讓位於袁為一大失誤，清監國攝政王載灃在退位後的四十個春秋中，也常追悔罷了袁世凱的官而沒有把他除掉。正反兩面都視袁世凱為政敵，卻都沒有奈何他。這不只是袁世凱個人及其集團能挾持武力、財力以君臨天下，也不僅僅是袁世凱善於玩弄權術，縱橫捭闔，更重要的是中國那個時候的社會心理。

　　當議和之際，北方的孫寶琦致電各省都督：「今者南北意見兩無歸宿之途，深恐停滯日久，戰禍方長，萬一牽及外交，為患更深。」[49]南方的張謇則因「英人李治面告，東鄰（日本）與宗社（黨）一月前已有勾結」而憂慮。「夜長夢多，皆由不早統一之過。若再相持，危機愈迫，禍亂不可勝言。」[50]他們的憂慮共同反映了當時中國的一種社會心理。這種社會心理呼喚一個能迅速結束動亂、穩定政局的人物，一個在專制政體傾覆之後能重建和平與秩序的人物。

　　在當時人的心目中，與孫中山相比，袁世凱更像是這樣的一個人物。孫中山的

名聲是同他的革命經歷相聯繫的。而革命派又常常被目為專事「流血破壞」之業的「亂黨」，與歷代草寇、盜賊無異。張謇說：「革命有聖賢、權奸、盜賊之異。聖賢曠世不可得，權奸今亦無其人，盜賊為之，則六朝五代可鑒。而今世尤有外交之關係，與昔不同，不若立憲，可安上全下，國猶可國。」[51] 張謇是國內立憲派的頭目，又是實業界的重要代表。這段話雖是他 1905 年的看法，但它出現於自訂年譜當比一般報章更真實地體現了立憲派對革命的態度，反映了實業家懼怕革命的心理。武昌起義後，革命席捲全國，但並不能泯滅立憲派的這種態度和心理。何況革命的英雄能否成為治國之能人也還是一個未經證實的疑問。這種態度、心理、疑問，決定了立憲派與革命派的合作不可能是長久的，一旦要他們在激進的革命形象與穩健的立憲形象之間做出抉擇的時候，便十分自然地傾向於後者。而當時的袁世凱遠不像後來那樣臭名昭著、聲名狼藉。他不僅手握重兵，並且有過庚子之變時在山東「保境安民」的形象；有過新政時期力倡立憲的名聲；有過宣統時被滿人排斥歸山的歷史。這種形象、名聲和歷史，比一百篇文章更能影響人心。黃遠生說，袁世凱「使非數年間之廢罷，則至晚清末造，其聲望必不能隆然至於彼極」[52]。在這裏，打人、整人是一宗政治資本，被打、被整也是一宗政治資本。所以那時「非袁莫屬」的聲浪不僅喧囂於立憲官僚和外國公使、領事，而且在起義軍和同盟會內部也有共鳴。不用說黎元洪、湯化龍這樣一些人，就是章太炎這樣名氣很大的革命家，於 1905 年 11 月由日本回國後，便與立憲官僚攜手，挾嫌怨以分化同盟會。孫中山和黃興是有功成不必由我的氣度，屢說只要贊成共和而又有威望和魄力能統一中國，誰當總統都可以。早在孫中山得知武昌起義的消息，由美洲經歐洲回國，未入國門即致電《民立報》說：「今聞已有上海議會之組織，欣慰。總統自當推定黎君。聞黎有請推袁之說，合宜亦善。總之，隨宜推定，但求早奠國基。」[53] 當時任「中華民國軍政府總司令」的黃興更致書袁世凱說：「明公之才能，高出興等萬萬。以拿破侖、華盛頓之資格，出而建拿破侖、華盛頓之事功，直搗黃龍，滅此虜而朝食，非但湘、鄂人民戴明公為拿破侖、華盛頓，即南北各省當亦無有不拱手聽命者。」[54] 一個月之後，他在《覆汪精衛電》中再一次稱讚袁世凱「雄才英略，素負全國重望，能顧全大局」，只要他「與民軍為一致之行動，迅速推倒滿清政府，令全國大勢早定，外人早日承認」，則「中華民國大統領一位，斷推舉項城無疑」，「全國人民決無有懷挾私意欲與之爭者」[55]。他們對總統人選都表示了超脫的

態度。

而袁世凱則遠未如此超脫。1912 年 1 月 1 日，孫中山在南京就任中華民國臨時大總統。次日，袁世凱就悻悻然來電責問。孫中山立即發出義正詞嚴的覆電，並以「孫逸仙君」、「袁慰庭君」相稱，彼此大有不悅之色，揭示了孫袁矛盾的信息。情況的發展，迫使孫中山迅速由對清朝的鬥爭轉為對袁世凱的鬥爭，而對袁鬥爭遠比對清朝鬥爭複雜。孫中山對袁世凱的真實面目，有一個認識的過程。2 月 13 日孫中山辭去臨時大總統職，推舉袁任臨時大總統。8 月 24 日，經袁世凱迭電邀請，孫中山赴北京與袁世凱會談。與袁世凱接觸後，孫中山又為袁的假象所迷惑，甚至為之解說，「絕無可疑」，電促黃興速去北京會談，並說「統一當有圓滿之結果」。然而孫中山對袁世凱確不那麼信任，曾多方謀求給袁以約束。後來人論說這段歷史時頗有責怪孫中山之意，但在當時形勢下，孫中山不去位已很難，所以他曾自我慰藉：「維持現狀，我不如袁；規劃將來，袁不如我。」1914 年 10 月二次革命失敗後，孫中山曾就此事做過解釋，說明自己不得不然的苦衷。「局外人不察，多怪弟之退讓。然弟不退位，則求今日之假共和猶未可得也。蓋當時黨人已大有爭權奪利之思想，其勢將不可壓。弟恐生出自相殘殺之戰爭，是以退讓，以期風化當時，而聽國民之自然進化也。」[56] 這樣，革命派指望袁能「服從大多數之民心，聽義師之要求，以贊成共和」而接受了袁世凱。

同盟會內部尚且如此，而散居於城鄉的幾億小生產者，千百年來的小生產習慣擋住了他們的視野，對機器大生產陌生，對民主共和漠不關心和不信任，更是難以對付。關於這一點，胡漢民在自傳中的沉思是值得重視的。他說：

同盟會未嘗深植其基礎於民眾，民眾所接受者，僅三民主義中之狹義的民族主義耳。正惟「排滿」二字之口號，極簡明切要，易於普遍全國，而弱點亦在於此。民眾以為清室退位，即天下事大定，所謂「民國共和」則取得從來未有之名義而已。至其實質如何，都非所問。革命時代本有不能免之痛苦，聞和平之呼聲足以弛其忍受犧牲、繼續奮鬥之勇氣，故當時民眾心理，俱祝福於和議。逆之而行，乃至不易。夫以有熱烈傾向於革命之羣眾，而不能使為堅強擁護革命之羣眾，此其責當由革命負之，而亦為當日失敗之重要原因也。[57]

一般民眾並非出於對「共和」、「民主」的自覺而「熱烈傾向於革命」。民國與國民之間存在着一段客觀上的距離，因而也就無法產生同構效應。而這，不僅決定了當時的人心向背，而且也為後來袁世凱復辟帝制提供了現實的社會土壤和文化心理基礎。

在孫中山與袁世凱之間，立憲派選擇了後者，帝國主義也選擇了後者，而更多的人則出於對「亂黨」的不信任而在無意識中傾向於後者。帝國主義的選擇是基於他們對南北形勢的判斷以及他們在中國建立起來的現實利益而做出的。在他們看來，支持袁世凱比承認孫中山更有利。袁世凱「在中國有信譽，在外國有好名聲，是唯一可望從目前的動亂中恢復秩序的一個人」[58]，並且「是中國人民中最受信任的代表」[59]，因而博得了各國的信任。1911 年 11 月 15 日，還在袁世凱復出之際，英國政府即致電駐北京公使朱爾典說：「我們對袁世凱懷有很友好的感情和敬意。我們希望看到，作為革命的一個結果，有一個強有力的政府，能夠與各國公正交往，並維持內部秩序和有利條件，使在中國建立起來的貿易獲得進展。這樣一個政府將得到我們能夠提供的一切外交上的支持。」[60] 所以他們不僅在政治上支持袁世凱，在財政上亦給予「熱心」的扶植。立憲派則因為袁世凱有過立憲的名聲而擁護袁世凱。與其說他們的選擇是出於個人好惡，不如說是出於現實利益的權衡。立憲派相信袁世凱既不是曾國藩，也不是華盛頓（張謇如是說）。但他具備了孫中山所缺少的財力、武力和帝國主義列強的支持。因此，在他們的心目中，袁世凱不僅是「統一」和「秩序」的象徵，而且代表了民國外交的秩序，孫中山則遜其遠矣。1912 年 1 月 4 日，即張謇被南京臨時政府任命為實業總長兩天以後，曾與孫中山就政策問題作過一次長談。他在這一天的日記中寫下了「未知涯畔」四個字，表達對孫中山的不信任。所以，他們一面用怠工和抵制等方式渙散臨時政府，另一面又為袁世凱出謀劃策，並製造「非袁不可」、「非袁不能收拾」、「非袁莫屬」的社會輿論，希望袁世凱「奮其英略，旦夕之間，戡定大局」[61]，在共和的形式下統一中國。

帝國主義列強和立憲派之選擇袁世凱有其各自不同的目的，不可相提並論。但正是在這重重的掣肘和壓力之下，一往直前的孫中山引退了。十載戎馬，忠誠於民主共和的黃興，在南京臨時政府建立一年前的黃花崗之役前夕，他大書「丈夫不為情死，不為病死，當為國殺賊而死」，何其悲壯！南京臨時政府北遷後，1912 年 10 月他從上海經鄂返湘，座艦夜航江心，思潮起伏，命筆作詩：「驚人事業隨流水，愛我

1 隱居洹上靜待時變的袁世凱　被清廷免職後，袁世凱「隱居」洹上，每日草笠木屐、縱
　舟垂釣，看似謝絕塵世，實則隨時準備重返政治舞台。

2 袁世凱任臨時大總統時與僚屬合影　臨時大總統絕非袁世凱的最終目標，他的鴻鵠之志
　是「終身大總統」，乃至九五至尊。

「揖美追歐，舊邦新造」

園林想落輝。」詩中已不無淒涼之感了。

　　《泰晤士報》駐北京記者莫理循在當時說：「革命黨人不信任袁世凱，認為他是清朝的支柱；滿人也不相信他，認為他在策劃傾覆清朝的陰謀。」[62] 但是，同樣的意思換一個角度卻說明了不同的問題。因為革命黨人不信任他，所以他可以得到反對革命的人們的信任；因為清朝不信任他，所以他可以得到反清的人們的信任。對立面的不信任正是自己可以信任的，本來兩面不討好的袁世凱結果卻是兩面都討好，所以他在南京臨時參議院上以十七票（全票）當上了臨時政府大總統，既取代了清朝也取代了革命。

註　釋

1 《致袁世凱函》，見楊立強等編：《張謇存稿》，24 頁。

2 [澳] 駱惠敏編：《清末民初政情內幕》（上），916~917 頁。

3 居正：《辛亥劄記》，110 頁。

4 《國民黨滬交通部歡迎會演說詞》，見《宋教仁集》，下冊，460 頁，北京，中華書局，1981。

5 馮自由：《中華民國開國前革命史續編》，上卷，29 頁，重慶，中國文化服務社，1946。

6 韓愈：《原道》，見《韓昌黎先生集》，卷 11。

7 司馬遷：《秦始皇本紀》，見《史記》，卷 6，258 頁。

8 趙翼：《軍機處》，見《簷曝雜記》，卷 1，3 頁，北京，中華書局，1982。

9 黃宗羲：《原君》，見《明夷待訪錄》，2 頁，北京，中華書局，1981。

10 唐甄：《室語》，見《潛書》，下篇（下），196 頁，北京，中華書局，1963。

11 參見拙著《近代史思辨錄》，108~115 頁，廣州，廣東人民出版社，1984。

12 參見《中國革命記》，第 12 冊，《雜談》，1、2 頁。

13 參見于塪：《金沙細唾》，見《清史資料》，第 2 輯，158 頁，北京，中華書局，1981。

14 《中華民國史檔案資料彙編》，第 2 輯，32 頁，南京，江蘇人民出版社，1981。

15 魯迅：《病後雜談之餘》，見《魯迅全集》，第 6 冊，150 頁，北京，人民文學出版社，1958。

16 「閒評一」，載《大公報》，19121120。

17 [美] 保羅 · S · 芮恩施：《一個美國外交官使華記》，9 頁，北京，商務印書館，1982。

18 《社會改良會章程》，見《宋教仁集》，下冊，378~379 頁。

19 《臨時大總統關於勸禁纏足致內務部令》，見《中華民國史檔案資料彙編》，第 2 輯，35 頁。

20 黃炎培：《我親身經歷的辛亥革命事實》，見《辛亥革命回憶錄》，第 2 集，68 頁。

21 關卓然：《閨閣妝服記》，見《雪印軒叢書》。

22 《中華民國史檔案資料彙編》，第 2 輯，31 頁。

23 《南京臨時政府公報》，第 32 號。

24 包天笑：《釧影樓回憶錄》，291 頁。

25 《大總統通令開放疍戶惰民等許其一體享有公權私權文》，載《南京臨時政府公報》，第 41 號。

26 《南京臨時政府公報》，第 27 號、第 42 號。

27 《女子軍事團警告》，載《民立報》，19111118。

28 《女子北伐隊宣言》，載《時報》，19120116。

29 《中華女子共和協進會徵求女子意見書廣告》，見《辛亥革命在上海史料選編》，917頁，上海，上海人民出版社，1966。

30 《上合肥傅相書》，載《萬國公報》，第 101 冊。

31 《上合肥傅相書》，載《萬國公報》，第 101 冊。

32 康有為：《波蘭分滅記》，卷 6。

33 胡樸安：《中華全國風俗志》（三），下篇，卷 1，《京兆》，17 頁。

34 《潘月樵請用國貨》，載《申報》，19120304。

35 「閒評二」，載《大公報》，19120908。

36 《時報》，19120305。

37 《民聲日報》，19120228。

38 《漢口中西日報》，19111012。

39 《民立報》，19111117。

40 《孫中山年譜》，140 頁。

41 《孫中山年譜》，145 頁。

42 《民立報》，19120927。

43 梁啟超：《蒞北京商會歡迎會演說辭》，見《梁任公先生演說集》，第一輯，37 頁，北京，正蒙印書局，1912。

44 陸費達：《實業家之修養》，載《中華實業界》第 1 期。

45 致遠：《武漢機織業之勃興》，載《中華實業界》，第 11 期。

46 《南洋兄弟煙草公司史料》，4 頁，上海，上海人民出版社，1958。

47 《代草國民黨之大政見》，見《宋教仁集》，下冊，488 頁。

48 《中華民國史檔案資料彙編》，第 2 輯，84 頁。

49 《民立報》，19111125。

50 《致唐紹儀電》（1912 年 3 月 4 日），見楊立強等編：《張謇存稿》，31 頁。

51 張謇：《嗇翁自訂年譜》，卷下，58 頁，上海，中華書局，1930。

52 黃遠生：《社會心理變遷中之袁世凱》，見《遠生遺著》，卷 1，1 頁。

53 《民立報》，19111117。

54 《致袁世凱書》（1911 年 11 月 9 日），見湖南省社會科學院編：《黃興集》，82 頁，北京，中華書局，1981。

55 《覆汪精衛電》（1911 年 12 月 9 日），見湖南省社會科學院編：《黃興集》，94 頁。

56 《致鄧澤如函》，見《孫中山全集》，第 3 卷，126 頁，北京，中華書局，1984。

57　《胡漢民自傳》，載《近代史資料》，69~70 頁，總 45 號，北京，中國社會科學出版
　　社，1981。

58　[澳] 駱惠敏編：《清末民初政情內幕》（上），767 頁。

59　《英國藍皮書有關辛亥革命資料選譯》（上），60 頁，北京，中華書局，1984。

60　《英國藍皮書有關辛亥革命資料選譯》（上），58 頁。

61　張孝若：《南通張季直先生傳記》，150 頁。

62　[澳] 駱惠敏編：《清末民初政情內幕》（上），800 頁。

第十八章

山重水復

　　1912 年 6 月，李大釗曾用飽蘸憂慮的筆觸敘寫過辛亥革命後中國社會的景況：「國基未固，百制搶攘，自統一政府成立以迄今日，凡百士夫，心懷兢惕，殷殷冀當世賢豪，血心毅力，除意見，羣策力，一力進於建設，隆我國運，俾鞏固於金甌，撼此大難，肩此巨艱，斯固未可以簡易視之。而決未意其扶搖飄蕩，如敝舟深泛溟洋，上有風雨之摧淋，下有狂濤之蕩激，尺移寸度，原望其有彼岸之可達，乃遲遲數月，固猶在惶恐灘中也。」[1] 這段話出現於武昌起義八個月之後，但反映了隨新舊鼎革而來的一個歷史時期。

辛亥革命促成了舊體制的瓦解和新體制的建立，中國歷史因之而越出了改朝換代的舊軌。然而舊體制卻留下了舊的社會心理。這種幾千年歲月積澱而成的沉重慣性如同一種板結的地塊，使新的體制難以把自己的根鬚紮進社會的深處。制度的鼎革並沒有終結新與舊之間的衝突。[2] 於是而有「兩種特別的現象，一種是新的來了好久之後而舊的又回復過來，即是反覆；一種是新的來了好久之後而舊的並不廢去，即是羼雜」[3]。新與舊的「反覆」和「羼雜」交錯地出現於辛亥革命之後，既反映了新的歷史條件下出現的山重水復現象，又體現了中國近代社會新陳代謝的複雜性和艱巨性。

一、還是「亂黨」

革命派締造了民國的基石，袁世凱得到了民國的名器。這是當時中國社會選擇的結果。但前者並不甘心於這種結果，後者並不滿足於這種結果。於是，開始於清末的民主與專制之爭鬥注定在新的歷史條件下展開新的肉搏。

1912 年 2 月 13 日，民國的開創者孫中山向臨時參議院諮請辭去臨時大總統時，曾在咨文的末端提出三項條件：「一、臨時政府地點設於南京，為各省代表所議定，不能更改；二、辭職後，俟參議院舉定新總統親到南京受任之時，大總統及國務各員乃行辭職；三、臨時政府約法（此時尚未制定）為參議院所制定，新總統必須遵守頒佈之一切法制章程。」[4] 前兩項意在迫袁遠離舊勢力的中心，「勿任天下懷廟宮未改之嫌，而使官僚有社城尚存之感」；第三項則想用法律來抑制袁世凱的野心，俾共和之基礎鞏固於「民權主義」之上。孫中山在他任職的最後一段時間裏主持制定了《中華民國臨時約法》，其用意，「一以表示我黨國民革命真意義之所在，一以杜防盜憎主人者，與國民共棄之」[5]，表現了革命派在交出名器之前企圖用約法限制袁世凱的努力。然而，孫中山在辭去大總統並薦袁以自代之際，又為袁的假象所迷惑，一度認為民族、民權主義已經實現，因而捨去政治，專心致志於實業。孫中山在正式解職的當天發表演說：「今日滿清退位，中華民國成立，民族、民權兩主義俱達到，唯有民生主義尚未着手，今後吾人所當效力的即在此事。」[6] 黃興在辭去南京留守府的職務後，

亦認為:「吾黨從前純帶一種破壞性質,以後當純帶一種建設性質。」[7]注重實業固然是必要的,但卻忽視了在政治上與袁世凱的抗爭,約法實施也就喪失了必要的監督機制和實力保障。

與孫中山、黃興不同,宋教仁認為:「今革命雖告成功,然亦只可指種族主義而言,而政治革命之目的尚未達到也。推翻專制政體,為政治革命着手之第一步,而尤要在建設共和政體。今究其實,則共和政體未嘗真正建設也。」[8]徵諸當時的實際,這種判斷無疑是清醒的。在宋教仁看來,民國取代帝國之後,政治鬥爭的方式也要相應地改變。他說:「以前,我們是革命黨;現在,我們是革命的政黨。以前,是祕密的組織;現在,是公開的組織。以前,是舊的破壞的時期;現在,是新的建設時期。以前,對於敵人,是拿出鐵血的精神,同他們奮鬥;現在,對於敵黨,是拿出政治的見解,同他們奮鬥。」[9]基於這樣的認識,他力倡責任內閣和政黨內閣,表現了革命派在交出名器之後企圖用合法的政黨競爭來建設資產階級民主共和政體的努力。相比之下,宋教仁在那個時候顯示出更倔強的政治進取精神。因此,「國民黨中人物,袁之最忌者惟宋教仁。唐解閣時,宋尊重閣制,聯辭農林總長職,移住農事試驗場。袁極力牢籠,餌以官,不受;啖以金,不受。日奔走於各政黨間,發表政見,冀以政治策略,為有次序之進行,改革一切弊政,一時聲望大嘩」。[10]1913年初,由同盟會改組而來的國民黨已在參、眾兩院八百七十個議席裏得到三百九十二席,於議會政黨之中居絕對多數之勢。[11]宋教仁通過合法的政治鬥爭表現了自己所代表的力量。袁世凱曾想以巨金收買他,但宋教仁是個既有能力又有政治操守的人,並不願做袁世凱個人的私黨。因此,當宋教仁要用自己所代表的這股力量「鉗袁」的時候,袁世凱使用非法的暗殺結束了他的生命。袁世凱的行為證明:在一個沒有民主的社會裏,非法比合法更有力量。然而,宋教仁的血又從反面告訴世人:在一個沒有民主的社會裏是不會有真正的共和民國的。于右任在宋教仁的追悼會上沉痛地說:「今日之追悼宋先生,實我全國國民之自悼也。蓋宋先生已置生死度外,宋先生死而假共和之面目已揭破,可知民賊時時欲殺吾國民,破壞共和。」[12]馬君武在會上亦發表演說:「宋先生之死,實死於官僚派之手。官僚派無整頓中國之能力,見有能整頓中國者,輒以殘忍卑劣手段暗殺之。若國民一任其所為,民國將萬無可望。故今後之競爭,乃官僚與民黨之競爭。宋先生死後,中華民國是否與之俱死,當視能否戰勝官僚派為斷。今當竭盡心力

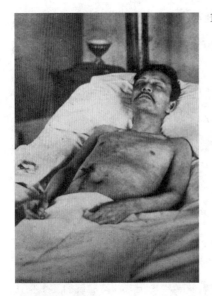

1　宋教仁遇刺後　宋教仁被刺一案乃近代中國的一大轉折，標誌着近代中國與世界民主潮
　流接軌的努力歸於失敗。

2　迎接袁世凱南下就職的蔡元培（前排右四）專使一行

與官僚派競爭，堅持平民政治，以竟宋先生未竟之志。」[13]「宋案」的發生，一方面說明了宋教仁對袁世凱的制約作用，另一方面又使一度為袁所迷惑的革命黨人終於看清了袁世凱假共和的真面目。於是，「宋案」直接觸發了二次革命。

　　二次革命是革命派為保衛民主共和而對袁世凱所作的武力抗爭。就其實質來說，這種抗爭是辛亥革命的繼續，有相當的規模，地域涉及江西、江蘇、安徽、湖南、廣東、福建、四川和上海八個省區，革命派仍有很大的實力。但是，同辛亥革命相比，革命派又面臨着時易勢移的局面。袁世凱不是宣統，他踐踏了民主共和，然而他又是民國元首。因此，他有着革命黨人所沒有的優勢。一面越過國會，擅自以政府名義與英、法、德、俄、日五國銀行團簽訂了二千五百萬英鎊的「善後大借款」，積極備戰，誅鋤異己；一面又以一百六十萬元的高昂代價，暗助共和、統一、民主三黨合併成進步黨，在國會中與國民黨相抗，企圖擊垮國民黨。同時，袁世凱又以威迫利誘等手段，收買國民黨一部分黨員脫黨，另組政團，分化其部門。但進步黨並沒有實力擊敗國民黨。5 月 24 日，袁世凱發表「傳語國民黨人」的談話：

　　現在看透孫、黃，除搗亂外無本領。左又是搗亂，右又是搗亂。我受四萬萬人民付託之重，不能以四萬萬人之財產生命，聽人搗亂！自信政治軍事經驗，外交信用，不下於人。若彼等能力能代我，我亦未嘗不願，然今日誠未敢多讓。彼等若敢另行組織政府，我即敢舉兵征伐之！國民黨誠非盡是莠人，然其莠者，吾力未嘗不能平之。[14]

在這裏，原告成了被告！醉心專制的巨奸大憝代表着四萬萬人民；而為四萬萬人民爭民主共和的元勛卻重新變成了「亂黨」。自後人視之，這不過是袁世凱的大言不慚。但在當時的中國，這些話卻顯示了一種嚴酷的對比。比之南北武力之懸殊，這種對比更加可怕。從 7 月 12 日李烈鈞在江西宣佈獨立舉兵討袁，到 9 月 12 日四川熊克武被迫離職取消獨立，載着「亂黨」之名的贛寧之役不過兩個月就失敗了。二次革命後，袁世凱下令通緝孫中山、李烈鈞、柏文蔚、許崇智、陳炯明、廖仲愷、朱執信、鄧鏗、譚人鳳、熊克武等革命黨人，其中黃興、陳其美、鈕永建、何海鳴、岑春煊五人被列為「寧滬之亂」的「首魁」。至此，民國的開國元勛成了袁世凱的通緝要犯。身

歷此役的革命黨人孫中山、黃興、陳其美、李烈鈞等滿懷悲憤地離開自己所熱愛的祖國。這個結局包含着雙重的悲劇意義：（一）革命派用鮮血和頭顱創建了民國，但袁世凱取得名器之後，「民國」卻容不得革命派；（二）革命派為四萬萬人求民主共和，但卻沒有為自己尋找一塊可以立足依託之地。因此，鬥爭一旦失敗，他們只得循着過去的軌跡流亡於異國他鄉。

二次革命失敗後一個月，袁世凱即用丘八威迫議員，由國會選舉而成為正式大總統。1913 年 10 月 4 日，袁世凱以國民黨發動二次革命為藉口，下令解放國民黨京師本部，取消國民黨議員資格，追繳證書會章，並通飭各地警察廳長及地方官，「凡國民黨所設機關，不拘為支部、分部、交通部及其他名稱，凡現未解散者，限令到三日內，一律勒令解散。嗣後再有以國民黨名義，發行印刷物品、公開演說或祕密集會者，均屬亂黨，應即一體拿辦，毋稍寬縱！」[15] 這樣，國會實際上已名存實亡。1914 年 1 月袁世凱正式解散了國會，2 月又相繼解散了各地自治會及各省議會，5 月廢止了《中華民國臨時約法》，並公佈了經過增修的《中華民國約法》，規定「大總統為國家元首，總攬統治權」，取消責任內閣制和國會對總統行使權力的一切牽制，大總統實質上已擁有至高無上的專制皇帝的權力。12 月，袁世凱又拋出了《修正大總統選舉法》，規定總統任期改為十年，連任無限制，並有權推舉繼任人，書於嘉禾金簡，藏之金匱石室。袁世凱不僅成了「終身總統」，而且可以「傳之子孫，以至無窮」。「袁在世界上，已經有了他所想要的一切。他在全國恢復了相當程度的秩序，他的話就是法律，他至少在中國得到和以往任何一個統治者所得一樣大的權力。」[16] 當民國喪失了國會和《臨時約法》的時候，民國便只剩下一具軀殼。其時，距離中華民國成立還不到三年時間。袁世凱不但排除了國民黨，而且丟棄了「祖袁」的進步黨。

在專制主義的權力面前，任何政黨都被剝奪了存在的權利。對於資產階級革命派來說，這短短的不足三年的時間是一個漫長而痛苦的過程。他們親見了革命的成功，又目睹了民國的夭折；他們體會過勝利的歡欣，又親嘗了失敗的痛楚。由此產生的種種反應因人而異，但又都真情畢露。戴天仇曾狂呼：「熊希齡賣國，殺！唐紹儀愚民，殺！袁世凱專橫，殺！章炳麟阿權，殺！」[17] 表現了一種憤激的意氣。《正式國會之殷鑒》一文則在法理和武力的比較之中表達了更深刻的反思：「縱使將來國會議員人人皆肩比盧梭，而駕孟德斯鳩，一入袁氏之武力世界中皆成無數木偶。」[18] 同

他們相比，寧調元、蘇曼殊流露的是欲說還休的悲涼和酸苦。寧調元是很有思想的人物，他在獄中寫了不少詩。《獄中書感》云：「拒狼進虎亦何忙，奔走十年此下場。豈獨桑田能變海，似憐蓬鬢已添霜。死如嫉惡當為厲，生不逢時甘作殤。偶倚明窗一凝眸，水光山色劇淒涼。」《秋興》云：「漢家陵闕對西輝，南眺瀟湘煙雨微。眼見紅羊成浩劫，若為黃鵠竟高飛。畏蛇畏藥何時了？為雨為霜此願違。起視東南生意盡，幾人田宅擁高肥。」在悲涼和酸苦之中表達了一種憤世嫉俗的情懷。他在另一首《秋興用草堂韻》中的兩句詩「茫茫前路無歸處，暮雨秋風江上舟」，則反映了辛亥後一代人的迷茫與悵惘。蘇曼殊是一個革命的浪漫主義詩人，他的詩更集中地體現了那個時代的悲哀：「相逢莫問人間事，故國傷心只淚流。」詩不是史，但詩中有史，它往往比其他文字資料更真切地反映特定歷史條件下的社會心態。而曾經忝列進步黨的著名新聞記者黃遠生在目睹民國初年政壇的種種黑幕和醜惡的社會現象之後，終於幡然悔悟，對自己做了嚴肅的解剖，並表達了虔誠的懺悔：

　　吾之一身，有如兩截。一為傀儡，一為他人之眼。要知此他人之眼，即吾真正之靈魂。吾之靈魂，實有二象：其一吾身如一牢獄，將此靈魂，囚置於暗室之中，不復能動，真宰之用全失；其二方其桎置之初，猶若檻獸羈禽，騰跳奔突，必欲衝出藩籬，復其故所，歸其自由。耗矣哀哉！牢籠之力大，抵抗之力小，百端衝突，皆屬無效。桎置既久，遂亦安之。此所謂安，非真能安，盲不忘視，跛不忘履，則時時處獄隙之中，稍冀須臾窺見天光，慘哉天乎，不窺則已，一窺則動見吾身種種所為，皆不可耐，恨不能宰割之，棒逐之。綜之恨不能即死，質言之，即不堪其良心之苛責而已。[19]

黃遠生並不是隨波逐流、趨勢附炎的小人，但他卻寫出了人性黑暗的一面，反映了在袁世凱專制獨裁之下一個良知未泯者靈魂的苦痛。

　　在同一過程裏，那些被迫而流亡海外的革命黨人，不以挫折而灰心，不以失敗而退怯，而在失敗和挫折之後重新振作起來，組織革命團體，「共圖三次革命」。以孫中山為首的革命派組成了中華革命黨，追隨於黃興之後的另一部分國民黨人則組織了歐事研究會。這兩個團體皆以反袁為己任。但國民黨一分為二的背後，卻是山重水復

所帶來的彷徨。這種彷徨反映了中國社會的彷徨。但他們被袁世凱目為「亂黨」，又說明他們仍在不妥協地為中國社會尋求新的出路。

二、兩種復辟勢力

民國初年的政壇詭譎變幻，暗潮翻滾。袁世凱撲滅二次革命後，由臨時大總統而正式大總統而終身大總統，並進而企圖「承天建極」；而被推翻的清王朝並不甘心於這種命運，伺機「恢復祖業」，「光復舊物」。於是，在袁世凱和溥儀的周圍聚集了兩種形相各異而實質相同的復辟實體。這是兩個呼之欲出的幽靈，它們寄生於民國而又與民國為敵：一個企圖復清朝之辟，一個力謀復帝制之辟；一個擁戴溥儀復辟，一個推動袁世凱稱帝。兩種復辟勢力所擁戴的具體對象不一，但它們植根於相同的社會土壤和由千百年的歷史積澱而成的皇權心態。

辛亥革命推翻了清王朝，創立了中華民國，但在紫禁城裏仍然保留着最後一代君主以及與之相稱的全套帝王禮儀。按《關於清帝遜位之後優待之條件》規定：溥儀仍擁皇帝尊號，每年坐收四百萬元巨款，養尊處優於北京皇宮的小朝廷，依然沿用宣統年號，稱皇道朕，依然可以稱孤道寡地頒佈上諭，英文教習莊士敦，還穿着補褂，在「南書房」行走，民國政府還要以待外國君主之禮相待。在歷史已經進入 20 世紀之後，這裏還滿是 19 世紀留下的灰土和塵埃。它是一個國中之國，完整地保存着前清的皇朝體制。溥儀後來回憶自己的師傅陳寶琛時說：

在他嘴裏，革命、民國、共和，都是一切災難的根源，和這些字眼有關的人物，都是和盜賊並列的。「非聖人者無法，非孝者無親，此大亂之道也」，這是他對一切不順眼的總結論。記得他給我轉述過一位遺老編的對聯：「民猶是也，國猶是也，何分南北？總而言之，統而言之，不是東西。」他加上一個橫批是，「旁觀者清」。他在讚歎之餘，給我講了臥薪嘗膽的故事，講了「遵時養晦」的道理。他在講過時局之後，常常如此議論：「民國不過幾年，早已天怒人怨，國朝二百多年深仁厚澤，人心思清，終必天與人歸。」[20]

這是一種懷着深沉的失落感等待奇跡的孤臣孽子之情，而紫禁城小朝廷的存在又給他們伺機而動的希望。孫中山讓位於袁世凱之後，共和民國在一切舊勢力的進攻和腐蝕之下，變成了沒有靈魂的軀殼，這就使那些力主「還政於清」的孤臣孽子和宗社黨更加躍躍欲試。溥儀說：

> 到民國三年，就有人稱這年為復辟年了。孤臣孽子感到興奮的事情越來越多：袁世凱祀孔，採用三卿士大夫的官秩，設立清史館，擢用前清舊臣。尤其令人眼花繚亂的，是前東三省總督趙爾巽被任為清史館館長。陳師傅等人視他為貳臣，他卻自己宣稱：「我是清朝官，我編清朝史，我吃清朝飯，我做清朝事。」那位給梁鼎芬在梁格莊配戲的勞乃宣，在青島寫出了正續《共和解》，公然宣傳應該「還政於清」，並寫信給徐世昌，請他勸說袁世凱。這時徐世昌既是清室太傅同時又是民國政府的國務卿。他把勞的文章給袁看了。袁叫人帶信給勞乃宣，請他到北京做參議。前京師大學堂的劉廷琛，也寫了一篇《復禮制館書》，還有一位在國史館當協修的宋育仁，發表了還政於清的演講，都一時傳遍各地。據說在這個復辟年裏，連四川一個綽號叫十三哥的土匪，也穿上清朝袍褂，坐上綠呢大轎，儼然以遺老自居，準備分享復辟果實了。[21]

袁世凱要復的當然不會是清朝之辟，歷史已經證實了這不過是那些醉心於清朝復辟者的一廂情願。但袁世凱的姿態卻使他們感到興奮，一時復辟聲浪大播。袁世凱「洪憲帝制」失敗後，紫禁城中又出現一種新的「響城聲」：「袁世凱失敗，在於動了鳩佔鵲巢之念」；「帝制非不可為，百姓要的卻是舊主」。他們按照自己的邏輯進行思維，並從袁的失敗中看到了清室復辟的希望，堅定了王朝復辟的信念。

在這股復辟勢力中，既有以張勛為代表的武裝力量，也有以善耆（肅親王）、溥偉（恭親王）、升允（原陝甘總督）、鐵良等為代表的清室王公貴族勢力，還有以勞乃宣、梁鼎芬等為代表的前清遺老。他們絕大部分在紫禁城之外而又對紫禁城心嚮往之。他們分居於青島、大連、旅順、天津、上海等地的租界或租借地，公開反抗共和民國，並與外來勢力勾結，從事復辟武裝活動。「其中有一支由蒙古貴族巴布扎布率領的隊伍，一度逼近了張家口，氣勢十分猖獗。直到後來巴布扎布在兵變中被部下刺

1 溥儀

2 溥偉　恭親王奕訢之孫，清亡後，復辟勢力中清室王公貴族的代表，但 1917 年張勳擁護溥儀復辟，溥偉一旁觀望，並未參加。

3 張勳　清朝覆亡後，為示效忠清室，張勳禁止所部剪辮子，人稱「辮帥」，為復辟勢力中武裝力量的代表。

殺，才告終結。在鬧得最兇的那些天，出現了一種很奇特的現象：一方面『勤王軍』和民國軍隊在滿蒙幾個地方乒乒乓乓地打得很熱鬧，另一方面在北京城裏的民國政府和清室小朝廷照舊祝賀往來，應酬不絕。紫禁城從袁世凱去世那天開始的興隆氣象，蒸蒸日上，既不受善耆和巴布扎布興兵作亂的影響，更不受他們失敗的連累。」[22]這確實是一種很奇特的現象，但比這種非常不協調的社會現象更具有諷刺意味的，是那些寄居於紫禁城之外的宗社黨徒和其他前清遺老。他們身在租界而神馳於康乾同光之間，食民國之粟而緬懷帝國之恩。不平等條約所帶來的租界，在清季曾被革命志士用為躲避緹騎緝捕之地，在民國卻被前清遺老用為寄託復辟之所。對於後者，這有點像是歷史的嘲弄。

民國取代了清朝，但又給反對民國的清朝復辟勢力留有周旋的餘地。所以，清室復辟活動自「頒佈退位詔起到偽滿洲國成立止，沒有一天停頓過」[23]。與這個復辟實體相互倚伏而又相互排斥的是，麇集於袁世凱周圍的另一股汲汲以謀帝制的力量。這是一些學識、經歷和動機各不相同的文士和武夫。他們為袁世凱的實力與權勢所吸引，他們又煽熾了袁世凱的帝王之想，擁着他從專制跨向君權。徐世昌說：方南北和議之際，「楊士琦主君主，人皆以為維持清室，不知楊之所謂君主者，非溥儀，乃項城也。同時，汪兆銘、楊度組織國事匡濟會，楊度亦主君主，其意圖正與楊士琦同，但兩人各不相謀耳」。當南方迎袁專使到京後，「其某公子與左右親昵者，密謀由曹錕所統第三鎮駐京各營撞入東華門，強挾項城入宮正大位。唯不敢與馮國璋所統之禁衛軍接洽。二十九日夜發動後，為禁衛軍所遏，不得逞，遂搶燒東華門一帶。事後宣稱部隊嘩變，係因索餉之故，藉以威嚇南來專使」[24]。這是一個源頭。於是而有「籌安會」、「全國請願聯合會」、「請願團」和「選舉」中華帝國皇帝。

兩種復辟勢力導致了「洪憲帝制」和「丁巳復辟」[25]兩場歷史醜劇。雖然這兩場復辟醜劇很快灰飛煙滅，但歷史中的醜劇又常常蘊含着迫人深思的內容。在袁世凱和張勛的背後，有着新朝的佐命元勛和舊朝的孤臣孽子。而他們後面又有着辛亥革命所沒有革去的社會心態。「洪憲帝制」的禍首之一梁士詒說過：「中國官方的和商業的傳統和習慣都強調個人的關係。就制度和一般法律原理來說，抽象的思想形式為我國人民所不理解。在皇帝的統治下，權力將會更加穩固，因此有可能徹底進行基本財政改革，如地產稅改革等。要抵制官員中貪污腐化的發展，就必須要有對個人忠心和負責

這樣一個因素。中國人無法想像對一種純粹抽象概念的個人職責。」[26] 他的話表達了這種心態。一個西方外交官在護國軍起事後評論說：

　　中國人是宿命論者。原先在他們看來使袁世凱擁有皇帝權力的帝制運動是不可抗拒的，因此許多人都壓制住內心的懷疑和恐懼，但是當一個公開反對袁世凱的運動發動起來的時候，他們又紛紛聚集到新的旗幟之下，各地都出現了持不同政見的人。[27]

這個過程是難以用個人的品格來解釋的。復辟的醜劇既顯示了袁世凱和張勳的可鄙和可憎，又顯示了舊的社會心態感染下不止乎一二人的暈眩和迷失。於是而有所謂「自籌安會發起變更國體之議，二十二行省計四百兆生民響應雲集，投票公決，咸恭戴我皇上萬世一系，並奉以完全主權，萬眾一心，山呼雷動。由是而軍政兩界，而國民代表，而紳學農工商各社會，相繼以請願書上矣。羣情愛戴之誠，望若雲霓，歸如流水，有沛然莫禦之勢。」[28] 這些來自各省籲請袁世凱登極的請願書，固然不能用來說明當時的全部實情，據說其中「大部係由北京的一小撮顧問準備好，發交各省，再發回北京的」[29]。但忠順的奴才並不罕見。如陳宧，當他奉命帶兵入川平亂的時候，「向項城辭行，竟行三跪九叩大禮。項城驚異道，何必如此。陳對以陛下登極大典，臣恐未必能躬預，故先行慶賀。項城即說，即改國體亦廢跪拜禮了。陳又跪下，三嗅項城之足而退，據說是喇嘛對活佛的最敬禮」[30]。王朝已成為歷史之後，與王朝相應的禮儀及心態卻未曾改變。

　　湯薌銘、陳宧及北洋大大小小的軍閥無論矣！曾是一代巨人的康有為，在背負着儒家的十字架遨遊世界的過程裏深深懺悔戊戌變法之孟浪。他帶着這種感情千里奔赴「丁巳復辟」，並在不成氣候的復辟裏找到了自己的歸宿。直至復辟失敗，他雖已暮色蒼茫，也還在眷戀着被趕出紫禁城的清遜帝。巨人變成了侏儒，變成了「大言不慚之書生」[31]。君憲主義者楊度則通過為袁世凱謀帝制而為自己的政治理想謀，希望借助袁世凱而實現一展抱負之想。他因力倡君主立憲而成名，又因「洪憲帝制」失敗而名裂。但這種結局卻成為楊度轉折的起點。他拋棄了君主立憲而走向孫中山。

　　人們常說，辛亥革命是一次既勝利又失敗的革命。說它勝利，一條重要的理由

就是皇帝不那麼好做了，「任憑你像堯舜那麼賢聖，像秦始皇明太祖那麼強暴，像曹操司馬懿那麼狡猾，再要想做中國皇帝，乃永遠沒有人答應」[32]。而還有那麼多人主張復辟又從一個側面說明了辛亥革命的不徹底。

三、軍閥割據在形成

護國戰爭結束了「洪憲帝制」，被一種武力擁上台的袁世凱又被另一種武力逼下了台。隨着袁世凱的死亡，他一身而維繫的那種專制主義統一也傾覆破碎了。然而，推翻袁世凱的人們並沒有足夠的力量建立起新的統一。於是，在舊的統一已被推倒而新的統一尚未來到之間，出現了一個軍閥割據的時期。

軍閥是一種封建勢力，但又有着異乎尋常的特點。（一）在他們手裏，本是國家的統治工具的武裝、軍隊變成了一己私有之物；（二）私有的武裝、軍隊又分割地方，形成了私有的地盤。沒有無軍隊和地盤的軍閥。因此，軍閥統治的實質是實力之下的武治，它比尋常的封建統治帶有更多的動亂性和黑暗性。人們常把曾國藩、左宗棠、李鴻章目為近代軍閥的鼻祖。其實，曾國藩的湘軍和李鴻章的淮軍並不是完全意義上的軍閥武裝。因為湘軍和淮軍不完全是他們的私人軍隊，還得聽命於清朝政府。他們也沒有真正形成自己的地盤。李鴻章做了多年的直隸總督，兩江總督多由湘軍將領擔任，左宗棠似乎以福建為地盤，但這些地盤不同於後來軍閥的地盤，清朝政府還是可以隨時調動的。追溯歷史的淵源，從八旗綠營到辛亥革命之後的南北軍閥，湘、淮軍不過是個中間環節。那個時候的軍制改革包含着後來產生軍閥的可能性。但可能性並不是現實性。可能性轉變為現實性需要條件，而這種條件並沒有在上一個世紀出現。在袁世凱做皇帝、塌台之前，還維持着一個統一的形勢。已經存在的各股軍閥勢力之間的紛爭，還沒有完全暴露出來。袁世凱死後，留下了一個意想不到的真空，黎元洪繼任總統，但實權卻掌握在軍閥手中。因此這個脆弱的同一體實際上已經分崩離析。軍閥割據混戰，正是在這種分崩離析的形勢下出現的。

護國戰爭之後的中國，是北洋軍閥和西南軍閥兩大軍閥官僚體系的天下，「政客藉實力以自雄，軍人假名流以為重」，「政客」與「名流」大都依附於軍人。北洋軍

閥主要來自於袁世凱的小站舊人。據統計，小站練兵時，大小參謀隊官有五十八人。在民國初年，這一羣人中先後出了兩個總統，三個總理，十個陸軍總長、次長，兩個巡閱使，二十三個護軍使、鎮守使，以及眾多的師長、旅長、團長。這些人組成了所謂「北洋袍澤」。當時人說：「民國所謂北洋軍閥者，若大總統、副總統、執政、國務總理、各部總長、巡閱使、檢閱使、各省督軍、省長以及軍長、師長、旅長都出自小站。」[33] 這種說法不免有些誇張。但北洋將領「多袁舊人」卻是事實。西南軍閥則多由辛亥革命後的都督演變而來。[34] 他們中的一部分人曾參加過辛亥革命、二次革命或護國戰爭，有的人還曾參加過資產階級革命派的政黨，充當過革命的角色。如唐繼堯，早先留學日本便加入同盟會，回國後曾參與策劃和組織雲南辛亥重九起義與護國運動。但在同北洋軍閥的武力對抗和縱橫捭闔中，他們自身也變成了軍閥。他們以其自身的變化反映出中國社會的山重水復。孫中山在護法運動失敗後說：「南與北如一丘之貉」，是就軍閥的本質而言，他們對近代社會的破壞並沒有什麼兩樣。但北洋軍閥和西南軍閥又各有其特點，存在着明顯的差異性。

（一）北洋軍閥始終操縱北京政府，打着「統一」的旗號，頗有「挾天子以令諸侯」之勢。袁世凱死後，北洋軍閥分裂為皖、直兩大派系，以及稍後以張作霖為首領的奉系軍閥。[35] 其內部的勾結與對峙，主要是圍繞着爭奪中央政權而展開的。西南軍閥以滇、桂、黔系為主體，包括川、粵、湘系在內。它具有相對的獨立性，但始終是地區性的。就軍閥的地位而言，它是從屬的，形成的年代也比北洋軍閥晚。

（二）西南軍閥大多與辛亥革命、二次革命和護國運動有或多或少的關係，而北洋軍閥一開始就是以鎮壓革命運動起家。這個差異與當時中國社會變遷的諸因素有關。在近代中國，新興力量首先是從南方開始，而後由南向北。單就辛亥革命來說，黃花崗起義、武昌起義、四川保路運動，都發生在南方而後震撼全國。二次革命期間，反袁的力量主要在江西、江蘇等地，也是南方。護國戰爭還是以南方為基礎，從南方發動的。近代新的生產力、革新力量都從南方興起，然後向北方推進。西南軍閥與北洋軍閥兩大體系的內部組織結構，固然都存在着濃厚的封建宗法性，並依靠這種由血親、同鄉、同僚、故舊、師生等關係組成的宗法性關係網絡，把持軍事和民政。甚至可以說，一個個大大小小的軍閥集團實際上就是一個個宗族性實體，軍閥的凝聚就是「私的結合」。皖系軍閥倪嗣沖督皖期間，其主要血親不下五十人，「都蒙其提

1 黎元洪　　　　2 段祺瑞　　　　3 閻錫山

4 民國時期湖南施粥場　與清代政策相似，民國在災荒後多採取施粥制度，並設立相應的
　粥廠。

拔，掌握了安徽的軍權、政權、財政等，組成一個倪氏統治安徽的大集團」[36]。桂系軍閥集團由其首領陸榮廷家族及其妻弟兼把兄弟譚浩明家族為主體，「結成封建宗法性小集團，實行封建把頭式的家長制專制統治」[37]。直系、奉系、滇系、晉系、黔系等軍閥集團莫不安插家族、姻婭、同鄉、同僚、故舊，分佈要津，帶有明顯的家族意識和宗派意識，但從總體上說，北洋軍閥具有更濃的封建性，南方軍閥具有稍多的近代性。

（三）由於西南軍閥和北洋軍閥所處的地位不同，故而二者在對外關係上，也就不完全一樣。北洋軍閥控制中央政府，可以代表國家與帝國主義締結賣國條約。皖系、奉系與日本相勾結，直系與英美關係比較密切。西南軍閥和帝國主義的直接關係不太明顯。就這一點而言，西南軍閥的罪惡比起北洋軍閥來要小得多。但也不能一概而論，必須把二者、二者內部的各派軍閥以及各個軍閥頭目區別開來。

近代軍閥出身於不同的社會階層，大概言之，可以歸為四類：1. 由清代職業軍官轉化而來；2. 起於行伍，脫穎而出者，如馮玉祥；3. 在國內外軍校受過新式軍事教育者，這部分軍閥接受近代軍事知識，受過近代軍事訓練，使用近代武器，指揮近代軍隊，帶有更多的新質；4. 從土匪頭目演變為地方實力派，如奉系軍閥首領張作霖、桂系軍閥頭目陸榮廷。前者原是東北的紅鬍子，後者出身於綠林。五光十色的軍閥頭頭的出身，是中國近代社會才有的。它既包含着來自傳統的成分，又包含着傳統以外的成分，由此產生的新舊雜陳是近代社會的一種特色。軍閥都迷信武治，因此，軍閥的時代是愚昧統制文化的時代。然而武治又並非全然沒有意識形態。從袁世凱到蔣介石的新生活運動，都主張尊孔讀經。

山西的閻錫山倡辦過「洗心社」，他主張的是周公孔子之道；湖南的趙恆惕則發出「以湘治湘」、「聯省自治」的口號，搞地方憲法，模仿美國的聯邦制度。前者未必相信周孔，後者未必崇奉歐美。不統一的割據混戰局面產生了不同的羣體利益，不同的羣體利益需要不同的觀念。這個過程又以變態的方式反映了中國社會新陳代謝的複雜性和矛盾性。軍閥頭目的各種來源和光怪陸離的意識形態，及其所表現出來的複雜的歷史社會現象，是中國近代社會新舊兩種因素相互交織而又矛盾衝突的產物，他們因此而具有種種古代軍閥所沒有的特點。

從護國戰爭到 1928 年張學良在東北「改旗易幟」，大大小小的軍閥擁兵自雄，

自成派系。或控制數省以為己有，或盤踞一省稱「督軍」，或割據一省的某一地區稱「鎮守使」。「凡擁兵數千、號為師旅長者，皆得盤踞縣邑，以為采地。大或連城數十，恣肆其間，兵力所至，閭里為墟。」[38] 大軍閥往往網羅小軍閥以壯聲勢，小軍閥常常投靠大軍閥以求自保。各派軍閥或相互勾結，合縱連橫；或矛盾衝突，明爭暗鬥。「一年三小仗，三年一大仗」，大小兵燹連綿不斷。據統計，在民國初年，光是四川內部各派軍閥之間的戰亂，即達四百餘次之多。在軍閥的燒殺劫掠之下，百業俱廢，民生凋敝，人民陷入了巨大的痛苦和災難之中。湖南寶慶「城廂內外，及各鄉百里間凡兵隊經過駐紮之處，幾使家無幸免，女無完節，戶少炊煙，路斷行人，傷人慘目，天日為暗」[39]。環顧國中，如寶慶者不知凡幾！頻繁的戰亂，又造成了政局的動盪。控制中央政權的軍閥頭目，像走馬燈一樣，不停地變換。從 1912 年至 1928 年的十七年間，內閣變更了四十七次。正所謂「亂哄哄，你方唱罷我登場！」

軍閥的割據和混戰是世界各國的近代社會裏所不曾有的特殊現象。毛澤東曾把這種現象產生的原因歸為兩種：一是地方的農業經濟（不是統一的資本主義經濟），二是帝國主義劃分勢力範圍的分裂剝削政策，分而治之的政策。鴉片戰爭以後，西方資本主義的東來和民族資本主義的產生使自然經濟因侵蝕而開始分解。但這個過程又是長期緩慢的、不平衡的。而資本主義發展的不充分卻使分解了的自然經濟因沒有出路而再次重建。同時，落後的交通又成為一種天然屏障，使沿海的經濟變化同內地的停滯閉塞引人注目地共存着。強有力的統一的資本主義民族市場遠沒有形成，地區與地區之間的經濟聯繫不緊密。因此，佔優勢的仍然是地域性的農業經濟。農業經濟的自給自足性為軍閥割據提供了生存的物質基礎，而由於社會生產不發展，農業人口沒有出路又為軍閥混戰提供了富足的兵源。四川的人口多，所以軍閥也多。自給自足的農業社會，經濟上落後，軍閥的兵源也來自這種經濟形態。1912 年，參議院曾規定全國常規武裝的編制為五十個師，每師一萬人。但到 1919 年，調查公佈的結果，軍隊人數已逾一百五十萬。比之實際人數，這還不過是一個縮小了的數目。軍隊人數的激增，固然反映了軍閥勢力的惡性膨脹，但這種膨脹又與分散的地域性農業經濟、農業人口過剩有着直接的關係。落後的社會經濟是軍閥割據和混戰的溫床，當帝國主義的分裂剝削政策滲入這種落後的時候，軍閥之間的矛盾，同時又代表了帝國主義之間的矛盾，加劇的矛盾帶來了加劇的割據和混戰。

四、孔教會和靈學會

大衝擊後的社會有逆流，也有回瀾。逆流是對衝擊的懺悔，回瀾是對衝擊的慎思。「棼亂穢濁」的社會現實導致了意識形態的混亂和回復。與政治上的逆轉相對應，出現於辛亥革命後的孔教會和靈學會及其所代表的思想，可以說是社會前進之後的歷史回流。

辛亥革命並沒有自覺地圍剿孔子，但辛亥革命所具有的反封建性質，又使它所造成的社會變化必然會直接或間接地觸犯孔子。1912 年 3 月，南京臨時政府頒佈的《臨時約法》，規定「人民有信教之自由」，實際上具有否定「定於一尊」的孔子的意蘊。同時，南京臨時政府教育部還用行政命令的方式，規定學校不准讀經，不准祀孔，從而把「大成至聖先師孔子」逐出了學校。廣東、江蘇、湖南、四川等地的學校，廢除了尊孔讀經，把孔廟改為學校或習藝所，停止了祀孔典禮。這種做法在孔子主義者看來簡直是大逆不道。康有為在《覆教育部書》中說：「自共和以來，百神廢祀，乃至上帝不報本，孔子停丁祭，天壇鞠為茂草，文廟付之榛荊。鐘虡瘞頓，弦歌息絕，神俎聖伏，禮壞樂崩，曹社鬼謀，秦廷天醉。嗚呼，中國數千年以來，未聞有茲大變也。」在他看來，孔子為中國改制之教主，為創教之神明聖主，孔子之教是「中國之國魂」，中國一切文明，皆與孔教相繫相因，中國人飲食男女，坐作行持，政治教化，矯為頓足，無一不在孔教範圍之中。若廢棄孔教，「則舉國四萬萬之人，彷徨無所從，行持無所措，悵悵惘惘，不知所之，若驚風駭浪，泛舟於大霧中，迷罔惶惑，不知所往也」[40]。教化之與政治，如車之雙輪而並馳，缺一不可！天下豈有無教主而可為國哉？世可無聖人，可無教主矣？若廢孔教，「則一切文明，隨之而盡也，即一切種族，隨之而滅也」[41]。因此，他對廢止祀孔祭天、尊孔讀經強烈不滿，他憤怒地說：

頃者四海橫流，六經掃地，上丁竟廢陳俎，庚子不復橫經，《論語》已付燒薪，黌舍鞠為茂草。國家尊器而忘道，學子媚西而棄中，或疑為無用，而誚以迂愚，或目為過去，而不周時用。甚且妄人無忌，降黜聖號，謂為政治、教育、哲學之名家。儒冠欲溺，世相詬病，中風狂走，大浸稽天，吁可痛矣！[42]

這種滿帶偏見的議論以一個孔子主義者的感情反映了革命之後中國社會對孔子的種種大不敬。他的話表達的是幾千年孔學浸潤之下凝結而成的頑固社會心理。這種心理比二百年清王朝留下的「深仁厚澤」更能感染人心。正是基於這樣一種情感和心理，康有為乃草創序列，命陳煥章、麥孟華「開會滬上」。1912 年 11 月，陳煥章秉承師意，在上海聯絡碩學通儒沈曾植、梁鼎芬等，發起成立了孔教會，以「昌明孔教救濟社會」，「挽救人心維持國運」，並刊行《孔教會雜誌》。

在當時以尊孔復古為己任的社團中，孔教會是一個最強有力的代表。它的發起者陳煥章既是萬木草堂的學生，後來又獲得了哥倫比亞大學的博士學位。這種一身而兼中西的雙重色彩使他比三家村學究出身的陋儒要迷人得多。但孔教會的真正靈魂是康有為。他力倡以孔教為國教之說，並很快得到了孔令貽、王闓運、嚴復、宋伯魯、勞乃宣、李佳白、古德諾、衛西琴、約翰·斯頓等中儒西哲，以及一些傾向尊孔的都督的響應。在一片尊孔讀經、祀孔祭天、定孔教為國教的聲浪之下，海內外一些重要城市紛紛成立孔教支會。據稱「其支會遍佈於各地者百三十餘處，一時稱盛」[43]。宗教是對超自然神靈的崇拜和敬仰，孔子不語怪力亂神，「敬鬼神而遠之」，「未能事人，焉能事鬼？未知生，焉知死？」實際上已經拒斥了對宇宙本源的探尋和對彼岸世界的價值關懷，而徑直進入人間此岸的經驗世界，討論君臣之道、忠恕之教、人倫秩序及君子小人之辨。孔子學說的內核是內聖外王，歸根到底，是對人間此岸的規範。從這個意義上說，孔子不是教主，孔學也不是宗教。雖然孔學在中國有着宗教一般的權威，但以孔子為教主、以孔學為宗教又違背傳統留下的聖人形象。章太炎曾因此而挖苦說：「如昔三水徐勤之述其師說也，謂當大啟孔廟，男女羅拜，禱祠求福，而為之宗主者，人人當舐足致禮，則是孔子者，乃洪鈞老祖、黃蓮聖母之變名，而主持孔教者，亦大師兄之異號耳。」[44] 康有為懷念孔子，寄託的是厭惡共和的感情。「睹民生之多艱，吾不能忍也；哀國土之淪喪，吾不能忍也；痛人心之隳落，吾不能忍也；嗟紀綱之亡絕，吾不能忍也；視政治之竄敗，吾不能忍也；傷教化之陵夷，吾不能忍也；見法律之蹂躪，吾不能忍也；睹政黨之爭亂，吾不能忍也；慨國粹之喪失，吾不能忍也；懼國命之分亡，吾不能忍也……此所以為《不忍雜誌》耶。」[45] 對於共和的厭惡之情，又摻雜着對民初弊政信而有據的指責，他要把辛亥革命以後中國社會產生的失落感引向復古之途。

　　與孔教會同時並存的另一個尊孔的強有力者是執國政的袁世凱。康有為並不喜歡袁世凱，但袁世凱卻對康有為的尊孔復古言行心心相印。1913 年 6 月，袁在《通令尊崇孔聖文》中說：「天生孔子為萬世師表，既結皇煌帝諦之終，亦開選賢與能之始，所謂反之人心而安，放之四海而準者。」辛亥革命後，「詖邪亢塞，法守蕩然，以不服從為平等，以無忌憚為自由，民德如斯，國何以立？本大總統維持人道，日夜兢兢，每於古今治亂之源，政學會通之故，反覆研求，務得真理，以為國家強弱存亡所繫，惟此禮義廉恥之防，欲遏橫流，在循正規，總期宗仰時聖，道不虛行，以正人心，以立民極，於以祈國命於無疆，鞏共和於不敝」[46]。只有「宗仰時聖」，用「禮義廉恥之防」來「遏橫流」、「正人心」，才能使「民國體制」垂諸久遠。孔子是中國思想傳統的最大權威，皇帝則是中國權力的最大權威，二者有着密不可分的內在聯繫，所以歷代君主都藉祀孔以鞏固君權。袁世凱通令尊崇孔聖，其用心已彰彰在人耳目。大約半年之後，內務部又在《准孔教會批》中說：「鑒於世衰道微，慮法律之有窮，禮義之崩壞，欲樹尼山教義以作民族精神。」[47]同這種「民族精神」相稱的，還有《祀天典禮告令》、《祭聖告令》等。袁世凱不僅恢復了祀孔典禮，而且恢復了前清的祭天制度，孔教與政治再度聯姻。魯迅後來曾多次以不無譏諷的口氣說道：「從二十世紀的開始以來，孔夫子的運氣是很壞的，但到袁世凱時代，卻又被從新記得，不但恢復了祭典，還新做了古怪的祭服，使奉祀的人們穿起來。跟着這事而出現的便是帝制。」[48]如同一切儒者一樣，袁世凱主張尊孔，但他懷念孔子，寄託的是帝王之想。兩種復辟勢力各有懷抱，而又合力以作波瀾，掀動了尊孔復古的歷史回流。於是，有人力主把孔學列入憲法，在憲法中寫上「中華民國以孔教為國家風教之大本」。這種不倫不類的倡議在遭到民主主義者的反對之後，以折衷的結果寫入「天壇憲法」草案第十九條：「國民教育以孔子之道為修身大本。」湯化龍北上接掌教育部之後，於中小學設修身課，「通電各省於學校配置經學鐘點」。蔡元培在南京把孔子逐出了學校，湯化龍在北京又把孔子請回了學校。此間嚴復、梁啟超一類名流還在孔學中找到共和之義。他們是一批化腐朽為神奇的能手。人所熟知的「民可使由之，不可使知之」，經梁啟超重新標點之後竟變成意思全然不同的「民可，使由之；不可，使知之」。嚴復則從另一角度對這句話進行了重新詮釋。他認為，把孔子此語視為愚民主義，乃是淺學粗心之人所為。孔子所謂「民」是一切氓庶無所知者之稱，「不可」二字亦不能與「毋」、「勿」

1　鼎鼎大名的《孔教會雜誌》

2　稱帝時的袁世凱　袁氏絕對想不到，稱帝僅八十三天，他便被迫退位。稱帝成為一齣鬧劇。

3　袁世凱天壇祭天大典，一次登基稱帝的綵排。

等字等量齊觀，全作禁止口氣，「之」字所代不離道德、宗教、法律三者。因此，孔子此言，「不但聖意非主愚民，即與『誨人不倦』一言，亦屬各有攸當，不可偏行。淺人之所以橫生疑謗者，其受病一在未將章中字義講清，一在將聖人語氣讀錯」[49]。孔子，真乃聖之時者也。

然而，在孔子主義者神化和聖化孔子的同一過程中，另一部分知識人卻很是不以為然，據理抗爭。於是孔子和孔學成了南京臨時政府北遷後新舊之爭的重要論題。曾主張「用國粹激動種姓」的章太炎發表了《駁建立孔教議》，指出「今人猥見耶穌、路德之法，漸入域中，乃欲建樹孔教」，是「師其鄙劣」。又說「學校諸生所尊孔，猶匠師之奉魯班，縫人之奉軒轅，胥吏之奉蕭何，各尊其師」[50]而已。師匠並列，否定了知識界尊崇孔子的特殊地位。他在北京被監視期間，假化石橋共和黨支部開國學會，門上貼「凡入孔教會者不准入會」字樣，並大罵孔教會的康有為、陳煥章之流。[51]其他如許世英的《反孔教為國教呈》、艾知命的《上國務院暨參眾兩院信教自由不立國教請願書》等，則以「孔教」非宗教，把它列於憲法之中是違背信教自由、破壞五族共和（因各少數民族的信仰不同）等理由來反駁。此外，也有從歷史進化觀念來反對尊孔復古的。如藍公武的《關近日復古之謬》，即其一例。他說：「時代遷移，則古今易轍；文化相接，則優劣立判，居今之世而欲復古之治，以與近世列強之科學智識、國家道德相角逐，是非吾人所大惑不解者耶！……中國之禮教，所謂忠孝節義者，無一不與近世國家之文化相背反。設中國自安於固陋之習，不欲進於近世國家之文化則已，苟尚不甘長處於危亡之境，而欲力圖其文化之發展，則凡足以為今日進步之阻者，不可不廓清而更新之。」最後更明確地指出：中國的出路「不在復古而在革新，不在禮教而在科學；不欲以孔孟之言行為表率，而欲奉世界之偉人為導師……國人當謀所以革新國運發展文化之道，幸勿背道而馳，以自速其亡焉！」[52]這種論點越出了「孔教」是否應規定為國教之爭執，從進步與反進步、科學與反科學立論，多少觸及了日後新文化運動所爭辯的問題。尊孔與反尊孔的論爭，是辛亥革命後民主思潮激盪的結果。在中古時代，討論孔子是不可想像的，因此這種討論又是一種進步的社會現象。

同孔教會相比，靈學會則是一種土洋結合的東西。靈學又稱心靈學、神智學、靈魂哲學等，本係西方之物，是英文 Psychic Philosophy 的漢譯。它不是科學，但又

以科學為名，19 世紀 80 年代英國物理學家勞奇撰著的《死後之生存》，就是一本在靈學旗幟下的作品。因此，西方的靈學同中國特有的鬼神迷信並不完全相同。中國靈學是在西方靈學影響下出現的，但又不同於西方靈學。中國靈學家在移植西方靈學（包括傳心術即心靈感應、催眠術、靈力見鬼術、天眼通、靈魂攝影等）的過程中，又在西方靈學中自覺不自覺地滲入了中國固有的「神道設教」、「天人感應」、「修道成仙」、「靈魂不滅」、「因果報應」等根深蒂固的觀念意識，以及「扶乩」、「求籤」、「招神問鬼」等源遠流長的民間迷信方式，從而使中國靈學具有中西雜糅、土洋結合的特點和區別於西方靈學的理論外觀。1916 年中國留學生在日本神戶組織的所謂「中國精神學會」，以及在國內最早大張靈學之幟的，1917 年由俞復、陸費逵、楊光熙、楊璇（瑞麟）等發起組織的盛德壇和靈學會，即是西方靈學與中國固有的鬼神信仰結合的產物。1918 年初，他們出版了《靈學叢誌》，「專研究人鬼之理，仙佛之道，以及立身修養種種要義」，以大張鬼神之說為己任，並狂言所謂「鬼神之說不張，國家之命遂促」。這本是一種愚昧的東西，然而它比科學的東西更容易影響人心。正是在《靈學叢誌》和盛德壇的鼓吹之下，各種名目不一而實質相同的民間迷信團體紛紛出籠。如北京升平道社、同善社，天津醉紅軒，河南廣善社，湖南誠念社，無錫演化壇，廣東省躬壇，許昌至善壇等。1919 年 7 月北京又成立了悟善社，並發行社刊《靈學要誌》。至此，中國靈學南北呼應，風靡一時，成為五四時期中國思想界的一股濁流。民國大佬黎元洪和洋人莊士敦都是此道中的熱心人物。就連受過近代教育的哲人嚴復也為之辯護：

神祕一事，是自有人類未行解決問題。往者宗教興盛，常俗視聽，以為固然。然而誕妄迷信，亦與俱深，惑世誣民，遂為詬病。三百年科學肇開，事嚴左證；又知主觀多妄，耳目難憑；由是歷史所傳都歸神話。則摧陷廓清之功，不可誣也。然而世間之大，現象之多，實有發生非科學公例所能作解者，何得以不合吾例，憫然遂指為虛？ [53]

從認識論來說，「科學公例」所不能解釋的地方，總是神祕主義和不可知論得以滋生的土壤；從那個時候的社會現實來說，當人們因社會動盪及其所帶來的精神痛苦而無

法掌握自己的命運時,人們就往往會向神靈世界祈求希望和慰藉。基於以上兩點,靈學成為那個時候廣有聲勢的社會意識。

孔教會和靈學會,前者代表了聖道,後者代表了神道。它們的出現和存在說明:在新陳代謝的歷史進程裏,最落後的東西又總是最頑固的東西。不科學的東西通過曾經相信過科學的人來表現自己,君主和專制通過曾經宣傳或篤信過民主的人來表現自己,落後通過曾經先進的人來表現自己,才有分量,才有權威性。這種複雜性往往蘊藏在不易察覺的歷史深處。

五、民國初年的社會危機

民國初年的中國社會彌漫着一種危機感:「哀哉!吾民瘁於晚清秕政之餘,復丁干戈大亂之後,滿地兵燹,瘡痍彌目,民生凋敝,亦云極矣。」[54]「蒙藏離異,外敵伺隙,領土削蹙,立召瓜分,邊患一也;軍興以來,廣徵厚募,集易解難,餉糈罔措,兵憂二也;雀羅鼠掘,財源既竭,外債危險,廢食嚥以,財困三也;連年水旱,江南河北,庚癸之呼,不絕於耳,食艱四也;工困於市,農歉於野,生之者敝,百業凋蹶,業敝五也;頑梗未淨,政俗難革,事繁人乏,青黃不接,才難六也。」[55]夭折的革命並沒有帶來人們期望的結果,但革命對舊制度的衝擊所誘發的種種社會問題卻並未隨着革命的夭折而終結,相反隨着政治的逆轉而空前惡化,於是「隱憂」變成了現實,社會在變態中畸形。對此,孫中山目擊身受。1918 年,他在《建國方略·自序》中懷着痛苦的心情回顧以往的歷史說:「夫去一滿洲之專制,轉生出無數強盜之專制,其為毒之烈,較前尤甚。於是而民愈不聊生矣!」[56]

這是一個充滿黑暗和動盪的年代。在這個年代裏,軍閥橫行,兵匪肆虐,死亡流離,道殣相望,疾首蹙額者,漣漣泣涕;鵠面鳩形者,嗷嗷哀鳴。地處中州的河南情形更糟,據時人記載,河南境內每年有十之八九的黎民百姓不能自活,弱者希人之餘則流為丐,強者奪人所有則流為盜,丐與盜滿河南。於是而有白朗起義。1911、1912 年間開始的白朗起義,最盛時達兩萬餘人,縱橫豫、皖、鄂、陝、甘五省,與袁世凱周旋了近三年時間。比之兩個月就失敗的贛寧之役,它的生命力更強韌。白朗軍

曾自稱「公民討賊軍」，傳檄遠近，直斥袁世凱「雖託名共和，實屬行專制」的罪行：
「袁賊世凱，狼子野心，以意思為法律，仍欲帝制自為，擯除賢士，寵任爪牙，以刀
鋸刺客待有功，以官爵金錢勵無恥，庫倫割棄而不顧，西藏叛亂而不恤，宗社黨隱伏
滋蔓，而不思防制鏟除，惟日以植黨營私，排除異己，離棄兄弟，變更法制，塗飾耳
目為事。摧殘吾民，蓋較滿洲尤甚！海內分崩，民不聊生。」[57] 把鬥爭鋒芒指向袁世
凱及北洋政府。但組成這支隊伍的多數卻是遣散的軍隊及無業遊民。白朗起事之時，
正值「共和告成，裁汰軍隊，白狼乃派部下招集被裁之兵士，購置軍械，組織大隊；又
以豫省連年荒歉，民生凋敝，鋌而走險者日益眾。於是烏合景從，聞風歸附……」[58]
他們集中地揭竿而起，反映了民國初年社會內在矛盾的激化。白朗部下的著名頭目李
鴻賓等十餘人，多係軍隊出身，或係革退軍官學生。由於這批人的加入，白朗軍更富
有戰鬥力。他們既是討賊，也是求生存；既有正當性，也有動亂性。

　　在白朗的隊伍之外，還有更多的散兵遊勇。他們則全然是社會不安定的代表者
和製造者。「戰後之兵，蠻野浮動，在伍時既大肆劫掠，退伍後仍將流為盜寇，則今
日之兵，即他日之匪……」[59] 兵化為匪，匪化為兵，兵又化為匪，民國成了名符其
實的兵匪世界。失控的社會為他們提供了生存的土壤，而他們的存在又加劇了社會的
失控和動盪。早在 1912 年 4 月 12 日，《神州日報》即載文指出：「今日足以為中國前
途之隱憂者，軍隊問題外則會黨是也……長此不治，則充吾二十二行省皆成會黨世
界。」後來的歷史不幸地證實了這一預言。辛亥革命之後，湖南會黨明目張膽，遍佈
鄉間，拉人入會，擄掠村莊；陝西會黨飛揚跋扈，居功自傲，廣設碼頭，「辦支應，
理詞訟，直代縣官行政，甚至公然以地方主人自居，魚肉良懦，苛派錢款，鄉民畏
懼，直似滿人入關時駐防。同志見此情形，莫不扼腕太息，不意鬧成會黨世界」[60]；
貴州省遍開堂口，匪黨橫行，擄掠奸淫，全省糜爛，「蓋匪焰益張，民生日蹙，商不
得市，農將失時，學堂盡變山堂，軍府都成盜藪，方且日夕密計大舉劫掠，洗富室以
飽囊橐，焚貧戶以牽救護」[61]。此種行徑，在當時極為普遍，幾乎各省都時有發生。
會黨成為民國時期十分突出而又相當棘手的社會問題。丁佛言在《民國社會之大危機》
一文中說：

中國人民除中上層及安良守分之農人，其餘大多數概可謂製造土匪之好原料品

也。如四川之哥老、兩湖之會匪、江浙之洪江、山東直隸之義和團,加以各省無業之遊民、地方飢寒之災黎,其祕密結合不知數百年,其潛伏社會不下千百萬。幸而國家無事,無所牽動誘引,彼輩也可稍安,一旦有事,即乘機而興,揭竿而起。[62]

會黨的積極性與破壞性始終是緊密地聯繫在一起的。他們曾參加過辛亥革命,但革命之後仍然動不思靜;他們從土地上遊離出來,但職業的慣性又使他們無法重新回到土地中去;他們在天下大亂之時捲入革命,並有力地支援了革命,但他們是按自己的意願來理解革命的;他們各自都有嚴密的組織,然而在本質上他們又都是天然的無政府主義者。所以,當夭折的革命無以吸收和消化他們的時候,他們便非常自然地成了社會動亂的因素。

除了軍閥、兵匪、會黨外,民國初年從各階層遊離出來的大量人口,也是一個令人側目的社會難題。1913 年梁啟超在給康有為的一封信中提到:「兩月以來在西河沿一帶旅館運動官缺者七萬餘人,其人或在前清久任實缺,或在大學優等畢業,政府何法對付,惟有謝絕耳。」[63] 五年之後,保定軍校招生,二百人的名額引來了七千多報考者。太多的人口和太少的飯碗,在這一矛盾中被淘汰的人們不能不變成加劇社會危機的另一原因。

社會危機是社會內部各種矛盾激化而呈現出的一種惡性狀態,它以最嚴酷的方式把社會的種種積弊、病根和矛盾展示在人們的眼前,因此它又往往成為社會轉機的起點,對於一個長期遲滯的社會來說尤其如此!就民國初年的社會危機而言,它在令人怵目驚心地外化軍閥統治的黑暗的同時,也無情地宣判了舊民主主義革命已走到了窮途末路。於是,人們在憤懣、歎息之餘又開始了新的追求。

註　釋

1　李大釗:《隱憂篇》,見《李大釗文集》,上冊,1頁。

2　一位西方觀察家說:「一九一一年以來,特別是一九四九年以來,中國是許多衝突的舞台。」(《參考消息》,19870404)這種看法是深刻的。

3　魯迅:《中國小說的歷史變遷》,見《中國小說史略》附錄,414頁,北京,人民文學出版社,1979。

4　《南京臨時政府公報》,第17號。

5　居正:《約法問題》,見《居正文集》,上冊,95頁,武漢,華中師範大學出版社,1989。

6　《在南京同盟會餞別會的演說》,見《孫中山全集》,第二卷,319頁,中華書局,1982。

7　《在中國同盟會上海支部夏季常會上的演講》,見湖南省社會科學院編:《黃興集》,240頁。

8　《國民黨滬交通部歡迎會演說辭》,見《宋教仁集》,下冊,459頁。

9　《國民黨鄂支部歡迎會演說辭》,見《宋教仁集》,下冊,456頁。

10　《石叟牌詞》,見《譚人鳳集》,411頁。

11　除跨黨者外,國民黨在眾議院五百九十六個席位中,獨得二百六十九個,共和黨得一百二十個,統一黨得十八個,民主黨得十六個;在參議院的二百七十四個議席中,國民黨獨得一百二十三個,共和黨得五十五個,統一黨得六個,民主黨得八個。

12　《于右任辛亥文集》,254頁,上海,復旦大學出版社,1986。

13　《民立報》,19130414。

14　轉引自白蕉:《袁世凱與中華民國》,見孟榮源等編:《近代稗海》,第3輯,45頁。

15　轉引自白蕉:《袁世凱與中華民國》,見孟榮源等編:《近代稗海》,第3輯,65頁。

16　[澳]駱惠敏編:《清末民初政情內幕》(下),542頁。

17　戴天仇:《殺》,載《民權報》,19120520。

18　《正式國會之殷鑒》,載《民權報》,19120911。

19　黃遠生:《懺悔錄》,見《遠生遺著》,上冊,卷1,124~125頁。

20　溥儀:《我的前半生》,89~90頁,北京,羣眾出版社,1984。

21　溥儀:《我的前半生》,89~90頁。

22　溥儀:《我的前半生》,95頁。

23　溥儀:《復辟的形形色色》,載《光明日報》,19620709。

24　《洪憲遺聞·徐世昌談洪憲小史》,見《八十三天皇帝夢》,298頁,北京,文史資料出版社,1983。

25 一般稱之「張勛復辟」，這裏採用溥儀在回憶錄裏的説法。

26 引自 [美] 保羅‧S‧芮恩施：《一個美國外交官使華記》，139 頁。

27 [美] 保羅‧S‧芮恩施：《一個美國外交官使華記》，141~142 頁。

28 《孟恩遠等敦請袁世凱早登皇帝位電》，見中國第二歷史檔案館、雲南省檔案館編：中華民國史檔案資料叢刊《護國運動》，130 頁，南京，江蘇古籍出版社，1988。

29 [澳] 駱惠敏編：《清末民初政情內幕》（下），525 頁。

30 曹汝霖：《一生之回憶》，120 頁，台北，傳記文學出版社，1980。

31 梁啟超：《反對復辟電》，見《飲冰室合集》，文集之三十五，17 頁，上海，中華書局，1936。

32 梁啟超：《五十年中國進化概論》，見《飲冰室合集》，文集之三十九，46 頁。

33 張國淦：《北洋軍閥的起源》，見《北洋軍閥史料選輯》，上冊，16 頁，北京，中國社會科學出版社，1981。

34 從武昌起義到南京臨時政府成立，各地先後稱都督的有一百多個，有的一省就有好幾個。他們中的一些人始終站在革命行列，但也有的後來轉化為軍閥。徵之當時的實際，這種轉化，以西南諸省為多。

35 奉系是依靠北洋軍閥起家的，其兵源也有一部分來自北洋新軍，所以一般把它列入北洋軍閥官僚體系中。

36 王傳厚：《倪嗣沖在安徽的罪惡統治》，見《安徽文史資料選輯》，第 7 輯。

37 陸君由、蘇書選編：《陸榮廷傳》，262 頁，南寧，廣西民族出版社，1987。

38 章有義編：《中國近代農業史資料》，第二輯，598 頁，北京，三聯書店，1957。

39 《護法運動期間南北軍閥在湖南造成的禍害》，見《湖南歷史資料》，115 頁，1959(3)。

40 康有為：《覆教育部書》，載《不忍》，第 4 期。

41 康有為：《孔教會序二》，載《不忍》，第 1 期，《孔教會雜誌》，第 1 卷第 2 號。

42 康有為：《覆山東孔道會書》，見《康有為政論集》，下冊，840 頁。

43 盧湘父：《萬木草堂憶舊》，19 頁。

44 湯志鈞編：《章太炎年譜長編》，上冊，458 頁，北京，中華書局，1979。

45 康有為：《不忍雜誌序》，載《不忍》，第 1 期。

46 《袁大總統書牘彙編》，卷 2，政令，51~52 頁，上海，廣益書局，1920。

47 《內務部准孔教會批》，見《孔教十年大事》，卷 7。

48 魯迅：《在現代中國的孔夫子》，見《魯迅全集》，第六卷，252 頁。

49 嚴復：《「民可使由之不可使知之」講義》，見王栻主編：《嚴復集》，第 2 冊，326~327 頁。

50 章太炎：《駁建立孔教議》，見《章太炎政論選集》，下冊，689 頁。

51 參見黃遠生：《記太炎》，見《遠生遺著》，卷 3，225 頁。

52 參見《大中華雜誌》，第 1 卷第 1 冊。

53 嚴復：《與俞復書》，見王栻主編：《嚴復集》，第 3 冊，725 頁。

54 李大釗：《大哀篇》，見《李大釗文集》，上冊，6 頁。

55 李大釗：《隱憂篇》，見《李大釗文集》，上冊，1 頁。

56 孫中山：《建國方略·自序》，見《孫中山選集》，上冊，104 頁。

57 中華民國史資料叢刊《白朗起義》，225 頁，北京，中國社會科學出版社，1980。

58 呂咎予：《白狼擾蓼記》附《狼禍述聞》，中華民國史資料叢刊《白朗起義》，321 頁。

59 李大釗：《隱憂篇》，見《李大釗文集》，上冊，3 頁。

60 郭希仁：《從戎紀略》，中國近代史資料叢刊《辛亥革命》（六），77 頁。

61 《戴戡周沆效秦廷哭上蔡鍔書》，見《貴州辛亥革命資料選編》，57 頁，貴陽，貴州人民出版社，1981。

62 丁佛言：《民國社會之大危機》，載《中華雜誌》，第 1 卷第 2 號。

63 丁文江、趙豐田編：《梁啟超年譜長編》，680 頁。

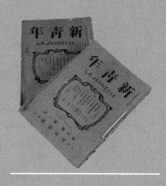

第十九章

新文化運動

1923 年，梁啟超在《五十年中國進化概論》中説：「革命成功將近十年，所希望的件件都落空，漸漸有點廢然思返，覺得社會文化是整套的，要拿舊心理運用新制度，決計不可能，漸漸要求全人格的覺醒。」這段話正確地説明了「辛亥」與「五四」之間的內在聯繫：由辛亥革命所喚起的中國社會的希望，同民國初年中國社會的黑暗之間形成一種巨大的落差，巨大的落差產生了巨大的波潮，於是而有新文化運動。

過去把新文化運動稱作啟蒙運動。其實，在中西文化經歷了七十多年的撞擊和交匯之後，出現於 20 世紀第二個十年裏的這一陣波潮，其潮頭已經越出了啟蒙的本義。起自 19 世紀中葉的西學東漸過程，由器物（科學技術）而及於制度（君民共主和民主共和）。然而，橘逾淮為枳，在西方卓有成效的東西，到了中國卻總是全然不成模樣。其根由何在？當革命派效法孟德斯鳩、盧梭、華盛頓的理想被軍閥統治的醜惡現實撕成碎片之後，向西方尋求真理的人們開始由器物和制度層面揳入到文化心理層面，從中西之間的形而下的比較進入到形而上的比較。在孫中山埋頭於「心理建設」的同時，魯迅提出了改造「國民性」的思想；繼陳獨秀論《東西民族根本思想之差異》後，李大釗又再論《東西文明根本之異點》。這個過程從探索辛亥革命失敗的一面開始，最終成為近代百年第二次民族反思。[1]「所謂新者無他，即外來之西洋文化也；所謂舊者無他，即中國固有之文化也。」[2] 在器物和制度之後，是西方近代文化同中國傳統文化的整體對立。這種對立，促成了觀念形態的革命，引發了中西文化的激烈論爭。八十年新舊之爭一變而為民主和科學的巨響，隨着大潮的泛起，湧來了各色各樣的「主義」。

一、觀念形態的革命

　　新文化是與舊文化相對而言的，是對千百年來的歷史沉積而成的舊文化的揚棄和超越。五四新文化運動出現於洋務運動、戊戌維新與辛亥革命之後，既是由前此七十多年的歷史呼嘯而來，又是對這段曲折歷史的深刻反思。它以辛亥革命後的中國社會現實為認識起點，進而追溯到幾千年歷史凝結而成的文化傳統，並對這種傳統進行了總體性的理性批判。[3] 這場帶有摧毀性的批判矛頭首先指向舊倫理及其人格化代表。1916 年，陳獨秀說：

　　自西洋文明輸入吾國，最初促吾人之覺悟者為學術，相形見絀，舉國所知矣；其次為政治，年來政象所證明，已有不克守缺抱殘之勢。繼今以往，國人所懷疑莫決者，當為倫理問題。此而不能覺悟，則前之所謂覺悟者，非徹底之覺悟，蓋猶在惝恍

迷離之境。吾敢斷言：倫理的覺悟，為吾人最後覺悟之最後覺悟。[4]

　　蓋倫理問題不解決，則政治學術，皆枝葉問題。縱一時捨舊謀新，而根本思想，未嘗變更，不旋踵而仍復舊觀者，此自然必然之事也。孔教之精華曰禮教，為吾國倫理政治之根本。其存廢為吾國早當解決之問題，應在國體憲法問題解決之先。今日討論及此，已覺甚晚。[5]

這種認識來自辛亥革命後的社會現實，又是中西文化對照的結果。於是，排孔成為觀念形態革命的起點。

　　孔子是中國傳統小農社會的精神象徵，是兩千年來中國思想界的最大權威。自漢武帝表彰六藝、罷黜百家以來，孔子的形象雖歷經改塑，但孔子學說的實質卻一脈相承。在兩千多年的歷史裏，孔學因與皇權結合而政治化，皇權因與孔學結合而倫理化。在這個過程中，貶抑皇權者代有人出，正面非孔者絕少；皇權雖不斷更迭，而孔子的權威卻日益穩固，從未動搖過。他由諸子百家之一而被定於一尊，又由一尊而被奉成「大成至聖先師」；他的思想、理論、學說被封為「萬世之至論」，不僅支配着民族的認識、思維和社會行為，而且融化浸透到國民的價值信仰、情感態度、觀念意識和風俗習慣之中，與民間生活渾然一體，無所不在，成為國民文化心理結構的重要因素。歷史進入近代以後，隨着歐風美雨的來華及社會生活的變遷，孔學遂由「向來不成什麼問題」變成了「問題」，孔學的地位和權威因而衰微。譚嗣同對三綱之說的猛烈攻擊，嚴復對中西文化的尖銳對比，梁啟超的「新民說」，章太炎的非孔言論，都已觸及孔子學說的痛處。20世紀初年，無政府主義者更直接地亮出了「排孔」的旗號，他們尖銳地指出：「孔丘砌專制政府之墓，以塗毒吾同胞者，二千餘年矣」，「欲支那人之進於幸福，必先以孔丘革命」[6]。1912年，南京臨時政府教育部以「忠君與共和政體不合，尊孔與信教自由相違」[7]為由，明令全國各地中小學校，廢止讀經和拜孔之禮。自此，孔子的獨尊地位已不復存在，附着於孔子的神聖光環逐漸脫落。民國初年孔教會的價值重建活動及祭孔崇聖之所以那麼引人注目，也從一個側面反襯出孔學衰微這一現實。但是，尊孔崇聖逆流的泛濫這一事實本身又說明與社會生活融為一體的孔學傳統的堅韌與頑強。它決定了排孔的長期性與複雜性。

　　「五四」的排孔，既是針對民國初年尊孔崇聖活動而發，又是對前此反孔活動的繼續和深化。它有如狂飆巨瀾，無論是激烈程度還是批判的深度，都是前無古人的。對此，目前已有很多切近事實真相的論述和比較客觀、公正的估定，不再贅述。不過，在這個被稱為「全盤性的反傳統主義」的排孔浪潮中，我以為有三點值得重視：

　　（一）「五四」前的反孔大多着眼於政治批判，如何啟、胡禮垣、譚嗣同、章太炎等莫不如是。「五四」時期則更專注於文化批判，所謂「批評時政非其旨也」。批判重心的轉移意味着一種認識上的突破，即把排孔上升到對孔學內在缺陷及其實質的剖析與評判，從而在更深的層次上揭破兩千多年來歷代民賊「尊孔之大祕密」。易白沙的《孔子平議》公開點名批評孔子，指出：「孔子尊君權，漫無限制，易演成獨夫專制之弊」；「孔子講學不許問難，易演成思想專制之弊」；「孔子少絕對之主張，易為人藉口」；「孔子但重作官，不重謀食，易入民賊牢籠」[8]。自今人視之，這種剖析是膚淺的，但從孔學自身存在的缺陷角度揭示孔學與君主專制主義的內在聯繫，在中國歷史上卻是第一次。與易白沙不同，陳獨秀、李大釗、吳虞等人則從壓抑人性的角度剖析孔學的實質。他們認為，三綱五倫是孔學的核心思想，「孔教的教義，乃是教人忠君、孝父、從夫。無論政治倫理，都不外這種重階級尊卑三綱主義」[9]。

　　「孔氏主尊卑貴賤之階級制度，由天尊地卑演而為君尊臣卑，父尊子卑，夫尊婦卑，官尊民卑，尊卑既嚴，貴賤遂別。」[10]這種嚴尊卑、別貴賤的綱常倫理實際上是一種「奴隸道德」：「君為臣綱，則民於君為附屬品，而無獨立自主之人格矣；父為子綱，則子於父為附屬品，而無獨立自主之人格矣；夫為妻綱，則妻於夫為附屬品，而無獨立自主之人格矣。率天下之男女，為臣，為子，為妻，而不見有一獨立自主之人者，三綱之說為之也。緣此而生金科玉律之道德名詞，曰忠，曰孝，曰節，皆非推己及人之主人道德，而為以己屬人之奴隸道德。」[11]「推己及人之主人道德」是對個性的張揚，「以己屬人之奴隸道德」則是對個性、自由、尊嚴的扼殺。「看那二千餘年來支配中國人精神的孔門倫理——所謂綱常，所謂名教，所謂道德，所謂禮義，那一樣不是損卑下以奉尊長？那一樣不是犧牲被統治者的個性以事治者？那一樣不是本着大家族制度下子弟對於親長的精神？所謂孔子的政治哲學，修身齊家治國平天下，『一以貫之』全是『以修身為本』；又是孔子所謂的修身，不是使人完成他的個性，乃是使人犧牲他的個性。」[12]在「五四」新文化諸健將攻擊舊壘的激烈文字中，魯迅的《狂

人日記》，是最沉痛者，也是最深刻者。它以文學的形式入木三分地揭露了禮教的「吃人」本質，影響至深且遠。自此以後，「吃人的禮教」一語遍傳海內。所有這一切，都體現了以個性解放為核心的近代人文主義精神。

（二）把真孔子與假孔子、真孔學（原始儒學）與假孔學（後世儒學）聯繫起來，反對把真假孔子、真假孔學截然劃開，因而在本源上揭示二者的一脈相承，顯示了「五四」排孔的徹底性。陳獨秀在《答常乃惪》中說：「足下分漢宋儒者以及今孔教孔道諸會之孔教，與真正孔子之教為二，且謂孔教為後人所壞。愚今所欲問者：漢唐以來諸儒，何以不依傍道、法、楊、墨，人亦不以道、法、楊、墨稱之？何以獨與孔子為緣而復敗壞之也？」[13] 一向比較溫和的胡適說：「正因為二千年吃人的禮教法制都掛着孔丘的招牌，故這塊孔丘的招牌——無論是老店，是冒牌——不能不拿下來，捶碎，燒去！」[14] 從戊戌的「託古改制」到「五四」的「打倒孔家店」是一種歷史性的進步。在那時的中國，不排孔，不打倒孔子這個精神偶像，歷史就無法前進。

（三）「五四」排孔專注重「孔子之道不合現代生活」這一觀念，即所謂「本誌（《新青年》雜誌——編者）詆孔，以為宗法社會之道德，不適於現代生活」，並從現代生活角度重新估定孔教的價值。「孔子生長封建時代，所提倡之道德，封建時代之道德也；所垂示之禮教，即生活狀態，封建時代之禮教，封建時代之生活狀態也；所主張之政治，封建時代之政治也。封建時代之道德、禮教、生活、政治，所心營目注，其範圍不越少數君主貴族之權利與名譽，於多數國民之幸福無與焉。」[15]「我們反對孔教，並不是反對孔子個人，也不是說在古代社會無價值。不過因他不能支配現代人心，適合現代潮流，還有一班人硬要拿他出來壓迫現代人心，抵抗現代潮流，成了我們社會進化的最大障礙。」[16]「孔子於其生存時代之社會，確足為其社會之中樞，確足為其時代之聖哲，其說亦確足以代表其社會其時代之道德。」[17] 然而，「道與世更」，要用封建時代宗法社會之禮教來統攝人心，要獨尊一說，「以為空間上人人必由之道，時間上萬代不易之宗，此於理論上決為必不可能之妄想」[18]。這是「五四」排孔的重要原因，也是理論依據。憑藉這種認識，「五四」新文化的先驅者對當時的尊孔濁流進行了有力的回擊。

在西方，觀念形態的革命開始於反對上帝及其在人間的代表，並在文藝復興和宗教改革的旗幟下，激揚理性，強調人的個性與獨立意識，肯定人的價值與尊嚴，把

1《青年雜誌》 新文化運動興起的標誌

2 陳獨秀　創辦《青年雜誌》，新文化
運動的領袖之一。

3 胡適　提倡文學革命，新文化運動的
領袖之一。

永生的上帝世俗化，讓每個人都有與上帝直接對話的權利，讓聖母也和平民百姓一樣，赤身裸體地出現於人間。從根本上說，上帝是一種說教，而久已死去的孔子卻凝結為幾千年來的封建宗法體制，使人在舉手投足之間無往而不感到他們存在。因此，排孔比反上帝更易攪動人心和世情。打倒孔家店，不僅衝擊了維繫傳統小農社會的精神支柱，而且衝擊了傳統的是非標準和價值標準。胡適曾把「五四」的根本精神歸結為一種「新態度」，並把這種新態度稱作「評判的態度」，也就是尼采所說的「重新估定一切價值」。胡適說：

評判的態度，簡單說來，只是凡事要重新分別一個好與不好。仔細說來，評判的態度含有幾種特別的要求：

（1）對於習俗相傳下來的制度風俗，要問：「這種制度現在還有存在的價值嗎？」

（2）對於古代遺傳下來的聖賢教訓，要問：「這句話在今日還是不錯嗎？」

（3）對於社會上糊塗公認的行為與信仰，都要問：「大家公認的，就不會錯了嗎？人家這樣做，我也該這樣做嗎？難道沒有別樣做法比這個更好，更有理，更有益的嗎？」[19]

就其實質而言，「評判的態度」乃是一種充滿懷疑精神的態度。正是在這種態度之下，那些世世代代習以為常的天經地義之物一個接一個發生了動搖，神奇化為朽腐，玄妙化為平常，神聖化為凡庸。在這個過程裏，產生了為數眾多而又前所未有的「問題」。從孔教問題、婦女問題一直到勞動問題、社會改造問題，從文字上的文學問題一直到人生觀的改造問題，從貞操問題、婚姻問題一直到父子、家庭制度問題，從國語統一問題一直到戲劇改良問題，都在這個時候興起。而每個問題又各自會帶來一場爭鳴。易卜生戲劇就曾引起過當時中國人對「娜拉出走之後」經久不息的討論。對娜拉命運的關注，正寄託着他們從娜拉身上尋找中國女子解放出路的希望。問題和爭鳴的層出不絕，是「五四」前後新文化運動的一種特色。這種特色反映了中國社會在觀念形態變革之中的深思苦想。

觀念形態的革命以批判傳統為條件，但實現觀念形態的革命又不僅僅在於批判傳統。它表現為衝擊舊文化與樹立新文化的同一，破壞舊傳統與正面重建的同一。著

名的《敬告青年》一文在中國人面前列舉了六種對比，明確地表示了自己的取捨褒貶：（一）自主的而非奴隸的；（二）進步的而非保守的；（三）進取的而非退隱的；（四）世界的而非鎖國的；（五）實利的而非虛文的；（六）科學的而非想像的。[20] 同樣著名的《文學革命論》則高張「文學革命軍大旗」，「旗上大書特書吾革命軍三大主義：曰推倒雕琢的、阿諛的貴族文學，建設平易的、抒情的國民文學；曰推倒陳腐的、鋪張的古典文學，建設新鮮的、立誠的寫實文學；曰推倒迂晦的、艱澀的山林文學，建設明了的、通俗的社會文學」[21]。以自主、進步、進取、世界、實利、科學替代奴隸、保守、退隱、鎖國、虛文、想像，遂有人生觀的革命和國民性的變革；以國民文學、寫實文學、社會文學替代貴族文學、古典文學、山林文學，遂有從形式到內容的文學革命。新文化運動在除舊佈新過程裏所體現出來的這種破和立的具體同一，在白話文運動中表現得尤為顯著。以白話取代文言，並不僅僅是一場反對文言文的文化運動，而且還是一場深刻的雙重意義上的語言革命：一方面改變了傳統的書面語，使書面語與口語統一起來，從而克服了傳統語言的內在分裂；另一方面重建了全新的文學語言，使文學內容與形式之間獲得了內在的和諧與統一。語言的變革並不僅僅是形式的變革，它與思維相聯繫，因而又是一種思維層次上的變革。以清晰、精確的白話取代言約義豐的文言，其實質乃是用以精確性、嚴密性為特徵的近代思維方式取代帶有模糊性特點的傳統運思方式。這種取代既是文學語言的重建，也是思維的重建。正是在這個意義上，人們常把新文化運動徑稱為「白話文運動」或「文學革命」。新文化運動所表現出來的這種對舊傳統的否定與正面的文化重建具體同一，是維新變法和辛亥革命未曾有過的。其中若干內容，直到今天仍然灼有光華。

然而，在觀念形態的破與立的歷史進程中，新文化固然是凱歌行進，但舊文化卻並沒有由此而銷聲匿跡，而是在退守中進行着頑強抗爭。兩者的並存，導致了新舊力量的激烈對峙和「新舊思潮之大激戰」：一方面是新文化的吶喊，另一方面是舊文化的哀鳴；一方面是「毀孔子廟罷其祀」，另一方面是「八部書外皆狗屁」[22]。大潮激起迴響，在新舊交爭之際，一部分曾經擁護過辛亥革命的人們因依戀舊傳統而成為新文化的對立面。在這種背景下形成的新舊之爭已不是明末清初的邪正之爭，也不是甲午戰爭前的夷夏之辯，甚至也不完全是戊戌維新前後的中學與西學、維新與翼教、護聖之爭，而是在更高層次上的新舊文化的衝突。

二、中西文化的衝突與論戰

　　近代中國「兩極相逢」，中西文化衝突是這個時代的突出內容。從一定意義上說，一部中國近代文化史，就是一部傳統文化與西方文化衝突交匯的歷史，就是傳統文化在西方近代文化的衝擊和影響下向近代文化過渡轉變的歷史，也就是傳統與西化相斥相納的歷史。費正清曾把中國的近代史形象地比喻成「兩齣巨型戲劇」：第一齣是中西之間的文化對抗，第二齣是這場對抗導引中國在「一場最巨大的革命中所發生的基本變化」，並由此而把中國近代史理解為「最廣義的文化衝突」[23]。這種說法雖不免過於寬泛，但不能說毫無道理。作為一對歷史範疇，中與西是歐風美雨來華之後產生的對待之詞，不單是區域名稱，而且有着不同生活和不同文化的豐富內涵。二者迎面相遇，既是世界歷史發展的必然，又包含着多重矛盾，表現為一浪高過一浪的新舊衝突。民國初年，黃遠生曾著文勾勒出新舊思想衝突及其發展趨勢的大致輪廓，其中說：

　　自西方文化輸入以來，新舊之衝突，莫甚於今日。蓋最初新說萌芽，曾文正、李文忠、張文襄之徒，位尊望重，綱紀人倫，若謂：彼之所有，槍炮、工藝、製造而已；政法、倫理以及一切形上之學，世界各國，莫我比倫。嗣後國勢日削，禍辱臻迫，彼此比較之效，彰明較著。雖以孝欽頑囂，亦不能不屈於新法。庚子之後，一復戊戌所變。其時新學髦俊，雲集內外，勢焰極張。喬木世臣，篤故縉紳，亦相率襲取口頭皮毛，求見容悅。雖遞嬗不同，要皆互為附庸，未有如今日篤舊者高揭復古之幟，進化者力張反抗之軍，色彩鮮明，兩不相下也。且其爭點，又復愈晰愈精，愈恢愈廣。蓋在昔日，僅有製造或政法制度之爭者，而在今日已成為思想上之爭。此猶兩軍相攻，漸逼本壘，最後勝負，旦夕昭佈。識者方憂恐悲危，以為國之大厲，實乃吾羣進化之效。非有昔日之野戰蠻爭，今日何由得至本壘。蓋吾人須知，新舊異同，其要點本不在槍炮工藝以及政法制度等等，若是者猶滴滴之水、青青之葉，非其本源所在。本源所在，在其思想。[24]

從「製造或政法制度之爭」到「思想上之爭」，亦即從中西之間的形而下的論爭進入

到形而上的論爭，是中西文化和哲學論爭的一個轉折，它從某種程度上規定了此後中西論爭的基本態勢。自此以後，新與舊、中與西能否調和，成為新舊兩派鬥爭的一個焦點和主要形態。就其實質而言，20世紀三四十年代風靡思想界的「中國文化本位」與「全盤西化」之爭，正是這種論爭的極端形式，也可以說是這種論爭的繼續和邏輯延伸。

戊戌維新以前，中西文化縉接於「中體西用」這一命題之中。戊戌維新以後，一面是「用」的膨脹突破「體」的界限而日見其困窘；一面是「中體」依舊存在於世人心目和議論裏。20世紀初期，在歐風美雨的衝擊下，「中體」已經體無完膚，隨之而出現了中西調和、折中、融合的意識。1912年1月，中華書局創立之初，陸費達等人即標識出其出版宗旨為「融合國粹歐化」。同年11月創刊的《學藝雜誌》有《文學與國家關係》一文說：「求歐化而兼重國粹可也，棄國粹而偏重歐化不可也。數典而忘祖，捨田而耘，立見其效。」這種調和中西、融合新舊的意識在「五四」前後很快蔓延，成為一種廣有市場的社會意識。當時反對新文化運動的人物林紓、辜鴻銘、杜亞泉、梅光迪、吳宓、黃季剛、梁漱溟、章士釗等，除個別全盤否定西方文化價值者外，一般都主張中西調和或「新舊調和之論」，並用這種主張與新文化的倡導者對壘。這說明「五四」時期所謂東方文化與西方文化問題的論戰，主要就是調和與反調和兩派之間的論戰。調和論者雖然仍以維護周孔之道和傳統價值為依歸，未脫「中體西用」的窠臼，但與前此的頑固守舊者相比亦有了可見的變化。杜亞泉曾看到這一點，他說：「今日之所謂新者，較之曩時講求西藝、倡言新法者，固有進步；即所謂舊者，亦非曩時視歐美為夷狄、斥新學為異端者，所可同日而語矣。」[25]「新」的在變，「舊」的也在變。這種變化使二者之間的論戰更像一場近代意義上的論戰，具有更多可咀嚼的內涵。激烈的反調和論者主張「根本掃蕩」舊思想舊傳統，固然是在為新文化開路；而平和持中的調和論在力倡中西文化融合，並用中國固有的道德和文明去「救西洋文明之弊，濟西洋文明之窮」的同時，在文化轉型理論方面也提出了若干有價值的思考。如新文化能否在摧毀舊傳統的廢墟上重建？中西文化差異是不是時代的差異？中西文化是不是互有短長，可否取長補短？還有文化的傳承問題、文化的延續性問題，等等。這些問題中，有的已成為常識，有的卻是至今仍爭論不休的問題。

與中西調和相類的另一種意識是附會中西。附會中西之說在19世紀就已產生，

杜亞泉 近代著名科普出版家、翻譯家，反對新文化運動，主張中西調和。被後人認為是自然科學方面的先驅者、社會科學方面的保守者。

如「西學中源」說，「泰西近古」說等皆是。持這種說法者，終清代而不息，但有保守與維新之別，用心並不一致。保守者以此說來拒斥外來文化。維新者則往往是迫於某種信息和規範的壓力，唯恐刺傷披髮左衽的民族隱痛，蹈「用夷變夏」之嫌，不得已而採取權宜之計，為西學在中國紮根創造條件。誠如錢鍾書所說：「蓋引進『西學』而恐邦人之多怪不納也，援外以入於中，一若禮失求野、豚放歸笠者。衞護國故而恐邦人之見異或遷也，亦援外以入於中，一若反求諸己而不必乞鄰者。彼迎此拒，心異而貌同耳。」[26] 到了「五四」時期，這種附會中西之說益見其完整。不僅儒家、道家、法家、陰陽家、雜家、名家都可以同西人學說一一對應起來，而且「如近世竟言實業，實業在英文為 Industry，而 Industry 訓為勤，不過吾國『民生在勤』之古義。『民生在勤』看只四字，含義何等博天！苟我國有學者引伸此義，列為綱目，附以證明，則生計學之成科未始不在數百年前，而吾無其人。且在今不知利用祖宗所傳之寶藏發揮而光大之，而誦習歐文眉飛色舞，語以相當華文之義，頓露鄙夷之態者，隨在而有」[27]。應當說，這種附會之說已不同於晚清的「西學中源」說了，但其反對新文化運動的用意是昭然可見的。

調和與附會作為一種社會思潮，表現了傳統文化面對着激烈的中西矛盾衝突而力求保全自身優越性的意向。它帶着守舊性，然而它又攀結於民族感情的大樹上，容易使人動情。

　　因此，在新文化運動初期，力倡新文化的人們也未能全然脫卻此情此境。李大釗說：「東洋文明與西洋文明，實為世界進步之二大機軸，正如車之兩輪，鳥之雙翼，缺一不可。而此二大精神之自身，又必須時時調和，時時融會，以創造新生命而演進於無疆。由今言之，東洋文明既衰頹於靜止之中，而西洋文明又疲命於物質之下，為救世界之危機非有第三新文明之崛起不足以渡此危崖。俄羅斯之文明誠足以當媒介東西之任，而東西文明真正之調和，則終非二種文明本身之覺醒萬不為功。所謂本身之覺醒者，即在東洋文明，宜竭力打破其靜的世界觀，以容納西洋之動的世界觀；在西洋文明宜斟酌抑止其物質的生活，以容納東洋之精神的生活而已。」[28] 從字面上看，這段話與中西調和論並沒有什麼不同，但他們是當時中國最深切地捫及了中西文化之差異的人物，所以，中西調和並不是他們的真正立足點。在同一篇文章中，李大釗曾概括東西文明根本之異點，認為：「東西文明有根本不同之點，即東洋文明主靜，西洋文明主動是也……一為自然的，一為人為的；一為安息的，一為戰爭的；一為消極的，一為積極的；一為依賴的，一為獨立的；一為苟安的，一為突進的；一為因襲的，一為創造的；一為保守的，一為進步的；一為直覺的，一為理智的；一為空想的，一為體驗的；一為藝術的，一為科學的；一為精神的，一為物質的；一為靈的，一為肉的；一為問天的，為立地的；一為自然支配人間的，一為人間征服自然的。」這種概括並不精當，也無過人之處，但這種對比本身所包含的褒貶取捨卻是明顯的。因此，他主張「以徹底之覺悟，將從來之靜止的觀念、怠惰的態度根本掃蕩」[29]。陳獨秀似乎比李大釗更早地認識到這一點，他比較中西，深刻地揭示了東西洋民族根本思想的差異：（一）東洋民族「以安息為本位」，「惡鬥死，寧忍辱」，「愛平和」，於是而成為「雍容文雅之劣等」；西洋民族「以戰爭為本位」，「惡侮辱，寧鬥死」，「以鮮血取得世界之霸權」。（二）東洋民族「以家族為本位，而個人無權利，一家之人聽命家長」，於是而有宗法制度之種種惡果；西洋民族「以個人為本位」，「徹頭徹尾個人主義之民族也」，「個人之自由權利，載諸憲章，國法不得而剝奪之，所謂人權是也」。（三）東洋民族「以感情為本位，以虛文為本位」，於是而「貌為家庭和樂，實則黑幕潛張，而生機日促耳」；西洋民族「以法治為本位，以實利為本位」，其結果，「社會各人不相依賴，人自為戰，以獨立之生計，成獨立之人格」，「社會經濟，亦因以厘然有敍」。他把二者的不同稱作「若南北之不相並，水火之不相容也」[30]。這種結

論包含着與中西調和完全相反的認識。因此，新文化運動的主要人物雖然有時亦言調和，但當調和成為新文化傳播的障礙時，他們都成為中西調和的激烈反對者了。在他們反對調和、附會的言論裏，李大釗的一段話講得好：東西文化，「一個是新的，一個是舊的。但這兩種精神活動的方向，必須是代謝的，不是固定的；是合體的，不是分立的，才能於進化有益」[31]。他不僅區分新舊文化的不同性質，而且描述了新舊代謝的動態過程。所以，在這裏「合體」並不是融合，而是新改造舊的結果。

自今人視之，倡導新文化的人們對中西文化的比較未必算得上是百分之百的正確，反而存在着明顯的偏向。如常常把中西的問題視作是非的問題，甚至全盤否定中國固有的文化傳統，在重新審視舊傳統舊觀念時也往往是批判的激情多於批判的理性，等等。但他們代表了那個時候最進步的認識。比之排孔，他們對中西文化關係的論述對於後人更富於啟迪意義。

三、科學和民主

新文化運動的狂飆猛烈地衝擊了以儒家為軸心的文化傳統，因此從一開始便具有反傳統主義的品格。但它並不僅僅是反傳統主義運動，更重要的是一場現代價值的重建運動。在破壞舊傳統與重建現代價值的過程中，新文化的倡導者們高舉科學與民主兩面大旗，用近代科學理性反對傳統的實用理性，用近代人文主義反對傳統的仁禮禁忌，力圖建立以自我為價值主體的宇宙觀和人生觀，並以之取代以家庭為本位的傳統觀念。所以，民主和科學不僅是「五四」反傳統的理論依據，而且是現代價值重建的目標，集中地體現了「五四」的時代精神。

必須指出的是，民主、科學並不是到「五四」時期才第一次出現於中國思想界的。「五四」以前的先驅者，就已提出過民主政治和科學技術的要求，也曾為此而不懈地奮鬥過。對於我們這個封建歷史漫長、缺乏民主傳統、吃夠專制苦頭的國度來說，民主是個迷人的字眼，也是近代知識分子羣體力追不捨的目標。從林則徐、魏源等人對「三佔從二」的代議制的朦朧嚮往到資產階級民權思想的奔騰，從戊戌時代的「託古改制」到辛亥時代的民主共和理想，從倡導民權抑制君權到批判、否定君權，

從個別人的議論到羣體的追求，從民主理論的成熟到民主政治的實踐，都有清晰的軌跡可尋。對此，前面各章均有論述，不再重複。這裏想着重談一談科學。

中國人對西方科學技術的認識與追求大致可以追溯到晚明時期。作為晚明實學思潮的一個流派，徐光啟、李之藻、王徵等人已開始接觸和研究舶來的西方自然科學。他們在繼承中國古典科學的同時，大量翻譯和介紹西方的應用科學，並取得了令人矚目的成就。然而隨着明清的易代，以及「禁教」和閉關政策的推行，這種研究很快復歸沉寂。大約兩百年後，中國人在西方炮口的震撼下開始重新認識西方的科學文化，從鴉片戰爭時期的「師夷之長技」論到洋務運動時期對西方科學技術的引進，雖仍局限於技藝方面的仿效，但對科學的追求已露端倪。中法戰爭尤其是甲午中日戰爭之後，改良派在大力推行「變政改制」的同時，也強調和突出了興辦科學事業、開展科學研究的重要性。嚴復在《與〈外交報〉主人書》中說：「今吾國之所最患者，非愚乎？非貧乎？非弱乎？則徑而言之，凡事之可以愈此愚、療此貧、起此弱者皆可為。而三者之中，尤以愈愚為最急。」而「愈愚」必假物理科學而為之。因此，他嚴厲駁斥了那種視科學為末業的陳說，「其曰政本而藝末也，愈所謂顛倒錯亂者矣。且其所謂藝者，非指科學乎？名、數、質、力四者皆科學也，其通理公例，經緯萬端，而西政之善，即本斯而起」。「西政之善本於科學」之說實際上已觸及了科學與近代工業文明之間的內在關係，「邇者中國亦嘗儀襲而取之矣，而其所以無效者，正坐為之政者，於其藝學一無所通，不通而欲執其本，此國財之所以糜，而民生之所以病也」[32]。也就是說，光搬用西方的「汽機兵械」和「天算格致」，並非「命脈之所在」。中國與西方的根本不同在於西方「於學術則黜偽而崇真，於刑政則屈私以為公」[33]。因此必須學習隱藏在西方「堅船利炮」背後的「黜偽崇真」的科學精神和「屈私以為公」的民主精神。這可以說是「五四」時期提出的民主和科學的先聲。在傳播西學的過程中，嚴復特別重視科學精神和科學方法論，推崇培根的「實測內籀之學」，即建基於實證、歸納方法之上的近代實驗科學，認為「內籀」（歸納法）與「外籀」（演繹法）「即物窮理之最要途術」；主張用這些方法改造中國傳統的思維方式，確立邏輯嚴密的近代科學思維方式。

從 20 世紀初年開始，幾乎所有的新式學校都把科學列為必修課。先進的中國人一方面傾力於民主思想的傳播及其在中國的實踐，另一方面則創辦各類科學雜誌，如

《亞泉雜誌》、《科學世界》等，「揭載格致算化農商工藝諸科學」，並把科學技術的普及與政治制度的革新聯繫起來，認為政治的發達，必須由科學技術的發展來實現。「自其內部言之，則政治之發達，全根於理想，而理想之真際，非藝術（泛指科學技術——引者）不能發現；自其外部觀之，則藝術者固握政治之樞紐矣。」[34] 辛亥革命後，一大批留學生學成歸國。他們注意到科學與工業文明之間的密切關係，更加注重傳播科學技術，組織各種科學團體，如中國天文學會、中國農學會、中華藥學會、中國醫學會等。其中 1914 年成立的中國科學社及其刊行的《科學》月刊，曾對中國科學技術的發展有過重要的貢獻。一般說來，科學是指人同自然環境之間的一種「求是」的認知關係，與政治革新本無直接的關係。但作為近代工業文明的基石，科學所體現出來的這種求是的認知原則，不僅與人的自由精神相通，而且與理性化的民主政治有內在的關聯。在近代中國，正是通過科學所帶來的實際效益來理解科學的重要牲，是把它當作富國強兵的手段來理解、信仰和接受的。科學在這裏不僅僅是指具體的應用科學，更重要的是指科學精神或科學思想。這與「五四」時期所提倡的「科學」的內涵基本一致。

然而，把科學和民主結合起來，作為衡量一切社會現象的價值原則，合之者則接受、信仰，反之者則摒棄、批判，卻是新文化的倡導者首先揮舞起來的旗幟。1915 年 9 月，陳獨秀在《敬告青年》一文中說：「近代歐洲之所以優越他族者，科學之興，其功不在人權說下，若舟車之有兩輪焉。」「國人而欲脫蒙昧時代，羞為淺化之民也，則急起直追，當以科學與人權並重。」[35] 這裏所謂「人權」，即後來所說的民主，民主和科學成為新文化運動的兩面大旗自此而始。越三年又四個月，他於《〈新青年〉罪案之答辯書》中復着力張揚之：

追本溯源，本誌同人本來無罪，只因為擁護那德莫克拉西（Democracy）和賽因斯（Science）兩位先生，才犯了這幾條滔天的大罪，要擁護那德先生，便不得不反對孔教、禮法、貞節、舊倫理、舊政治；要擁護那賽先生，便不得不反對舊藝術、舊宗教；要擁護德先生又要擁護賽先生，便不得不反對國粹和舊文學。……西洋人因為擁護德、賽兩先生，鬧了多少事，流了多少血，德、賽兩先生才漸漸從黑暗中把他們救出，引到光明世界。我們現在認定只有這兩位先生，可以救治中國政治上道德上學術

上思想上一切的黑暗。若因為擁護這兩先生，一切政府的壓迫，社會的攻擊笑罵，就是斷頭流血，都不推辭。[36]

這裏所申明的民主與禮教的對立，科學與迷信的對立，以前所未有的深度扣及了中世紀同近代的根本區別。舊倫理、舊政治、舊藝術、舊宗教之所以必須反對，「宗教上政治上道德上自古相傳的虛榮，欺人不合理的信仰」之所以必須破壞，根本原因在於它們對人權的戕害和對科學法則的無知，違背了民主和科學的精神。那麼，新文化的倡導者所提倡的民主和科學的具體內涵是什麼呢？它與「五四」前的先驅者所追求的民主、科學有無不同？如果有，那麼差異又在哪裏呢？正確理解這些問題，是我們估定民主和科學這兩面大旗的關鍵；而正確理解民主和科學，又是我們重新認識新文化運動的一把鑰匙。

如前所述，民主和科學一直是近代先進的中國人奮力追求的目標，「五四」提出的民主和科學是在前此的基礎上發展起來並成為新文化運動的兩面大旗的。它與「五四」以前的先驅者所闡揚的民主、科學既有聯繫，又有所不同。雖然新文化倡導者所要建立的依然是「西洋式的社會國家」，與戊戌時代的「揖日追俄」和辛亥時代的「揖美追歐」在本質上並沒有什麼兩樣。但當他們用民主和科學來概括歐美工業文明的精神的時候，已經越出了仿效某個具體國家的具體建制的軌跡。他們不再熱衷於討論民主政治與君主專制的孰是孰非，而是轉而探索民主社會在歐美為何可能，而在中國又為何屢屢失敗。先是戊戌，緊接着是辛亥，這種悲劇的一再重演，根本原因究竟在哪裏呢？於是他們的認識開始由制度層面揳入到文化心理層面，確信沒有多數國民的民主覺悟，沒有一種能賦予民主制度以真實生命力的廣泛心理基礎，是不可能真正建設和組織起「西洋式的社會」、「西洋式的國家」的。陳獨秀說：

所謂立憲政體，所謂國民政治，果能實現與否，純然以多數國民能否對於政治，自覺其居於主人的主動的地位為唯一根本之條件。自居於主人的主動的地位，則應自進而建設政府，自立法度而自服從之，自定權利而自尊重之。倘立憲政治之主動地位屬於政府而不屬於人民，不獨憲法乃一紙空文，無永久屬行之保障，且憲法上之自由權利，人民將視為不足重輕之物，而不以生命擁護之；則立憲政治之精神已完全

1 馬禮遜與中國助手在漢譯《聖經》 馬禮遜是把《聖經》完整譯成漢語的第一人。

2 中國科學社第一屆董事會合影 中國科學社及其刊行的《科學》月刊，曾對中
 國科學技術的發展有過重大貢獻。

喪失矣。是以立憲政治而不出於多數國民之自覺，多數國民之自動，惟日仰望善良政府，賢人政治，其卑屈陋劣，與奴隸之希冀主恩，小民之希冀聖君賢相施行仁政，無以異也。……共和立憲而不出於多數國民之自覺與自動，皆偽共和也，偽立憲也，政治之裝飾品也，與歐美各國之共和立憲絕非一物。[37]

吾國年來政象，惟有黨派運動，而無國民運動也。……凡一黨一派人之所主張，而不出於多數國民之運動，其事每不易成就，即成就矣，而亦無與於國民根本之進步。[38]

應該說，這種自覺的理解和思考從戊戌時期的「開民智」就已經開始，戊戌政變後不久梁啟超所力倡的「新民說」更深入了一步，而「五四」新文化運動則把這種啟蒙理性推向一個新的更自覺的階段。

為了喚起「多數國民之自覺與自動」，新文化運動的倡導者高揚民主和科學的精神，在主張「以科學代宗教」，用科學來根治「無常識之思維」和「無理由之信仰」，激揚理性，破除愚昧和迷信的同時，更把民主具體落實到了人權。所謂人權，也就是個體的自主之權，思想自由、財產獨立和人格平等之權。「舉一切倫理、道德、政治、法律、社會之所嚮往，國家之所祈求，擁護個人之自由權利與幸福而已。思想言論之自由，謀個性之發展也，法律之前，個人平等也。個人之自由權利，載諸憲章，國法不得而剝奪之，所謂人權是也。」[39] 歐美文明進化的根本原因在於「法律上之平等人權，倫理上之獨立人格，學術上之破除迷信，思想自由」。然而中國幾千年來的宗法體制卻無時無刻不在束縛人性，否定人的價值，蔑視人的尊嚴。陳獨秀曾歷數以家庭為本位的舊倫理和宗法社會的罪惡，他說：「自古忠孝美談，未嘗無可泣可歌之事，然律以今日文明社會之組織，宗法制度之惡果，蓋有四焉：一曰損壞個人獨立自尊之人格；一曰窒礙個人意思之自由；一曰剝奪個人法律上平等之權利（如尊長卑幼同罪異罰之類）；一曰養成依賴性，戕賊個人之生產力。」[40] 要建設和組織起「西洋式社會國家」，就必須確立平等人權之新信仰；要確立平等人權之信仰，對扼殺個人的獨立人格的傳統禮教和束縛個性的家庭制度「不可不有徹底之覺悟」，「以個人本位主義易家庭本位主義」。突出人權，呼喚人權，要求人權，是新文化運動的一大特點，

也是為什麼新文化倡導者們幾乎毫無例外地集矢於儒家的節烈觀、貞節觀、忠孝觀的主要原因所在。

在民主和科學的旗幟下，「舉凡一事之興，一物之細，罔不訴之科學法則，以定其得失從違；其效將使人間之思想行為，一遵理性，而迷信斬焉，而無知妄作之風息焉」[41]。一切經不起科學法則和科學理性審判的東西，即令它是「祖宗之所遺留，聖賢之所垂教，政府之所提倡，社會之所崇尚，皆一文不值也」[42]。一切違背科學精神和平等人權的觀念意識、綱常名教、金科玉律、偶像崇拜、風俗習慣，「無論是古是今，是人是鬼，是《三墳》、《五典》、百宋千元，天球河圖，金人玉佛，祖傳丸散，祕製膏丹，全都踏倒他」[43]。18 世紀法國啟蒙思想家曾以理性作為唯一的價值尺度，一切都必須在理性的法庭上陳述繼續存在的理由或放棄存在的權利；「五四」新文化運動的倡導者強調「解在信先」，反對盲從和武斷，一遵理性。二者之間，雖然時代、國度不同，但啟蒙者的心路卻是相通的。如果說 18 世紀歐洲（主要是法國）的啟蒙運動使人從神權的桎梏下解放出來，那麼「五四」新文化運動則使中國人從以孔子儒家為軸心的傳統文化的束縛下掙脫出來，追求個體從大家庭中衝決出來取得自由平等獨立的權利和地位。雖然新文化運動的倡導者並沒有最終完成這一使命，但他們所高揚的科學和民主精神，卻深刻地影響和激勵了「五四」一代及後此數代的中國人。

八十年來，中國人從「師夷之長技以制夷」開始，進而「中體西用」，進而自由平等博愛，進而民主和科學。在這個過程中，中國人認識世界同時又認識自身，其中每一步都伴隨着古今中西新舊之爭。高揚民主和科學之旗，包含着八十年中西文化論爭所積累起來的認識成果，又體現了認識的一種飛躍。它由古今中西新舊之爭而來，又是對古今中西新舊之爭的歷史概括。中國人由此而找到了一個最重要、最本質的是非標準，而後才可能有完全意義上的近代中國和近代中國人。在這個時候，陳獨秀和李大釗還不是馬克思主義者，但他們的主張代表了歷史唯物主義的必然要求。所以，他們大倡民主和科學又是合乎馬克思主義的。馬克思主義不止乎科學和民主，但馬克思主義當然又包括了科學與民主。

四、各色各樣的「主義」

「五四」時期，各色各樣的「主義」蜂擁而入中國。在短短的幾年之內，從新實在論到尼采主義、國家主義，從柏格森、倭鏗、杜里舒以及康德的先驗主義到馬赫、孔德以及英美經驗主義、實驗主義，從資產階級啟蒙時代的民主主義、自由主義、個人主義、人文主義到旨在救治資本主義社會弊端的社會主義學說……都曾化為眾多中國人的言談和文章。它們展示了當時世界的各種主要思潮，為中華民族提供了一個比較與選擇的機會。

對於各色各樣的「主義」，我們過去多見其同馬克思主義對立的一面。其實，在這些「主義」傳入中國之初，它們首先是作為新文化的一部分同舊文化對立的。因此，很多學說在不同方面都有過積極的歷史作用。即如實驗主義，除了它備受筆伐的政治影響之外，從胡適的《中國哲學史大綱》（卷上）到顧頡剛的《古史辨》，到俞平伯《〈紅樓夢〉考證》，到陶行知、陳鶴琴的教育思想都有着實驗主義深淺不同的痕跡。它們代表了中國學術、教育史上不同於中世紀的另一個時代。至於搞「新村」運動一類嘗試的人，他們多半還是想在黑暗中以爝火螢光探照自己和民族的去路，終究比那種安於現狀、無所用心要好。而曾經長期受到痛詈的尼采之超人學說，則不僅影響過王國維，而且影響過魯迅、郭沫若和青年毛澤東。因為超人以個性解放否定了舊禮教的束縛，所以先進的人們歡迎超人。

「五四」時期的激進青年傅斯年由衷地說過：「須提着燈籠，滿街找超人；拿着棍子，滿街打魔鬼。」他的話表達了那個時代年輕一代的普遍心理。因此，對於它們為是為非，不能一概而論，主要應從它們的政治趨勢和實際作用來檢驗。

各種各樣的「主義」寄託着各色各樣的信仰。成千上萬的中國人在尋找信仰的同時形成了百家爭鳴。這是思想自由原則在思想界和知識界的貫徹。比之春秋戰國時期，這個時候的爭鳴更複雜，更壯觀。諸多的「主義」在論爭中起落，展示了百舸爭流的絢麗境界。

註　釋

1　近百年第一次民族反思是由中日甲午戰爭引發出來的，這一次反思導向隨後的戊戌維新和辛亥革命。

2　汪叔潛：《新舊問題》，載《青年雜誌》，第 1 卷第 1 期，191509。

3　對傳統文化的批判並非始於「五四」，早在戊戌時期，何啟、胡禮垣即對「三綱之説」進行了全面的批駁：「君臣不言義而言綱，則君可以無罪而殺其臣，而直言敢諫之風絕矣；父子不言親而言綱，則父可以無罪而殺其子，而克諧允若之風絕矣；夫婦不言愛而言綱，則夫可以無罪而殺其婦，而伉儷相莊之風絕矣。由是官可以無罪而殺民，兄可以無罪而殺弟，長可以無罪而殺幼，勇威怯，眾暴寡，貴凌賤，富欺貧，莫不從三綱之説而推。是化中國為蠻貊者，三綱之説也。」（《〈勸學篇〉書後》）譚嗣同則更尖銳地指出：「二千年來之政，秦政也，皆大盜也；二千年來之學，荀學也，皆鄉願也。惟大盜利用鄉願；惟鄉願工媚大盜。二者交相資，而罔不託之於孔。」（《仁學》）但這些批判仍然是局部的而非總體性的，且多着眼於政治，把孔孟之道與作為封建專制主義理論內核的「三綱」截然劃開，把罪惡歸諸後者。這與「五四」是有區別的。

4　陳獨秀：《吾人最後之覺悟》，見《獨秀文存》，卷 1。

5　陳獨秀：《憲法與孔教》，載《新青年》，第 2 卷第 3 號。

6　絕聖：《排孔徵言》，載《新世紀》，第 52 號，1908。

7　蔡元培：《對於教育方針之意見》，見《蔡元培選集》，14~15 頁，北京，中華書局，1959。

8　易白沙：《孔子平議》，載《青年雜誌》，第 1 卷第 6 號。

9　陳獨秀：《舊思想與國體問題》，見《獨秀文存》，卷 1。

10　吳虞：《儒家主張階級制度之害》，載《新青年》，第 3 卷第 6 號。

11　陳獨秀：《一九一六年》，見《獨秀文存》，卷 1。

12　李大釗：《由經濟上解釋中國近代思想變動的原因》，見《李大釗文集》，下冊，178 頁。

13　陳獨秀：《答常乃悳》，見《獨秀文存》，卷 4。

14　胡適：《〈吳虞文錄〉序》。

15　陳獨秀：《孔子之道與現代生活》，見《獨秀文存》，卷 1。

16　陳獨秀：《孔教研究》，見《獨秀文存》，卷 1。

17　李大釗：《自然的倫理觀與孔子》，見《李大釗文集》，上冊，263~264 頁。

18　陳獨秀：《孔子之道與現代生活》，見《獨秀文存》，卷 1。

19　胡適：《新思潮的意義》，載《新青年》，第 7 卷第 1 號。

20　參見陳獨秀：《敬告青年》，載《青年雜誌》，第 1 卷第 1 號。

21　陳獨秀：《文學革命論》，載《新青年》，第 2 卷第 6 號。

22　周作人：《知堂回想錄》，331 頁。

23　費正清：《劍橋中國晚清史》，上卷，2 頁。

24　黃遠生：《新舊思想之衝突》，見《遠生遺著》，卷 1，154~155 頁。

25　傖父：《再論新舊思想之衝突》，載《東方雜誌》，第 13 卷第 4 號，4 頁。

26　錢鍾書：《管錐編》（三），第 3 冊，970 頁，北京，中華書局，1979。

27　章行嚴：《新時代之青年》，載《東方雜誌》，第 16 卷第 11 號。

28　李大釗：《東西文明根本之異點》，載《言治季刊》，第 3 期，191807。

29　李大釗：《東西文明根本之異點》，載《言治季刊》，第 3 期，191807。

30　陳獨秀：《東西民族根本思想之差異》，載《青年雜誌》，第 1 卷第 1 號。

31　李大釗：《新的！舊的！》，載《新青年》，第 4 卷第 5 號。

32　嚴復：《與〈外交報〉主人書》，見王栻主編：《嚴復集》，第 3 冊，560、559 頁。

33　嚴復：《論世變之亟》，見王栻主編：《嚴復集》，第 1 冊，2 頁。

34　杜亞泉：《亞泉雜誌序》，載《亞泉雜誌》，第 1 期。

35　陳獨秀：《敬告青年》，載《青年雜誌》，第 1 卷第 1 號。

36　陳獨秀：《〈新青年〉罪案之答辯書》，載《新青年》，第 6 卷第 1 號。

37　陳獨秀：《吾人最後之覺悟》，載《青年雜誌》，第 1 卷第 6 號。

38　陳獨秀：《一九一六年》，載《青年雜誌》，第 1 卷第 5 號。

39　陳獨秀：《東西民族根本思想之差異》，載《青年雜誌》，第 1 卷第 4 號。

40　陳獨秀：《東西民族根本思想之差異》，載《青年雜誌》，第 1 卷第 4 號。

41　陳獨秀：《敬告青年》，載《青年雜誌》，第 1 卷第 1 號。

42　陳獨秀：《敬告青年》，載《青年雜誌》，第 1 卷第 1 號。

43　魯迅：《忽然想到》，見《魯迅全集》，第三卷，36 頁。

第二十章

歷史的選擇

從辛亥革命到五四運動是一個歷史轉型期。一方面，二次革命、護國運動、護法戰爭以幾度餘波顯示了舊民主主義革命的落幕；另一方面，發端於舊民主主義革命的新文化運動又直接啟導和銜接了新民主主義革命。由此產生的不同歷史現象的交叉，開始了近代中國新陳代謝的最後三十年進程。在這個過程裏，各種各樣的歷史人物曾以自己的認識活動和實踐活動表達了自己的選擇。「這樣就有無數相互交錯的力量，有無數個力的平行四邊形由此就產生出一個合力，即歷史結果，而這個結果又可以看作一個作為整體的、不自覺地和不自主地起着作用的力量的產物。」[1]這種「整體的、不自覺地和不自主地起着作用的力量」就是歷史的選擇，它體現了近代社會新陳代謝的必然性。

一、社會主義思潮的湧來和中國人的選擇

「五四」以後，社會主義思潮成為新文化運動的主流。曾經身歷其間的瞿秋白事後敘寫自己的感受說：

> 社會主義的討論，常常引起我們無限的興味。然而究竟如俄國十九世紀四十年代的青年思想似的，模糊影響，隔着紗窗看曉霧，社會主義流派，社會主義意義都是紛亂、不十分清晰的。正如久壅的水閘，一旦開放，旁流雜出，雖是噴沫鳴濺，究不曾自定出流的方向。其時一般的社會思想大半都是如此。[2]

即使是「隔着紗窗看曉霧」，也不難窺見當日社會主義潮流掀動人心的力量。在那個時候的中國，社會主義名號之下統括着馬克思主義、無政府主義、工讀主義、新村主義、基爾特主義、合作主義、泛勞動主義，主義與主義之間相去往往很遠。但對於為中國社會尋求出路的人們來說，它們曾經是同樣富有吸引力的救世真義。每一種主義的周圍，都匯聚過有志於救治世病的知識分子。可以說，被民主和科學所喚起的成批激進民主主義者幾乎在一夜之間紛紛成了社會主義者。

西方傳來的社會主義思潮迅速地影響了「五四」前後湧出的一代出類拔萃之輩。這一事實有着深刻的社會原因。

其一，古有的大同理想成為一種現成的思想基礎，溝通了中國人同社會主義學說之間的聯繫。大同之說久存於典籍之中：

> 大道之行也，天下為公，選賢與能，講信修睦。故人不獨親其親，不獨子其子，使老有所終，壯有所用，幼有所長，矜寡孤獨廢疾者皆有所養，男有分，女有歸。貨惡其棄於地也，不必藏於己；力惡其不出於身也，不必為己。是故謀閉而不興，盜竊亂賊而不作，故外戶而不閉，是謂大同。[3]

在 19 世紀，這種東西明顯地影響過小農構築起來的太平天國，因此，古已有之的大同思想並不等於近代社會主義，但它畫出了一種沒有爭鬥、互愛互助的境界。由這種境界產生的理想主義是中國文化的一部分。「五四」前後的激進民主主義者們猛

烈反對舊文化，但他們本身又多半是從舊文化中掙脫出來的人物，因此，大同理想本
是熟知之物。1919 年 2 月，李大釗在寫了《庶民的勝利》和《Bolshevism 的勝利》兩
個月之後，曾大聲呼籲青年到農村去，「把自己的生活弄簡單些，勞心也好，勞力也
好，種菜也好，耕田也好，當小學教師也好，一日把八小時作些與人有益、與己有益
的工活，那其餘的功夫，都去作開發農村、改善農民生活的事業」，「日出而作，日
入而息，耕田而食，鑿井而飲。那些終年在田野工作的父老婦孺，都是你們的同心伴
侶，那炊煙鋤影、雞犬相聞的境界，才是你們安身立命的地方呵！」[4] 他以改造農村
立論，但卻非常明顯地透露出古代大同境界留下的歷史回聲。正是這種境界，使那個
時候的中國人面對着社會主義思潮因似曾相識而心嚮往之。邵力子在批評張東蓀的一
篇文章裏就說過：「『貨惡其棄於地也，不必藏於己；力惡其不出於身也，不必為己。』
這幾句話確可以代表社會主義底神髓。」[5] 當然，同近代社會主義各流派相比，原始
大同理想又是空泛的。但正是這種空泛又提供了多方面理解社會主義的可能性。因
此，各派社會主義都可以與大同理想相衝接而在中國人當中找到自己的知音。劉仁靜
後來回憶：「那時，大家正在尋找國家的出路，追求真理，對社會主義還沒有明確的
認識。研究會的幾十個會員中，除部分相信馬克思主義以外，有的相信基爾特社會主
義，有的相信無政府主義。其實，在當時他們對基爾特社會主義和無政府主義也沒有
什麼研究，只是從雜誌上看了一些有關宣傳品，認為有道理，合乎自己的胃口，以後
看見別的主張更好，有的也就放棄了自己原先的主張。」[6]「合乎自己的胃口」說明了
選擇的主觀性，其中無疑包含着由古老的大同思想所引出的仁者見仁和智者見智。

其二，甲午戰爭後到第一次世界大戰之間中國資本主義緩慢而持續的發展，為
西方社會主義思潮的傳入準備了現實的基礎。資本主義的發展，促成了資產階級革
命。但資本主義制度的內在矛盾又造成「機器所到的地方，手工業之破壞好象秋風掃
落葉一般」，「中產社會漸漸都淪為無產者」，「社會上困苦的失業者已普遍都會與鄉
間了」。人們因之而認識到：「資本主義生產制一面固然增加富力，一面卻也增加貧
乏。」[7] 在西方，這種認識曾促生了近代社會主義；在中國，這種認識則引來了近代
社會主義。20 世紀初年努力於資產階級革命的先進人物，就已經表現出追求資本主
義，同時又嚮往比資本主義更合理的社會制度這樣一種矛盾。

孫中山說：「能開發其生產力則富，不能開發其生產力則貧。從前為清政府所

制，欲開發而不能，今日共和告成，措施自由，產業勃興，蓋可預卜。然不可不防一種流弊，即資本家將從此而出是也。」「夫吾人之所以持民生主義者，非反對資本，反對資本家耳，反對少數人佔經濟之勢力，壟斷社會之富源耳。」[8] 這種矛盾因中國人目睹了第一次世界大戰的資本主義危機而加深。因辛亥革命之後中國社會的黑暗苦痛而加切。於是，在新文化運動的後期，社會主義便成為憂國之士高談闊論的一個題目。

時光遷移，潮來潮去。「五四」前後搬入中國的種種社會主義學理雖曾一度匯成湧流之潮，極其明顯地影響過那個時候的社會思想和學術思想，但在短短幾年之後就波平浪靜，了無痕跡了。只有馬克思主義在風雨之中紮根於中國社會，掀開了新陳代謝的另一頁。毛澤東說：「十月革命一聲炮響，給我們送來了馬克思列寧主義。」[9] 他以文學語言描繪了中國人接受馬克思主義同十月革命的關係。這種關係既反映了歷史的造就，又是一個時代的人們比較和選擇的結果。

在這個過程裏，一方面是空想社會主義試驗的失敗，以及失敗後的反省。1919年底成立於北京的「工讀互助團」，在那個時候的知識界產生過廣泛的影響。團聚於其中的人們，有志於「平和的經濟革命」，以實現「各盡所能，各取所需」的社會理想。他們的工讀實踐曾經激起過許多熱血青年的希望和憧憬，但從第二年秋天開始，這種和平改造社會的試驗就在內外交困中一步一步潰散了：「團體發展一步，經濟緊急一步；團體存在一天，經濟困難一天。由經濟緊急而經濟困難，由經濟困難而經濟窮絕，以至於團體不得不解散。」[10] 這個結局會帶來幻滅的痛苦，然而認識的深化往往也開始於此。從工讀互助團裏走出來的施存統在飽嘗苦辛之後說：「（一）要改造社會，須從根本上謀全體的改造，枝枝節節地一部分的改造是不中用的。（二）社會沒有根本改造以前，不能試驗新生活，不論工讀互助團和（或——編按）新村。」「既然免不掉現實社會的支配，當然要發生許多試驗新生活的障礙。如果要免除這些試驗新生活的障礙，惟有把這些障礙根本打翻。而打翻這些障礙，惟有合全人類同起革命之一法。」[11] 另一方面，是十月革命的成功證明了馬克思主義的力量。吳玉章說，那個時候讀到約翰·里德寫的《震動環球的十日》，「通過這本書，我了解到我們北方鄰國已經建立了一個社會主義國家，建立了一個勞農政府，偉大的俄國人民已經擺脫了剝削制度，獲得了真正的自由解放。從前我在法國接觸了社會主義各種思想流派，

深深為社會主義理想所吸引。今天這個理想居然在一個大國內開始實現了，心中感到無限興奮和鼓舞。」[12] 他接觸過各種社會主義，而在俄國勝利的是科學社會主義，這個事實本身就是一種引導抉擇的評判。當時《廣東新中華報》的一篇文章說得更直白：「馬氏之言驗矣！今日歐美諸國已悟布爾塞維克之不能以武力掃除矣！」[13] 已被證實的東西不僅是一種理論，而且是一種事實。擁有事實的理論一定是能夠征服人心的理論。因此，十月革命之後的蘇俄非常自然地成為中國人接受科學社會主義的歷史中介。成批從無政府主義、互助主義、新村主義、基爾特主義出發追求社會主義的人們，正是通過這一中介而最終成為著名的馬克思主義者。他們的足跡，顯示了一代人在探索中走過的道路。

從戊戌變法仿效日俄、辛亥革命仿效法美到「五四」之後仿效蘇俄，表現了每個時期先進中國人的選擇。但三者又構成近代中國社會變遷的環節，因此，這又是一種歷史的選擇。

二、歷史的矛盾和馬克思主義的中國化

辛亥革命所設計和構築的資產階級民主共和國，反映了七十年社會經濟變化中蘊積起來的富國強兵、大倡實業、發展資本主義的要求。這種要求代表了歷史嬗遞過程中的一個應有階段。因此，在辛亥革命失敗後，它又合理地成為新文化運動的出發點。1916 年 12 月，陳獨秀有感於時事，憤慨地說：

嗚呼！歐洲自力抗自由新思潮之梅特涅失敗以來，文明進化，一日千里。吾人狂奔追之，猶恐不及。乃袁世凱以特別國情之說，阻之五年，不使前進，國人不惜流血以除此障礙矣；不圖袁世凱二世，又以國粹禮教之說，阻吾前進，且強拽之逆向後行。國人將何以處之？法律上之平等人權，倫理上之獨立人格，學術上之破除迷信，思想自由，此三者為歐美文明進化之根本原因，而皆為尊重國粹國情之袁世凱一世、二世所不許。長此暗黑，其何以求適二十世紀之生存？吾護國軍人，吾青年志士，勿苟安，勿隨俗，其急以血刃鏟除此方死未死、餘毒未盡之袁世凱一世，方生未死、逆

焰方張之袁世凱二世，導吾可憐之同胞出黑暗而入光明！[14]

然而，曾不二年，這一要求還沒有實現，新文化運動的發展已經引來了社會主義的思想體系。中國人由此而面臨着一個很大的矛盾：在資本主義所代表的歷史階段實現之前，資產階級革命並沒有喪失其歷史的進步意義；但社會主義思想體系來到中國，一開始就否定了資本主義。中國共產黨第一次代表大會宣佈：「我黨綱領如下：1. 以無產階級革命軍隊推翻資產階級，由勞動階級重建國家，直至消滅階級差別；2. 採用無產階級專政，以達到階級鬥爭的目的——消滅階級；3. 廢除資本私有制，沒收一切生產資料，如機器、土地、廠房、半成品等，歸社會所有。」[15] 這是一個直接實行社會主義革命的綱領。它取法於十月革命，卻超越了中國革命。

歷史階段是不可超越的，但超越歷史階段的願望又產生於歷史發展過程所形成的內因和外因之中。這是中國社會特有的一種矛盾。它在新文化運動後期的社會主義論戰中已經初見端倪。1920 年 10 月，陳獨秀說：

有人以為由封建而社會主義，中間還必須經過共和時代，所以眼前還是政治問題要緊；又有人以為中國封建式的武人為患，是政治造成的，不是經濟造成的，所以眼前只是政治革命要緊，還不須經濟革命。我看這兩種話都似是而非。由共和而社會主義雖是一定的軌道，然這軌道卻不能夠說必須要經過若干歲月才可以改變方向。西歐共和政治經過長久的歲月底原因：一是西歐的代議制度來源甚古，共和政治比較的容易支持；一是他們社會主義的思想剛與共和同時發生，當時都還迷信共和可以造成多數幸福。現在的東方各國卻和他們情形不同，所以俄羅斯共和推倒了封建半年便被社會主義代替了。[16]

與他四年前呼喊鏟除袁世凱一世、二世，傾慕「歐美文明進化」的言論相比，這些話已純然表現了一種社會主義的急迫。當馬克思主義還沒有與中國革命實踐結合為一體的時候，急迫性曾是具有感染力的情緒。因此，它繼而表現為大革命失敗後關於中國社會性質討論中的一個派別；表現為共產黨內部的盲動主義、冒險主義和教條主義。然而，以超前願望規劃的改造中國的行動，沒有一次不在中國的社會性質和國情面前碰壁。這種碰壁不止一次地使艱難積聚的革命力量在失敗中折損。

　　歷史選擇了社會主義，歷史又以客觀現實限制了主觀願望。這個矛盾，要求馬克思主義中國化。於是，在這種選擇和限制的統一中形成了新民主主義革命的思想和理論。這一思想和理論以反帝反封建的革命目標接續了舊民主主義革命未竟的事業，又以無產階級的領導取代資產階級的領導表現了新舊革命的嬗遞。同時，它賦予資產階級性質的民主革命以社會主義的未來前途，並產生了與之相適應的一整套方針、政策和策略。中國社會特有的矛盾因此而獲得了一種理論上的解決。賦予資產階級性質的革命以社會主義前途，承認了不可超越的歷史階段，同時又壓抑了資本主義的未來發展。由此，新民主主義革命一面成為舊民主主義革命的繼續，一面又成為社會主義革命的前導。沿着這條道路，中國人在千辛萬苦之後取得了民主革命的最後勝利。但民主革命在政治上的勝利並沒有帶來一個產業革命和自由貿易的時代。由民主革命直接進入社會主義革命，曾是中國革命的特點和優點。然而這種優點又伴隨着相應的弱點：當社會主義制度在中國建立之後，它所面對的是沒有經受過資本主義大規模衝擊的小農經濟的汪洋大海。這片汪洋大海裏深藏着和複製着幾千年傳統留下的影響。優點和弱點，兩者都反映了三十年新陳代謝的歷史結果。

三、曲折的歷史軌跡

　　國共合作的北伐戰爭開始於「打倒列強除軍閥」的悲壯歌聲之中。它在另一種歷史條件下繼續了辛亥革命沒有做完的事業。但辛亥革命是中等階級的革命，北伐戰爭是國民革命。在大革命時期，「國民」一詞義近「公民」，包羅了同封建勢力對立的全體老百姓，其內涵和外延都超過了中等階級。因此，從中等階級革命到國民革命，又體現了歷史在繼續中的發展。

　　北伐戰爭推翻了北洋軍閥，在這個過程裏，共產黨人和國民黨人都付出過自己的鮮血。然而共產黨人和國民黨人又各有自己的選擇。兩者的不可調和終於導致了兩者的分裂和對抗，於是而有「四一二」到「七一五」的屠殺。結果，因北伐的軍事勝利而首先得利的並不是革命本身，卻是叛賣了革命的蔣介石。這種包含着成功的失敗，同辛亥革命的結局非常相似。人們常常把這一點歸咎於陳獨秀的右傾機會主義和

北伐戰爭誓師大會 台上左一為蔣介石。北伐結束後，南京國民政府正式統治全中國，中國實現了形式上的統一，蔣介石也因此由藉藉無名的「丘八」，一躍而成為當時中國的領袖。

蔣介石的假革命。其實，個別人物的活動提供的是一種表象。在表象的背後，中國社會各種不同力量之間的衝突在更深刻的層次上制約着歷史。1927 年春季，與武漢政府東西對峙的蔣介石和上海商業聯合會中富有財力的江浙資產階級結成了一種政治經濟聯盟。3 月底，商聯會的代表團會見了蔣介石，表示只要他和共產黨決裂，就給予經濟支援。據《字林西報》報道：「代表團強調了上海『立即恢復和平與秩序』的重要性，並取得了蔣許下的『迅即調整勞資關係』的保證。」4 月初，「商人和銀行家墊付了第一筆為數三百萬元的短期借款」[17]。差不多同一個時間，「國民黨中央監察委員會吳敬恆、蔡元培、張人傑、張繼、古應芬、李宗仁等見黨國危機四伏」，集會「檢舉共黨藉容共政策，在國民黨內發展組織，實行篡竊國民黨顛覆國民政府之陰謀」[18]。這些人所熟知的史實透露了那個時代的歷史信息：發動「四一二」政變的時候，蔣介石無疑代表了帝國主義和封建主義的利益；但是，當江浙財團擁護蔣介石的時候，他同時又得到了資產階級的支持；當蔡元培這樣德高望重的人物贊成「清黨」的時候，

他又得到了民主派的支持。在三民主義旗幟下進入革命的人們把蔣介石當成了三民主義的代表。於是，隨着南京政府的成立，一個微不足道的人物竟成了當時中國的強有力者。

大革命失敗之後，共產黨人失去了城市。在退出城市的過程中共產黨人又得到了農村。這種得與失，在一開始的時候並不是自覺選擇的結果。南昌起義和廣州起義，顯然志在城市；即使是湘贛邊界的秋收起義，也是在「第三次攻打長沙」的口號中舉起暴動旗幟的。執著於城市，在那個時候是非常自然的。因為中國共產黨人的面前只有一個榜樣，這就是已經成功的俄國革命，而俄國革命正是從城市開始，並在城市首先勝利的。然而仿效俄國人成功的經驗並沒有在中國取得成功。於是，南昌起義和秋收起義保存下來的武裝革命者，在經歷了 1927 年的失敗之後，於第二年春天匯聚於羅霄山脈的中段，開始了革命在農村的發展。

同城市相比，農村是落後的。但農村包圍城市的道路卻歷史地成為中國民主革命走向勝利之路。這條道路最初雖然表現為失敗後的退卻，但也包含着國情對於革命的制約，因此，它最終又成為一種自覺的選擇。毛澤東是第一個代表這種自覺選擇的人。他在這個時期的一系列著作中最早闡發了國情與革命，說明了馬克思主義的一般和個別、普遍與具體。半殖民地半封建的中國，微弱的資本主義經濟和嚴重的地方農業經濟並存。這種經濟不平衡造成軍閥割據的政治不平衡。由於經濟不平衡，自給自足的農村經濟可以提供武裝割據的物質基礎；由於政治不平衡，處於統治階級矛盾間隙的農村可以成為革命首先勝利的地方。中國獨特的政治和經濟基礎，提供了武裝的中國革命從農村包圍城市的可能性和必然性。因此，從城市向農村的退卻又是一種歷史的進軍。在這種進軍的過程裏，以土地革命為內容結成了工農的武裝聯盟。由此，民主革命獲得了農民階級前所未有的自覺支持。正是這種支持，使革命在十年內戰中屢仆屢起，瀕絕而又復生。由於共產黨的領導，新式的農民戰爭不同於舊式的農民起義；由於農民參加了革命，土地革命戰爭又比辛亥革命具有更強韌的生命力和深厚的社會基礎。萬里長征的艱難曲折和最後勝利，既顯示了從事這一事業的人們聖潔的理想主義，又顯示了中國農民在苦難中從容轉輾的天性和精神。在陳獨秀和王明跌倒的地方，毛澤東站了起來。

從「九一八事變」到「七七事變」，逐步上升的民族危機迫使中華民族在危機面

前作出選擇。共產黨人肩負着民族革命和民主革命的雙重任務。當日本帝國主義的侵略使中國面臨着亡國滅種之境的時候，民族革命便成為一種主要矛盾。於是而有停止內戰一致抗日的主張和行動。1937 年 7 月 8 日，中國工農紅軍將領毛澤東、朱德、彭德懷、賀龍、林彪、劉伯承、徐向前為日寇進攻華北致電蔣介石，要求實行「全國總動員，保衛平津，保衛華北，收復失地」。次日，復致電國民政府，願將紅軍「改名為國民革命軍」，作「抗日先鋒，與日寇決一死戰」。蔣介石是大地主大資產階級的代表，但日本帝國主義進入華北和東南的結果直接危及了四大家族的財產和統治；英美帝國主義與日本帝國主義的矛盾又間接影響了他的向背；而中國人民抗日的怒吼又造成了難以抗拒的強大壓力。於是而有 1937 年 8 月 14 日的國民政府的《自衛抗戰聲明書》：「中國為日本無止境之侵略所逼迫，茲已不得不實行自衛，抵抗暴力。」[19] 比之「攘外必先安內」的舊調，這當然是民族矛盾逼迫下的一種大幅度轉變。由此，經歷了十年國內戰爭的廝殺之後，國共兩黨組成了抗日民族統一戰線。為了外禦其侮而停止兄弟鬩於牆，曾是一種由歷史和文化哺育出來的深沉的民族心理。1937 年以後長期居留於中國的西方歷史學家傅吾康，曾在他後來的一部著作中這樣描述過自己親身經歷的這一段中國歷史：

抗日戰爭開始時，一種抵抗敵人到底的民族感和決心的浪潮彌漫了全中國。統一戰線的口號首先克服了一切中國國內的糾紛。國民黨政府監獄中所有的因共產主義或左派活動而被拘禁的人都釋放了，其他逃亡到國外的人也回國為民族事業而聽從分配。抗日戰爭被認為是 1927 年中斷的革命戰爭的復活。甚至蔣介石也照孫逸仙的意思談論戰爭對民族革命的重要性。因此，中國人對進犯的敵人所作的抵抗超出日本人最初的一切預料。[20]

雖說他所敍述的部分內容不免帶有局外旁觀者的粗疏，但他畢竟真實地寫出了那個時候中國人的民族情緒。民族矛盾的上升激使民族心理高漲。因此，不同的政派作出了共同的選擇。這種共同的選擇引來了八年全民族抗戰的時代。然而八年的歲月又是坎坷的。因民族矛盾而第二次合作的共產黨人和國民黨人，並沒有因民族矛盾而化解彼此之間深刻的政治分歧。雙方都在民族戰爭的旗幟下固守着自己的階級立場。因此，

1 **延安各界舉行慶祝抗戰勝利大會** 國共因民族矛盾而達成第二次合作,是以有八年抗日戰爭,但民族矛盾並未化解彼此的政治分歧。

2 **重慶談判時期的毛澤東與蔣介石** 抗日戰爭勝利後,國共就中國未來的發展前途、建設大計在重慶進行會談,達成了堅決避免內戰的《雙十協定》。未幾,內戰依然爆發。

在抗擊日寇的同時，又常常發生國民黨與共產黨之間的磨擦和反磨擦。民族矛盾限制了階級矛盾，但階級矛盾又頑固地起伏於抗戰中的中國。

八年抗戰勝利結束之後，國共內戰再度爆發。共產黨要把抗日戰爭的勝利變為人民的勝利，變為民主革命的勝利。國民黨要把抗日戰爭的勝利變為大地主大資產階級的勝利。前一種主張見之於中國共產黨第七次全國代表大會，後一種主張見之於中國國民黨第六次全國代表大會。這兩個同一年召開的代表大會預示了兩個中國之命運的決戰。在這場決戰中美國選擇了國民黨，但中國人民選擇了共產黨。而人民的選擇總是體現了歷史的選擇。美國國務院的白皮書後來說：中華民國政府的失敗，「不是因為援助不夠。我們派往現場的觀察員報告說，在至關重要的 1948 年，國民黨軍隊並未由於缺乏武器彈藥吃過一次敗仗。國民黨的抵抗力量之所以遭到極大削弱，實際上乃是戰爭初期我們派駐重慶的觀察員所見到的那種腐敗現象」。作為一種對比，白皮書又承認：「中國的人心掌握在共產黨人手中。」[21] 白皮書的作者並不喜歡這種對比，但他又不得不記錄這種對比。

蔣介石曾自命為孫中山事業的繼承人，然而真正繼承並完成了孫中山事業的恰恰是中國共產黨人。1947 年，解放軍由戰略防禦進入戰略進攻之後，毛澤東飽含激情地說：「這是一個歷史的轉折點，是蔣介石的二十年反革命統治由發展到消滅的轉折點，是一百多年來帝國主義在中國的統治由發展到消滅的轉折點。這是一個偉大的事變。」他的話富有歷史感地把新民主主義的勝利看成整個民主革命的勝利。辛亥革命是舊民主主義革命，但它的事業在北伐戰爭中得到了延伸，在解放戰爭中得到了最後的勝利。這是一個山重水復之後峰迴路轉的過程。在這個過程裏有許多同人謀相聯繫的偶然性，而偶然性的背後則是新陳代謝不可抗拒的必然性。經歷了一百一十年的屈辱和多難之後，中華民族終於在世界民族之林中站起來了。

註　釋

1　恩格斯：《致約·布洛赫》，見《馬克思恩格斯選集》，2 版，第 4 卷，697 頁。

2　瞿秋白：《餓鄉紀程》，轉引自《五四運動文選》，429 頁，北京，三聯書店，1959。

3　《禮記·禮運篇》。

4　李大釗：《青年與農村》，見《李大釗文集》，上冊，651~652 頁。

5　轉引自陳獨秀：《關於社會主義的討論》，載《新青年》，第 8 卷第 4 號。

6　劉仁靜：《回憶五四運動·北京馬克思主義研究會和黨的一大》，見《一大前後》（二），114 頁，北京，人民出版社，1980。

7　《關於社會主義的討論（十三）·獨秀覆東蓀先生底信》，見《五四運動文選》，457 頁。

8　《民生主義與社會革命》、《提倡民生主義之真義》，見《孫中山選集》，上卷，88、93 頁。

9　毛澤東：《論人民民主專政》，見《毛澤東選集》，2 版，第 4 卷，1471 頁。

10　《嗚呼工讀互助團解散宣言》，載《時事新報》，19210203。

11　《星期評論·勞動紀念號》，第 7 張，19200501。

12　吳玉章：《回憶五四前後我的思想轉變》，見《五四運動回憶錄》（上），59 頁，北京，中國社會科學出版社，1979。

13　楊匏安：《馬克斯主義》，載《廣東新中華報》，19191204。

14　陳獨秀：《袁世凱復活》，見《陳獨秀文章選編》，上冊，159~160 頁，北京，三聯書店，1984。

15　《中國共產黨的第一個綱領》，見《一大前後》（一），9 頁。

16　陳獨秀：《國慶紀念底價值》，見《陳獨秀文章選編》，中冊，33 頁。

17　[美] 帕克斯·M·小科布爾：《江浙財閥與國民政府》，14 頁，天津，南開大學出版社，1987。

18　蘇志榮等編：《白崇禧回憶錄》，43、44 頁，北京，解放軍出版社，1987。

19　《申報》，19370815。

20　傅吾康：《一百年來的中國革命，1851—1949》，254 頁，轉引自《外國資產階級對於中國現代史的看法》，172 頁，北京，商務印書館，1962。

21　[美] 約翰·司徒雷登：《在華五十年——司徒雷登回憶錄》，259、260 頁，北京，北京出版社，1982。

後記

這是一部精心構思、反覆推敲、凝結着陳旭麓先生大量心血的學術著作。

陳旭麓先生很早便着手構建本書體系。自 1978 年開始，他以「近代中國社會的新陳代謝」為題，為研究生和青年教師授課。在整整十年的時間裏，他朝思夕慮，琢之磨之，盡力使自己的學術體系臻於完善。根據授課記錄，他曾整理過一部二十餘萬字的講稿。先生對此講稿字斟句酌，細加厘訂，確定為《近代中國社會的新陳代謝》寫作大綱。

在授課同時，陳先生陸續將思慮所得，形成論文，予以發表，既是為了及時捕捉住思想火花，也是為了投石問路，讓社會檢驗自己的成果。這些論文主要有《中國近代史上的革命與改良》、《中國近代史上的愛國與賣國》、《論革命派與立憲派的同一性》、《論「中體西用」》、《農民起義與人口問題》、《祕密會黨與中國社會》、《軍閥與近代中國社會》和《關於近代史線索的思考》。這些論文闡發了許多深邃的見解，體現了獨特的思辨風格，是先生在撰寫本書過程中的副產品。

陳先生關於近代社會的獨到見解在學術界引起強烈反響，「陳旭麓」的名字與「新陳代謝」密切相連。各地學界朋友、眾多學生都亟盼先生儘快將此專著推出，先生也幾次想集中時間，了此心願，但是幾次都旋作旋輟：或因人情難卻，代人閱稿；或因雜事纏身，無法專致。1988 年，他下定決心，打算在參加「紀念戊戌變法七十周年學術討論會」以後，找一地方，杜門謝客，將書稿殺青。不料天不佑人，先生竟於這年 12 月 1 日遽歸道山。書未成，人先去，對於先生是終天之恨，對於本書則留下了無可彌補的缺憾。

陳旭麓先生去世以後，作為學生，我們承擔了整理先生遺著的任務。對於這部《近代中國社會的新陳代謝》，我們的整理原則是，以忠實於先生原意為第一要義，以先生手定的寫作大綱為基礎，參照先生前兩次授課記錄和有關論文，充實、核對史料，條理文字；同時，根據出版要求做一些技術性工作。

本書具體整理工作主要由楊國強、周武執行。他倆都是陳旭麓先生晚年的研究生，完整地聽過先生講授的「近代中國社會的新陳代謝」課程，頗得先生賞識。先生逝世以後，他們肩負眾託，不辭辛勞，不避寒暑，探賾索隱，沿波討源，終於在不太長的時間裏把先

生這部學術專著整理完畢。

　　對於本書的整理、出版，陳先生許多生前好友、學生都相當關心，給予了多方面的幫助和支持。陳先生的子女自始至終全面地協助了這項工作。

陳旭麓先生部分在滬學生

□ 責任編輯：張利方
□ 封面設計：高　林
□ 排　版：盤琳琳
□ 印　務：林佳年

近代中國社會的新陳代謝

（一八四〇－一九四九）（插圖本）

□
著者
陳旭麓

□
出版
中華書局（香港）有限公司
香港北角英皇道 499 號北角工業大廈一樓 B
電話：（852）2137 2338　傳真：（852）2713 8202
電子郵件：info@chunghwabook.com.hk
網址：http://www.chunghwabook.com.hk

□
發行
香港聯合書刊物流有限公司
香港新界荃灣德士古道220 - 248 號
荃灣工業中心16 樓
電話：（852）2150 2100　傳真：（852）2407 3062
電子郵件：info@suplogistics.com.hk

□
印刷
美雅印刷製本有限公司
香港觀塘榮業街 6 號 海濱工業大廈 4 樓 A 室

□
版次
2016 年 11 月初版
2024 年 2 月第 3 次印刷
© 2016 2024 中華書局（香港）有限公司

□
規格
16 開（238 mm×165 mm）

□
ISBN：978-988-8420-50-6

本書繁體字版由中國人民大學出版社授權出版。